In deutschen Firmen wird geschmiert und getrickst, was das Zeug hält. Da werden Summen in die eigene Tasche umgelenkt, Verträge erschlichen, Geschäftspartner bestochen, Betriebsräte umgarnt, Steuern hinterzogen. Unlauteres Geschäftsgebaren, ob zum Nutzen habsüchtiger Manager oder zum vermeintlich Besten des Unternehmens, ist an der Tagesordnung.

Mit exklusivem Hintergrundmaterial zu den Skandalen bei Siemens, VW, Infineon, Ikea und anderen deckt Hans Leyendecker das Netzwerk krimineller Machenschaften auf. Er legt offen, wie Unternehmen versuchen, die Aufklärung der Affären zu verhindern, aber auch, wie die Betrügereien durch das System noch gefördert wurden und werden.

Profit und Ethik, heißt es oft, schlössen einander aus. Ohne Ethik kein Profit, hält Leyendecker dem entgegen, denn der langfristige Schaden für die deutsche Wirtschaft ist enorm. In einem einzigartigen Überblick fasst Leyendecker zusammen, was die Justiz tun kann, und zeigt auch vor dem Hintergrund der Liechtenstein-Steueraffäre und der Bankenkrise, wie Ethikregeln aussehen müssen, die ihren Zweck erfüllen.

Hans Leyendecker, geboren 1949, hat fast zwei Jahrzehnte für den *Spiegel* geschrieben und ist heute Leitender Redakteur der *Süddeutschen Zeitung*. Er brachte – allein oder im Team – unter anderem die Affären Flick, Lambsdorff, Späth, Steffi Graf, Schreiber und Kohl ans Licht. Für seine Enthüllungen erhielt er zahlreiche Auszeichnungen im In- und Ausland, darunter 2007 den Wächter-Preis sowie den Henri-Nannen-Preis für investigative Leistungen (zusammen mit den SZ-Kollegen Klaus Ott und Markus Balser für die Berichterstattung über den Siemens-Skandal). Zuletzt veröffentlichte er «Die Korruptionsfalle» (2003) und «Die Lügen des Weißen Hauses» (2004).

Hans Leyendecker

DIE GROSSE GIER

Korruption, Kartelle, Lustreisen: Warum unsere Wirtschaft eine neue Moral braucht

Rowohlt Taschenbuch Verlag

Veröffentlicht im Rowohlt Taschenbuch Verlag,
Reinbek bei Hamburg, Februar 2009
Copyright © 2007 by Rowohlt · Berlin Verlag GmbH, Berlin
Umschlaggestaltung: ZERO Werbeagentur, München,
nach einem Entwurf von Atelier Bea Klenk
Satz aus der Minion PostScript, InDesign,
bei Pinkuin Satz und Datentechnik, Berlin
Druck und Bindung CPI – Clausen & Bosse, Leck
Printed in Germany
ISBN 978 3 499 62329 5

Inhalt

Einleitung:
«Wir sind doch hier
nicht unter Jungfrauen!»

Wir nummerieren die Jahre. Manchmal auch hängen wir ihnen nicht nur eine kalte, nüchterne Zahl an, sondern verbinden ein Jahr mit einem Ereignis, das die Zeit in ein Davor und ein Danach scheidet.

In der langen Geschichte der vielen Finanzkrisen könnte der 15. September 2008 ein solches Datum sein. An diesem Tag brach die US-Investmentbank Lehman Brothers zusammen. Weltweit rauschten die Aktienkurse in den Keller. Andere Geldhäuser waren schon vorher kollabiert. Innerhalb von sechs Monaten gingen drei der fünf großen Investmenthäuser unter. Der Aufstieg und vor allem der Fall der großen Investmentbanken zeigt, wohin Gier führen kann, die der Antrieb des Turbokapitalismus ist. Anleger flüchteten aus allem, was wie Risiko klang, und auch wer nie etwas an der Börse riskiert hatte, bekam Angst um sein Erspartes, um die eigene Existenz. Der Finanzcrash stürzte den Kapitalismus in eine Legitimationskrise und erschütterte den Glauben an den Markt. Protagonisten des völlig freien Marktes riefen nach Regulierung, gesucht wurde der starke Staat, der plötzlich Konjunktur hatte. Staatliche Interventionen bekamen eine neue Qualität.

Es war nicht mehr länger nur eine Binsenweisheit aus dem Gemeinschaftskundeunterricht, zu behaupten: Der Staat sind wir. Wir Bürger. Wir Wähler. Wir Steuerzahler. Das von Neoliberalen oft verspottete Gemeinwohl war keine Phrase mehr. Es gab eine Renaissance der Solidarität.

Der Staat lebt von dem Vertrauen, dass er seine Gesetze auch durchsetzt. Steuerhinterziehung, oft als Kavaliersdelikt bezeichnet, war keine Bagatelle, sondern kriminell.

Das Steuerflucht das Gemeinwohl schädigt, dämmerte vielen Bürgern am 14. Februar 2008. Frühmorgens erlebten sie im Fernsehen mit, wie Staatsanwälte und Steuerfahnder den damaligen Chef der Deutschen Post World Net, Klaus Zumwinkel, in seiner Kölner Villa heimsuchten. Er wurde verdächtigt, 1986 bei der LGT-Gruppe in Liechtenstein einen Millionenschatz versteckt und die Kapitalerträge der deutschen Steuer verschwiegen zu haben. Am Ende der Durchsuchung wurde Zumwinkel festgenommen und zum Haftrichter nach Bochum gebracht. Der setzte den Haftbefehl nach Zahlung einer Kaution in Höhe von vier Millionen Euro außer Vollzug.

Im November 2008 klagten ihn die Bochumer Strafverfolger wegen Steuerhinterziehung an und bescheinigten dem Manager kriminelle Energie. So soll er bei Telefonaten mit der Bank Codewörter benutzt haben. Zwischen 2002 und 2007 hat er demnach Kapitalerträge in Höhe von 2,5 Millionen erzielt und dem Fiskus 1,2 Millionen Euro vorenthalten. Wegen Verjährung konnte die Staatsanwaltschaft nur die letzten fünf Jahre anklagen. Beim Fiskus muss der Multimillionär aber die Steuern für die letzten zehn Jahre begleichen. Nach dieser Rechnung war sein Liechtenstein-Schatz zwölf Jahre in Deutschland steuerfrei.

Zumwinkel, dem Anfang 2009 der Prozess gemacht werden soll, sieht sich mit der Drohung einer hohen Bewährungsstrafe konfrontiert. Er ist einerseits zwar vorläufig der berühmteste deutsche Steuersünder, andererseits ist er nur einer von rund 800 Gutbetuchten, die jetzt mit Aktenzeichen belegt wurden, weil sie einen Teil ihres Vermögens an der Steuer vorbei nach Liechtenstein geschafft hatten. Sie waren, wie die Bochumer Staatsanwältin Margrit Lichtinghagen feststellte, «auf der Sonnenseite des Lebens» gewesen und hatten dennoch «aus Gier» (Lichtinghagen) dem Staat nicht geben wollen, was des Staates ist. «Sozialschädlinge» nannte die Strafverfolgerin die Steuerverweigerer. Die Steuerflüchtlinge hatten nicht einmal von der Steueramnestie der Jahre 2004 und 2005 Gebrauch gemacht. Mit einem besonders niedrigen Steuersatz wären sie davongekommen, aber die Habsucht war größer. Das Besondere an diesem Fall ist, dass die Feste Liechtenstein, die Steuerhinterzieher anzieht wie der Magnet die Eisenspäne, geknackt werden konnte.

Im Sommer 2008 liefen auch Verfahren gegen Kunden der Liechtensteinischen Landesbank an. Bei einem Prozess in Rostock gegen mutmaßliche Erpresser hatte eine der Verteidigerinnen des Hauptbeschuldigten dem Gericht Unterlagen über knapp 1300 vermögende Deutsche übergeben, die Geld ins Steuerparadies geschafft hatten.

Eliteversagen ist der Titel für Nachrichten aus der Welt da oben: Aufsichtsräte, die keine Aufsicht üben; Vorstände, die das Ende der sozialen Hängematte verkünden und sich selbst ganz viele Hängematten knüpfen, horrende Abfindungen für Nieten – das Bild, das sich die Bürger von ihren Eliten machen, ist oft nur noch ein Bild der Schamlosigkeit.

In der Geschichte der Korruption gibt es ebenfalls ein Ereignis, das Furore machte: Am 15. November 2006 startete die Münchner Staatsanwaltschaft eine Razzia bei Siemens, die Europas größten Technologiekonzern erschütterte, die alte Führungsmannschaft hinwegfegte oder zumindest paralysierte und deren Folgen für das weltumspannende Unternehmen auch zwei Jahre später unabsehbar sind.

Einen Schmiergeldskandal mit problematischen Zahlungen in Höhe von mindestens 1,3 Milliarden Euro hat es in dieser Republik noch nie gegeben, und die Konsequenzen sind einmalig: Ein

Siemens-Zentralvorstand saß tagelang in Untersuchungshaft; verwickelt sind auch ehemalige Zentralvorstände und etliche Bereichsvorstände. Strafzahlungen – womöglich in Milliardenhöhe – sind nicht ausgeschlossen. Amerikanische Anwälte durchforsten den Konzern, der in seiner 160-jährigen Geschichte eine solche Krise noch nicht durchlebt hat.

Der Untertitel dieses Buches, «Warum unsere Wirtschaft eine neue Moral braucht», mag dem einen oder anderen zu moralinsauer klingen, wenngleich Moral, abgeleitet vom lateinischen *mos*, so viel wie Gewohnheit, Charakter, Sitte bedeutet. (Wertvoller wäre natürlich die Tugend, denn die kommt von Herzen und baut auf Selbsterkenntnis und Selbstfindung.) Aber auch Skeptiker werden einräumen, dass sich die These von der Notwendigkeit ethischen Verhaltens angesichts des Siemens-Falles nicht nur für den Münchner Konzern fast von selbst beantwortet.

Lehrreich kann es sein, die Diskussionen noch einmal nachzuvollziehen, wie sie normalerweise geführt werden, wenn das Schmieren solche Dimensionen erreicht: Dass die Wirtschaft von ganz eigener Art sei, eine Klasse für sich darstellend, *sui generis* eben, erklären dann die Vertreter der Leider-ist-die-Welt-kein-Ponyhof-Fraktion. Die Gebildeten unter ihnen zitieren in einem solchen Fall den Philosophen Arthur Schopenhauer: «Moral predigen ist leicht, Moral begründen schwer.»

Die Ökonomen unter ihnen berufen sich wiederum auf den 2007 verstorbenen Nobelpreisträger für Wirtschaft, Milton Friedman, der gesagt hat, die «Ethik des Unternehmens besteht darin, den Profit zu steigern». Dieser Satz ist von Chefmanagern und ihrem Personal nimmermüde wiederholt worden. Ein bisschen untergegangen ist dabei manchmal Friedmans späterer Hinweis, dass soziale Verantwortung für Unternehmen, die in einem Markt auftreten, in dem es auf Reputation ankomme, ebenfalls vernünftig sein könne.

«Wir sind doch hier nicht unter Jungfrauen!», hat vor ein paar Jahren ein ehemaliger Thyssen-Manager in einem Berliner Untersuchungsausschuss den Bundestagsabgeordneten zugerufen. Schmiergelder seien nun einmal international üblich. Im Ausland, so hieß es auch in anderen Debatten, funktioniere die Wirtschaft anders gar nicht. In gewissen Ländern gebe es eben bei gewissen Geschäften einen Hang zur Handreichung.

Ohnehin galt vor der großen Finanzkrise die Umgehung von Moral und Regeln zum eigenen Vorteil vielen Bundesbürgern nur als pfiffig. Lauter kleine Cleverles, die auch noch Sinn fürs Große haben, argumentieren dann, das Schmieren in anderen Ländern sichere doch hierzulande Arbeitsplätze. Schließlich müsse man zugreifen, ehe die Konkurrenz es tut, einsteigen, bevor die anderen vorn in der Lokomotive sitzen. Notwehr gewissermaßen.

Das Publikum geht denn auch mit seiner Empörung meist sparsam um. Nach einer Talkshow über das ethische Einmaleins schrieb mir ein Zuschauer, Forderungen nach einer neuen Moral in der Wirtschaft setzten die Schaffung eines «guten Menschen ganz neuen Typus» voraus. Vom guten Menschen bis zum Gutmenschentum, also zum schwarzen Angstethos des Puritanismus, ist es dann nur noch ein kleiner Schritt.

Der Chor, der in inbrünstiger Unkenntnis Thesen wie «Der Ehrliche ist der Dumme» verkündete, ist seit dem Bekanntwerden des Siemens-Falles und der Finanzkrise allerdings leiser geworden. Standen Moralprediger leicht im Ruch, etwas verschroben zu sein, kleinliche, von der Welt enttäuschte Spießer, melancholische, verbitterte Idealisten, mit denen in China, Nigeria und ich weiß nicht wo kein Geschäft zu machen sei, so hat die Causa Siemens auf dramatische Weise gezeigt, dass durch Korruption und illegale Durchstechereien die Existenz ganzer Sparten eines großen Unternehmens gefährdet werden kann.

«Es war mehr als ein Verbrechen, es war ein Fehler», sagte im achtzehnten Jahrhundert der kaltblütige Polizeiminister Joseph Fouché, nachdem sich Napoléon Bonaparte von Talleyrand hatte dazu verleiten lassen, die Entführung des Herzogs von Enghien durch Gendarmen auf neutralem Boden und dessen Erschießung anzuordnen. Ein gigantischer Fehler ist es, wenn ein Konzern wie Siemens Leitbilder, Ethikregeln und Moralkodizes präsentiert und gleichzeitig sudelt. Das gilt natürlich für alle Unternehmen, für alle Branchen. Die Bankbranche ganz besonders.

Es gab in den vergangenen Jahren eine erstaunliche Abfolge von Skandalen, und bemerkenswert war schon, wer da alles in die Fänge der Ermittler geraten war: Spitzenpersonal von VW, Rewe, Siemens, Infineon, Faurecia oder der Staatsbank KfW – die Manager waren zu gierig, zu zynisch, zu selbstgerecht gewesen, und die meisten von ihnen hatten sich unangreifbar gefühlt. Irgendwann jedenfalls war einigen von ihnen das Gefühl für Größenordnungen, für die Unterscheidung zwischen richtig und falsch abhandengekommen. Ein einfacher Satz wie «Das tut man nicht» kam in ihrem Vokabular offenkundig nicht mehr vor. In diesem Buch finden sich einige Beispiele dafür.

Dass Volkswagen Arbeitnehmervertretern auch in fernen Ländern den Zugang zu teuren Etablissements bezahlte, war eine besondere Form von Beziehungspflege. Sieht so der Sieg der Arbeiterklasse aus? Früher durften sich nur die Bonzen oder die Halbweltler mit teuren Edelnutten vergnügen. «Sextrade» nannte man das in einschlägigen Kreisen. *Sex and crime* in Deutschland: Man gönnt sich mal was, weil einem sonst nichts gegönnt wird. Das ist natürlich von eher trübsinniger Erotik.

Die Bielefelder Wissenschaftlerin Britta Bannenberg hat vor einigen Jahren mehr als hundert einschlägige Strafverfahren ausgewertet und dann eine Art Typologie der Korruption verfasst. Danach unterscheiden sich «Geber und Nehmer in einem geringeren Maße, als es vermutet» wird. «Beide Seiten» seien «ehrgeizig, berufsorientiert», hätten «grundsätzlich legale Wertvorstellungen» und wollten dennoch illegal abkassieren. Viele hätten das Bestechungsgeld und die teuren Einladungen als Ausgleich für die Arbeit empfunden, die ihnen nicht ausreichend entgolten worden sei.

Der Konstanzer Wirtschaftsethiker Josef Wieland hat in einem Gespräch mit dem Bayerischen Rundfunk vier Tätertypen beschrieben: «Der eine Typus ist der Zyniker. Der Zyniker weiß, dass das, was er tut, falsch ist. Aber er ist der Meinung, dass das in seinem Geschäft nun mal so sei. Er fühlt sich alleine gelassen, aber zieht das dann halt allein durch. Der zweite Typus sagt: Das steht mir zu! Er ist der Ansicht, ich arbeite hart, ich opfere viel – vor allem für seine Familie. Der dritte Typus glaubt, dass er über dem Recht steht. Das ist der Typ, der weit herumgekommen ist, die Macht hat und der weiß, dass Normen kulturrelevant sind. Er ist jemand, der glaubt, darüberstehen zu können. Der vierte Typus ist eigentlich der interessanteste von allen, das ist der Spieler. Er schließt Wetten auf die Zukunft ab; er weiß auch, dass er früher oder später erwischt wird, aber er braucht sozusagen das Risiko.»

Da sind die Investment-Zocker, die Milliardensummen verbrennen und sich dennoch selbst die Taschen vollstopfen: «Bank- und Fondsmanager erfinden täglich neue spekulative Finanzderivate, deren Risiken weder der private Kunde noch der eigene Vorstand ausreichend beurteilen kann», schrieb Altkanzler Helmut Schmidt in einem Aufsatz, der vor Ausbruch der Finanzkrise erschien. «Seit in den 1970er Jahren die ersten größeren Währungsspekulationen begannen, hat sich ein Hang zu finanzieller Spekulation über viele weitere Felder ausgebreitet», so Schmidt weiter. «Zugleich mit dem Spekulationismus erleben wir einen Verlust an Anstand und Moral. Dazu kommt vielfach eine grandiose Selbstbereicherung. Finanzmanager treten als Eigentümer auf und entscheiden zum eigenen kurzfristigen Vorteil über das Schicksal eines fremden

Unternehmens und all seiner Mitarbeiter … Man darf von Raubtierkapitalismus sprechen.»

Die Großspekulanten bewegten sich lange Zeit in einem Umfeld, das ihre Machenschaften nur im Einzelfall ablehnte. Das Denken und die Praktiken der angelsächsischen Investmentprofis beherrschten die Wirtschaftswelt. Die Moral in Deutschland war noch nie so öffentlich und zugleich seit den Schwarzmarktzeiten der unmittelbaren Nachkriegszeit nicht mehr derart volatil. Demographie, Arbeit, Rente, Steuerlast: Außer ein paar Sozialromantikern war Großen wie Kleinen klar, dass irgendjemand uns allen an die Brieftasche gehen will. Das sahen wir nicht ein. Das holten wir uns zurück. Wir sind doch nicht blöd. Moralische Schizophrenie wurde zu unserer Lebensform.

Ende 2006 erschien in England im *British Journal of Criminology* eine internationale Studie über die Schlaumeiereien der kleinen Leute, die Trickbetrügereien des Alltags. Auch 1700 Personen in West- und 800 in Ostdeutschland waren befragt worden. Das Ergebnis war verheerend: Wer sich nicht darauf versteht, nach Strich und Faden einzuklagen, krumme Sachen geradezubiegen, rauszuholen, abzusetzen, der gilt, wenn diese Umfrage repräsentativ sein sollte, fast als Sonderling. Die Mehrheit hält sich, wie die Mehrheit sagt, nicht an die Gesetze. 70 Prozent der West- und 60 Prozent der Ostdeutschen betrügen, mogeln und tricksen. Überall gilt der Imperativ des Nassauerns und Absahnens. Ob Sozialwohnung, Schwarzarbeit, Gebrauchtwagenverkauf, Krankenkasse oder Stütze: Es wird getrickst.

Kai Bussmann von der Universität Halle, der die Zahlen für Deutschland zusammen mit zwei britischen Forschern erhoben hat, sagte: «Der Bürger beobachtet, was Unternehmen machen, und hat das Gefühl, das sei normal.» Eine Wirtschaft, die als kriminogen wahrgenommen werde, mache Menschen zu Betrügern. Die beiden Briten stellten insgesamt eine «zynische Einstellung» der

Bürger «gegenüber dem Gesetz» fest. Das öffentliche Bewusstsein gegenüber Filz und Vetternwirtschaft war selten so wachsam wie in diesen Tagen. Und gleichzeitig ist die Bereitschaft gewachsen, in die eigene Tasche zu arbeiten.

Vernünftigerweise müssten wir uns sagen, dass wir mit den oben beschriebenen Tricks auch uns selbst betrügen, weil sie zwangsläufig zu höheren Versicherungsbeiträgen oder anderen höheren Zahlungen führen, aber die Furcht, der andere könnte noch geschickter sein, ist übermächtig. Sind wir ein Volk von gierigen Gelegenheits-Kleinkriminellen? Sagen wir so: Wir sind nicht mehr zu enttäuschen, weil wir oft selber täuschen.

Das gilt im Übrigen für viele Staaten: Es waren die Amerikaner der Main Street, nicht nur der Wall Street, die in den vergangenen Jahren viel mehr konsumierten, als sie erwirtschaftet hatten.

Dass die Wirtschaftskriminalität in ihrer nationalen Bedeutung und in ihrer internationalen Verflechtung und Organisation eine kapitale Gefahr sein kann, ist spätestens seit dem Finanzcrash im Herbst 2008 unstrittig. Bilanzwahrheit und Bilanzklarheit beispielsweise sind unverzichtbare Voraussetzungen für eine funktionierende Unternehmenswirtschaft. Aber im Bankensektor hatten Aufsichtsbehörden den Überblick verloren oder auf eine Überschau ganz verzichtet. Die Aufsicht über die Banken war de facto privatisiert worden. Wenn Rating-Agenturen eine Anleihe als sicher bewerteten, war sie es. Der Staat prüfte kaum, welche Risiken in den Bilanzen der Finanzhäuser steckten.

Als Gefahr für Gesellschaft und Wirtschaftssystem erwiesen sich Gehälter, die an den Aktienkurs gekoppelt umso höher stiegen, je mehr Menschen wegrationalisiert wurden. Bezüge vieler Manager verloren jede Bodenhaftung.

Verzerrt werden sie jedoch mitunter durch hohe Vorstandsgehälter, die zwar nicht illegal sind, aber zum Skandal werden, wenn die

Saläre (an den Aktienkurs gekoppelt) umso höher steigen, je mehr Menschen wegrationalisiert werden. Auch davon wird in diesem Buch die Rede sein. Aktienoptionen, die dazu geführt haben, dass manche Unternehmen innerhalb weniger Jahre von ihrem amtierenden Management regelrecht ausgeplündert wurden, sind ein ganz eigenes Ärgernis. Wirtschaftskriminalität ist eben auch ein spezieller Teil jener anarchischen Shareholder-Value-Ökonomie, die Spekulanten begünstigt, langfristige Investitionen behindert und dauerhaften wirtschaftlichen Erfolg verhindert. Kinderarbeit, Umweltkriminalität, Menschenrechtsverletzungen, Diskriminierungen können (meist dreckigen) Profit bringen, zerstören letztlich aber womöglich den Ruf eines Unternehmens.

Investmentbanken und Hedge-Fonds haben die Wirtschaftswelt radikal verändert. Wer die Renditeerwartungen nicht erwirtschaften konnte, wurde gnadenlos abgestraft. Vieles lief ohne allgemein verbindliches Recht. Vor allem in den USA traten Finanzderivate an die Stelle der klassischen Finanzierungsinstrumente, und ihre Vergabe wurde nicht kontrolliert. Die meisten der etwa 9000 Investmentfonds, die es weltweit gibt, sind auf Finanzinseln – ohne Steuerbehörde, ohne funktionierende Finanzaufsicht – zu Hause. «Diese aufsichtsfreien Inseln müssen ausgetrocknet werden, man muss ihnen die Luft abdrehen», forderte Helmut Schmidt.

Wir brauchen also – aus vielerlei Gründen – stabile Leitlinien und Institutionen, die, wie Geländer, Halt geben. Dazu zählen klare Richtlinien für «Compliance» und «Corporate Governance», mit deren Hilfe eine gute Unternehmensverfassung definiert und die Einhaltung von gesetzlichen Regelungen und internen Standards garantiert werden. Auf beides wird in diesem Buch noch eingegangen werden.

Wie es funktionieren kann, zeigt das Beispiel des größten Mischkonzerns der Welt, General Electric (GE), des wichtigsten Siemens-Konkurrenten. Das Unternehmen kämpft mit ähnlichen

Produkten auf denselben Märkten wie der Münchner Konzern und ist doch – weitgehend – von Skandalen verschont geblieben. Seit Jahrzehnten schon werden bei GE Ethikgrundsätze diskutiert, und es gibt eine eiserne Regel: Wer unsauber arbeitet und erwischt wird, fliegt und kommt auch bei keinem verwandten Unternehmen mehr unter.

Die Lehrinhalte an den Universitäten geraten ebenfalls ins Blickfeld, wenn wir die kapitale Gefahr besser bekämpfen wollen. Dass eine Schule, das Evangelische Internatsgymnasium Schloss Gaienhofen am Bodensee, 2004 das Schulfach «Wirtschaft und gesellschaftliche Verantwortung» (Business & Society) erstmals in seinen Lehrplan integriert hat, ist ein Signal von unten – ein bemerkenswertes Zeichen, denn oft fehlt es an Schulen, Hochschulen und in Unternehmen an einem ganzheitlichen Ansatz, in den auch die soziale Verantwortung einbezogen wird.

Der Konstanzer Wieland, der Moral als «Treibsatz für erfolgreiches Business» bezeichnet, verkörpert den Beginn eines Wandels an deutschen Universitäten. An seiner Fachhochschule ist werteorientiertes Verhalten für die Studenten schon seit vielen Jahren Pflichtfach. «Wir nehmen Fallstudien, um die Situationen, in die Manager reingeraten können, möglichst realitätsnah zu bearbeiten», sagt er. Früher seien die Studenten nur auf zwei Fragen hin getrimmt worden: «Wie lässt sich der Gewinn des Unternehmens maximieren – und wie dein eigenes Einkommen?» Deshalb habe in den USA an den Universitäten schon vor langer Zeit eine Diskussion darüber begonnen, ob die Ausbildung eine Ursache für das Problem sei.

Die rund zweihundert Wirtschaftshochschulen in den USA haben das Thema Ethik längst in ihre Lehrpläne eingebaut. Zum MBA-Programm der University of Maryland gehört es beispielsweise, dass die Studierenden in den Gefängnissen mit den Folgen von Wirtschaftskriminalität bekanntgemacht werden. Die Studierenden sprechen mit inhaftierten Wirtschaftskriminellen, die Bilanzen manipuliert, Steuern hinterzogen oder bestochen haben. Nicht immer reichen die praxisnahen Lektionen allerdings für ein sauberes Geschäftsleben.

Die Versuchungen sind groß, und in Ländern, in denen Bestechung angeblich oder tatsächlich üblich ist, hat jeder, der nicht mitmacht, auf den ersten Blick einen Wettbewerbsnachteil. Auf den zweiten Blick sieht die Situation etwas anders aus. Die Korruption vor Ort schadet nicht nur den Ländern, sondern die Mitarbeiter der Unternehmen, die mit Durchstechereien ihren Vorteil gesucht haben, landen, wenn sie Pech haben, neuerdings im Gefängnis. Dass korrupten Managern selbst hie und da in Afrika der Prozess gemacht wird, wie in einem der folgenden Kapitel beschrieben, signalisiert die Veränderung der Lage.

Es ist nicht, wie oft behauptet, der harte Wettbewerb, der den Exportweltmeister Deutschland dazu gebracht hat, viele Jahre bei Auslandsgeschäften sehr unsensibel vorzugehen – es war der Fiskus. Bis Mitte der neunziger Jahre konnten in Deutschland Bestechungszahlungen, ganz gleich, ob sie im In- oder im Ausland getätigt worden waren, als «nützliche Aufwendungen» von der Steuer abgesetzt werden. Den Finanzbehörden war es sogar untersagt, Informationen über Bestechungsdelikte an die Strafverfolgungsbehörden weiterzuleiten. Mit dem Jahressteuergesetz 1996 wurde zwar die steuerliche Absetzbarkeit von Betriebsausgaben für Bestechungen aufgehoben, wenn in der Sache ein Bußgeld verhängt oder eine rechtskräftige strafrechtliche Verurteilung erfolgt war. In der Praxis hatte dieses Gesetz jedoch keine Konsequenzen.

Verbandsvertreter der deutschen Wirtschaft legten sich sogar noch quer, als im selben Jahr die Organisation für wirtschaftliche Zusammenarbeit und Entwicklung (OECD) drängte, zumindest die steuerliche Abzugsfähigkeit von Gaben an ausländische Amtsträger zu streichen. Erst 1999 wurden die schmutzigen Steuer-erleichterungen im Zusammenhang mit dem Erlass des Gesetzes zur Bekämpfung internationaler Bestechung gestrichen.

Mit ausschlaggebend dafür war der zunehmende Druck aus den USA. Denn bereits 1977 wurde dort durch den Foreign Corrupt Practices Act die Bestechung staatlicher Entscheidungsträger im Ausland unter Strafe gestellt. Amerikanische Unternehmen haben damals zunächst wegen Beschränkungen im Wettbewerb gegen die Maßnahme protestiert, aber dann ihre eigenen Regeln dem Gesetz angepasst.

Fortan hatten sie aus ihrer Sicht den Nachteil, dass sie beim Wettbewerb um Aufträge (anders als ihre Konkurrenten) Be-schränkungen unterlagen. Das Interesse der Vereinigten Staaten, die eigenen Wettbewerbsnachteile abzubauen und die Belange der amerikanischen Anleger zu schützen, führt auf lange Sicht zu einer Amerikanisierung des Wirtschaftsrechts und zur Änderung der Spielregeln.

Auf Betreiben der USA arbeitete beispielsweise die OECD eine Konvention über die Bekämpfung der Bestechung ausländischer Amtsträger im internationalen Geschäftsverkehr aus, die 1997 von etlichen Staaten verabschiedet wurde. Am 15. Februar 1999 trat die Konvention in Kraft. Auch die von den Amerikanern beherrschte Weltbank, die nach dem Krieg das Phänomen Korruption lange Zeit ignoriert hatte, vollzog einen Paradigmenwechsel und setzte eine spezielle, unabhängige Einheit ein, die seitdem mehrere tau-send Fälle untersucht hat. Seit 1999 zog die Bank mehr als dreihun-dert Unternehmen und Personen, die mit unsauberen Praktiken aufgefallen waren, zur Verantwortung.

In den USA gilt außerdem seit vielen Jahren das angloame-rikanische Common Law, das die Strafbarkeit von Unternehmen erlaubt. Organisationen werden mit in Haftung genommen. Das bedeutet in schweren Fällen Geldstrafen in Höhe von mehreren hundert Millionen Dollar und möglicherweise Gefängnis für die Chefs. Für europäische Unternehmen, die Niederlassungen in den USA haben, ändern sich damit die Regeln. Wer an der US-Börse gelistet ist, muss sich amerikanischen Standards unterwerfen.

Angesichts gieriger amerikanischer Manager, die die Weltwirtschaft an den Abgrund drängten, weil ihre eigene Börsenaufsicht Verschuldung in astronomischer Größenordnung hinnahm oder sogar förderte, erscheint es wie ein Witz der Geschichte, dass sich dieselbe Aufsicht weltweit als Finanzsheriff geriert.

Vor vier Jahren hat die amerikanische Börsenaufsicht SEC beispielsweise Untersuchungen gegen den an der Wall Street notierten Konzern DaimlerChrysler eingeleitet, weil Daimler-Manager auf drei Kontinenten in mehr als einem Dutzend Ländern Schmiergelder gezahlt haben sollen. Ausgelöst wurden die Ermittlungen durch die Aussage eines früheren Chrysler-Buchhalters in seiner Kündigungsschutzklage, es habe im Konzern Dutzende Geheimkonten für Bestechungszahlungen gegeben. Die US-Behörden waren alarmiert. Kurz darauf räumte der Stuttgarter Konzern außerdem ein, über einen Zeitraum von rund zehn Jahren zu wenig Lohnsteuer für Mitarbeiter abgeführt zu haben, die im Ausland eingesetzt waren.

Ein Heer amerikanischer Spezialisten ermittelt seitdem die Details in Stuttgart und liefert die Ergebnisse beim US-Justizministerium ab. Die Sitten sind rau. Bei einer Einreise in die USA wurde der ehemalige Personal- und Finanzvorstand des Konzerns, Manfred Gentz, eine Stunde lang festgehalten und befragt. Daimler muss sich auf eine Strafzahlung in hoher dreistelliger Millionenhöhe gefasst machen. Der Chef der Konzernrevision und der Leiter der Rechtsabteilung verließen das Unternehmen. Solche Personalwechsel sind in den USA üblich. Strafmilderung kann nur durch volle Kooperation mit den Ermittlungsbehörden erwirkt werden und dadurch, dass die Firma ihre Unternehmenskultur nachweislich auf die Vermeidung von Straftaten ausrichtet und Ethikkodizes ernst nimmt.

Die veränderten Spielregeln führten auch hierzulande zu einer Amerikanisierung des Umgangs mit Korruption – in Ansätzen. Trotz einiger Initiativen von Politikern und Wissenschaftlern stößt aber in Deutschland die Strafbarkeit von Unternehmen beispielsweise, wie sie in den USA üblich ist, noch immer auf erhebliche Vorbehalte. Die Gegner eines solchen Strafrechts argumentieren gern, dass Unternehmen nicht wie natürliche Personen schuldfähig seien, und Strafe setze nun einmal Schuld voraus. Diese Diskussion ist zäh, und sie wird sich aller Voraussicht nach noch hinziehen. Wie unabdingbar die Einführung eines solchen Strafrechts auch bei uns ist, zeigen die zahlreichen Rechtsbrüche zum vermeintlichen Besten des Unternehmens (und in dessen Schutz), von denen in diesem Buch die Rede ist.

In letzter Zeit ist allerdings ein vorsichtiger Wandel zu beobachten: Vor Jahren noch beschäftigten sich die wenigen Korruptionsfahnder, die es gab, vorwiegend mit Durchstechereien in der öffentlichen Verwaltung. Die Wirtschaft, wie der liebgemeinte Spitzname für das Kapital lautet, war, alles in allem, Terra incognita. Es war lange Zeit sogar schwierig, junge Juristen zu finden, die als Beisitzer einer Wirtschaftsstrafkammer oder als Staatsanwälte einer Abteilung für Wirtschafts- und Steuersachen arbeiten wollten. Polizeibeamte befassten sich ebenfalls lieber mit anderen Strafsachen als den oft nur schwer durchschaubaren Delikten der Wirtschaftskriminalität. Mittlerweile gibt es in den Landeskriminalämtern und bei Schwerpunktstaatsanwaltschaften auf Korruptionsbekämpfung spezialisierte Beamte, und die Ermittler haben das Reich der Wirtschaft als Aufgabengebiet entdeckt. Ein Fall wie die Siemens-Affäre mit ihren weitverzweigten Verästelungen wäre früher längst nicht so konsequent wie heute bearbeitet worden.

Manche Skandale fliegen auf, weil einer aus dem Betrieb oder der Behörde selbst Alarm schlägt. Das kann für die Hinweisgeber verheerend ausgehen, wie einige der in diesem Buch genannten Beispiele zeigen, denn noch ist hierzulande der Schutz für diese «Whistleblower» unzureichend. Doch solche internen Auskunftgeber können für das Unternehmen eine Chance sein, und allmählich werden mit Ombudsstellen und aus den USA übernommenen «Ethics Hotlines» Systeme etabliert, die dieser Einsicht Rechnung tragen.

Dennoch: Wir sind Heuchler, und die großen Korruptionsfälle der letzten Jahre sind Lehrstücke an Heuchelei. Das fängt schon bei der Statistik an. Die Zahl der aufsehenerregenden Fälle hat zugenommen, aber haben sich die Regelverstöße tatsächlich epidemisch vermehrt? Wir wissen es nicht. Die Korruptionsforschung unterscheidet zwischen einem Dunkel- und einem Hellfeld. Da immer mehr Staaten und Organisationen gemeinsam gegen diese Gefährdung angehen, ist anzunehmen, dass derzeit lediglich eine Verschiebung stattfindet. Das Dunkelfeld wird ein bisschen kleiner und das Hellfeld ein wenig größer. Und zwar wirklich nur ein wenig: Auf 80 Prozent schätzt eine Studie der Wirtschaftsprüfungsgesellschaft KPMG zur Wirtschaftskriminalität die Quote der nicht entdeckten Fälle. Wie viele nicht entdeckt werden, weil Wirtschaftsprüfungsgesellschaften wie die KPMG im Zweifel wegschauen, sagt die Studie nicht. Der österreichische Ökonom und Korruptionsforscher Friedrich Schneider von der Universität Linz schätzt, dass Korruption die deutsche Wirtschaft im Jahr 2008 rund 300 Milliarden Euro kosten wird. Die Richter des Bundesgerichtshofs gehen in einem Beschluss aus dem Jahr 2005 davon aus, dass 95 Prozent der Verstöße nie ans Licht kommen.

Regelverstöße sind Verletzungen der Pflicht, der Normen und der Wohlfahrt, die den Markt außer Kraft setzen und die Folgen für die Gesellschaft, aber auch für das eigene Unternehmen häufig missachten. So hindern Kartelle und Korruption die Firmen beispielsweise, ihre Innovationspotenziale voll zu nutzen – auch wenn nichts auffliegt. «Wenn man eine Organisation darauf abrichtet, Aufträge zu kaufen, dann geht das durchaus eine Weile gut», sagt der bereits zitierte Wirtschaftsethiker Wieland, «aber die Preise werden höher, die Abhängigkeiten werden stärker, und am Ende des Tages sind solche Organisationen beziehungsweise Unternehmen leer wie eine Hülle und kollabieren ganz einfach.»

Kürzlich erschien in den USA eine Studie, in der Unternehmen, die nicht durch illegale Praktiken aufgefallen waren, mit Firmen verglichen wurden, die unsauber agierten. Das Ergebnis: Die Sauberen erwirtschafteten erheblich bessere Resultate. Der Aktionärsverband Institutional Shareholder Services veröffentlichte eine Untersuchung, in der mehr als fünftausend Firmen auf so unterschiedliche Kategorien wie Ethikgrundsätze und Buchprüfungsergebnisse hin durchleuchtet wurden. Die zehn verantwortungsvollsten Unternehmen waren um mehr als elf Prozent profitabler als die zehn verantwortungslosesten. Ihre Aktienkurse waren weniger volatil, und ihre Dividenden lagen höher.

«Honesty is the best policy», hat der Soziologe Max Weber 1917 die anzustrebende Geschäftsethik beschrieben. «Wir haben immer gewusst, dass rücksichtsloses Eigeninteresse moralisch schlecht ist; jetzt wissen wir auch, dass es wirtschaftlich schlecht ist», sagte US-Präsident Franklin D. Roosevelt schon vor knapp siebzig Jahren. Es wird noch eine Weile dauern, bis die Botschaft hierzulande von allen verstanden wird. Die Gesellschaft aber muss zu Maß und Mitte zurückfinden.

Jedem das Seine, mir das meiste:
Von Gehältern und sonstigen Douceurs

Das Wort Gier kommt in vielen Zusammensetzungen vor: Es gibt die Blutgier, die Geldgier, die Habgier, die Raffgier. Das Raffen – «gierig nehmen», «geizig anhäufen» umschreibt es Wahrigs Wörterbuch –, das Raffen also ist vielen von uns zur lieben Gewohnheit geworden. Manchmal denkt man sogar, es sei der Sockel, der Grundstein des Landes, weil es für Erfolg und gesellschaftliche Anerkennung offenbar keinen überzeugenderen Maßstab gibt als den Erwerb von möglichst viel Geld.

Das Lamento klingt allerdings vertraut. «Wir haben es satt, in einer Raffgesellschaft zu leben», erklärte vor anderthalb Jahrzehnten der honorige Altkanzler Helmut Schmidt in einem Manifest, das ebenso folgenlos blieb wie viele andere Grundsatzerklärungen davor und danach. «Ein Kapitalismus ohne ethischen und rechtlichen Ordnungsrahmen ist menschenfeindlich. Das ist die Grundeinsicht dieser Tage, meine Schlussfolgerung aus der Finanz- und Bankenkrise» sagte Reinhard Marx, der Erzbischof von München und Freising, im Oktober 2008 in einem Interview: «Wilde Spekulation» sei «Sünde».

«Jedem das Seine, mir das meiste» ist nicht nur eine Redensart. Und dennoch überrascht uns mitunter die Habgier, die Raffgier – und nicht nur die der Investmentbanker. Wer beispielsweise dem Wirtschaftsmanager Ernst Dieter Berninghaus erstmals begegnet, wird vermutlich keinen dieser Begriffe mit dem Rheinländer verbinden. Der Kölner, Jahrgang 1965, ist ein offener, fröhlicher Typ. Im Karneval ist er aktiv, beim 1. FC Köln wurde er oft auf der Tribüne gesehen, und mit seinen bunten Krawatten und den ziemlich langen Haaren passt er so gar nicht in die Kaste jener Führungsleute, die Wasser predigen und Wein saufen, die Maßlosigkeit zu ihrem Maß gemacht haben und dabei noch ganz vornehm tun und denen im Souterrain empfehlen, doch den Gürtel enger zu schnallen. Aber sogar einer wie Berninghaus ist ein übler Selbstbediener gewesen.

Auch deshalb kann es sinnvoll sein, einige Stationen seines Lebensweges näher zu betrachten. Seine Karriere war so ungewöhnlich wie seine Erscheinung. Berninghaus kannte nur eine Richtung: nach oben. Abitur, Wirtschaftsstudium, Promotion, alles ging ganz fix, vorbildlich. Der Enkel kleiner Kaufleute aus dem Ruhrgebietsstädtchen Ennepetal (die Großeltern hatten einen Rewe-Laden) fing mit 27 Jahren im Vorstandsstab der Metro Holding im schweizerischen Baar an. Er blieb fünf Jahre lang in der Schweiz, arbeitete dem einst fast allmächtigen Metro-Generalbevollmächtigten Erwin Conradi zu und koordinierte die europaweite Expansion des Konzerns.

Er arbeitete in «Silent City», wie der große Schweizer Autor Niklaus Meienberg das Städtchen Zug nannte, in dem «Schweigevirtuosen, Verschweigungskünstler, Diskretionsfanatiker» unermüdlich den Mehrwert der Reichen mehren. Tausende Berater, Treuhänder, Rechtsanwälte und Vermögensverwalter gehen in dem Kleinkanton ihren Geschäftigkeiten nach, und der junge Berninghaus hat dort viel fürs Leben gelernt. In der Ära Conradi wurde die Metro der führende Handelskonzern in Europa. Der Umsatz lag bei umgerechnet 45 Milliarden Euro. Freunde von Berninghaus, und an denen ist kein Mangel, sagen, dass ihn die Zahlen damals auch ein bisschen größenwahnsinnig gemacht haben.

1999 wechselte er zu Rewe nach Köln, rückte erst in die Leitung der Rewe-Zentral AG und der Rewe-Zentralfinanz eG auf und schon zwei Jahre später in den Vorstand. Er entwickelte das Österreich-Geschäft (Billa, Mercur, Mondo, Bipa), renovierte die italienische Supermarktkette Standa, die einmal Silvio Berlusconi gehört hat, und verdrängte sogar seinen ehemaligen Chef Conradi aus dem Verwaltungsrat der Bon Appetit Group. Bereits 2004 wurde Berninghaus Vorstandssprecher bei Rewe, dem mit 42 Milliarden Euro Umsatz und 260 000 Mitarbeitern nach der Metro zweitgrößten deutschen Handelskonzern. Mit 39 Jahren verdiente er rund 1,4 Millionen Euro Grundgehalt plus 450 000 Euro Komplementärsvergütung bei der Rewe-Tochter Deutscher Supermarkt KG. Damit lässt sich doch leben, auch wenn man verheiratet ist und zwei kleine Kinder hat.

Der nette Berninghaus hatte ein zweites Gesicht. Beim Kauf einer kleinen, ziemlich wertlosen Internetfirma namens Nexum AG, den er eingefädelt hatte und der Rewe 25 Millionen Euro kostete, bekam er unter der Hand eine Provision in Höhe von 6,5 Millionen Euro – am Finanzamt vorbei. Im Herbst 2004 kam die Staatsgewalt zu Besuch, im Frühjahr 2006 wurde er in seiner Heimatstadt zu zwei Jahren Haft auf Bewährung verurteilt. Er verlor seinen Job, musste Rewe die 6,5 Millionen Euro zurückzahlen und war fassungslos über sich selbst.

Die Loyalität zur Firma, wie sie ein Herr Friedrich Wilhelm Marcus, der Sozius des Thomas Buddenbrook, noch im Übermaß besaß, war ihm fremd geworden. Für einen protestantischen Manager wie den von Thomas Mann beschriebenen Marcus hätte es kaum ein größeres Verbrechen gegeben, als sich an dem Kapital zu vergreifen, dessen Fürsorge ihm anvertraut war. «Obsorge» nannte man das früher – aber nicht nur das einst im Oberdeutschen heimische Wort ist verschwunden.

Von all den Affären in diesem Buch ist Berninghaus' Fehltritt für Leute mit überschaubarem Salär vermutlich am schwersten nachzuvollziehen. Warum wird so einer gierig, wenn er doch schon in jungen Jahren so viel hat?

Sein Fall gehört zu den Exzessen aus der Zeit der totalen Börseneuphorie, die eher ein Wahn war. Echte *high potentials* und solche, die sich dafür hielten, hatten jeden Sinn für richtig und falsch verloren, und die Ansprüche auf der nach oben offenen Gierskala der Schneller-reich-Wirtschaft waren ins Unermessliche gestiegen. Die Ausschweifungen der Blasen-Ökonomie, deren schlimmste Auswüchse international die Desaster der Konzerne Enron, Comroad und Global Crossing waren, haben Verheerendes angerichtet. Gleichzeitig ließen sie bei vielen Menschen die Gewissheit aufkommen, dass Lug und Trug sich auf die Dauer doch nicht auszahlen, Einzelfälle ausgenommen.

Das schnelle Geld war eine Versuchung, der viele nicht widerstehen konnten; der Cashflow wurde mal eben in die eigene Richtung gelenkt. Die Unbestechlichen sahen wie langweilige Verlierer aus, und manche fühlten sich auch so. Vor etlichen Jahren sprang ein Mann von der Golden Gate Bridge bei San Francisco in den Tod. Er hinterließ eine winzige Notiz, in der aber alles Wesentliche stand: «Survival of the fittest. Adios – unfit.» Die Metapher vom Markt, auf dem einer überlebt oder nicht, ist manchmal nicht nur als Sinnbild zu verstehen.

Der globale Markt hat den nicht so Fitten ein paar Unannehmlichkeiten und Unübersichtlichkeiten wie den Verlust des sicher geglaubten Arbeitsplatzes und, nicht selten, der Existenz beschert und den Fitten ein paar nette Extras. In einer Studie der Unternehmensberatung Mercer kann man nachlesen, dass mehr als die Hälfte der 350 größten amerikanischen Konzerne ihren Chefs erlauben, das Firmenflugzeug zu nutzen; jedes vierte Unternehmen zahlt die Mitgliedsbeiträge für den Country- und den Golfclub. Sogar für die Kosten der Vermögensverwaltung ihrer Angestellten kommen viele Firmen auf.

Um Missverständnissen vorzubeugen: Einer Nivellierung von Einkommen soll hier nicht das Wort geredet werden. Es gibt kein demokratisches Einkommen. Ein wesentlicher Ansporn für bessere Leistung und Individualität war zu allen Zeiten die Ungleichheit beim Verdienst. Gleichheit ist nicht *a priori* gerecht, Ungleichheit ist nicht *a priori* ungerecht. Seit Jean-Jacques Rousseaus im achtzehnten Jahrhundert veröffentlichtem «Diskurs über die Ungleichheit» hat es immer wieder neue Aufrufe zur Schleifung der Klassen und Schichten gegeben, und sie endeten meist in der totalen Ungleichheit. Die Schere zwischen den vermögenden Bestimmern und dem einflusslosen Prekariat ging in sozialistischen Ländern besonders weit auseinander.

Aber es gibt Formen der unverfrorenen Bereicherung, bei denen die Linie zwischen fehlendem Anstand und kriminellem Missstand längst verwischt ist. Seit der Finanzkrise wird nicht mehr nur über Mindestlöhne, sondern auch über Höchstlöhne diskutiert, die, irgendwie, bei 500 000 Euro Jahresgehalt liegen sollten. Klar jedenfalls ist, dass die Einkommensverteilung nachvollziehbarer sein muss, und sie sollte sich auch an Leistungskriterien orientieren.

Ein weltweites Ärgernis, ein Skandal sind in diesem Zusammenhang die Aktienoptionen. Nicht nur schmälert die Option auf Ausgabe neuer Anteilsscheine den Wert der bereits an der Börse gehandelten Aktien, ohne dass kleinere und mittlere Aktionäre darauf Einfluss haben. Unternehmen, die Optionen gewährt hatten, legen bei diesem System außerdem nicht selten das Ausgabedatum nachträglich auf einen Zeitpunkt, an dem der Kurs besonders niedrig war. Je geringer der Bezugspreis, desto höher ist der Gewinn bei einer späteren Kurserholung.

Im Jahr 2006 enthüllte das *Wall Street Journal*, dass fast zweihundert Unternehmen in den Wochen nach den Terroranschlägen vom 11. September zusätzliche Optionen an ihre Spitzenmanager ausgegeben hatten. Auf die Spur waren die Journalisten dem Skandal durch die Forschungen des Statistikers Erik Lie gekommen, der an der Universität von Iowa beschäftigt ist. Ihm war beim Studium von Optionsgeschenken an Spitzenmanager aufgefallen, dass die Daten auffallend günstig lagen. Das ließ sich nur damit erklären, dass die Optionen rückdatiert worden waren.

Es waren sehr wertvolle Geschenke, da die Aktienkurse unter dem Schock der Anschläge vom 11. September stark eingebrochen waren und sich dann wieder erholt hatten. «Es ist, als wenn du dir ein Pferderennen anschaust und nach dem Einlauf auf den Sieger setzen darfst», kommentierte ein Börsenspezialist das Verfahren. Mit dem «Ausfüllen des Lottoscheins nach der Ziehung» verglich ein deutscher Manager das Bereicherungssystem.

Aktienoptionen sind nicht illegal, die Rückdatierung ist es auch nicht. Geprüft werden muss nur, ob die Aktionäre ausreichend informiert wurden und ob die Verwaltungsräte ihren Pflichten nachgekommen sind. Sie sind jedoch zu einem Instrument der Selbstbedienung geworden. Eine alte Börsenweisheit lautet, dass der Aktienkurs stark von psychologischen Faktoren abhängt, und etliche Manager haben ihre Energie auf die Manipulation des Aktienkurses verwandt. Kriminelle Bilanzfälschungen erhöhten den eigenen Gewinn. So gaukelte das Unternehmen WorldCom kurz vor seinem Zusammenbruch im Jahr 2002 durch Luftbuchungen und andere Bilanztricks riesige Gewinne vor, und am Ende bezifferten Staatsanwälte den Bilanzbetrug auf elf Milliarden Dollar. Es handelte sich um die größte Pleite der amerikanischen Wirtschaftsgeschichte. 20 000 Mitarbeiter verloren ihren Job, Investoren büßten 180 Milliarden Dollar ein. (Inzwischen ist das Unternehmen saniert und stark geschrumpft als MCI Inc. wieder am Markt.)

Die Gewinnzahlen bei Aktienoptionen sind berauschend. Der Chef des amerikanischen Krankenversicherers United Health Group hielt zeitweise nicht genutzte Optionen im Wert von rund

1,7 Milliarden Dollar. (Nach Veröffentlichung eines kritischen Untersuchungsberichts über die Praktiken in seinem Unternehmen erklärte er sich allerdings bereit, alle ihm zwischen 1994 und 2002 gewährten Optionen zum jeweiligen Jahreshöchstkurs zu bewerten.) Als der Chef des Ölproduzenten Occidental Petroleum, Ray Irani, 2006 seine gesammelten Aktienoptionen einlöste, erreichte er, das Bonus-Programm eingeschlossen, eine Entlohnung von 400 Millionen Dollar (299 Millionen Euro). Diese Liste ließe sich mit etlichen Namen und langen Zahlenreihen mit vielen Nullen fast beliebig fortsetzen. Als «Heroin für Manager» werden in den USA mittlerweile Aktienoptionen gegeißelt, die zu kurzfristigem Denken verleiten.

Die Fragwürdigkeit solcher Optionen hat in Deutschland einen Namen: Jürgen Schrempp. Der frühere Topmanager, dessen Idee die Welt-AG war, hatte 1998 die Daimler-Benz AG in einem knapp 40 Milliarden Euro teuren Deal mit Chrysler fusioniert. Die Übernahme führte zu einer Gehaltsexplosion bei Daimler, von der auch Schrempp profitierte. Für das Chrysler-Abenteuer mussten jahrelang Spezialisten aus Stuttgart abgezogen werden, die in Detroit aushalfen. 2007 wurde Chrysler für 5,5 Milliarden Euro an den Finanzinvestor Cerberus (so heißt der mehrköpfige Hund aus der griechischen Sage, der den Eingang zur Hölle bewacht) verkauft, doch nicht einmal dieser Betrag landete in der Stuttgarter Kasse. Der größte Teil diente dazu, das Eigenkapital von Chrysler aufzustocken, außerdem musste die frühere US-Tochter komplett von den Schulden befreit werden. Unterm Strich legte Daimler noch einmal 500 Millionen drauf.

Was für ein Management-Desaster: Der Aktienkurs gab in der Schrempp-Ära gewaltig nach; seit Schrempps Rücktrittsankündigung im Juli 2005 stieg er wieder um mehr als 80 Prozent. Schrempp kann indirekt davon profitieren. Die Zeitung *Handelsblatt* rechnete im Frühsommer 2007 den Lesern vor, Schrempp könne jetzt seine

Aktienoptionen ausüben und ihm stünden Aktien im Wert von 44,3 Millionen Euro zu. Sollte die Aktie den Wert erreichen, den sie zu Beginn der Daimler-Chrysler-Fusion hatte, wäre Schrempps Anteil rund 108 Millionen Euro wert.

Der Würzburger Wirtschaftsprofessor Ekkehard Wenger, ein bewährter Kämpfer für mehr Aktiendemokratie, wetterte bei *Süddeutsche Online* über die «totale Überbezahlung für eine totale Pfeife». Er fordert, bislang erfolglos, Sonderprüfungen «rund um die Leistung und Bezahlung des früheren Vorstandschefs». Auf die Frage des Online-Dienstes: «Ist das Nachkarten?», fragte Wenger zurück: «Wieso? Wenn jemand eine Bank überfällt und man ihn im Nachhinein einsperrt, ist das Nachkarten?»

Es ist eine Eigentümlichkeit dieser Zeit, dass hochbezahlte deutsche Spitzenmanager die Entwicklung in den USA und auch in ein paar anderen Ländern, in denen sehr viel abkassiert wird, aufmerksam verfolgen und daraus für ihr eigenes Einkommen Rückschlüsse ziehen. Wahr ist: Wenn sie sich mit den Kollegen vergleichen, wirken sie ziemlich provinziell, richtig piefig. Der Vergleich mit den Kollegen in Übersee führt jedoch auch deshalb ein wenig in die Irre, weil nicht viele deutsche Manager Angebote für Spitzenpositionen in den USA erhalten. In der Fortune-500-Liste der größten US-Konzerne finden sich an der Spitze der Unternehmen nur zwei Deutsche: Der frühere Siemens-Chef Klaus Kleinfeld ist seit Mai 2008 Chief Executive Officer des amerikanischen Aluminiumkonzerns Alcoa. Der Kölner Martin Richenhagen ist Boss des Landmaschinenherstellers Agco, der auf Platz 399 der Liste rangiert.

Bei dem Thema Gehalt kommt es ohnehin darauf an, ob einer vom Gipfel oder aus der Ebene auf den Gegenstand schaut. In den USA verdient heute ein Vorstandschef normalerweise das Vierhundertfache eines gewöhnlichen Arbeitnehmers und zum Teil noch deutlich mehr. Es ist noch nicht lange her, da lag das Niveau beim Vierzigfachen – was auch nicht so schlecht war. Der Gründer der Bank Morgan Stanley, John Pierpont Morgan, hatte Ende des neunzehnten Jahrhunderts ein Modell eingeführt, dem zufolge der Bestbezahlte einer Firma nicht mehr als das Zwanzigfache des Geringstverdienenden erhalten durfte.

Nach Berechnungen von Lucian Bebchuk, einem Professor der Universität Harvard, belief sich die gesamte Vergütung der fünf bestbezahlten Manager börsennotierter US-Firmen in den Jahren 2000 bis 2003 auf zehn Prozent der Unternehmensgewinne. «Ganz natürliche zivilisatorische Grenzen» seien verlorengegangen, findet der deutsche Gesellschaftsrechtler Marcus Lutter. Den griechischen Philosophen waren die Grenzen noch bewusst. Aristoteles meinte, maßhalten heiße die Mitte einhalten, etwa die Mitte zwischen Verschwendung und Geiz. Die Römer benutzten die Formulierung: *In medio stat virtus* – «Die Tugend steht in der Mitte».

Die Lohnbezüge der Bosse nach amerikanischem Muster haben nichts mit Mitte und nichts mit Maß gemein, oft auch nichts mit dem vielstrapazierten Leistungsgedanken. Der Manager Robert Nardelli beispielsweise wurde im Jahr 2000 für ein Jahresgehalt von 38 Millionen Dollar Chef der amerikanischen Baumarktkette Home Depot. Wegen mangelnder Erfolge musste er 2006 wieder gehen – mit einer Abfindung von 210 Millionen Dollar, obwohl der Aktienkurs des Unternehmens unter seiner Ägide um fast 15 Prozent gesunken war. Als Philipp Purcell die Morgan Stanley Bank verließ, die unter seiner Führung viele wichtige Manager verloren hatte, bekam er als Abschiedsgeschenk ein Gesamtpaket von rund 113 Millionen Dollar: 42,7 Millionen als Abfindung, 34,7 Millionen an Aktien, 20,1 Millionen an Aktienoptionen, einen Ruhestandsbonus von elf Millionen, darüber hinaus Büro und Sekretariat auf Lebenszeit. Morgan Stanley spendet außerdem jährlich 250 000 Dollar in seinem Namen.

2007 verdiente John Thain, Chef der Investmentbank Merrill

Lynch, 83 Millionen Dollar. Leslie Moonves von CBS erhielt 67,6 Millionen Dollar. Der Autokonzern General Motors machte 2007 einen Verlust von 39 Milliarden Dollar; gleichzeitig legten die Bezüge des Vorstandschefs Rick Wagoner um 64 Prozent auf 15,7 Millionen Dollar zu. Als die amerikanische Wirtschaft schon in der Krise steckte, stiegen die Verdienste der Spitzenmanager kräftig weiter. Angestellte Chefs von Firmen kassierten zum Teil das 300- bis 400-fache eines Durchschnittseinkommens. Was seit Jahren üblich war, wurde im Herbst 2008 zum öffentlichen Skandal: Boni für Manager, die versagt hatten.

So sorgte in Schottland die Royal Bank of Scotland für Aufregung, weil sie zunächst ein staatliches Rettungspaket in Höhe von 25,2 Milliarden Euro erhalten hatte und dann der Investmentbanking-Abteilung, die das Geldhaus an den Rand der Pleite gebracht hatte, umgerechnet über zwei Milliarden Euro Boni zahlen wollte.

Boni haben in schlechten, aber auch in guten Zeiten viele Nachteile. Sie eröffnen Spielfelder für Insidergeschäfte und erlauben es Managern, Gewinne auf Kosten zukünftiger Erträge zu erhöhen. Die Wirtschaft muss verstärkt zu Fixlöhnen zurückkehren. Verglichen mit einigen Gehältern im Private-Equity-Bereich, was so viel heißt wie privates Beteiligungskapital, sind Boni wiederum bescheiden. Es kommt wirklich nur auf den Standort an. Die Vergütung der Spitzenverdiener von Hedge-Fonds, die von ihren Investoren meist eine Verwaltungsgebühr von zwei Prozent und 20 Prozent des Gewinns verlangen, liegt bei über einer Milliarde Dollar im Jahr. Der Hedge-Fonds-Magier John Paulson kassierte 2007 über drei Milliarden Dollar. James Simsons, der Chef des Hedge-Fonds Renaissance Technologies, kommt nach Schätzungen von Branchenkennern auf 1,7 Milliarden Dollar jährlich. «Wenn ich mir das heute so angucke, was ein Geschäftsführer eines zu einem Private Equity gehörenden Unternehmens an ‹Sweet-Equity›-Verdienstmöglichkeiten hat», sagt Thomas Middelhoff, Vorstandsvorsitzender des Essener Handels- und Touristikkonzerns Arcandor AG (früher KarstadtQuelle AG), «dann geht das deutlich über das Lebenseinkommen» des Deutsche-Bank-Chefs Josef Ackermann hinaus. Das Phänomen finde nur deshalb keinen Niederschlag in der deutschen Presse, weil es nicht bekannt sei.

Hierzulande ist der Vorstandssprecher der Deutschen Bank offiziell der Spitzenverdiener – jedenfalls unter den Chefs, die ihre Einkommen offenlegen. Josef Ackermann verdiente im Jahr 2007 rund 13,9 Millionen Euro. Als er Ende der neunziger Jahre bei der Bank begann, lag sein Gehalt bei umgerechnet einer Million Euro. Die dreizehnmal höheren Einkünfte geben nach seiner Wahrnehmung seinen Marktwert in Deutschland wieder.

Und er ist in seiner Bank bei weitem nicht der Spitzenverdiener. «Vielleicht unter den ersten fünfzehn», stufte er seine Bezüge in einem Interview mit dem *Zeit-Magazin* ein. Der Inder Anshu Jain beispielsweise, Leiter des Bereichs Global Market, der Geldmaschine der Bank, wird auf rund 24 Millionen Euro Jahresgehalt geschätzt. Im Februar 2006 verkaufte er eine halbe Million Deutsche-Bank-Aktien und erlöste damit zusätzlich rund 45 Millionen Dollar.

Die Vorstandsbezüge in Deutschland sind in den vergangenen Jahren deutlich gestiegen. Im Jahr 2007 beispielsweise, als viele Arbeitnehmer real keinen Zuwachs verzeichnen konnten, legten die angestellten Manager im Schnitt um knapp 20 Prozent zu. Ihre Gehälter sind dennoch mit dem amerikanischen Niveau nicht vergleichbar. Eine Untersuchung in den USA ergab, dass 2006 rund fünfhundert Firmen ihre Chefs mit durchschnittlich sieben Millionen Dollar Jahresgehalt entlohnt hatten. In Deutschland kassierte Jochen Zeitz von Puma, Nummer zwei hinter Ackermann, rund 12,3 Millionen Euro. Nummer drei war der RWE-Chef Harry Roels mit 12,2 Millionen Euro.

Aus ökonomischer Sicht sind Gehälter Kosten, die auf dem

Markt durch Erlöse gedeckt werden müssen. Sie sollen dem Leistungsbetrag des einzelnen Arbeitnehmers, egal ob in der Chefetage oder am Band, entsprechen. Natürlich enthalten solche Bewertungen auch subjektive Faktoren. Der Münchner Professor für Wirtschaftsethik, Karl Homann, kann «die öffentliche Aufregung über die Managergehälter nur zum Teil» verstehen. «Fußballspieler, Popstars und Dirigenten» hätten oft nicht geringere Einkünfte, ohne dass sich «der kleine Mann darüber aufregt», schreibt Homann in einem Aufsatz. «Es gilt in der Marktwirtschaft: Wer wirklich etwas leistet, ist immer sein Geld wert, und die Anleger und Arbeitnehmer bekommen unter Wettbewerbsbedingungen nur die Qualität, die sie bezahlen. Die Höhe der Bezüge bestimmt der Markt.»

Nun ja. Jemand wie Porsche-Chef Wendelin Wiedeking, der das Unternehmen seit mehr als einem Jahrzehnt zu großen Erfolgen führt, gehört schon lange zu den absoluten Spitzenverdienern und geriet tatsächlich zu keiner Zeit in die Kritik, weil er unzweifelhaft herausragende Leistungen erbringt. Milliarden-Vernichter Schrempp hingegen verdiente 1997 das 51-fache Jahresgehalt eines Bandarbeiters und konnte sich 2003 über das 130-fache Jahresgehalt freuen – und das ist aus heutiger Sicht ein ziemliches Ärgernis.

Ein bisschen hängt die Betrachtung, was Gier ist und was nicht, auch von den Moden und den Zeiten ab. Als Ende der neunziger Jahre die Unternehmen an der Börse Monopoly spielten und erfolgreiche Topmanager die Idole der neuen Zeit waren, galten hohe Millionenverdienste als verdient, auch wenn das Geld erzockt worden war. Dann platzte die Börsenblase, die New Economy sah plötzlich ganz alt aus, und einige Mannesmann-Manager, beispielsweise deren damaliger Chef Klaus Esser, der umgerechnet knapp 30 Millionen Euro zusätzlich zum regulären Gehalt kassiert hatte, wurden plötzlich als üble Absahner betrachtet. Eigentlich lässt sich bei dieser Größenordnung nur schwer darüber streiten, ob diese zusätzliche Entlohnung für einen Spitzenmann noch angemessen ist, aber was wäre gewesen, wenn Mannesmann den Übernahmekampf gewonnen hätte? Wäre dann ein solcher Bonus für Esser nicht als verdiente Prämie in Zeiten einer nun mal entfesselten Marktwirtschaft gewürdigt worden?

Doch damals verloren Zehntausende von Kleinaktionären, die auch ein bisschen mitgespielt hatten, ihre Ersparnisse, und dieser Vorgang hat zweifelsohne zu vielen Irritationen gegenüber der Wirtschaft beigetragen. Es ist vor allem die Gleichzeitigkeit von Rekordgewinnen und Rekordarbeitslosigkeit, von hohen Millionengehältern selbst für unfähige Manager und von Dumpinglöhnen, die viele Menschen zunehmend erzürnt. Seit unter Berufung auf angebliche Gesetze des Marktes – Rendite, Rendite, Rendite – große Konzerne kleine, gesunde Firmen kaufen und sie dann zum Zweck der Marktbereinigung schließen und die wirtschaftliche Existenz ganzer Familien ruinieren, wird über die Angemessenheit von Gehältern anders diskutiert als früher.

Es ist höchst unmoralisch, das Morgen schon heute versilbern zu wollen. Diesmal wird nicht, wie noch zu Zeiten der Aktienblase, mit virtuellen, sondern mit echten Werten gezockt – mit gewachsenen Branchen, realen Unternehmen und mit Menschen.

Auch im Zentrum der Gesellschaft, der Mittelschicht, grassiert mittlerweile die Furcht vor dem sozialen Abstieg. «Die Angst vor Armut ist von den Rändern der Gesellschaft zur Mitte gewandert», stellte der Soziologe Ulrich Beck fest. Das Gefühl macht sich breit, dass es (fast) jeden treffen kann. Begriffe wie Rationalisierung und Globalisierung lösen bei vielen Unbehagen aus. Siemens etwa gliederte seine Handysparte in eine GmbH & Co OHG aus, bündelte die Vermögenswerte in einer Asset GmbH und reichte die Pakete dann für 250 Millionen Euro an das Unternehmen BenQ weiter, das kurz darauf Insolvenz anmeldete. Die BenQ-Beschäftigten verloren alles, obwohl sie zuvor auf Teile ihres Gehalts, auf Urlaubsgeld und alle Extras verzichtet hatten. Der damalige Siemens-Chef Klaus Kleinfeld geriet heftig in die Kritik, weil kurz zuvor bekannt geworden war, dass er und seine Vorstandskollegen um 30 Prozent höhere Gehälter bekommen sollten. Er versuchte sich durch die Ankündigung aus der Affäre zu ziehen, die Vorstände würden ein Jahr lang auf die Gehaltserhöhung verzichten und das Geld stattdessen in einen Fonds für die Job-Verlierer einbringen.

Die Geste, mehr war es nicht, wurde von vielen als protziger Ablasshandel verstanden. Ein PR-GAU war, dass Kleinfelds Leute in dieser Zeit auf einem Foto, das nach seinem Amtsantritt entstanden war, seine Rolex wegretuschieren ließen. Original und Fälschung landeten bei den Sammlern der Wanderausstellung «Bilder, die lügen». Da war etwas aus dem Ruder gelaufen.

Die Rallye-Connection

Es gibt eine Menge Bilder aus der wilden Zeit der deutschen New Economy, aber ein Schnappschuss ist vielen Beobachtern besonders in Erinnerung geblieben: der Manager Ulrich Schumacher, der im März 2000 vor der Frankfurter Wertpapierbörse neben einem Porsche posierte. Der in einen Rennfahrerdress gekleidete Chef des Halbleiterherstellers Infineon Technologies AG strahlte am Tag des Börsengangs in viele Kameras, während seine rechte Hand auf einem Rennfahrerhelm ruhte. Als «Schumi» oder «The Maniac» wurde er gefeiert.

Gas geben konnte der Hobbyrennfahrer jedoch nur symbolisch, denn das Rennauto, das am Rande des Börsenplatzes höchstens sieben Meter gerollt war, hatte nicht einmal ein Nummernschild. Dem Publikum war das egal: Was zählte, war, dass der erste Kurs der Infineon-Aktie mit 70,20 Euro um mehr als hundert Prozent über dem Ausgabepreis von 35 Euro lag. Die Emission war 33-fach überzeichnet, und *Bild* berichtete auf Seite eins über die «neue Volks-Aktie».

Schumacher war *der* Siegertyp, ein Popstar der Managerwelt. Bereits einen Tag nach dem Börsengang in Frankfurt bretterte er in New York (begleitet von dem früheren Formel-1-Weltmeister und Indy-Car-Gewinner Mario Andretti) in einem Porsche Richtung Wall Street. Kaum jemand bemerkte, dass die beiden sich verfuhren. Beifahrer Andretti kannte sich in der Stadt nicht aus. Ein Polizeiwagen eskortierte sie schließlich zu ihrem Ziel, und als sie vor der Börse ausstiegen, gab es viel Applaus. Andretti ist in den USA eine Legende, und den Börsianern gefiel auch der Deutsche.

In seiner Heimat wurde Schumacher für ein paar Monate zum Idol der neuen Börsenzeit, deren Maxime eigentlich aus dem achtzehnten Jahrhundert stammt: «Enrichez vous!» – «Bereichert euch!» Purer Egoismus galt als anerkennenswerte Haltung. Schumacher war ein Dynamiker, ein Erfolgreicher, ein Ehrgeizling. Bei einer Freizeit-Fahrrad-Rallye in München fiel er dadurch auf, dass er auf der Strecke alle Hinweisschilder hinter sich entfernte. «Hinweisschilder sind etwas für die Bequemen, die verzerren nur den Wettbewerb», behauptete er. «Ich hasse es zu verlieren», war sein Standardspruch.

Seine Karriere war imponierend: 1986 fing der promovierte Elektrotechniker bei Siemens an. Bereits 1996 war er Vorsitzender Bereichsvorstand der Halbleitersparte, 1998 wurde er mit 39 Jahren in den Siemens-Vorstand berufen und verdiente 1,4 Millionen Mark (umgerechnet knapp 700000 Euro). Als im April 1999 die Halbleitersparte vom Mutterhaus Siemens abgetrennt wurde, war klar, dass er an die Spitze des neuen Unternehmens Infineon rücken würde.

«Macht bedeutet jede Chance, innerhalb einer sozialen Beziehung den eigenen Willen auch gegen Widerstreben durchzusetzen, gleichviel worauf diese Chance beruht», hat der Soziologe Max

Weber den Begriff einst definiert. Schumacher war sehr willensstark und liebte es, sich gegen Widerstand durchzusetzen – insbesondere, wenn er Publikum hatte. Der Spross einer rheinischen Unternehmerfamilie war in der Jugend eher ein Außenseiter gewesen. Er polarisierte und hatte stets ebenso erbitterte Gegner wie glühende Verehrer. Als drei seiner Vorstandskollegen Jahre später in einer vernichtenden «Stoffsammlung» über Schumacher auch «positive Eigenschaften» aus dessen Anfangszeit bei Infineon zusammenkratzten, notierten sie: «Charmant, gewinnend, amüsant, ironisch, witzig, smart, humorvoll, charismatisch; kann sehr freundschaftlich und nett sein; sehr gutes politisches Gespür; sehr schnelle Auffassungsgabe; guter Geschäftssinn; kann Leute für sich gewinnen und nutzen.»

Dieser große Egozentriker ist in eine klebrige Affäre verwickelt, die dem Zuschauer einen seltenen Einblick in den Maschinenraum und gleichzeitig in die Beletage der Wirtschaft bietet. Es ist eine Welt, die von atemberaubender Machtgier und Geltungssucht beherrscht wird. Den Akteuren ist das Gefühl für Größenordnungen und für die Unterscheidung von Recht und Unrecht längst verlorengegangen. Der Eierdieb weiß, dass er geklaut hat, der Wirtschaftsstraftäter hält sich für das Opfer. Er holt sich vermeintlich nur das zurück, was er zuvor an Entbehrungen erbracht hat. Und steht am Ende vor einem Scherbenhaufen.

Doch bevor es schmuddelig wird, zunächst ein paar Worte über die sauberen Produkte der Firma: Infineon-Chips stecken unter anderem in Handys, Waschmaschinen, Computern, Autos und auch in Herzschrittmachern. Die Halbleiterindustrie ist eine globale Branche mit Erzeugnissen, die meist nur wenige Gramm wiegen. Schon wegen der geringen Transportkosten ist hier jeder Standort dieser Welt konkurrenzfähig.

Der Halbleitermarkt ist zyklisch und ausgesprochen schwan-

kungsanfällig. Im Jahr 2000 erzielte Infineon einen Milliardenge-
winn. Als die Konjunktur in der Halbleiterbranche kurz darauf
gewaltig einbrach, machte Infineon plötzlich Milliardenverluste.
Die einstmals gefeierte Aktie verlor rund 80 Prozent ihres Wertes.
Erboste Aktionäre änderten das Werbemotto des Konzerns «Never
stop thinking» in «Never stop sinking».

Das Unternehmen, das anfangs durch eine Menge offener Stellen
im Entwicklungsbereich seinen Expansionswillen dokumentiert
hatte, entließ schon bald Tausende Mitarbeiter. Dem Überflieger
Schumacher blies der Wind nun ins Gesicht. Auf der Infineon-
Hauptversammlung im Januar 2002 wurde ihm die keine zwei
Jahre zuvor noch gefeierte «Rennfahrermentalität» nun zum Vorwurf gemacht. Von «Täuschung der Anleger» sprach eine Rednerin.
Schumacher wirkte seltsam verunsichert. «Als wir an die Börse gingen, hatten wir ein unbedarftes Verständnis des Kapitalmarktes»,
gestand er im Januar 2003 der *Süddeutschen Zeitung*.

Auch intern geriet der Star unter Druck. Er war viel unterwegs,
tummelte sich auf Roadshows in aller Welt, gab viele Interviews
und trat in seinen Vorstandssitzungen wie ein Gast auf. Er predigte Sparen, ließ die Buchhaltung von billigeren Mitarbeitern in
Portugal erledigen und betonte, jede Stellschraube, mit der an den
Kosten gedreht werden könne, müsse begutachtet werden. Sein
eigener, unverändert aufwendiger Lebensstil wurde derweil zum
Thema im Konzern.

Mitten in der Infineon-Krise begann außerdem ein hässlicher
Kampf unter ehemaligen Freunden. Zu den langjährigen Wegge-
fährten Schumachers zählte der Infineon-Vorstandskollege An-
dreas von Zitzewitz, Jahrgang 1960. Beide kannten sich seit 1990.
Sie waren schon bei Siemens ein Team gewesen: Schumacher der
Boss, von Zitzewitz sein Vertrauensmann. In der neuen Sprache des
Managements war der eine der geborene Chief Executive Officer
(CEO), der andere der Chief Operating Officer (COO).

Beide teilten den Hang zum Motorsport und waren Gokart-Rennen gefahren. Schumachers Vorliebe galt dabei den Autos, die er sammelte wie andere Leute Briefmarken: Zeitweise besaß er bis zu 27 Fahrzeuge, von denen etwa zwölf Wagen, getrennt von den anderen Autos, in der Tiefgarage von Infineon standen. Durch regen Kauf und Verkauf kam der Vorstandsvorsitzende in einem Zeitraum von sieben, acht Jahren auf einen Durchlauf von 53 Wagen. Porschefahrer von Zitzewitz dagegen liebte auch Motorräder. Er konnte mit geschlossenen Augen eine dumpf brummende MV-Agusta von den japanischen Heulern (Yamahas, Suzukis) unterscheiden. Seinen Chef Schumacher fand er bald unerträglich, was der aber zu spät mitbekam.

Am 17. März 2004 schrieben von Zitzewitz und die beiden Infineon-Vorständler Peter Fischl und Peter Bauer dem Aufsichtsratsvorsitzenden Max Dietrich Kley «persönlich/vertraulich» einen Brandbrief mitsamt sechsseitiger Anlage, in dem sie nicht weniger forderten, als Schumachers Vertrag aufzulösen. «In den letzten Monaten» habe sich die Zusammenarbeit mit Schumacher «drastisch verschlechtert». «Aufgrund der dramatischen Ausprägung dieses Zustandes sehen wir nicht nur einen Verfall der Führungskultur, sondern auch eine massive Gefährdung des Geschäftes.» Schumacher zeige «starke Stimmungsschwankungen, hört bei Gesprächen nicht zu, steigt inhaltlich nicht ein, lenkt dauernd ab, ist entweder hochemotional und monologisiert mit starkem Druck oder schläft auch manchmal ein». Tatsächlich war Schumacher, als er mit einem der Vorständler zu Bosch fuhr, im Auto einmal kurz eingenickt.

Die Vorstandsmitglieder beschuldigten ihren Chef «persönlicher Beziehungen zu externen Gesprächspartnern, verbunden mit der Annahme von Vorteilen». Schumacher sei für die Führungsmannschaft «untragbar geworden». Er verbringe beispielsweise Urlaub mit Geschäftspartnern und verabrede dann mit ihnen Sonderkonditionen. In Stichworten: «Macht private Geschäfte mit

Lieferanten und setzt Informationen der Lieferanten intern gegen die eigenen Verantwortlichen für diese Lieferanten ein (vertraut den Externen mehr als den eigenen Mitarbeitern) – Gefahr für das externe Ansehen des Unternehmens und seine Führung – Gefahr für das Ansehen des Aufsichtsrates – Finanzielle Schäden für das Unternehmen.»

Die drei Vorstandsmitglieder, die zu Kley nach Speyer flogen, waren sich nicht sicher, wie der Aufsichtsratschef auf die Aufforderung, Schumacher zu stürzen, reagieren werde. «Wir hatten Angst, Kley werde uns zerlegen», sagt von Zitzewitz. Auch im Zeitalter der Ratgeberliteratur fehlt offenkundig immer noch ein Werk, das Verhaltenstipps für zerstrittene Vorstände gibt, eine Art Trennungs-Knigge für das Management. Es herrscht immer gleich Krieg. Doch als Kley die Aufzeichnungen studierte, fiel sein Kommentar knapp aus: «Das habe ich befürchtet.» Sie hatten gewonnen.

Der ahnungslose Schumacher karriolte währenddessen auf einer Rallye in Mallorca und wunderte sich nur, dass von Zitzewitz, der auch kommen wollte, ein paar Wochen vorher abgesagt hatte. Nach seiner Rückkehr am 22. März erfuhr Schumacher von der Revolte. Er versuchte, mit den drei Kollegen zu reden – vergeblich. «Herr Bauer nahm das Telefon nicht ab, Herr Fischl hängte den Telefonhörer nach kurzer Tirade wieder ein. Herr von Zitzewitz ließ sich verleugnen und mich später dann auch vor seiner Haustür stehen.» Schumacher notierte: «Ein Aufstand.» In Erinnerung ist ihm eine Bemerkung Fischls geblieben, er, Schumacher, habe «in den letzten Monaten viele Menschen in den Staub getreten».

Schumacher analysierte die Situation später so: «Herr von Zitzewitz wollte einfach nur meinen Job. Er litt sehr unter seiner Rolle als Nummer zwei im Unternehmen und fühlte sich unter Wert geschätzt.» Auch behauptete Schumacher, ihm sei zugetragen worden, der Adlige habe für die Vermittlung von Sponsoren heimlich Provisionen eingesteckt.

Als am 25. März 2004 der Infineon-Aufsichtsrat zu einer außerordentlichen Sitzung zusammentraf, begegneten sich von Zitzewitz und Schumacher auf dem Flur. «Bringen wir es anständig hinter uns», sagte von Zitzewitz. In der Sitzung kam Schumacher nur knapp zu Wort. Dass einer seiner Unterstützer, der damalige Audi-Chef und heutige VW-Vorstandsvorsitzende Martin Winterkorn, zu spät zur Sitzung kam, war ein Alarmzeichen. Schumacher bekam den Brandbrief der Kollegen nicht einmal zu sehen. Er trug nur das Ergebnis einer vergleichsweise kurzfristig erstellten McKinsey-Studie vor, der zufolge seine Vorstandskollegen unfähig seien. Kurios war: Er hatte die Vorstandskollegen ausgesucht, er war ihr Chef. Ganz streng genommen muss ein Chef gehen, wenn er an so wichtiger Stelle die falschen Leute ausgesucht hat.

Das Urteil der Kapitaleigner stand schon vorher fest: Nicht die anderen mussten gehen, sondern Schumacher. Ein Funktionär der IG Metall freute sich: «Der Porsche ist aus der Kurve geflogen.» Der damalige Siemens-Vorstandsvorsitzende Heinrich von Pierer rief Schumacher am Abend an und behauptete, er sei sprachlos. Der glaubte ihm kein Wort. Die Siemens-Vertreter im Aufsichtsrat waren als Erste über ihn hergefallen.

Viele Monate später kam eine Affäre ans Licht, zu deren Aufdeckung Schumacher noch vor seinem Rauswurf die Spur gelegt hatte. Kurz vor der entscheidenden Aufsichtsratssitzung am 25. März 2004 hatte der Vorstandsvorsitzende dem Chef des Kontrollgremiums eine eidesstattliche Versicherung des Schweizer Unternehmers Udo Schneider vom 24. März 2004 überreicht. Schneider betrieb eine Agentur für das Sponsoring von Rennsportveranstaltungen, die BF Consulting GmbH, deren Hauptkunde Infineon war. Der Schweizer belastete von Zitzewitz schwer. Auszug: «In Zusammenhang mit der Betreuung der Sponsoringengagements der Firma Infineon Technologies AG, München, habe ich dem Vorstandsmitglied Herrn Dr. Andreas von Zitzewitz im Zeitraum von ca. drei Jahren sog. Kickbacks, d.h. Rückflüsse in Barbeträgen und/oder geldwerten Leistungen, aus durch Infineon Technologies AG an BF Consulting GmbH vergebenen Sponsoringengagements und darauf gezahlten Sponsoringengagements und darauf gezahlten Sponsoringsummen in Höhe von etwa 300 000 Euro gezahlt bzw. solche Leistungen gewährt.»

Am 7. April kündigte Infineon den Vertrag mit Schneider, was Insider nicht überraschte. Die Abgabe einer eidesstattlichen Versicherung, die Schumachers Position stärken sollte, war aus Sicht Schneiders ziemlich dumm gewesen: Stimmten seine Behauptungen, hatte er entweder von Zitzewitz zu Straftaten angestiftet oder sich der Beihilfe an dessen Vergehen schuldig gemacht. Sagte er die Unwahrheit, dann hatte er von Zitzewitz verächtlich gemacht oder in der öffentlichen Meinung herabgewürdigt. Beides waren Kündigungsgründe.

Für Sponsoring sind normalerweise Vorstandsvorsitzende zuständig, und Schumacher war mit Schneider befreundet. Wenn die Vorwürfe gegen von Zitzewitz zutrafen, wie sollte er dann nichts davon gewusst haben? Bei Infineon wurde mit der Ära Schumacher radikal abgeschlossen. Bei Siemens war er ohnehin schon in Ungnade gefallen, weil er beim erfolgreichen Börsenstart von Infineon im Vorzugsprogramm «friends & family» ungewöhnlich massiv eingestiegen war und wohl auch, weil er dank der Boni sehr viel Geld verdiente. Nach seinem Weggang mussten einige seiner Vertrauten Infineon verlassen oder wurden auf andere Posten abgeschoben. Hinter den Kulissen ging es ziemlich unsauber zu. Was damals niemand ahnte: Am Ende sollten alle Hauptakteure heftige Probleme mit der Staatsanwaltschaft bekommen.

Zunächst jedoch blieb von Zitzewitz eine ganze Weile unbehelligt, obwohl Schumacher den Aufsichtsratschef aufgefordert hatte, den Staatsanwalt einzuschalten. Kley lehnte ab. «Das wäre ein Misstrauensbeweis gegen einen Vorstand gewesen. Da kann man dem Management auch gleich kündigen», erklärte er später. Interne Untersuchungen hätten die Vorwürfe gegen von Zitzewitz außerdem nicht bestätigt.

Gegen Schumacher wurde indes Belastendes zusammengekratzt. Im Mai 2004 schickte seine frühere Sekretärin auf Bitten des Vorstands Fischl eine E-Mail an Kley: «Wenn Herr Dr. Schumacher Urlaub mit seiner Familie gemacht hat, hat er häufig versucht, am Urlaubsziel (z.B. Thailand) einen geschäftlichen Termin zu vereinbaren, um einen First-Class-Flug auf Firmenkosten zu rechtfertigen.» Schumacher behauptete später: «Meine Sekretärin hat in vielen Fällen hochvertrauliche Informationen nach außen getragen, zielgerichtet gegen mich.» Er habe sie einmal loswerden wollen, auf Bitten seiner Frau die gesundheitlich angeschlagene Vorzimmerdame aber behalten. Was er nicht wusste: Bei Infineon wurden heimlich die von ihm gelöschten Mails wieder sichtbar gemacht und gesammelt.

Doch warum kommt jemand wie Schumacher, der Millionen verdiente, überhaupt in den Verdacht, ein Spesenritter zu sein? Konnte er Privates und Geschäftliches so schlecht trennen?

Nur ein paar Beispiele, die Fragen aufwerfen: Am 11. März 2003 flog er mit einem Learjet von München nach Hannover, wo er auf der CeBIT einen Vortrag hielt und den damaligen Kanzler Gerhard Schröder traf. Am nächsten Tag war er auf Mallorca, um an einem Autorennen teilzunehmen. Die Kosten – 14 966 Euro plus 240 Euro für den VIP-Service – zahlte Infineon. Am 20. August 2003 flog er zunächst dienstlich nach Berlin, dann nach Saarbrücken, um mit dem Inhaber und Geschäftsführer einer auf Ersatzteile von Porsche spezialisierten Firma zu sprechen. Anschließend ging es nach München weiter. Die Kosten lagen diesmal bei 12 239 Euro. Am 4. März 2004 flog er mit einem privat gecharterten Flugzeug nach Berlin zu einem Abendessen mit Kanzler Schröder, dann dienstlich weiter nach London und von dort nach Köln, wo er den Betreiber eines Restaurierungsbetriebs für Automobile traf. Die gesamte Flugreise kostete 16 218 Euro.

Schumacher erklärt zu den drei Reisen: In Mallorca habe er neben der privaten Rennveranstaltung auch einen Geschäftstermin gehabt (dass an einem Rennwochenende auch über Geschäftliches geredet wird, versteht sich eigentlich von selbst). Bei dem Zwischenstopp in Köln, so Schumacher weiter, habe er nicht nur den Autorestaurateur getroffen, sondern, in Abstimmung mit dem Aufsichtsratsvorsitzenden, einen Gesprächstermin wahrgenommen, und im Fall Saarbrücken sei er davon ausgegangen, dass sein Sekretariat die privat angefallenen Kosten korrekt ihm zurechnen werde. Die Sekretärin habe ihn hereingelegt.

Den Flug ins Saarland habe er mit der geplanten Berlin-Reise «koordiniert, weil ich natürlich irgendwie nach Saarbrücken kommen musste». Dort habe er den berühmten Porsche 718RSK gekauft, der 1957 in Le Mans Klassensieger geworden war. Das «Fahrzeug lag komplett in Trümmern und Einzelteilen in den USA». Schumacher überwies 220 000 Dollar und zahlte 150 000 Dollar bar. Das Geld entnahm er einer Plastiktasche, die ihm Schneider, der sich nach Darstellung Schumachers an dem Auto beteiligen wollte, mitgegeben hatte – ein Vorstandsvorsitzender, der die Scheine in der Tüte mit sich führt. Schumacher: «Mir war das auch peinlich, aber der Verkäufer wollte Bares. Ich wollte das Fahrzeug als Prunkstück für meine Sammlung behalten, Herr Schneider sah das von Anfang an mehr als Geschäft an.» Nach aufwendiger Restaurierung wäre das Fahrzeug «mit Sicherheit etwa 1,1 bis 1,2 Millionen Euro wert» gewesen. Soll man tatsächlich glauben, dass Schumacher einen Fremden – zumal eine so zwielichtige Figur wie Schneider – an einem solchen Projekt beteiligen würde? Die vielen merkwürdigen Details sind für Außenstehende nicht leicht nachvollziehbar. Fast jeder lügt sich in diesem Stück seine Wahrheit zurecht.

Das gilt auch für von Zitzewitz, der eine steile Karriere hinter sich und eine ansehnliche berufliche Zukunft vor sich hatte. Nach außen war der Manager, dessen letztes Jahresgehalt bei Infineon einschließlich Prämien 1,1 Millionen Euro betrug, nicht großspurig. Er residierte nicht wie Schumacher in einer feinen Villa am Starnberger See, sondern bewohnte eine schlichte Doppelhaushälfte in einem Dorf bei München. Nur sein Hobby, der Motorsport, war nicht ganz billig. Zu fünf, sechs Motorradrennen im Jahr nahm der Porschefahrer die beiden älteren seiner drei Söhne mit. Gemeinsam hockten sie dann an den Rennstrecken vor den Maschinen, putzten Lager, Antriebsketten, Bremsen, und der Geruch aus Gummi, Benzin und Rizinusöl, das oft dem Rennöl zur Leistungssteigerung beigemischt wird, war für sie kein Gestank, sondern ein Duft. «Unser Zusammengehörigkeitsgefühl war riesig», sagt von Zitzewitz.

Aber da waren die Teilnahmegebühren zu zahlen, Bremsbeläge, Reifen – vergleichsweise überschaubare Beträge; weil seiner musischen Frau das teure Vergnügen missfiel, hat er viele der Ausgaben mit Schneiders Geld bezahlt. Das Ehepaar führt ein gemeinsames Konto, und so musste er nicht lange begründen, warum er so viel Geld für sein Hobby ausgibt.

Seine Frau ist ausgesprochen robust. Als Ermittler das gemeinsame Haus durchsuchten, sägte sie mit stundenlangem Cellospiel an deren Nerven. Sie entschied sich für Vivaldi; der Venezianer hat rund 26 Konzerte für Cello geschrieben. Wie sie Vertrauten später sagte, wollte Frau von Zitzewitz auf konzertante Art dagegen protestieren, dass sich «auch die Staatsanwaltschaft von Schumacher instrumentalisieren ließ».

Der Fall Infineon verrät eine Menge über Korruptionskultur in deutschen Firmen, und das Beispiel des Herrn von Zitzewitz lässt erahnen, wie kleinkariert es auch in besseren Kreisen zugehen kann. «Die Grenzen zwischen Gefälligkeiten und dem Abrutschen in eine

persönliche Abhängigkeit des Gebens und Nehmens sind fließend»,
sagt Peter von Blomberg von der Anti-Korruptions-Organisation
Transparency International. Gier und Dummheit gehen manchmal
Hand in Hand. Im Fall Zitzewitz überwog die Dummheit.

Als Täter und ein bisschen auch als Opfer agiert in dem Schmie-
renstück der Unternehmer Schneider, Jahrgang 1952. Einer, der zu-
packen konnte, aber mit seiner hellen Strähne im Haar und den
braunen Schuhen zum blauen Anzug nicht so recht in die gehobenen Kreise passte. Einer, der den Gesprächspartner zur Bekräfti-
gung seiner Aussagen immer wieder am Arm packte. Er hatte den
Schreinerberuf erlernt, das Abitur nachgeholt und war Bauinge-
nieur geworden. Schreiner baute Holzblockhäuser und verkaufte
die Firma schließlich für umgerechnet rund 600 000 Euro.

Ebenso wie von Zitzewitz und Schumacher war er ein Hobby-
rennsportler, aber von anderer Klasse als die beiden Managerka-
meraden: Teilweise parallel zu seiner beruflichen Tätigkeit hatte er
bis Mitte der achtziger Jahre Tourenwagenrennen gefahren. Später
betreute er Rennteams wie das «BMW-Juniorenteam» oder das
«Audi-Team Schneider». In den neunziger Jahren war er in die
Schweiz gezogen und hatte die Unternehmensberatungsfirma B F
Consulting AG mit Sitz im Kanton Thurgau gegründet. Er verkaufte Immobilien in Ägypten und kümmerte sich vor allem um
die Vermarktung von Motorsportveranstaltungen.

Im Jahr 1997 lernte Schneider die beiden damaligen Siemens-
Manager Schumacher und von Zitzewitz bei einer Veranstaltung
auf dem Hockenheimring kennen. Er fragte die Autofans, ob sie
«nicht Lust hätten, mal ein richtiges Rennen zu fahren». Nach ein
paar Testrunden im Alfa hatten Schumacher und der Adelsmann
Lust. Schneider besorgte ihnen die notwendigen Lizenzen und organisierte im Herbst 1998 das erste Rennen für die beiden Manager. Ein Jahr später fuhren sie schon drei Langstreckenrennen. Die
beiden stiegen als Fahrer in den Porsche-Super-Cup ein – eine pri-

vate Rennserie für vermögende Autobesitzer, die unter Rennsport-leuten «Mäuseliga» heißt.

Der Kaufmann aus der Schweiz spendierte den gutverdienenden Managern Luxuswochenenden: Er mietete die Rennautos, zahlte Hotels, Restaurantbesuche, kam für Schäden an den Autos auf. Pro Rennen seien 10 000 bis 12 000 Mark angefallen, erinnerte sich Schneider. Investitionen in eine Männerfreundschaft, die aus seiner Sicht gut angelegt waren. Fütterte er Kunden an? Schumacher widerspricht: Er habe selbst bezahlt.

Am 3. Mai 2000, Infineon war an die Börse gegangen, schloss die BF Consulting mit dem Chip-Konzern den ersten Agenturrahmenvertrag ab. Auf Rennautos der Marke Porsche und Werbeflächen an Rennstrecken stand fortan der Name Infineon. Als Jahrespauschale waren 500 000 Euro vereinbart worden. Gegenstand des Vertrags waren, so steht es in Firmenunterlagen, «Beratungs-, Planungs- und Konzeptionsleistungen auf dem Gebiet des Sportsponsoring-Managements». Jährlich musste BF Consulting ein Sponsoring-Gesamtkonzept erstellen sowie Events vorbereiten und koordinieren. Für die konkrete Umsetzung und Leitung von Sponsoring-Projekten gab es auf der Basis von Einzelaufträgen zusätzliches Geld. Infineon sponserte in der Formel 1 sogar das Jordan-Team mit rund 7,5 Millionen Dollar. Dass der damalige deutsche Jordan-Fahrer Michael Frentzen eine mit «Infineon» beschriftete Kappe trug, kostete das Unternehmen weitere anderthalb Millionen Euro. Die Vereinbarung mit Jordan und Frentzen war vom damaligen Siemens-Vorstand Volker Jung durchgesetzt worden, der zeitweilig den Infineon-Aufsichtsrat leitete.

Im Konzern gab es strengste Kostenkontrolle, strengste Mitarbeiterführung, strengste Zielvorgaben. Nur wenn es um das Hobby einiger Vorstands- oder (wie bei der Formel 1) Aufsichtsratsmitglieder ging, galt das alles nicht mehr. Obwohl es zu zahllosen Unregelmäßigkeiten kam, die sich stets zum Nachteil von Infineon auswirkten, wurde Schneider «de facto von Mitarbeitern der Infineon nicht kontrolliert», stellten später Richter des Landgerichts München fest. «Aufgrund enger persönlicher Verbundenheit» Schneiders mit Schumacher habe dieser freihändig agieren können. Auch in den Jahren der Krise, als Tausende Mitarbeiter entlassen wurden, lief das Sportprogramm – mit Ausnahme der Formel 1 – weiter. Ob Porsche-Super-Cup, US-Rennserie oder Nascar-Serie: Der Krisen-Konzern, an dessen Spitze PS-Romantiker standen, gehörte zu den Gönnern auf den Rennstrecken der Welt.

Allen Beteiligten sei klar gewesen, erläuterte Schneider, dass man sich unlauterer Methoden bediene. «Wir können so nicht weitermachen», habe Schumacher bei einem gemeinsamen Abendessen gesagt. Das Rennvergnügen auf Firmenkosten sei dennoch fortgeführt worden. Er, Schneider, habe mit den Vorständen Privatverträge ausgehandelt, für die diese dann selbst aufgekommen seien – allerdings deutlich unter den tatsächlichen Kosten. Was Schumacher und von Zitzewitz offiziell bezahlten, habe er ihnen heimlich wieder zugesteckt. Das wird von den Managern dementiert. Unbestritten ist: Die Hochbezahlten predigten in den Jahren der Krise intern Leistung und Verzicht und waren sich selbst gegenüber unvermindert großzügig.

Bei einer Vernehmung in der Justizvollzugsanstalt München-Stadelheim schilderte Schneider später einer Beamtin des Landeskriminalamts und dem Münchner Staatsanwalt Gerhard Köstler die Umstände eines 24-Stunden-Rennens in Spa im Jahr 2002. Schumacher, von Zitzewitz und ein Manager der HypoVereinsbank seien abwechselnd gefahren. Der Mann vom Geldhaus habe rund 100 000 Euro an Kosten für den Freizeitspaß im Voraus gezahlt. Schneider: «Sämtliche Nebenkosten für die Veranstaltung habe ich bezahlt. Diese Nebenkosten beliefen sich auf etwa 20 000 Euro … Die 25 000 Euro der Herren Schumacher und von Zitzewitz habe ich beiden jeweils in einem Umschlag in München wieder zurückgegeben. Ich kann nicht mehr sagen, ob es exakt die 25 000 waren oder ob noch etwas dazugekommen war. In Spa äußerte sich Schumacher mir gegenüber verwundert darüber, dass von Zitzewitz mitfahre, wo es doch so teuer sei. Er fragte mich in diesem Zusammenhang: ‹Oder gibst du ihm auch etwas?›»

Falsch, sagt Schumacher. Er habe selbst gezahlt. Weil von Zitzewitz «sehr geizig und sehr ehrgeizig» gewesen sei, habe er Schneider nur gefragt: «Hat der eigentlich einen Sponsor?» Von den heimlichen Zahlungen habe er keine Ahnung gehabt.

«Die angefütterten Raubtiere wurden immer gieriger», kommentierte der Vorsitzende Richter der 6. Strafkammer des Landgerichts München I, Wolf-Stefan Wiegand, das Treiben bei Infineon später. Schneider schilderte Details angeblicher Übergaben: «Herr von Zitzewitz hatte mich mehrfach angerufen, wenn er Unfälle mit Motorrädern hatte und deshalb Geld brauchte. Er fragte mich dann, ob ich ihm etwas bringen könnte. Er sprach mich auch einmal an, weil seine Frau die A-Klasse kaputt gefahren habe. Er wolle dies nicht über die Versicherung laufen lassen. Ob ich ihm das Geld mitbringen könnte?»

Falsch, sagt von Zitzewitz. Er habe nie Geld von Schneider verlangt, sondern der habe ihm «das Geld regelrecht aufgedrängt»: «Nimm doch was», und ‹leider› sei er «schwach geworden». Außerdem habe nicht seine Frau, sondern einer der Söhne das Auto kaputt gefahren, und der Schaden sei von seiner Versicherung bezahlt worden. Nachdem Schneider den Adligen angezeigt hatte und die Ermittler bei von Zitzewitz anrückten, wusste der nicht genau zu sagen, wie viel er von Schneider erhalten hatte. Er habe «nur die Dicke der Kuverts gefühlt, nicht nachgezählt». Im Büro müsse noch ein Kuvert herumliegen. Ein Beamter fuhr sofort zu Infineon und fand einen Umschlag mit 17 000 Euro. Ein weiterer hochrangiger Infineon-Mitarbeiter, Harald E., räumte ein, von Schneider 50 000 Dollar erhalten zu haben. E. verließ das Unternehmen.

Lange Zeit schonte Schneider allerdings den früheren Infineon-Chef Schumacher. Schumacher habe von ihm nichts bekommen, beteuerte er zunächst. Schumacher sei sein Sportskamerad gewesen. Doch nun drohten Schneider bis zu acht Jahren Haft. Aus dem Untersuchungsgefängnis schickte Schneider Ende 2005 einen Brief an Schumacher, der mit «dein Freund Udo, genannt der Knacki» unterzeichnet war. Ein Emissär, der nach München kam, erklärte, Schneider sei «ja nur aufgrund der eidesstattlichen Versicherung in Probleme» geraten und angeblich habe Schumacher dem Freund damals zugesagt, im Fall der Fälle die Anwalts- und Gerichtskosten zu übernehmen. Schumacher: «Stimmt nicht.» Gesichert ist jedoch, dass er Schneiders Verteidigung über einen Darlehensvertrag in Höhe von 400 000 Euro selbst finanzierte. Als Sicherheit wurde eine Eigentumswohnung Schneiders eingetragen. War das Schweigegeld? Schumacher: «Nein, ich konnte das moralisch rechtfertigen, weil ich glaubte, einem in Not geratenen Freund zu helfen.»

Der Emissär meldete sich bald wieder und behauptete, Schumacher habe von Schneider heimlich Hunderttausende bekommen. Schneiders Firmen brauchten eine Finanzspritze – es fehlten 1,2 Millionen Euro. «Wir wollen doch nicht, dass Herr Schumacher gemeinsam mit Herrn Schneider den Hofgang macht», drohte er. Schumacher: «Das war ein vergleichsweise brutaler Erpressungsversuch.» Er hatte Angst, «in der U-Haft zu verschwinden. Ich hatte schlichtweg die Hosen voll.»

Im Herbst 2006 kündigte Schneider an, er werde den früheren Infineon-Chef «nicht mehr schonen». Auch Schumacher habe angeblich abkassiert. Staatsanwalt Köstler, ein skeptischer Strafverfolger mit viel Erfahrung, den Schneiders anfangs auch falsche Aussagen bereits Nerven gekostet hatten, setzte eine neue Vernehmung an. Wenn Schneider flunkerte, das stand fest, würde Köstler die Vernehmung abbrechen. Der Staatsanwalt hörte zu und war danach überzeugt.

Schumacher habe «richtig Druck gemacht», behauptete der Untersuchungshäftling. Beispielsweise habe er «im April oder Mai 2003 Schumacher entweder 100 000 oder 150 000 Dollar in bar nach München gebracht. Die Zahlung erfolgte in 100-Dollar-Scheinen, dies gab eine Menge Papier.» Insgesamt habe er 2003 dem damaligen Vorstandsvorsitzenden 300 000 Dollar gegeben. Er habe an Schumacher gezahlt, weil er «weiterhin Aufträge von Infineon erhalten wollte». Völlig falsch, sagt Schumacher. Er habe nichts von Schneider gewollt und nichts bekommen. Keinen Cent. Im Gegenteil. Schneider konterte: «Herr Schumacher erkundigte sich immer wieder, ob das sicher sei, wie ich es verbuche. Ich sagte ihm, es sei wasserdicht.» Schumacher: «Erlogen und erstunken.»

Was ist Wahrheit, was ist Lüge? Die 6. Strafkammer mit dem Vorsitzenden Richter Wolf-Stefan Wiegand hat Schneider im September 2006 wegen Untreue und Bestechung im geschäftlichen Verkehr zu einer vergleichsweise milden Strafe von vier Jahren Haft verurteilt. Der Unternehmer hatte auch Geld von Co-Sponsoren unterschlagen, das eigentlich Infineon zustand.

Wiegands Kammer gab in der Urteilsbegründung im Fall Schneider ein paar Hinweise zur Causa Schumacher. An den Angaben Schneiders «zu den Zahlungen an die Vorstandsmitglieder» hätten die Richter «keinen Zweifel». Die angeblichen Zahlungen über 300 000 Dollar für den ehemaligen Vorstandschef mochte das Gericht nicht bewerten, weil diese «im vorliegenden Verfahren nicht angeklagt» gewesen seien. Die Richter wiesen darauf hin, dass der «dargestellte Sachverhalt» keine «präjudizielle Wirkung für etwaige andere Verfahren» habe.

Was wurde aus der Firma? Infineon ist mit der Zentrale auf einen schicken Campus am Münchner Stadtrand umgezogen. Das Speichergeschäft wurde abgetrennt, der Mutterkonzern Siemens musste die Pleite des Großkunden BenQ verdauen. Das Unternehmen hat seinen Aktionären seit dem Börsengang keine Dividende gezahlt. Im Jahr 2008 steckte Infineon in einer schweren Krise. Der Aktienkurs lag zeitweise nur noch knapp über vier Euro. Der Manager Peter Bauer, der gemeinsam mit dem Kollegen Fischl und von Zitzewitz gegen Schumacher angetreten war, wurde neuer Chef. Seit Schumacher weg ist, ging es allerdings nicht aufwärts.

Gegen Schumacher, der in manchen Jahren einschließlich der Boni bis zu sechs Millionen Euro verdiente und dennoch angeblich von Schneider vergleichsweise kleines Geld angenommen haben soll (was er lebhaft bestreitet), wurde im Sommer 2008 noch ermittelt. Staatsanwalt Köstler gab Ende 2006 den Infineon-Fall ab, weil er Richter in München wurde. Die Nachfolgerin, Staatsanwältin Ingrid Henn, wollte über Schumachers Fall noch im Jahr 2007 entscheiden. Daraus wurde nichts. Der frühere Infineon-Chef ist heute einer der Köpfe eines Private-Equity-Unternehmens, aber die Ermittlungen sind ihm zur Last geworden. Wenn er mit Kunden über Investments spricht, weist er auf sein Verfahren hin. Er habe manchmal Angst vor dem «kompletten Ruin», sagt er. Auch streitet er mit Infineon über seine Abfindung. Die erste Rate in Höhe von 2,625 Millionen Euro hatte er am 31. März 2005 erhalten; wegen der zweiten in gleicher Höhe, die eigentlich zum 31. Oktober 2005 ausgezahlt werden sollte, sind die beiden Parteien vor Gericht gegangen. Bei einem Deal mit Infineon-Aktien hat er außerdem 1,2 Millionen Euro verloren.

Schneider ist angeblich ruiniert. Seine Wohnung in der Schweiz, die einen Wert von rund 1,5 Millionen Franken hatte, allerdings auch in dieser Höhe belastet war, wurde versteigert. Seine Altersversorgung ist für die Zahlung des monatlichen Unterhalts für seine Lebensgefährtin, das gemeinsame Kind und eine Tochter aus zweiter Ehe aufgelöst worden. Er hat einen Kontokorrentkredit von rund 100 000 Euro aufgenommen, und Infineon hat Ansprüche gegen ihn in Höhe von 1 327 167,50 Euro angemeldet, will aber darauf verzichten, wenn er Schumacher belastet.

Von Zitzewitz, der beste Aussichten auf eine große Karriere hatte, kam um eine Hauptverhandlung herum. Ende 2006 erhielt er einen Strafbefehl. Weil er von Schneider rund 85 000 Euro kassiert hatte, wurde er zu einem Jahr Haft auf Bewährung verurteilt, musste eine Geldbuße in Höhe von 100 000 Euro zahlen und das dem Fiskus vorenthaltene Geld nachversteuern. Er wurde Geschäftsführender Gesellschafter einer Firma mit 22 Mitarbeitern und einer Jahresproduktion von rund zweihundert Campingbussen. Die Geschäfte liefen nicht toll. Er hatte Existenzsorgen, schlief schlecht. Ein Gehalt nahm sich der Gesellschafter nicht. Er hat sein Paket Infineon-Aktien verkauft, um solvent zu bleiben, und dabei ebenfalls sehr viel Geld verloren. Über die Gehälter und Boni, die im Topmanagement für normal gehalten werden, kann der ehemalige Dax-Vorstand und heutige kleine Mittelständler «nur noch staunen. Vieles ist maßlos überzogen.»

Von früheren Infineon-Mitarbeitern, die sein Ausscheiden bedauerten, hat er zwar viel Zuspruch bekommen, doch selbst die Rückkehr in eine Position unterhalb der Spitze eines Großkonzerns ist ihm derzeit versperrt. 2008 wechselte er zum Solaranlagenbauer Conergy. Wem der Ruch der Korruption anhaftet, gilt mittlerweile bei den großen Konzernen als Aussätziger. Durch einen «fatalen Fehler», sagt von Zitzewitz, habe er sich «die Anerkennung aus zwanzig Jahren harter Arbeit kaputt gemacht». Ihm sei «nicht wohl» gewesen, als er das Geld angenommen habe, aber er sei «dem Reiz erlegen, unerwartet Geld in der Tasche zu haben, von dem niemand wusste». Verbittert hat ihn, dass Infineon ihn noch einmal vorgeführt hat.

Anfang 2007 forderten der Infineon-Vorstand und der Infineon-Aufsichtsrat in einer Einladung zur Hauptversammlung öffentlich seine Nichtentlastung. Von Zitzewitz war entsetzt. «Warum gewäh-

ren die mir keinen Abschluss in Ehren?», fragte er einen Vertrauten. Die Infineon-Spitze rührte die Klage des früheren Kollegen,
die auch zu ihr durchgedrungen war, nicht sonderlich. Jedes Jahr
wird ein wesentliches Thema für die Hauptversammlung gesucht:
Im Vorjahr war es die Nichtvorlage der Entscheidung zur Speicher-
abspaltung, im Jahr zuvor die Treuepflicht für die Aktionäre. In
diesem Jahr hatte man eben nichts Besseres gefunden als den Vorschlag, von Zitzewitz nicht zu entlasten.

Pflegefälle am Fließband

Der Manager Pierre Levi hat eine glanzvolle Karriere hingelegt.
Sein Diplom schaffte er an der berühmten Ecole des Mines de Paris, seinen Master of Business Administration (MBA) machte er an
der amerikanischen Wharton School, an der Spitzenleute wie der
bescheidene Milliardär und amerikanische Investor Warren Buffett
ausgebildet wurden.

Levi wurde stellvertretender Präsident eines Chemiekonzerns
und Chef eines großen Dosenherstellers, bevor er erst zum Vize-
Präsidenten, dann zum Vorstandsvorsitzenden des französischen
Automobilzulieferers Faurecia aufstieg. Das Unternehmen, das zu
71 Prozent dem Automobilkonzern PSA Peugeot Citroën gehört,
beschäftigt weltweit 60 000 Mitarbeiter und setzt im Jahr mehr als
zehn Milliarden Euro um. Solche Unternehmen lassen sich mit dem
Begriff «Zulieferer» nur unzulänglich beschreiben. Faurecia ist der
zweitgrößte Zuliefererbetrieb für europäische Autobauer und weltweit die Nummer neun. Die Firma stellt unter anderem komplette
Cockpits sowie die Innenausstattung von Autos her.

Worüber Levi öffentlich gern klagte, das waren die Preissteige-
rungen bei Energie und Rohstoffen und die fallenden Preise für
Neuwagen. Experten vergleichen Levis Branche manchmal mit der

Landwirtschaft. Entweder ist die Ernte noch auf den Feldern, oder sie ist schon auf den Feldern. Das eine ist aus diesem Grunde unvorteilhaft, das andere aus jenem. Es gibt bei den Autozulieferern und bei den Landwirten keine Tatsache, die nicht an einem «Schon» oder «Noch» kränkelte.

Über die wahre Plage, die sein Gemüt beschattete, hat Levi jedoch lange Zeit nicht gesprochen. Öffentlich jedenfalls nicht. Ein paar Jahre nachdem er Chef geworden war, hatte ihn ein Insider zur Seite genommen und ihm berichtet, Faurecia stimme einige Einkäufer großer Automobilkonzerne durch geldliche und andere Zuwendungen gewogen. Die Berichte über Herrn Levis Reaktion sind widersprüchlich. Gesichert ist nur, dass er weder zur Staatsanwaltschaft ging, um die Schmierereien anzuzeigen, noch betriebsintern dafür sorgte, dass es bei Faurecia wieder nach Recht und Gesetz zuging. Er hat allerdings – denn er steht bei seinen Freunden im Ruf, ein Calvinist zu sein – über den scheinbar unverrückbaren Zusammenhang zwischen Zweck und Mittel geklagt, sich aber dann doch, vermutlich unfroh, gefügt.

Fortan ließ er sich von seinem deutschen Statthalter Jürgen K., der gelegentlich auch als Geldbote unterwegs war, über die Höhe der Zuwendungen schriftlich informieren. Auch Bestechung braucht einen Rahmen. Sein deutscher Manager schickte ein Fax: Darin waren 27 Fälle mit den jeweiligen Schmiergeldsummen sorgfältig aufgelistet.

Als kurz darauf, im Frühjahr 2005, einige deutsche Betriebsprüfer bei einer Faurecia-Niederlassung im pfälzischen Hagenbach vorbeischauten, ahnte noch niemand, dass Levis Absturz nur noch eine Frage der Zeit sein sollte und Faurecia in eine Krise taumeln würde, die schlimmer war als alle negativen Entwicklungen an der Rohstoffbörse. Der Fall Levi ist sogar zum Menetekel für andere große Bosse geworden, die Durchstechereien fördern oder zulassen.

Die durch die Ermittlungen der deutschen Fahnder und durch

Medienberichte verschreckten Chefmanager der Automobilkonzerne, vorneweg der damalige VW-Vorstandschef Bernd Pischetsrieder, drohten, die Zusammenarbeit mit Faurecia zu beenden, wenn Levi keine personellen Konsequenzen ziehe. Der französische Spitzenmanager musste im Sommer 2006 seine Demission einreichen. Für den Chefmanager war es ein tiefer Fall, aber auch die Chargen, die Absahner und Abzocker, wurden mit ihrer Beute nicht glücklich. Die meisten von ihnen verloren nicht nur den unrechtmäßig erzielten Gewinn, sondern ihren gesamten Besitz.

Die Branche schwitzt im Treibhaus der Korruption. Von den rund 750 000 Beschäftigten in der deutschen Automobilindustrie arbeiten 320 000 in der Zuliefererindustrie. Zwar können die großen Autohersteller ohne die Zulieferer keine Wagen mehr bauen: Längst gilt die Faustregel, dass BMW, Opel, Mercedes oder Volkswagen nur noch ein Drittel ihrer Autos selbst produzieren. Dächer, Getriebe, Sitze, Hinterachsen oder Frontpartien werden von Zulieferern direkt an die Montagebänder gebracht. Aber das Sagen haben die Autokonzerne.

Früher standen die Zulieferer in weit prächtigerer Wolle als heute. Dann drückten die Autokonzerne die Preise mit pauschalen Nachlassforderungen in Höhe von 15 Prozent. Das Geschäft ist hart, und der Verlust eines einzigen großen Auftrags kann eine Firma in Schieflage bringen. Dass sogar einer der größten Lieferanten weltweit, der US-Konzern Delphi, Pleite machte, erschreckte die Zuliefererindustrie zusätzlich.

Die Frankfurter Strafverfolgerin Sibylle Gottwald hat den Verdacht, dass bei Auftragsvergaben in diesem Metier Schmiergeldzahlungen «an der Tagesordnung» gewesen und lange Zeit auch «stillschweigend geduldet» worden seien. Dass Volkswagen-Zulieferer beispielsweise einst zum Pläsier des einen oder anderen VW-Herrenreiters jedes Jahr in Wolfsburg ein Reitturnier veranstalteten, wusste jeder in der Branche, und kaum jemand nahm früher daran

Anstoß. Vermutlich hat der Konzern bei der Endabrechnung jedes Turnier teuer bezahlt.

Die Geschichte, die bei Faurecia ihren Anfang nahm, hat viele Weiterungen, weil jeder Schlag ins Kontor einen anderen nach sich zog. Zu danken ist dafür den um Aufklärung bemühten Fiskalbeamten, die in der Buchhaltung des Autozulieferers in Hagenbuch auf Ungereimtheiten gestoßen waren und nicht lockerließen. Die Steuerprüfer hatten nach dem Zweck von Bargeldzahlungen gefragt, und die Auskünfte waren unbefriedigend gewesen. Später schalteten sich auch das Bundeskriminalamt, die Frankfurter und die Münchner Staatsanwaltschaft erfolgreich ein.

Ein ganzes Netzwerk aus korrupten Einkäufern und Beratern kam ans Licht, bei dem man leicht die Übersicht verlieren kann. Mancher Sünder beichtete freiwillig. Ein in der Hierarchie weit oben rangierender VW-Manager, der von einem Faurecia-Mitarbeiter heimlich große Summen zugesteckt bekam, meldete sich bei der Staatsanwaltschaft, bevor die Ermittler morgens an seine Tür klopfen konnten. Der Manager hatte einen tadellosen Ruf, war aber leider gierig gewesen. Einen kleinen Teil der Beute, rund 70 000 Euro, hatte er im Heizungskeller versteckt. Nicht einmal seine Frau kannte das Depot.

Dann ist da der Manager Andreas S. aus Niedersachsen, Jahrgang 1963. Er hatte eine überschaubare Karriere gemacht und war bis zum Geschäftsführer einer kleinen Firma aufgestiegen, die Faurecia im Jahr 2001 übernahm. Fortan agierte er als Abteilungsleiter für alle Entwicklungs- und Vertriebsprojekte mit VW. Dass er bei seiner Arbeit mit Geld nachhelfen sollte, wurde ihm rasch klar.

Er hatte es beispielsweise mit einem Audi-Einkäufer von Instrumententafeln und Mittelkonsolen zu tun. Der redete manchmal in Rätseln. Überhaupt ist es in der Branche so, dass Neulinge eine Weile brauchen, um die Spielregeln zu verstehen. Ihnen fehlt der Sinn für die Andeutung, das Ohr für die Worte, die unausgesprochen bleiben. S. müsse doch etwas für ihn tun, quengelte der Audi-Mann ständig, eine Kleinigkeit zumindest. Das Apartment in Ingolstadt für die Treffen mit der Freundin sei nicht günstig: 500 Euro Miete im Monat. Die Dame hatte er in Dresden kennengelernt, als ein aufmerksamer Lieferant ein kleines Essen spendierte und dazu netterweise vier «Mädchen» einlud. Dem Audi-Mann hatte die eine besonders gut gefallen, und sie hatte natürlich mitunter für sich auch spezielle Wünsche: einen Job, eine Uhr und ein bisschen Geld.

Der Audi-Mann habe gedrängelt, immer mehr Geld verlangt, behauptete Levis Manager Andreas S. und führte etwas umständlich aus, man könne auch von einer «gewissen Regelmäßigkeit» der erzwungenen Zahlungen sprechen. Anderenfalls, so habe der Audi-Mann anklingen lassen, dürfe das Unternehmen sich nicht wundern, wenn bei ihm eine Bestellung liege, die nicht an Faurecia gehe. 160 000 Euro habe er bekommen. «Unfug», behauptet der. Nie habe er etwas verlangt. Allenfalls Biermarken für kleine Feste, Schreibwaren oder eine Kaffeemaschine seien an ihn ausgegeben worden. Er sei doch kein Halsabschneider.

Um den Seat-Mann in Spanien zu «beatmen», wie es in der Fachsprache heißt, reiste S. mit dem Kollegen E. nach Barcelona. Der Seat-Mann galt – obwohl ganz schön viril und auch sonst belastbar – in der Branche als «Pflegefall». Herr E. hatte einige Erfahrung mit solchen Pflegefällen gesammelt und machte S. vor der Begegnung in einem vornehmen Restaurant klar, dieser solle irgendwann für zehn Minuten hinausgehen, damit er unter vier Augen mit dem Seat-Bediensteten reden könne. S. verschwand auf die Toilette, rauchte eine Zigarette, und als er wiederkam, strahlte E. und schlug ihm auf die Schulter. Fast beiläufig sagte E., um die Details werde sich S. kümmern. Als sie allein waren, erfuhr S. von E., die Sache sei «klargezogen». Er habe dem Seat-Mitarbeiter ein

Vertriebsleitergehalt zugesichert: also achtzig- bis hunderttausend Euro Schmiergeld.

Der Einkaufsleiter eines Autokonzerns für den Bereich Chemie steckte zunächst Fußballkarten und dann in Peine Bares ein; der nimmersatte Mitarbeiter in Brasilien wollte immer Cash haben, und in China musste natürlich auch Geld abgeliefert werden. Der Anwalt von S. erzählte den Frankfurter Staatsanwälten, sein Mandant könne sich bei den chinesischen Empfängern zwar an deren Funktion erinnern, aber «nachvollziehbar nicht an ihre chinesischen Namen». Das muss man verstehen. Zumal ein Vorgesetzter S. geraten hatte, über China zu reden, wenn die Staatsanwaltschaft sich nach den vielen Barzahlungen bei Faurecia erkundigen sollte.

Ein bisschen Bargeld hat S. für sich behalten: rund 60 000 Euro, die für den Kauf eines Grundstücks in Österreich oder als Anzahlung für ein Ferienhäuschen reichen sollten. Eine Kleinigkeit gewissermaßen.

Eine Berühmtheit in der Branche war der Diplomingenieur Günther L., ein Bajuware, der gleich nach der Promotion («summa cum laude») in Landshut bei BMW angefangen und es zum Abteilungsleiter im Facheinkauf für Cockpit, Mittelkonsolen, Instrumententafeln und Türverkleidungen sowie zum Hauptabteilungsleiter für die Produktion des Mini gebracht hatte. Nach außen hin führte er ein sehr bürgerliches Leben mit Frau, Kindern und einem Häuschen, das natürlich schuldenfrei war. Zuletzt verdiente L. rund 220 000 Euro. Das ist ein schönes Sümmchen, doch es reichte ihm nicht. Er liebte das Besondere.

Eigentlich regierte L. wie ein kleiner Duodez-Fürst. Der skurrilste Fall betrifft eine bayerische Speditionsfirma. Das Unternehmen wolle als Zulieferer «bei BMW einen Fuß in die Tür bekommen», sagte ein Geschäftsführer im Gespräch mit L. Ein Speditionsunternehmen? L. hatte eine Idee. Er schlug vor, Handbremshebelbälge anzubieten, und kümmerte sich auch gleich um den passenden Facheinkäufer. Die Firma bekam den Zuschlag und wurde Zulieferer für die Dreier-Serie von BMW. Im Gegenzug erhielt L. Anteilsscheine an zwei Fonds im Gesamtwert von 85 000 Euro.

Eine Firma aus Amberg wollte die Kopfstützen liefern und bekam ebenfalls den Zuschlag. L. verdiente mit. Rund 130 000 Euro landeten auf einem Nummernkonto in der Schweiz. Mittelsmänner wurden eingeschaltet, außerdem Firmen in den USA, die Scheinrechnungen fabrizierten. L. gab den Takt vor.

Ein Manager erzählt, er habe für L. im Möbeltresor 78 870 Euro in einer Geldkassette aufbewahrt – «für Casino- und Barbesuche». Der Zocker und Genussmensch L. habe ihn aufgefordert, «zum Beispiel mit ihm nach Karlsbad, Marienbad und Prag zu fahren». L. war ein in Tschechien bekannter Spieler. Was die Croupiers nicht wussten: Der ihn begleitende Manager zahlte. Wenn L. in St. Moritz die Puppen tanzen ließ, musste der Manager nachreisen und die Rechnungen in der Berghütte «Matthis» oder im «Draculaclub» übernehmen. Im Casino waren pro Abend sieben- bis achttausend Euro fällig. Man ging teuer essen. Da durfte die Flasche Wein mitunter tausend Euro kosten.

Auch in Bangkok war L. gern zu Gast, selbst die Golfkleidung ließ er sich schenken. Einer seiner Mitarbeiter wollte mit seiner Frau in den Golfclub – kein Problem. Die Jahresmitgliedschaft übernahm ein Zulieferer.

Ein Manager, dessen Firma im Jahr 450 Millionen Euro Umsatz mit BMW machte, spielte mit L. eine Runde Golf. Der murmelte vor sich hin: «Du könntest etwas für mich tun.» – «Was?» – «Zweihunderttausend», sagte L. «Das geht nicht», erwiderte der Manager. L. habe «angefressen» gewirkt und sei grußlos weggegangen. Der Manager hatte eine schlaflose Nacht. Zwar konnte niemand bei BMW allein über Aufträge entscheiden, auch der gierige L. nicht:

Es gab eine Initialphase, eine Konzeptphase, eine Lieferantenentscheidungsphase, Auftragsvergabe et cetera. Ein Wort von L. hätte allerdings die ganze Arbeit zunichtemachen können. Also zahlte der Manager fortan Hunderttausende über Scheinrechnungen an eine amerikanische Firma. Das Geld floss – mit einem kleinen Abschlag – L. zu.

Manche Akteure waren dummdreist und wollten ihre Bestechungssummen auch noch von der Steuer absetzen. So hatte ein mittelständischer Zulieferer aus Sachsen den Finanzämtern Betriebsausgaben für Projekte wie «Sitze 46/II» gemeldet und Rechnungen einer Frau L. aus der Nähe von Landshut eingereicht. Es handelte sich um L.s Ehefrau. Der Fiskus schaute in die Bücher, und der Rest war Formsache.

Einer der Geschäftsführer der sächsischen Firma kam in Untersuchungshaft und beichtete den Fahndern, seine Firma sei an einen Auftrag für Schalthebel durch einen Vermittler aus der Oberpfalz gekommen, der in den USA eine Firma gegründet habe. Der Mittelsmann, gegen den natürlich auch ein Verfahren eingeleitet wurde, erzählte von Geldtransfers über Konten im Ausland und schwarze Kassen. Bevor die Polizei kam, hatte er noch versucht, seine Festplatte zu löschen, und eine CD zerkratzt. Es war die falsche. Auf dieser waren Urlaubsbilder. Die andere mit den Geschäftsdaten haben die Fahnder entdeckt.

Der Nimmersatt Günther L. hat alles verloren. Das Landgericht München I verurteilte ihn wegen Bestechlichkeit im geschäftlichen Verkehr in sieben Fällen zu drei Jahren Haft. BMW hat ihn entlassen. Das Haus der Familie musste verkauft werden, und den ihm zustehenden Anteil am Verkaufserlös beschlagnahmte das Finanzamt. Die in den Skandal verwickelten Manager der anderen Firmen wurden ebenfalls entlassen; den meisten von ihnen wird der Prozess gemacht. Der ehemalige französische Chefmanager Levi erhielt einen Strafbefehl: ein Jahr auf Bewährung mit Bewährungsauflage.

Keine Geldstrafe. In den Zuliefererbetrieben sind einige Geschäftsführer ausgetauscht worden.

Manche haben dazugelernt. Der Zulieferer aus Amberg hat einen internen Kodex «für verantwortungsvolles Handeln» erarbeitet. Beschäftigte können sich seitdem bei Verdachtsfällen vertrauensvoll an ein Gremium wenden. Man darf auf Besserung hoffen. Ein bisschen zumindest.

Alles fürs Geschäft?
Das System Siemens

Der Weltkonzern Siemens war wegen Schmiergeldzahlungen ins Gerede gekommen. Heinrich von Pierer («Mister Siemens») stellte sich Reportern des Magazins *Der Spiegel* zum Gespräch:

Frage: «Herr von Pierer, gehören zur Geschäftspolitik Ihres Hauses Schmiergelder?»

Pierer: «Natürlich nicht … Wir bedauern diesen Vorgang außerordentlich. Unser Haus kann nicht zulassen, dass Geld gezahlt wird, damit Siemens einen Auftrag bekommt. Wir haben ja schon im Juni vergangenen Jahres Konsequenzen gezogen. Wir haben diese Vorgänge nicht nur missbilligt und unsere Mitarbeiter nicht nur ermahnt, sondern auch erneut an die Konsequenzen erinnert, die ein solches Vorgehen hat, und zwar für das Unternehmen, aber auch für die Mitarbeiter.»

Frage: «Sie unterhalten in der Schweiz eine Firma, die eigens dafür eingerichtet ist, Schmiergelder zu verteilen.»

Pierer: «Das stimmt nicht.»

Frage: «Welche Konsequenzen hat Siemens gezogen?»

Pierer: «Sie können sicher sein, dass wir alles tun, damit sich Dinge, wie sie in München passiert sind, nicht wiederholen … Es gibt einen Vorstandsbeschluss vom vergangenen Juni. In dem haben wir eigentlich nur Dinge bekräftigt, die immer schon für das Unternehmen galten. Wir haben die Führungskräfte des Hauses schriftlich darauf verpflichtet, sich strikt an die Grundsätze zu halten. Die Leute haben das nicht nur einseitig als Erklärung bekommen, sondern sie haben das gegengezeichnet zurückgeben müssen.»

Frage: «Hat es Sie überrascht, dass diese peinlichen Enthüllungen hochkamen?»

Pierer: «... mich hat der Vorgang überrascht und betroffen gemacht.»

Das Interview stammt aus dem Jahr 1992, jenem Jahr, in dem der promovierte Jurist den Vorstandsvorsitz des Konzerns übernahm. Die Reaktionen gleichen verblüffend denen, die der Siemens-Aufsichtsratsvorsitzende von Pierer vor seinem Rücktritt im Frühjahr 2007 an den Tag legte: Bestürzung, Fassungslosigkeit, Unverständnis.

Bei der Betrachtung von Korruptionsdelikten gilt dasselbe wie in anderen Bereichen des Lebens auch: Wer die Gegenwart verstehen will, muss die Vergangenheit kennen. Wer nach vorn will, muss zurückschauen. Es gibt viele Hinweise darauf, dass das breitangelegte Korruptionsnetz, das Siemens-Mitarbeiter über den Globus gespannt hatten und dessen Enttarnung 2006/2007 weltweit für Aufsehen sorgte, schon in den achtziger und neunziger Jahren geknüpft worden ist und niemals zerstört wurde. Die Konzernspitze, das zumindest steht fest, hat zu wenig unternommen, um saubere Verhältnisse zu schaffen.

1992, als von Pierer so «betroffen» war, ging es zwar nicht um Bestechungen im Ausland (die waren damals noch erlaubt und wurden sogar vom Fiskus belohnt), sondern um Schiebereien im Inland (die waren verboten), aber die Methoden – die schwarzen Kassen, das Gemauschel im Konzern vor der Aufdeckung durch staatliche Gewalten – weisen schon erstaunliche Parallelen auf.

Auch damals waren die Medien elektrisiert, die Reporter rieben sich die Augen. «Sitten wie in Palermo», kommentierte der *Münch-*

ner Merkur, einen «Sumpf» entdeckte die *Süddeutsche Zeitung*, und die ermittelnde Oberstaatsanwältin Ursula Lewenton, eine energische Dame, machte «organisierte Wirtschaftskriminalität in Reinkultur» aus. Mehr als ein Dutzend Bedienstete des Elektrokonzerns, ein ehemaliger Mitarbeiter, kleine Unternehmer und ein untreuer Angestellter der Stadtverwaltung hatten vor Gericht erscheinen müssen.

Für die Vermittlung von Aufträgen beim Bau städtischer Klärwerke hatten Siemens-Mitarbeiter Schmiergelder in Millionenhöhe gezahlt. Das als «Provisionen» getarnte Geld nahm verschlungene Wege: Im Ausland wurden Namenskonten eingerichtet, Bargeld in Zürich konspirativ übergeben. Überhaupt führten viele Spuren in die Alpenrepublik. Man traf sich in Foyers vornehmer Hotels, hatte als Erkennungszeichen die *Süddeutsche Zeitung* oder den *Spiegel* dabei und flüsterte sich bei der Begegnung das Kennwort zu. Dann wurden die Scheine ausgehändigt.

Zu den Zürcher Geldempfängern zählte ein ehemaliger Siemens-Ingenieur aus der Niederlassung in München-Bogenhausen, der auch im Ruhestand noch sehr rüstig war. Unmittelbar gegenüber der Siemens-Filiale am Mittleren Ring hatte er ein «Büro Elektroplan» eröffnet. Der Rentner war einst ein «Reißer» in der Auftragsbeschaffung gewesen; selbst ein Vorsitzender Richter lobte ihn später als «sehr erfolgreichen Akquisiteur im Außendienst». Bei Siemens hatte seine Aufgabe darin bestanden, Kontakte zu den Großinstallateuren im Münchner Raum, zu Ingenieurbüros und Behörden zu knüpfen, Aufträge zu besorgen und Material an die Großinstallateure zu verkaufen.

Als Rentner arbeitete er eng mit einem Angestellten im Münchner Baureferat zusammen. Der untreue Beamte lieferte bei Großprojekten die vorliegenden Kostenangebote und verriet, welche Summen die Stadt für die ausgeschriebenen Bauaufträge auswerfen wollte. In der Regel waren drei Prozent der Netto-Auftragssumme als sogenannte Provision fällig. Zwei Prozent nahm der Mitarbeiter im Baureferat, ein Prozent kassierte der Rentner.

Nach Erkenntnissen der Kripo schanzten die beiden einer Münchner «Elektro-Mafia» aus über zwanzig Firmen auf diese Art Aufträge zu. Die Mitorganisation übernahmen Leute von Siemens. Der Weltkonzern zahlte umgerechnet mehr als 2,5 Millionen Euro an Bestechungsgeldern. Am Geldfluss beteiligt waren die Siemens-Standorte München, Erlangen und Karlsruhe. Erst als ein beteiligter Münchner Unternehmer auf die kuriose Idee kam, seine Schmiergeldzahlung als Werbekosten von der Steuer abzusetzen, flog das Bestechungskartell auf.

In der folgenden Prozessserie saßen Siemens-Mitarbeiter bis hin zum Vertriebsleiter, Abteilungsleiter und Abteilungsdirektor auf der Anklagebank; sogar ein Technischer Vorstand musste sich vor Gericht verantworten.

Der Rentner erzählte, wie er zum ersten Mal bei seinem früheren Arbeitgeber aufgetaucht sei und den Managern angeboten habe, dank seiner guten Beziehungen Aufträge zu besorgen. Drei Prozent Provision müssten allerdings drin sein. Kein Problem, lautete die Antwort. Die Siemensianer von der Münchner Niederlassung für Anlagentechnik schalteten die Kollegen in Karlsruhe ein, die das Schmiergeld als «Auslandsauftrag» über ein Schweizer Konto abbuchten. Auch die Kollegen in Erlangen waren behilflich. Sie verrechneten das Schwarzgeld wieder über die Schweiz. Die Gesetzesverstöße wurden arbeitsteilig arrangiert: Man verbuchte Zahlungen für einen Iran-Auftrag, der noch gar nicht zustande gekommen war. Manchmal reichte auch der Hinweis «Gasturbine Engineering». Die vielgerühmte Controlling-Abteilung von Siemens schaute auffällig weg.

Der Vorsitzende Richter Günter Bechert versuchte damals zu ergründen, inwieweit die Münchner Zustände mit den Praktiken in Bananenrepubliken vergleichbar seien. Immer wieder fragte er nach der sogenannten Firmenphilosophie des Konzerns und ließ Zweifel an der These der Siemens-Leute erkennen, dass die Klärwerksfälle bedauerliche Ausrutscher seien. Ob solche Schmiergeldzahlungen nicht vielleicht doch üblich seien? Überhaupt nicht üblich, lautete die stereotype Antwort der Angeklagten.

Ein Zeuge trat auf, der sich als «Kontrollinstanz» für die Barzahlung von Auslandsprovisionen bezeichnete, aber bekannte: «Ich habe keine Kontrolle ausgeübt.» Der Richter war ratlos. Wie konnten beispielsweise hohe Beträge ohne große Probleme von einem Schweizer Siemens-Konto für Auslandsprovisionen abgerufen und als Zahlungen für Auslandsaufträge verbucht werden, die gar nicht existierten? Und warum war ein ebenfalls angeklagter Jurist des Siemens-Stammhauses für Anlagentechnik in Erlangen an einem Samstagmorgen – die Ermittlungen liefen schon – in die Münchner Filiale gefahren, hatte kistenweise für den Fall relevante Aktenordner eingepackt und dann in Erlangen in den ganz großen Reißwolf gesteckt? Er habe Schaden von der Firma abwenden wollen, aber nur Akten vernichtet, in denen sich Hinweise auf verjährte Kartellabsprachen finden ließen, behauptete der Mann. Das, so schrieb der ungläubige Richter Bechert ins Urteil, «widerspricht … jeder Lebenserfahrung».

Auffallend in all diesen Verfahren, die erst in den späten neunziger Jahren abgeschlossen wurden, war die grenzenlose Firmenloyalität der Angeklagten. Keiner der aktiven Mitarbeiter hatte sich bereichert – alles geschah fürs Unternehmen, das dann wiederum auch alles für sie tat. Ungeachtet aller Betroffenheitserklärungen der Siemens-Zentrale zahlte der Konzern Kaution, um «seinen» Leuten die Untersuchungshaft zu ersparen, und übernahm die Anwaltskosten in Höhe von umgerechnet 250 000 Euro. Der Münchner Staatsanwalt Frank Zimmer schätzte, Siemens habe damals rund anderthalb Millionen Euro springen lassen. Er finde es «sehr nobel», bedankte sich ein Angeklagter vor Gericht, «dass man mich sogar als Pensionär unterstützt». Auch nach ihrer Verurteilung verlor keiner der Siemensianer seine Pension.

In den Urteilsbegründungen findet sich fast gleichlautend die Hoffnung des Gerichts, dass die Angeklagten sich die jeweilige Verurteilung eine Warnung sein ließen. Auch gehe das Gericht davon aus, dass sie keine Straftaten mehr begehen würden. Die Sozialprognose sei günstig. Die Siemensianer hätten ein tadelloses Leben geführt, arbeiteten seit vielen Jahren bei derselben Firma und hätten in erster Linie «im Interesse ihres Arbeitgebers» gehandelt.

Der Freiburger Strafrechtler Gerhard Hammerstein, der damals vom Siemens-Vorstand als Prozessbeauftragter bestellt worden war, hatte sich im Gerichtssaal über die «dauernden Angriffe» gegen Siemens beschwert. Es sei nicht richtig, das Unternehmen als «alleinigen Bösewicht» darzustellen, da müsse man schon sehen, wie es in der Branche eben so zugehe. Mitfühlend erklärte er das mangelnde Rechtsbewusstsein der Angeklagten so: «Vielleicht waren viele zu lange im Auslandsgeschäft tätig.»

Eine fast seherische Einschätzung: Die ganz große Siemens-Affäre unserer Tage spielte im Ausland, und die Ausmaße dieses Sumpfes lassen sich derzeit nur erahnen. Es geht um viele Hunderte Millionen Euro Schmiergeld, und wieder haben angeblich alle Kontrollen versagt.

Ein Brief mit Folgen

Seit Januar 2003 ist Christian Schmidt-Sommerfeld Leitender Oberstaatsanwalt der Strafverfolgungsbehörde München I, und er bekommt schon von Amts wegen jeden Tag viel Post. Mitte September 2005 erhielt er wieder mal einen Brief ohne Absender, allerdings mit dem Poststempel München. Ein Anonymus teilte dem

LOStA, wie Behördenchefs von Staatsanwaltschaften auch genannt werden, Geheimes aus der Siemens-Welt mit. Es ging um Korruption und Vertuschung in dem mit 475 000 Mitarbeitern größten deutschen Konzern, speziell in der Sparte Telekommunikation (Com). Der Wortlaut:

> «Sehr geehrter Herr Oberstaatsanwalt Sommerfeld,
>
> wir möchten Sie über schlimme Handlungsweisen im Siemens-bereich Com, Hofmannstrasse in München, informieren: Über Jahre hinweg war der leitende Angestellte Reinhard Siekaczek hauptsächlich tätig, in Sachen Schmiergelder verteilen, Subventionen zu erschleichen und Modelle auszuführen, um Steuern und Abgaben am deutschen Staat vorbeizulenken. Prüfen Sie doch mal alle Italien- und Südafrika- und China-Projekte und auch alle Projekte, für die der Herr verantwortlich war bis 2004.
>
> Es gab auch Revisionen; da wurden alle befragt und wir haben alle Unterlagen gezeigt, aber ohne Folgen. Die Staatsanwaltschaft war auch schon mal im Haus, aber da haben wir alle schnell die Ordner im Archiv verstecken müssen. Es war damals noch im Hochhaus. Heute ist Herr Reinhard Siekaczek Geschäftsführer einer GmbH in der Münchener Innenstadt. Wir sind in der Buchhaltung tätig und überweisen extrem hohe Summen an diese Firma, was angebliche Beratergebühren sein sollen. Es sind garantiert keine Beratergebühren, sondern bestimmt Schweigegeld und Geld für Aktionen, die wahrscheinlich nicht legal sind.
>
> Unterschreiben tun die Zahlungsanweisungen ein … Controller in München Hofmannstraße, Abteilung A&C. Der war jahrelang der engste Mitarbeiter von Herrn Siekaczek. Schauen Sie sich doch mal alle Zahlungsanweisungen an. Unser Chef unterschreibt davon keine. Mitunterschreiben tut auch … ein enger ehemaliger Mitarbeiter von Herrn Siekaczek. Bei uns werden Arbeitsplätze abgebaut und Kollegen mit Versetzungen ins Ausland bedroht, wenn sie nicht spuren und diese Herren stecken Millionen ein, nur weil sie wahrscheinlich bereit

sind, illegale Geschäfte zu machen. Bitte machen Sie diesen hohen Überweisungssummen ein Ende.»

Schmidt-Sommerfeld (intern «Schmiso» genannt) fand das Schreiben interessant und notierte auf dem Brief: «Frau AL XII». Oberstaatsanwältin Regina Sieh war seit drei Jahren die Leiterin der für Korruptionsbekämpfung zuständigen Abteilung XII der Strafverfolgungsbehörde; ihr unterstand damit das mit damals elf Staatsanwälten bundesweit größte Ermittlerteam in dieser Disziplin.

Der (oder die) Unbekannte hatte sich den Ärger von der Seele geschrieben. Das mit der Durchsuchung war leicht nachprüfbar: Nicht Staatsanwälte von der Abteilung XII, sondern Kollegen von der Abteilung XI waren in einer Rechtshilfeangelegenheit tätig geworden. Der damalige Leiter der Abteilung XI, der viele Kontakte in aller Welt hatte und in der Behörde den Spitznamen «Handy-Staatsanwalt» trug (weil er so viel unterwegs war), hatte bei einer seiner Exkursionen einen Kollegen aus Bozen kennengelernt, und der war nun auf ihn zugekommen.

Die Bozener ermittelten seit Jahren gegen den früheren Generalinspektor für das italienische Post- und Fernmeldewesen, Giuseppe Parella, und gegen weitere seiner Landsleute wegen Verdachts der Bestechlichkeit und Geldwäsche. Siemens-Manager der Sparte Telekommunikation hatten die Italiener geschmiert, um beim staatlich kontrollierten Telefonausrüster Italtel zum Zuge zu kommen. Parella behauptete, er habe für angebliche Vermittlertätigkeiten fünf Millionen Euro von Siemens erhalten. Die Bozener Staatsanwaltschaft war der Spur des Geldes gefolgt, und die führte über die Alpen nach München.

Die Ermittler aus Italien und Deutschland waren bei ihrer Durchsuchung im Spätsommer 2005 hinters Licht geführt worden. Während die Fahnder – neben Beamten der Abteilung XI sowie einem Münchner Kriminalbeamten der Bozener Ermittler Cuno Tarfusser mit Gefolge – durch das Siemens-Gebäude irrten, hatten

Angestellte des Konzerns rasch Unterlagen beiseite- und ins Archiv geschafft. Ein Kollege der Abteilung XI erinnerte sich lebhaft, wie der Pförtner die Ermittler im Siemens-Labyrinth ins falsche Stockwerk geschickt hatte. Gezielt? Jedenfalls habe der Zerberus nur gegrinst, als sie nach der Odyssee durchs Haus wieder im Erdgeschoss ankamen.

Nicht mit jedem Detail dieser alles in allem nicht sehr erfolgreichen staatlichen Heimsuchung war der Unbekannte vertraut gewesen, aber seine Darstellung mündete in einen wichtigen Punkt: Unterlagen waren vor den Fahndern versteckt worden. Das war das Entscheidende. Am Ende des Briefes ließ der Anonymus sein Motiv erkennen: Wut. Bei Siemens fielen Tausende Arbeitsplätze weg, und einige «Herren» sackten unberechtigterweise Millionen Euro ein.

Der anonyme Brief, das war klar, durfte nicht in der Ablage landen. Bei dem Verfasser handelte es sich vermutlich um einen jener Whistleblower, die manchmal Ermittler oder auch Journalisten über dunkle Geschäfte informieren, ohne ihre Identität preiszugeben. Solchen mutigen Hinweisgebern galt die ganz besondere Fürsorge der Oberstaatsanwältin.

Im Jahr 2003 waren die Bozener schon einmal in derselben Angelegenheit in der bayerischen Hauptstadt gewesen. Sie hatten damals vom Ermittlungsrichter des Amtsgerichts einen Durchsuchungsbeschluss für die Com-Zentrale in der Münchner Hofmannstraße 51 sowie für acht weitere Siemens-Dependancen bekommen und waren dann auf der Suche nach Dokumenten durch endlose Keller geirrt.

Damals hatten sie vor allem Unterlagen über Geschäftsbeziehungen von Siemens zu einer Briefkastenfirma Tretre Inc. auf Puerto Rico gesucht. Gegenstand eines Vertrags, der aus den neunziger Jahren stammte, war ein angebliches Telekommunikationsprojekt in Nigeria. Nach Mutmaßung der Fahnder handelte es sich dabei um ein Luftgeschäft, um auf Umwegen fünf Millionen Euro nach Italien transferieren zu können. Tretre wer? Niemand bei Siemens konnte sich beim Besuch der Ermittler an die Firma erinnern, auch der damalige Leiter des Rechnungswesens für den Bereich Information and Communication Networks, Hans-Werner H., nicht. Jahre später sollte H. erneut ins Blickfeld der Fahnder geraten.

Oberstaatsanwältin Sieh besprach den Fall mit ihrer Gruppenleiterin Hildegard Bäumler-Hösl und einem erfahrenen Beamten des Bayerischen Landeskriminalamts (LKA), dem Kriminalhauptkommissar Andreas Teichmann. Siemens war im Laufe der Jahre immer wieder durch krumme Touren aufgefallen, besonders auf ausländischen Märkten: Bereits 1996 hatte der damalige Genfer Generalstaatsanwalt Bernard Bertossa den Verdacht gemeldet, Siemens habe bei einem großen öffentlichen Auftrag in Spanien mit Bestechungsgeldern operiert. Es gab keine nennenswerten Reaktionen. In Aserbaidschan war angeblich ein hochrangiger Politiker bei einem Geschäft von Siemens geschmiert worden, in Ungarn sollen Mitarbeiter des Verteidigungsministeriums von Siemens Zuwendungen erhalten haben. In Ägypten, Singapur, Kamerun hatte es Unregelmäßigkeiten gegeben, in Indonesien und Vietnam ohnehin. In Korea hatte man nach einem Siemens-Manager gefahndet, dem Bestechung vorgeworfen wurde. Es hatte eine Reihe von Kartellverstößen durch Siemens gegeben, und Aufsehen hatte ein eher kleines Verfahren erregt, in dem es um große Politik ging und das immer noch nicht abgeschlossen ist: Gegen Siemens war, ebenso wie gegen 45 andere deutsche Unternehmen, ein Strafverfahren wegen illegaler Zahlungen an das System von Saddam Hussein im Zusammenhang mit dem Öl-für-Lebensmittel-Programm eingeleitet worden.

Seit Jahren ermittelt außerdem die Wuppertaler Staatsanwaltschaft gegen fünf Siemens-Mitarbeiter und zehn weitere Beschuldigte wegen Bestechungsverdachts bei einem Geschäft in Serbien.

Siemens und ein Duisburger Anlagenbauer hatten als Konsortium den Zuschlag für die mindestens 49,8 Millionen Euro teure Modernisierung eines Kraftwerkblocks bei Belgrad bekommen. Angeblich flossen dabei 2,5 Prozent des Gesamtumsatzes (1,3 Millionen Euro) Schmiergeld.

In der Abteilung von Oberstaatsanwältin Sieh war auch ein Rechtshilfeersuchen aus Mailand gelandet. Die dortige Staatsanwaltschaft versuchte, die Hintergründe eines Geschäfts zwischen der Kraftwerksparte Siemens Power Generation und dem italienischen Energiekonzern Enel auszuleuchten. Es ging um Millionen, die angeblich eingesetzt worden waren, um den Zuschlag für Lieferungen von Industrieanlagen (Gasturbinen und Zubehör) zu bekommen. «Das bezahlt Siemens doch aus der Portokasse», sagte ein Insider. Eine Lappalie also. Die Münchner reichten den Fall an die Eingreifreserve des Hessischen Generalstaatsanwalts weiter, und die Behörde erhob 2006 gegen zwei ehemalige Siemens-Mitarbeiter in Darmstadt Klage.

Der frühere Siemens-Manager Rudolf Vogel hatte bereits im Spätherbst 2005 öffentlich behauptet, bei Siemens Power Generation sei Bestechung die Regel gewesen. Ein paar Monate zuvor hatte der ehemalige Siemens-Manager Peter Sipos seinem Ex-Arbeitgeber vorgeworfen, russische Auftraggeber geschmiert zu haben. Sipos demonstrierte tagelang vor der Münchner Firmenzentrale: «Hungerstreik gegen Betrug und Bestechung bei Siemens AG» stand auf seinem Schild.

«Gehören Schmiergelder zum Geschäftsinstrumentarium von Siemens?», hatte ein Redakteur der *Süddeutschen Zeitung* zwei hochrangige Siemens-Manager gefragt. «Das meinen Sie wohl selbst nicht im Ernst», hatten die geantwortet und abgewiegelt: «Oft gibt es Anschuldigungen aus zweifelhaften Quellen. Da muss man schon sehr vorsichtig damit umgehen. Sicher ist nur, dass Korruption für Siemens kein großes Problem bildet. Aber wie auch

sonst im Leben kann ein Fehlverhalten Einzelner nicht ganz ausgeschlossen werden.»

Kein großes Problem? Fehlverhalten Einzelner? Kriminalhauptkommissar Teichmann, dem Oberstaatsanwältin Sieh eine Kopie
des Briefes gegeben hatte, sieht schon von Berufs wegen eine andere Wirklichkeit. Er stellte auf der polizeilichen Ebene Recherchen
bei Kollegen in der Schweiz und in Liechtenstein an, denn fast jeder
Wirtschaftskrimi von Format endet in dem kleinen Fürstentum am
Rande der Alpen.

Die Staatsanwaltschaft in Liechtenstein hatte bereits im November 2004 gegen zwei Siemens-Angestellte, einen ehemaligen Mitarbeiter des Konzerns, einen Unternehmer aus der Schweiz und
eine weitere Person ein Verfahren wegen Untreue, Geldwäsche und
Bestechung eingeleitet. Die Fahnder waren auf merkwürdige Geldtransfers über Konten in ihrem Fürstentum gestoßen, die den Verdacht nahelegten, hier seien schwarze Kassen installiert worden,
um Schmiergeldzahlungen vornehmen zu können. Im Frühjahr
2005 hatte der Liechtensteiner Anwalt Andreas Schurti dem Fürstlichen Landgericht zu Vaduz mitgeteilt, er vertrete die Siemens
AG in dem Ermittlungsverfahren und könne versichern, keine der
verdächtigen Personen habe sich bereichert. Als die Münchner Ermittler 2006 davon erfuhren, waren sie alarmiert.

Warum schützt ein Konzern illegal operierende Mitarbeiter?
Warum lehnte das Unternehmen mehrmals die Bitte des Fürstlichen Landgerichts ab, ein Mitglied des Aufsichtsrats als Zeugen
zur Verfügung zu stellen? Der Siemens-Anwalt hatte auf eine Anfrage geantwortet, für ihn und das Unternehmen sei nicht erkennbar, «zu welchen Fragen die einzuvernehmende Person befragt
werden soll». Das Gericht solle die Fragen schriftlich schicken; man
werde dann ebenfalls schriftlich antworten. Am besten sollten die
Behörden des Zwergstaates mit den vielen Stiftungen, Trusts, An-
stalten, Etablissements und Holdings die Ermittlungen einstellen.

Robert Wallner, der Leiter der Liechtensteinischen Staatsanwalt-schaft, teilte dem Siemens-Anwalt etwas umständlich mit, dass «in der Tat dem Vorwurf der Untreue und der Geldwäsche der Boden entzogen» wäre, wenn dessen Behauptung stimme – und stellte das Verfahren nicht ein. Doch als die Vorermittlungen in München lebhafter anliefen, mochten die Liechtensteiner nicht mehr so för-derlich wie zuvor mit den deutschen Kollegen zusammenarbeiten. Ein Rechtshilfeersuchen blieb unbeantwortet, und der sachbearbei-tende Vaduzer Staatsanwalt wurde durch einen Kollegen ersetzt. So etwas passiert schon mal, aber mancher deutsche Ermittler machte sich so seine Gedanken. Siemens-Manager erzählten später, sie hät-ten fest auf die Verschwiegenheit der Liechtensteiner vertraut. In einem internen Siemens-Vermerk vom 26. April 2006 steht, dass es um fragwürdige Zahlungen von bis zu 25 Millionen Euro ging.

Die Bundesanwaltschaft im schweizerischen Bern dagegen ar-beitete engagiert an dem Fall. Die Schweizer ermittelten seit dem Sommer 2005 ebenfalls gegen Siemens-Manager wegen des Ver-dachts der Geldwäsche und Korruption. Der Auslöser war hier ein Hinweis der Dresdner Bank gewesen. Den Finanzmanagern war aufgefallen, dass der Manager Prodromos Mavridis, Mitglied des Vorstandes von Siemens Griechenland, eine hohe Millionensumme auf zweifelhafte Art und Weise verschoben hatte. Die Bank hatte ihn wegen Verdachts auf Geldwäsche angezeigt. Am 19. Dezember 2005 hatte dann Siemens von der Dresdner Bank eine Zusammenstellung der Kontotransaktionen erhalten. Daraus ergab sich, dass bei der Dresdner Bank in der Schweiz fünf Konten bestanden, die Mavri-dis zugerechnet wurden. 37 Millionen Euro waren zwischen Januar 2001 und August 2005 über diese Konten geflossen. Acht Millionen Euro waren auf einem Privatkonto von Mavridis in Athen gelandet. Er hatte bei einer Vernehmung angegeben, das Geld auf den Kon-ten sei zur «Belohnung gutwilliger Vermittler, steuerfrei» bestimmt gewesen.

Ende März 2006 durchsuchten die Schweizer Ermittler in diesem Zusammenhang eine kleine Siemens-Tochter, die Intercom Telecommunications S.A., die zwei Monate später auf Beschluss einer außerordentlichen Gesellschafterversammlung aufgelöst wurde. Sie hatte offensichtlich als eine Art Geldwaschanlage für Schmiergeldtransfers fungiert. Bei der Durchsuchung wurden dreizehn Rechnungen von Beratern beschlagnahmt, die angeblich über die von Mavridis geführten Konten bezahlt worden waren. Die Fahnder waren baff: An Firmen, die nicht einmal Google im unendlichen Web finden kann, waren Millionenbeträge in bis zu zweistelliger Höhe geflossen. Allen Geschäften war gemeinsam, dass sich die Akteure nicht an die auch bei Siemens geltenden Regeln für solche Transaktionen gehalten hatten. Wenn Firmen «Everyloyal» heißen oder so ähnlich klingen wie die Namen von in Deutschland populären Sängern, horchen nicht nur Krimifreunde auf. Im Juli 2006 übermittelte die Berner Bundesanwaltschaft eine Spontanmeldung an die Münchner Justiz. Die Münchner Ermittler trafen sich mit den Schweizer Kollegen und diskutierten den Fall.

Bei Siemens war indessen seit der Durchsuchung durch die Bozener Staatsanwälte die Nervosität beträchtlich gestiegen. «Ich war fortan *persona non grata* im Unternehmen», sagt ein Mitarbeiter, bei dem die Bozener und die deutschen Strafverfolger daheim nach dem Rechten geschaut hatten. Er wurde freigestellt, bekam sein Geld weiter, doch die Kollegen mieden ihn. Er hatte sich erwischen lassen. Offenbar hatten ein paar Strategen die Parole ausgegeben: Mund halten, Zeit gewinnen und darauf hoffen, dass jemand von oben die Handbremse zieht. Handbremsen werden in solchen Fällen übrigens immer von oben gezogen.

Dafür aber war es zu spät. Die Münchner Ermittler, die dem Fall schon 2005 ein Aktenzeichen gegeben hatten, waren entschlossen, sich auf die Wucherungen der Affäre einzulassen. Sie hatten einen Tipp bekommen, mittlerweile ein stattliches Dossier in der Hand, sie recherchierten, sammelten weiter und hakten vielerorts nach. Das musste reichen. Sie gingen strategisch vor, beschafften sich Luftaufnahmen der Siemens-Dependancen, damit die Ermittler bei der anstehenden Durchsuchung am richtigen Platz waren, und versuchten im Internet herauszufinden, welcher Verdächtige wo sein Büro hatte. Da das äußerst mühsam war, erschlossen sie sich andere Informationsquellen.

Eigentlich führte die Staatsanwaltschaft München I die Ermittlungen wie eine Art Geheimverfahren. Nur Schmidt-Sommerfeld und die beiden Strafverfolgerinnen kannten die Details der Vorrecherchen. Natürlich waren auch die Oberen bei der Generalstaatsanwaltschaft und im Justizministerium informiert worden, nachdem sich der Tatverdacht hinreichend konkretisiert hatte. Nur Siemens und die Medien durften nichts erfahren. Bei ihren Ermittlungen hatten die Münchner verblüfft festgestellt, dass über die von den Bozenern beantragte Durchsuchung im Jahr 2005 vorab in einer italienischen Zeitung berichtet worden war.

Die Aktion war politisch delikat, aber den Ermittlern kam zupass, dass die Regierenden in diesen Tagen nicht gut auf Siemens zu sprechen waren. Der Verkauf der früheren Siemens-Handysparte an BenQ Mobile hatte zu einem Insolvenzverfahren geführt. Edmund Stoiber forderte nach der BenQ-Pleite im CSU-Parteiblatt *Bayernkurier* ein neues Wertegefühl in den Vorstandsetagen: «Manager, die zu ihrer Heimat keinen Bezug mehr haben, sind fehl am Platz.» Globalisierung sei «auch ein Wettbewerb der Kulturen».

Der Artikel erschien etwa zu dem Zeitpunkt, als die Staatsanwältin Bäumler-Hösl mit den Akten persönlich zum Haftrichter fuhr. In der Geschäftsstelle ließ sie in die Anträge auf Ausstellung von fünf Haftbefehlen keine Namen, sondern nur Geschäftszeichen eintragen. Der Haftrichter wiederum verwahrte die Akten nicht im Büro, sondern nahm sie mit nach Hause. Diesmal sollte die geplante Aktion die Siemens-Leute wirklich überraschen.

Ende Oktober 2006 stellte Amtsrichter Hans-Ulrich Steigenberger einen siebenseitigen Durchsuchungsbeschluss aus. Der erfahrene Richter, Jahrgang 1949, versuchte, das Firmengeflecht der Schiebereien bei Siemens Communications grob zu skizzieren. Es habe verschiedene Ebenen gegeben: Die erste Ebene bildete Siemens. Von dort wurden Millionensummen an Firmen in Österreich und den USA (die zweite Ebene) überwiesen, die dann das Geld weiter an Briefkastenfirmen in Offshore-Gebieten (die dritte Ebene) lenkten. Die Gesellschaften der zweiten Ebene schlossen Beraterverträge mit der Siemens AG und Scheinverträge mit der dritten Ebene ab. Am Ende seien die Millionen in der Regel nach Liechtenstein oder in die Schweiz geflossen.

Als Termin für eine große Razzia setzten die Ermittler den 15. November an. Möglicherweise wurde auch der Unbekannte, der bis heute unsichtbar und anonym blieb, an diesem Tag von den Staatsanwälten überrascht. Vielleicht freut er (oder sie) sich wie ein zweites Rumpelstilzchen, dass in den Vorstandsbüros von Siemens später die Wände und auch der Boden wackelten. Aber vielleicht ist er sich auch selbst unheimlich geworden.

Chronologie einer Katastrophe

15. November 2006:

In aller Herrgottsfrühe joggt der Siemens-Vorstandsvorsitzende Klaus Kleinfeld um den Starnberger See. Die vergangenen Tage sind nicht einfach gewesen. Die Journalisten und auch Politiker haben sich über die Pleite von BenQ Mobile und den Imageschaden für Siemens die Mäuler zerrissen. Doch die Zahlen im Konzern stimmen alles in allem, weshalb Kleinfeld das Gefühl hat, richtig schlecht sei es nicht gelaufen.

Erst vor ein paar Tagen hat er auf einer Bilanzpressekonferenz verkündet, der Gewinn sei im Geschäftsjahr 2006 um 38 Prozent auf mehr als drei Milliarden Euro gestiegen. «Wir waren noch nie so stark aufgestellt wie jetzt.» Auch die Analysten waren zufrieden.

Der Bremer, Jahrgang 1957, hatte frühzeitig Erfolg. Nach dem Abitur am Gymnasium im Bremer Arbeiterviertel Woltershausen und einem Studium der Betriebswirtschaftslehre und der Wirtschaftspädagogik war Kleinfeld 1987 als Referent zu Siemens gekommen. Acht Jahre später gründete und leitete er bereits die hauseigene Unternehmensberatung. 2001 ging er in die USA, übernahm nach einem Jahr die dortige Siemens-Landesgesellschaft, die 17 Milliarden Dollar Jahresumsatz machte, und kam 2004 als Mitglied des Zentralvorstands nach München zurück. Im Jahr 2005 wurde der dynamische Macher Vorstandsvorsitzender und richtete den Weltkonzern seitdem noch stärker global aus.

Beim Laufen sinniert Kleinfeld gern – er nennt das «meditieren» –, doch an diesem Dienstagmorgen ist es mit der sportlichen Meditation bald vorbei. Ein Anrufer aus der Firma teilt mit, ein Großaufgebot von Staatsanwälten und Polizisten sei soeben bei Siemens mit Durchsuchungsbeschlüssen erschienen.

In der Regel beginnen in München Durchsuchungen in Unternehmen erst gegen neun Uhr, aber wegen der im Vorjahr gemachten Erfahrungen sind die Beamten diesmal schon vor sechs Uhr ausgerückt: 250 Polizeibeamte und Steuerfahnder, 23 Staatsanwälte aus München und Bozen sowie drei Schweizer Bundesanwälte sind in München und Umgebung, in Erlangen sowie in Österreich im Einsatz. Für die meisten Ermittler war es lange Zeit ein Geheimkommando – der Einsatzplan ist erst am Montagnachmittag bei einer Besprechung im Landeskriminalamt verteilt worden. Auch trifft es sich gut, dass die Siemens-Zentrale neben dem bayerischen Innenministerium liegt, auf dessen Gelände viele Polizeiautos parken. So fallen die Wagen, die für den Einsatz gebraucht werden, nicht auf.

Damit diesmal keine Unterlagen beiseitegeschafft werden können, bauen sich die Beamten vor den Büros auf und warten auf die Ankunft der Siemens-Mitarbeiter. Die Aufdeckung einer Affäre, die dem Ruf des Unternehmens, das 160 Jahre zuvor als «Telegraphen-Bauanstalt von Siemens & Halske» in Berlin gegründet wurde, schwer schaden wird, nimmt in relativer Ruhe ihren Anfang.

Kurz nach Beginn der Aktion werden fünf Siemens-Manager, darunter auch Ehemalige, festgenommen. Einige von ihnen sind erstaunlicherweise sofort bereit zu reden, zunächst sogar ohne Anwalt.

Bereits um 8.15 Uhr beginnt in den Räumen des Bayerischen Landeskriminalamts in der Münchner Orleansstraße die Vernehmung des Kaufmanns Reinhard Siekaczek, der bei den Geldverschiebungen in Liechtenstein und der Schweiz eine zentrale Rolle gespielt hat. Der Anonymus hatte besonders auf ihn hingewiesen. Das Münchner Ermittlungsverfahren ist sogar nach ihm benannt worden: Es läuft «gegen Siekaczek u. a. wegen Verdachts der Untreue».

Der frühere kaufmännische Direktor des Geschäftsgebiets Transportnetworks im Bereich Information and Communication Networks (ICN) bittet zunächst um einen Schluck Wasser, dann um ein Blatt Papier, auf dem er erläuternd «die Abwicklung von diskreten Zahlungen» skizziert. Steigenbergers Durchsuchungsbeschluss hat er gelesen und keine wesentlichen Einwände erhoben.

Der Ermittlungsrichter ist in seinem Beschluss davon ausgegangen, dass mindestens 20 Millionen Euro bei der Siemens AG «abgezogen» worden seien. Siekaczek glaubt, es sei «ein bisschen mehr». Vorstandsleute hätten im Übrigen von dem Schmiergeldsystem gewusst. Der Ex-Manager, ein Kugelblitz mit Brille, leichtem Altersdiabetes und zu hohem Blutdruck, hat nie abgehoben. In der kleinen Stadt Erding wurde er geboren, in Erding ging er auf die Private Handelsschule, in Erding hat er 1994 für umgerechnet 495 000 Euro eine Doppelhaushälfte gekauft, auf der immer noch

Hypotheken in Höhe von 210 000 Euro lasten. Darin lebt er mit seiner Frau und den beiden Kindern, die in München studieren. Unter dem Diktat von Vermögensberatern hat er noch nie gestanden. Der bodenständige Siekaczek nennt viele Namen von Mitwissern. Um 12.55 Uhr – sein Anwalt ist seit einer Weile an seiner Seite – bekommt er eine Butterbrezel gereicht. Vorher hat er das blutdrucksenkende Mittel Micardis und das altbewährte Diabetesmedikament Glucophage geschluckt. Dann legt er schon wieder los, und er ist nicht der Einzige, der auspackt.

Er werde auf jeden Fall kooperieren, möchte aber nicht nur die Kleinen, sondern auch die «Verantwortlichen in den höheren Ebenen benennen», sagt ein paar Zimmer weiter der ebenfalls inhaftierte Siemens-Manager Heinz Keil-von Jagemann, der zunächst erkennungsdienstlich behandelt wurde.

Seit etwa 1994, erzählt er, habe er als Geldbote und Verwalter schwarzer Kassen bei Siemens fungiert. Die Gelder für «nützliche Aufwendungen» – er verwende nicht gern den Begriff Schmiergeld – seien viele Jahre lang über zwei Konten in Österreich gelaufen. Auf dem Innsbrucker Konto habe er pro Jahr umgerechnet zwölf Millionen Euro bewegt, über Salzburg seien umgerechnet 75 bis 100 Millionen Euro pro Jahr abgewickelt worden. Bei der Filiale einer Großbank am Münchner Promenadeplatz habe er regelmäßig große Summen Geld abgehoben, sei dann um die Ecke in die Kardinal-Faulhaber-Straße gegangen und habe die vielen Scheine dort bei einer Bank abgeliefert. Die Beträge seien dann den Geheimkonten der Raiffeisen-Landesbank Tirol gutgeschrieben worden.

Von Österreich aus seien, ohne Hinweis auf Siemens, Überweisungen in alle Welt getätigt worden. Manchmal habe er das Geld auch bar bewegt, mitunter sei er mit einer Million Mark im Kofferraum herumgefahren. Einmal sei er von einem Grenzbeamten kontrolliert worden. Der Grenzer habe nur gesagt, er habe noch nie so viel Geld auf einem Haufen gesehen. Als im Gefolge der Terroranschläge vom 11. September 2001 in den USA die Vorschriften und Kontrollen zur Geldwäsche verschärft wurden, sei er erleichtert gewesen, nicht mehr mit einem Koffer voller Geld durch die Straßen ziehen zu müssen. Die Kontrollen am Münchner Flughafen seien viel strenger geworden. Bei der UBS-Bank in Zürich habe er in einem Schließfach ebenfalls viel Bargeld verwahrt. Am Flugplatz in der Zwinglistadt sei nicht so penibel geprüft worden.

Beim Kampf um Klienten, so Keil-von Jagemann, seien eben größere Summen geflossen, im Millionenbereich, versteht sich. Kaum hat er den Satz gesagt, fällt ihm ein, dass ein Siemens-Manager, der für Ägypten zuständig war, hohe Summen bekommen habe, um tüchtig schmieren zu können. Was es mit dem Projekt Telekonicasi Indonesia auf sich habe, wollen die Ermittler wissen. Da sei über angebliche Beratungsleistungen «Kapital generiert» worden, ist die Antwort. Projekt Vietnam Post und Telekommunikation? Lief genauso. Projekt Saudi Telephone Company? Genauso. Projekt Ministry of Communication of Kuwait? Genauso. Russland? Klar. Drei für Russland zuständige Kollegen hätten ihm von notwendigen Zahlungen an öffentliche Stellen und Geheimdienste berichtet.

Die Strafverfolger rechnen rasch mit. Allein bei diesen sechs Verträgen sind 20,55 Millionen Euro in dunkle Kanäle geflossen. Die Summe überrasche ihn nicht, erklärt der Manager. Das sei doch für Siemens-Verhältnisse ein kleiner bis mittlerer Betrag gewesen. Immerhin müsse man die Summe zum mehr als zehn Milliarden großen Gesamtumsatz des Bereichs Com in Beziehung setzen.

Haben die Beamten vielleicht eine andere Wirklichkeit im Kopf als die Manager, die in 190 Ländern Niederlassungen haben und in deren Imperium die Sonne nicht untergeht? Keil-von Jagemann gilt in seiner privaten Umgebung als redlicher Mann, als jemand, der dem anderen nicht die Krücken wegzieht, und das ist heutzutage schon etwas. Im großen Siemens-Kosmos war er ein Niemand mit einem Jahresverdienst von 85 000 Euro brutto, aber in der Com-Welt verließen sie sich auf ihn, für die Firma stand er stets parat – eigentlich ein Allerweltstyp.

Krude und etwas unbeholfen beschreibt der herzkranke Manager seine Möglichkeiten: Bis zur zweiten Ebene, auf der Scheinfirmen ihre Scheinrechnungen stellten, sei er im Bilde gewesen. Die Offshore-Plätze mit den Briefkastenfirmen habe er nicht gekannt. Wer das Geld bekommen habe, wisse er ebenso wenig. Dafür sei er ein zu kleines Licht gewesen. In diesen Bereichen, belehrt er die Vernehmer, würden keine Fragen gestellt, sie würden auch nicht beantwortet. Das Prinzip des «only what you need to know» stammt eigentlich aus der Welt der Nachrichtendienste.

Abschottung, Hierarchie, Ebenen – die Ermittler haben noch nicht den Durchblick. Sie fühlen, dass dieser Fall weit komplizierter und größer ist, als sie vor der Aktion noch glaubten. Was da in Umrissen sichtbar wird, ist kein adretter Krimi, sondern ein unendlich verfilztes, unappetitliches Knäuel, in das möglicherweise Spitzenmanager des Weltkonzerns verwickelt sind.

Die schon am ersten Tag von Siemens-Managern kolportierte Geschichte von der Bande aus dem Souterrain des Konzerns, die mit raffinierten Methoden Millionen erbeutet habe, ist offenkundig eine Legende. Schon die Vorermittlungen deuteten darauf hin, dass es hier mindestens um ein System Com, wenn nicht gar um ein System Siemens geht. Langsam frisst sich die Affäre in den Vorstand durch.

Siekaczek packt am Nachmittag weiter aus. Seine Berichte aus der geheimen Siemens-Welt lassen erstmals die wahren Ausmaße der Affäre erahnen. In den neunziger Jahren, sagt er, seien umgerechnet 250 Millionen Euro allein im Bereich öffentliche Netze für nützliche Aufwendungen ausgegeben worden. «Jährlich!» Diese Zahlen müssten den Oberen eigentlich aufgefallen sein.

Im Jahr 2001, erzählt Siekaczek, sei ein Bereichsvorstand der Com, der Manager Michael Kutschenreuther, zu ihm gekommen: Wegen der Konten in Österreich gebe es Probleme. Die Genfer Generalstaatsanwaltschaft ermittle im Zusammenhang mit Bestechungen in Nigeria, und eine Spur führe in die Alpenrepublik. Ein Jahr später seien daraufhin er und vier weitere Siemens-Manager in der Gastwirtschaft «Alter Wirt» in Forstenried mittags zu einem Krisengespräch zusammengekommen. Kutschenreuther sei natürlich dabei gewesen, ein Mitarbeiter der internen Revision, der Leiter des Rechnungswesens und ein Mitarbeiter von Carrier Networks.

Man habe über eine Neuorganisation der schwarzen Kassen und die künftige Abwicklung sogenannter Provisionszahlungen diskutiert. «Alle guckten auf mich.» Er habe sich schließlich bereit erklärt, die «Sonderaufgabe» zu übernehmen. Der Kollege von der Revision habe versprochen, ihm nicht in die Quere zu kommen, der vom Rechnungswesen habe ihm jede Unterstützung zugesichert, und der von Carrier Networks habe gesagt, «er werde mir ewig dankbar sein». Diese Siemens-Welt, so scheint es, hatte ihre ganz eigenen Regeln.

Skandalös aber ist nicht die individuelle Verfehlung, sondern ihre Einbettung ins Netzwerk. Siekaczek hat das System nach eigener Aussage gemeinsam mit einem Treuhänder in der Schweiz neu eingerichtet. Auch über drei Firmen in Dubai sei viel Geld geflossen. Ein Helfer, mit dem er übrigens am gestrigen Abend noch in München zusammengetroffen sei, habe Scheinrechnungen ausgestellt. Das Bargeld sei dann bei ihm gelandet. Im nicht verjährten Zeitraum, auf diese Feinheit kommt es Ermittlern immer an, sollen so mindestens weitere 40 Millionen Euro bei Siemens abgeflossen sein.

Als das System Anfang 2004 aufzufliegen drohte, so Siekaczek weiter, sei er zu Thomas Ganswindt gegangen, dem damaligen Vorstand und Chef der Netzwerksparte ICN, der später in den Siemens-Zentralvorstand aufstieg. Der habe sofort eine Rauschanlage in seinem Zimmer angestellt, damit draußen keiner mitbekam, was drinnen besprochen wurde.

Es sei um Provisionszahlungen gegangen, also um Schmiergeld. Er habe Ganswindt davon in Kenntnis gesetzt, dass in nächster Zeit etwa 15 Millionen Euro nach Griechenland fließen sollten, zehn Millionen nach Nigeria und rund zehn Millionen Euro in Staaten der früheren Sowjetunion. Das sei zu viel. Der Einsatz von Schmiergeld müsse zurückgefahren werden, sonst bekomme man strafrechtliche Probleme. Ganswindt solle beim Vertrieb darauf hinwirken, dass die Kunden ihre Forderungen reduzierten. In Bozen werde schon ermittelt, und nichts sei mehr sicher.

Siekaczek, der etwa 200 000 Euro jährlich verdient hat, erzählt den Ermittlern, er habe sich damals geweigert, eine Compliance-Erklärung zu unterschreiben, und sei dann im Sommer 2004 ausgeschieden. Er wurde Berater bei Siemens und kassierte 35 000 Euro plus Aufwandsentschädigung von 10 000 Euro monatlich. Der Vertrag war auf drei Jahre Laufzeit angelegt, endete aber mit der Inhaftierung.

Rauschanlage hinter Vorstandstüren, ein Mitarbeiter, der sich weigert, interne Regeln ernst zu nehmen – wie ist das möglich? Stimmen Siekaczeks Behauptungen, oder versucht er nur den Sumpf zu vergrößern, damit am Ende alle darin versinken? Gegen Ganswindt wird anfangs noch nicht ermittelt.

Kleinfeld, der sich an diesem Tag im Internationalen Führungszentrum Feldafing der Siemens AG aufhält, liest den Namen Siekaczek auf dem Durchsuchungsbeschluss, doch der Ex-Mitarbeiter ist ihm nicht bekannt. Man kann als Chef eines so großen Unternehmens nicht alle aus dem Mittelbau kennen. Später wird nicht nur Kleinfeld der Name ein Begriff sein. Der Vorstandsvorsitzende wird sehr viel später in kleiner Runde sogar darüber spekulieren, ob Siekaczek der geheimnisvolle Anonymus gewesen sein könnte.

Aber das ist äußerst unwahrscheinlich. Immerhin hat der Unbekannte, der den Fall 2005 ins Rollen brachte, in seinem Schreiben an Schmidt-Sommerfeld den Ex-Direktor Siekaczek stark belastet.

Kleinfeld, in dessen Vorstandsbüros die Ermittler ebenfalls nachgeschaut haben, bespricht den Fall mit dem Finanzvorstand Joe Kaeser. Gerhard Cromme, der dem Prüfungsausschuss des Aufsichtsrats vorsteht, wird ebenfalls telefonisch informiert. Der alte Fuchs aus dem Revier, der bis 1999 die Geschicke der Krupp AG und bis 2001 bei Thyssen-Krupp leitete, hat eine Witterung für Gefahren, aber auch er ahnt in diesem Augenblick noch nicht, was auf den Konzern (und auf ihn) zukommen wird.

In einem am 6. November 2006 abgelieferten 27-seitigen Bericht der für die Einhaltung der Anti-Korruptionsvorschriften zuständigen Compliance-Abteilung an den Prüfungsausschuss des Aufsichtsrats war unter anderem die Rede davon gewesen, es gebe in Italien Bestechungsvorwürfe mit einem «Vermögensvorteil von 338 Millionen Euro». Die Angaben waren jedoch sehr vage, und bei näherem Hinsehen handelte es sich nur um den Auftragswert eines Projekts. Kleinfeld mutmaßt daher, die Durchsuchung habe womöglich mit dem Fall der Intercom Telecommunications S.A. in der Schweiz zu tun, über den er Anfang des Jahres kurz informiert worden ist – also eigentlich eine überschaubare Angelegenheit.

Kaeser und Kleinfeld rufen Bekannte und Kollegen an, um zu fragen, was die denn in einer ähnlichen Situation gemacht haben. Kleinfeld nennt das «benchmarken». Das heißt: Externes Wissen wird rasch in das eigene Unternehmen eingebracht. So spricht er mit einem Spitzenmann der American International Group (AIG), des weltweit größten Versicherungskonzerns, der einmal wegen unsauberer Bilanzierungspraktiken große Probleme hatte, und bittet außerdem den DaimlerChrysler-Chef Dieter Zetsche um Rat.

Die Stuttgarter haben ihren eigenen Korruptionsskandal und seit Jahren die amerikanische Börsenaufsicht SEC im Haus. Selbst der einst so allmächtige Vorstandschef Jürgen Schrempp wurde von den Amerikanern vorgeladen und sehr ausführlich befragt. Das Strafmaß hat die SEC noch nicht festgelegt.

Als oberste Wertpapier- und Börsenbehörde überwacht die SEC mit rund 3100 Fahndern, Buchprüfern und Anwälten den gesamten US-Aktienmarkt. Auch Siemens, das ahnt Kleinfeld, wird Probleme mit der SEC bekommen. Die Münchner haben sich im Frühjahr 2001 an der US-Börse listen lassen und sich damit freiwillig der amerikanischen Rechtsprechung unterworfen, die harte Regeln kennt. Die 1934 gegründete SEC konnte in den vergangenen Jahren ihre Kompetenzen erheblich ausweiten; sie darf Haftstrafen oder riesige Geldbußen verhängen und Firmen auf eine schwarze Liste setzen. Die sind damit für einen festzulegenden Zeitraum von öffentlichen Aufträgen ausgeschlossen. Und wie würden die großen amerikanischen Pensionsfonds reagieren, wenn Siemens Probleme mit der SEC bekäme? Kleinfeld beschließt, sich selbst um die Organisation der internen Aufklärung zu kümmern, und will amerikanische Spezialisten engagieren.

Von diesen internationalen Dimensionen ahnen die Fahnder nichts. An diesem Tag beschlagnahmen sie bei Siemens erst einmal routinemäßig Material: 36000 Ordner Archivunterlagen, mehr als zweihundert Ordner über aktuelle Geschäftsvorgänge, außerdem umfangreiche Datensätze.

16. November 2006:
«Großrazzia bei Siemens», schlagzeilt die *Süddeutsche Zeitung*. Das Landeskriminalamt hat eine Sonderkommission «Netzwerk» gegründet, deren elf Mitarbeiter den Fall gemeinsam mit Strafverfolgern und Steuerspezialisten bearbeiten. Sehr aktiv ist auch das Kommissariat 244 der Münchner Polizei, dessen Beamte ausschließlich in großen Korruptionsfällen ermitteln. Ungewöhnlich viele Beschuldigte packen weiterhin umfangreich aus. Verbitterung

macht sich unter den Inhaftierten breit, weil sich das Spitzenpersonal des Konzerns gleich von ihnen distanziert und den Eindruck erweckt, eine ehrlose Bande ohne Rechtsgefühl habe Siemens hereingelegt und sich vielleicht sogar noch selbst bereichert. «Bei so was fällt immer was vom Wagen», hat ein Vorstandsmitglied einem Kollegen gesagt. Das spricht sich herum. Einige der Untersuchungshäftlinge hören davon und sind fassungslos.

17. November 2006:

Eine Runde von Spitzenleuten des Konzerns sitzt zusammen und diskutiert einen Bericht der Wirtschaftsprüfungsgesellschaft KPMG, der am Vortag bei Siemens eingegangen ist. «Strictly confidential» – streng vertraulich – ist das Papier. Die Prüfer beanstanden Beraterhonorare, die in Kleinfelds Amtszeit fallen, und schon deswegen ist der Bericht brisant. Sie listen für das jüngst abgelaufene Geschäftsjahr exakt 77 636 618,11 Euro auf, die außerhalb der bei Siemens für Beraterverträge festgelegten Regeln gezahlt wurden. Die KPMG-Prüfer, die auch die Bilanzen des Konzerns testieren, stießen auf viele Merkwürdigkeiten: Mal waren die Empfänger nicht eindeutig erkennbar, mal waren die Dienstleistungen nicht eindeutig festgelegt oder die Dauer der Kontrakte unbestimmt.

Die Beraterhonorare, hinter denen sich oft Schmiergeld verbirgt, gingen an vierzehn Firmen und Geschäftsleute in Europa, Asien und Afrika. Darüber hinaus bestanden zum Ende des am 30. September 2006 ausgelaufenen Geschäftsjahres noch Zahlungsverpflichtungen von mehr als 22 Millionen Euro für solche Beraterverträge. Auffällig ist, dass viel Geld an Adressen in Zypern geleitet wurde.

Auch die im Siemens-Fall ermittelnden Beamten erhalten das KPMG-Papier. Sie sind zunächst nur verblüfft, dass deutsche KPMG-Mitarbeiter andere deutsche KPMG-Mitarbeiter in schönstem Fachenglisch über die dubiosen Transfers unterrichten.

Die Erklärung ist einfach: Sie korrespondieren auch deshalb miteinander auf Englisch, weil Siemens ein an der US-Börse notiertes Unternehmen ist und sich am Ende, wie bereits angedeutet, vermutlich die US-Börsenaufsicht für den Fall interessieren wird.

18. November 2006:

Die Athener Staatsanwaltschaft geht inzwischen dem Verdacht nach, dass Siemens im Rahmen der Olympischen Spiele 2004 geschmiert hat. Das Unternehmen hatte für die Sommerspiele unter anderem eine riesige Sicherheitszentrale geliefert und für die Überwachung der Sportstätten 60 000 einzelne Geräte installiert. Siemens ist seit über hundert Jahren in Griechenland tätig. Auf Schweizer Konten, die karibischen Briefkastenfirmen zugeordnet werden und auf die der langjährige Chef der Sparte Telekommunikation in Athen Zugriff hatte, lagerten zeitweise 37 Millionen Euro. Etwa zehn Millionen Euro wurden abgehoben; davon gingen acht Millionen nach Griechenland. Gegen den am 7. April 2006 bei Siemens ausgeschiedenen Mavridis hat auch die Münchner Staatsanwaltschaft ein Ermittlungsverfahren eingeleitet. Von der Schweizer Bundesanwaltschaft wurde er Ende März 2006 vernommen.

Der frühere Direktor Siekaczek berichtet von einem Ordner «Olympische Spiele Athen», den er angelegt habe und der Protokolle sowie die Namen der Personen enthalte, die bei der Beschaffung eines Auftrags für die Sommerspiele 2004 mitgewirkt hätten. Es gebe ein Schriftstück, auf welchem stehe, dass von den Umsätzen der Telekommunikationsbranche in Griechenland acht Prozent für die Vertreter von Siemens Hellas abgezweigt wurden, «zu welchem Zweck auch immer». Finanziell nachzuhelfen sei «quasi allgemeines Gedankengut» gewesen.

Bei einer Siemens-Business-Konferenz in Berlin 2004 war das Projekt Olympic Games in Athen noch als sogenanntes Best Practice Example vorgestellt worden. Kutschenreuther sagt, er habe damals neben Kleinfeld gesessen und protestiert: Die Darstellung sei geschönt. Bei diesem Projekt gebe es 30 Millionen Euro überfällige Forderungen. Kleinfeld habe nach der Präsentation den griechischen Siemens-Manager angesprochen. Der wiederum nahm Kutschenreuther zur Seite und fragte erbost, warum der Kollege sich Kleinfeld gegenüber so geäußert habe. Nach Darstellung Kutschenreuthers soll der griechische Manager dann eingestanden haben, dass für dieses Projekt illegale Zahlungen geflossen seien. Für den Erhalt der überfälligen Forderungen werde man außerdem weitere Schmiergelder brauchen. Kleinfeld kann sich an eine solche Episode nicht erinnern.

22. November 2006:
Die Staatsanwaltschaft München I zieht eine erste Zwischenbilanz: Der vermutete Schaden hat sich binnen weniger Tage verzehnfacht. Die Ermittler gehen jetzt von rund 200 Millionen Euro aus, haben aber zu diesem Zeitpunkt keine konkreten Erkenntnisse über den Verbleib dieser Gelder. Mittlerweile sitzen sechs Manager in Untersuchungshaft. Einige von ihnen sind weiterhin äußerst geständig. Nach ihrer Darstellung haben mehr als dreißig Siemens-Mitarbeiter von schwarzen Kassen gewusst. Die Auszahlung der Schmiergelder sei vor allem über leitende Angestellte im für die jeweiligen Regionen zuständigen Vertrieb gelaufen.

Außerdem seien mehrere Mitarbeiter der Anti-Korruptionsabteilung Compliance in den Skandal verwickelt. Bei Siemens haben Compliance-Mitarbeiter – wie in anderen Unternehmen auch – eigentlich die Aufgabe, Gesetzesverstöße zu verhindern oder zumindest abzustellen.

Siekaczek übergibt den Ermittlern an diesem Tag Unterlagen mit Kopien über von ihm unterzeichnete Generalvollmachten und Treuhandvereinbarungen, außerdem Dokumente über die Auflösung von Konten und den Rücktransfer von Geldern aus Liechtenstein. Der beleibte, gemütliche Mann, der seit 1966 für Siemens arbeitete, entwickelt sich immer mehr zu einem Kronzeugen. Aus Sicht mancher Siemens-Manager ist er ein Verräter. Aber wie auch immer – er lässt sich nicht mehr aufhalten. Ein paar Tage zuvor hat er in der Mittagspause einer Vernehmung die Strafverfolgerinnen Sieh und Bäumler-Hösl darüber informiert, er werde der Staatsanwaltschaft weiterhin bei der Aufklärung behilflich sein. Er besitze zwei Koffer mit Unterlagen über Provisionszahlungen. Die Koffer werden abgeholt.

Wenn jemand Schmiergeld brauchte, habe er, so Siekaczek, das Geld auf einem gelben «Post-it» angefordert. Das habe man sich bei Siemens so ausgedacht, um im Fall einer Durchsuchung die Zettel sofort verschwinden lassen zu können. Diese Verschleierungsmethode ist nicht so originell, wie er glaubt. Mit gelben Zetteln arbeiten nicht wenige Spitzenpolitiker in Berlin, die in heiklen Fällen Untersuchungsausschüsse oder rebellische Mitarbeiter fürchten und deshalb keine Spur in Akten hinterlassen wollen. Siekaczek, der als Sechzehnjähriger im Wernerwerk für Telegraphen und Signaltechnik in München, das zur Siemens und Halske AG gehörte, eine Lehre zum Industriekaufmann begann, präsentiert den erstaunten Fahndern so viele Akten, Briefe, Belege, Vollmachten und Kontoauszüge aus der dunklen Siemens-Welt, dass ein Ermittler bei einer Vernehmung anerkennend pfeift.

Der Konzern bestellt die Kanzlei des Nürnberger Anwalts Hans-Otto Jordan als Ombudsmann. Jedem Hinweis werde nachgegangen, versichert ein Konzernsprecher – auch vertraulichen. Jordan hat die Kanzlei 1976 gemeinsam mit dem bayerischen Innenminister Günther Beckstein gegründet. Bleibt so einer unabhängig?, werden jetzt möglicherweise strenge Puristen fragen. Da gibt es bei Siemens ganz andere Untiefen. Am selben Tag bespricht der oberste Korruptionsjäger des Konzerns, Albrecht Schäfer, den Fall mit leitenden Beamten des Bayerischen Justizministeriums. Das

Unternehmen, versichert Schäfer, der den Titel Chief Compliance Officer (CCO) führt, wolle mit den Behörden zusammenarbeiten. Er beklagt eine «Medienkampagne». Insbesondere die *Süddeutsche Zeitung* erhalte offenkundig Informationen aus den laufenden Ermittlungen.

23. November 2006:

Was bei Siemens zu diesem Zeitpunkt niemand weiß: Die Staatsanwaltschaft Nürnberg leitet ein Strafverfahren unter anderem gegen den Unternehmensberater Wilhelm Schelsky sowie gegen «bisher unbekannte Verantwortliche der Firma Siemens AG oder ihrer Tochterfirmen» wegen Verdachts auf diverse Steuerdelikte und Untreue sowie Beihilfe zur Untreue ein. Angehörige der Steuerfahndung Nürnberg und des Dezernats 4 der dortigen Kriminaldirektion gründen eine Einsatzkommission mit dem Namen «Amigo». Was die Fahnder aufdecken werden, ist ein bislang tiefverborgenes Stück Unternehmensgeschichte des Konzerns: der drei Jahrzehnte währende Versuch, die paritätische Mitbestimmung auszuhebeln.

Angefangen hatte dieser Kriminalfall unauffällig am 18. Mai 2006 mit der Anordnung einer Betriebsprüfung bei Schelsky. Der 1948 Geborene ist der Sohn des berühmten Soziologen Helmut Schelsky («Die skeptische Generation»), der sich in den sechziger Jahren mit seiner Theorie der «nivellierten Mittelstandsgesellschaft» deutlich von den damals modischen Klassentheorien abgesetzt hatte. Gewerkschaftsfunktionäre, so behauptete Schelsky senior Anfang der achtziger Jahre, seien lediglich «Kapitalisten neuen Stils». «Arbeiter, macht eure Funktionäre arbeitslos», endet daher eines seiner Manifeste. «Arbeiter in Ost und West, wehrt euch gegen eure Funktionäre!»

Der Prüfer interessierte sich indes nicht für die Theorien des Vaters, sondern für die Rechnungen des Sohnes aus den Jahren 2002 bis 2004. Schon bei einer ersten Durchsicht fiel dem Finanzbeamten auf, dass Schelsky, der mehrere Firmen dirigierte, vor allem mit Siemens Geschäfte gemacht hatte. Doch was hatte er dafür eigentlich geleistet? Nur bei einem ganz geringen Teil der Rechnungen – bei vier bis zehn Prozent des Jahresumsatzes von durchschnittlich mehr als fünf Millionen Euro – waren einzelne, konkretisierbare Schulungsleistungen und Seminare abgerechnet worden, und die Rechnungssummen waren nicht glatt, sondern «unrund», wie die Prüfer sagen. Das deutete darauf hin, dass sie echt waren.

22 Rechnungen über insgesamt 14,75 Millionen Euro weckten hingegen mit Standardformulierungen wie «Dienstleistungen/Beratungsleistungen wie vereinbart» oder «Für die erbrachten DL/BL stelle ich in Rechnung» und runden Summen zwischen 450 000 und 800 000 Euro sofort den Argwohn des Fiskalbeamten. Als er um Leistungsnachweise, Tätigkeitsbeschreibungen oder ähnliche Aufzeichnungen bat, wurde ihm nur ein sechzehn Jahre alter «Beratungs- und Schulungsvertrag» vorgelegt, dem zufolge Schelsky für ein monatliches Honorar von 52 000 Mark netto bei Personalentscheidungen und Fragen der betrieblichen Mitbestimmung beraten und Führungskräfte schulen sollte. Dieser Vertrag sei später immer wieder verlängert worden. Belege? Keine. Schelsky erklärte wortreich, Anpassungen an den Rahmenvertrag seien mündlich vereinbart worden. Ein Konzern, das war dem Betriebsprüfer rasch klar, arbeitet so nicht, wenn es nichts zu verbergen gibt. Es musste sich um Scheinrechnungen handeln. Doch wofür und warum?

Pikanterweise fragt sich das seit einem Jahr auch die Revisionsabteilung von Siemens in München. Für eine verdächtige Rechnung über 928 000 Euro liegt kein anständiger und nachvollziehbarer Verwendungsnachweis vor. Schelsky, so die Revision, solle Unterlagen präsentieren. Was die Prüfer Ende 2006 in der Hand haben, reicht ihnen, wie sie dem Leiter des Rechnungswesens in Nürnberg mitteilen, nicht aus. Dass Schelsky sich bei diesem über die Münchner Kollegen lustig gemacht hat, können sie nicht wissen.

Schelskys Kontakte zu Siemens reichen viel weiter zurück als seine Beratertätigkeit, so viel wird den Staatsanwälten rasch deutlich. 1978 hatte er am Standort Erlangen beim Konzern angefangen. Damals war das Mitbestimmungsgesetz, das die Gleichstellung von Kapital und Arbeit in den Aufsichtsräten von allen Kapitalgesellschaften mit mehr als 2000 Beschäftigten vorsah, erst seit zwei Jahren in Kraft, und die zu dem Zeitpunkt in Teilen ziemlich links orientierte IG Metall bereitete so manchem Topmanager Magenschmerzen. Besonderen Ärger verursachte bei Siemens ein Zusammenschluss von Betriebsräten, der sich «Gruppe 72» nannte. In Erlangen, wo die Angestellten traditionell in der Mehrheit sind, hatten daher schon in den siebziger Jahren einige Manager den zarten Einfall, eine dem Vorstand wohlgesinnte, «unabhängige» Arbeitnehmervertretung AUB zu etablieren – «betriebsnah, ideologiefrei, zukunftsorientiert», wie deren Slogan lautete.

Dem stattlichen Schelsky mit dem runden, weichgepolsterten Gesicht, über dem der Segen guten Appetits ruhte, stand der Sinn nicht nach Klassenkampf. 1978, in seinem Eintrittsjahr bei Siemens, stellte die AUB in Erlangen bereits den Betriebsratsvorsitzenden. Nur sechs Jahre später wurde er selbst als AUB-Mann zum Betriebsratschef gewählt und stieg kurz darauf zum Bundesvorsitzenden der AUB auf. Ende 1990 verließ er im Rang eines Abteilungsbevollmächtigten den Konzern, um eine Beratungsfirma zu gründen – wie sich im Verlauf der Ermittlung zeigt, in Absprache mit zwei Siemens-Vorstandsmitgliedern und komfortabel ausgestattet mit der Zusage, im Falle des Scheiterns als Abteilungsdirektor in den Konzern zurückkehren zu dürfen. Wie weit die Absprachen zwischen Schelsky und den Siemens-Managern reichen, können sich allerdings im November 2006 auch die Ermittlungsbehörden noch nicht vorstellen.

24. November 2006:

Bei Siemens wird ein Whistleblower-Fall heiß diskutiert, allerdings nicht der des großen Unbekannten, von dessen Brief nur ein paar Insider gehört haben, sondern der eines Ex-Mitarbeiters in Norwegen. Er hat nicht weggeschaut, sich nicht an krummen Touren beteiligt, sondern den aufrechten Gang vorgezogen. Das ist ihm schlecht bekommen.

Per Yngve Monsen war Finanzkontrolleur bei der Siemens Services Business (SBS) in Oslo, und zu seinen Aufgaben gehörte es, einen Großauftrag mit dem norwegischen Militär über ein neues Kommunikationssystem abzurechnen. Laut Vertrag durfte die Siemens-Tochter bei dem Geschäft höchstens acht Prozent Gewinn machen. Monsen hatte nachgerechnet und festgestellt, dass SBS dem Militär 6,1 Millionen Euro zu viel in Rechnung gestellt hatte. Das musste ein Irrtum sein. Er informierte die Vorgesetzten. Die winkten ab.

Er beschloss, in Deutschland Alarm zu schlagen – streng nach Vorschrift. Siemens verpflichtet alle Mitarbeiter, sich an Recht und Gesetz zu halten. Anonyme Tippgeber, die Missstände aufdecken, genießen offiziell besonderen Schutz. Sie sollen unerkannt bleiben, damit sie keine Racheakte der Vorgesetzten fürchten müssen.

Ein paar Tage nachdem er (ohne Absender) den Brief mit Unterlagen nach Deutschland geschickt hatte, bestellte sein Chef alle Führungskräfte des Unternehmens zu einem Meeting. Zu Monsens Verblüffung lagen seine Unterlagen auf dem Tisch. Der Chef sagte: «Wir haben einen Maulwurf, und wir werden ihn finden.» Schon bald fiel der Verdacht auf Monsen, der tagelang befragt und unter Druck gesetzt wurde. Er musste sich übergeben, bekam Durchfall, konnte nicht schlafen.

Einige Monate später wurde seine Abteilung aufgelöst. Für ihn fand sich kein Platz mehr. Er wandte sich an die Compliance-Abteilung von Siemens in Erlangen. Ein Jurist reiste an. Sie trafen sich in einem Osloer Hotel. Der Compliance-Mann war besorgt und versicherte, er nehme die Vorwürfe «sehr ernst». Bald darauf teilte er Monsen mit, es seien keine Unregelmäßigkeiten festgestellt worden.

Monsen ließ nicht locker, ging in Oslo vor Gericht und schaltete die Medien ein. Das Gericht bestätigte (ebenso wie eine Expertenkommission des Militärs) Monsens Vorwürfe. Der Richter am Stadtgericht Oslo erklärte: «Das Gericht hat festgestellt, dass Monsen sich an die internen Vorschriften gehalten hat. Er wurde von der norwegischen Leitung einer Vergeltungsaktion ausgesetzt.» SBS musste Monsen umgerechnet 181000 Euro zahlen, Siemens erstattete dem norwegischen Verteidigungsministerium umgerechnet 4,4 Millionen Euro zurück. Dann stellte sich noch heraus, dass SBS an einige der Militärs, die für die Kontrolle des Auftrags verantwortlich waren, Geschenke verteilt hatte.

Und was macht Siemens in diesen Novembertagen 2006? Fährt ein Repräsentant aus der Konzernleitung nach Oslo und entschuldigt sich öffentlich bei Monsen? Wird der Compliance-Mitarbeiter, der das Offenkundige nicht offenkundig fand, zumindest intern gerügt? Hat derjenige, der den Kollegen in Oslo die Unterlagen geschickt hat, mit denen nach dem Whistleblower gesucht werden konnte, mit Konsequenzen zu rechnen? Mitnichten. Siemens will das Kapitel «professionell» erledigen. Der Konzern sucht einen Käufer für sein IT-Geschäft in Norwegen. Weg, einfach nur weg.

29. November 2006:

Im Berliner «Estrel»-Hotel, einem gewaltigen Betonklotz, in dem auch Liveshows und Musicals aufgeführt werden, treffen sich 600 Siemens-Betriebsräte zu ihrer Jahrestagung. Kleinfeld hat seine Beteiligung wegen anderer Verpflichtungen abgesagt. Hauptredner ist Arbeitsdirektor Jürgen Radomski, der auch der oberste

98

Korruptionswächter im Vorstand ist. Er attackiert angebliche Nestbeschmutzer in den eigenen Reihen und mahnt die Arbeitnehmervertreter zur Solidarität gegen Angriffe von außen. «In Reue fest, die Reihen eng geschlossen?», fragt der *Spiegel* spöttisch.

Ende November 2006:
Ende des Monats, der Tag lässt sich nicht zweifelsfrei klären, nimmt das US-Justizministerium Ermittlungen im Fall Siemens auf. Die Münchner erfahren davon zunächst nichts.

1. Dezember 2006:
Siekaczek, gegen den mittlerweile wegen schwerer Untreue ermittelt wird, erscheint zur Vernehmung bei der Amtsrichterin Irmengard Weiß-Stadler. Er weiß, dass er nur bei einem überzeugenden Geständnis aus der Untersuchungshaft freikommen wird. Der 56-Jährige bekräftigt vieles, was er schon zu Protokoll gegeben hat, sagt aber auch Neues. In anderen Geschäftsfeldern von Siemens habe es ähnliche Provisionssysteme wie bei der Telekommunikation gegeben. Im Bereich der Sparte Verkehrstechnik sei er selbst im Jahr 2000 in einen derartigen Vorgang verwickelt gewesen. Er nennt die Namen der involvierten Firmen, die Helfer, die Drahtzieher. Wer das Geld am Ende in den diversen Ländern bekommen habe, sei ihm nicht bekannt. Siekaczek wird als Erster der Siemens-Leute gegen Auflagen aus der U-Haft entlassen.

4. Dezember 2006:
Kleinfeld schlägt intern vor, die Kontrolle künftig direkt bei ihm und nicht mehr bei der Personalabteilung anzusiedeln. Er hat, wie er Vertrauten sagt, «das Gefühl, im falschen Film zu sein». Er verabscheue Korruption. Kleinfeld weilte in den USA oder betreute die hauseigene Unternehmensberatung, als die schwarzen Kassen angelegt wurden. Er hat sie weder gewollt noch geduldet.

Die Schwelphase des Skandals, wo Gerüchte und Verdächtigungen die öffentliche Meinung zu bestimmen schienen, ist vorbei: Der ganz große Skandal ist keine Erfindung mehr, sondern Realität geworden, und er entfaltet eine Sogwirkung. Cromme fährt immer häufiger nach München. Manche hochrangigen Siemens-Leute, das spürt er, ziehen beim Versuch der Aufklärung nicht mit. Dem Chef des Prüfungsausschusses wird offenkundig nicht die volle Wahrheit gesagt. Cromme glaubt nicht mehr an die im Unternehmen populäre Theorie von den einzelnen schwarzen Schafen.

Seit 2003 sitzt er im Siemens-Aufsichtsrat. Als er Anfang 2005 das Amt des Prüfungsausschussvorsitzenden übernahm, hatte er mit Kleinfeld verabredet, bei jeder Sitzung solle ein Mitglied der Compliance-Abteilung mit am Tisch sitzen und Bericht erstatten. Jetzt dämmert ihm, wie er einem engen Mitarbeiter sagt, «dass die Compliance versagt hat».

In Sitzungsvorlagen hatten die Compliance-Leute in den vergangenen Monaten mehrmals gewarnt, mit Durchsuchungen sei zu rechnen, doch aus Crommes Sicht waren die Hinweise reichlich unbestimmt geblieben. Cromme denkt darüber nach, die bei Com angelaufene interne Untersuchung auf alle Sparten des Unternehmens auszudehnen. Das will auch Kleinfeld.

7. Dezember 2006:

Bei der Staatsanwaltschaft München I erscheint der frühere Siemens-Bereichsvorstand Michael Kutschenreuther, der seit Mitte November in Untersuchungshaft sitzt, zur Vernehmung. Er hat bislang geschwiegen und erklärt nun, er wolle mit der Staatsanwaltschaft kooperieren. Dafür habe er drei Beweggründe:

Erstens halte er «dieses scheinheilige, gespielte Entsetzen» vor allem seitens der Konzernleitung nicht mehr aus. Kleinfeld sage, er wolle lückenlose Aufklärung, und engagiere dann einen Ombudsmann. Da könne er, Kutschenreuther, Kleinfeld besser helfen, und genau das, fährt er mit bitterem Spott fort, werde er jetzt «konsequent» tun. Zweitens habe er drei Kinder und eine «tolle Frau» und wolle nicht länger in der U-Haft zuwarten, sondern so schnell wie möglich zur Familie zurückkehren. Drittens seien lediglich Leute aus den kaufmännischen Abteilungen in Haft. Von denen aber sei seines Wissens keiner für die Ursprünge des Schmiergeldsystems zuständig und verantwortlich. Mit den Kaufleuten sei man bei den Symptomen, aber nicht bei den Wurzeln des Problems angelangt. «Entsetzt» sei er darüber, dass der Leiter des Rechnungswesens und der Leiter der Revision inhaftiert worden seien. Beide seien in die Thematik nur hineingestolpert und gehörten nicht in Untersuchungshaft.

Der Industriekaufmann Kutschenreuther hatte 1974, gleich nach dem Abitur, bei Siemens mit einer «Stammhauslehre» – einem durch Praxiseinsätze ergänzten Betriebswirtschaftsstudium – angefangen. Der junge Mann, der schon früh Interesse für die arabische Kultur zeigte, ging für Siemens zunächst nach Algerien; für ihn war das die Erfüllung eines Schülertraums. Er blieb drei Jahre und wechselte später für Siemens in den Irak, wo der Konzern ein konventionelles Kraftwerk baute. Dann machte er in der Heimat Karriere, erst als Abteilungsleiter für die Projekt- und Auftragsfinanzierung von Kraftwerks- und anderen Power-Projekten, dann als kaufmännischer Leiter des Geschäftsbereichs Mobile Networks, bis er schließlich Bereichsvorstand der Sparte Telekommunikation wurde.

Einer wie er kennt das Naturgesetz der Verbindungen im Management. Ihm ist klar, dass solche Beziehungen am besten halten, wenn sie nicht binden, und dass sie ungültig werden, sobald ein Partner sich auf sie beruft. Auf Unterstützung von außen darf einer wie er nicht hoffen. Er kennt die Techniken, wenn die Angelegenheit heikel wird: das Ausweichen, das Nichtfragen, die rechtzeitige Erblindung und Ertaubung. Vor allem weiß er, dass am Ende nie einer für den Anfang verantwortlich gewesen sein will.

Kutschenreuther erklärt den Ermittlern einen Code, den Vertriebsmitarbeiter in den achtziger Jahren für Beraterverträge verwendeten. Die beiden Worte «Make profit» haben zehn Buchstaben, die jeweils den Zahlen eins bis zehn zugeordnet wurden: APP bedeutet demnach 2,55 Prozent. Die Zahlungen, sagt er, seien schon bei der Auftragskalkulation berücksichtigt worden. Aber kann es sein, dass die Saubermänner eines Unternehmens mit im Sumpf stecken? Bei ihren Vernehmungen haben Beschuldigte behauptet, Spezialisten der Compliance-Abteilung hätten sich mitunter wie Komplizen verhalten; Kutschenreuther kann das nur bestätigen.

Zum besseren Verständnis des Folgenden hilft vielleicht eine kleine Übertreibung mit einem Schuss Kolportage: Anfang der *roaring twenties*, der wilden zwanziger Jahre des vorigen Jahrhunderts, eskortierten in Chicago Polizisten auf Motorrädern die Lastzüge der Alkoholschmuggler, Polizeioffiziere traten im Rausch der Prohibition als Bordellbesitzer auf, während Spielhöllenchefs bei den Wahlen zu politischen Ämtern eigene Kandidaten unterstützten. Die Gesetze waren mit dem gesunden Erwerbssinn der Bürger nicht in Einklang zu bringen. Also musste das Gesetz dazu gebracht werden, die Augen zuzudrücken.

Die vorgebliche wirtschaftliche Logik soll auch bei einigen Compliance-Leuten zu einer tiefgehenden Spaltung ihres sittlichen Bewusstseins geführt haben – zumal es lange Zeit angeblich im Unternehmensinteresse lag, dem Geschäftserfolg finanziell nachzuhelfen. Die Compliance-Leute sicherten also nur Geschäfte ab. Wer bei den Durchstechereien übertrieb, musste gehen, aber er fiel nicht ins Bergfreie, wie die Kumpel an der Ruhr sagen. Er bekam wie Siekaczek einen Beratervertrag und blieb Teil der Siemens-Gemeinde.

Auch gibt es schwankende Kriterien, was denn nun ein Verbrechen, ein Angriff auf unsere Übereinkünfte ist. Unsere Übereinkünfte sind zufälliger und darum unverbindlicher, als wir uns das manchmal eingestehen. Die Grenze zwischen Kriminalität und Geschäftstüchtigkeit ist mitunter schmal. Dennoch ist der Sachverhalt eigentlich einfach. Seit 1999 wurden die Gesetze gegen Bestechung stetig verschärft. Siemens war schließlich 2001 in New York an die Börse gegangen und musste wissen, dass fortan nach anderen Regeln gespielt werden würde. Spätestens zu diesem Zeitpunkt, als das Unternehmen amerikanische Geschäftsregeln zu den eigenen machte, war das Ende der verschwurbelten Deutschland AG gekommen. Bei den Compliance-Beauftragten der Siemens AG scheint diese Erkenntnis allerdings nicht durchgängig angekommen zu sein. Die hier geschilderten Operationen stehen nur beispielhaft für viele andere:

Ein Compliance-Mitarbeiter, so behauptet jedenfalls Kutschenreuther, habe ihn vor ein paar Jahren darüber informiert, dass die Schweizer Staatsanwaltschaft auf Schwarzgeldkonten in Innsbruck und Salzburg gestoßen sei. Er solle sich sofort mit Siekaczek und J. in Verbindung setzen. Die wüssten Bescheid. Er habe dann mit Siekaczek gesprochen, und der habe ihm erzählt, dass über diese Konten dreistellige Millionenbeträge als Bestechungszahlungen geflossen seien. Dann habe man nach Wegen gesucht, die Angelegenheit zu vertuschen, und zumindest ein Mitglied der Anti-Korruptionseinheit sei dabei behilflich gewesen. Konsequenzen für die Korrupten und die Korrumpierer hatte der Fall nicht.

Erstaunt sei er gewesen, sagt Kutschenreuther, dass an diesen krummen Touren auch ein Mitarbeiter beteiligt gewesen sei, der vorher schon auffällig geworden war und dessen Abfindungsvertrag ihm jede weitere Tätigkeit für den Konzern untersagt hatte. Ein anderer Bekannter, den er aufgefordert habe, «diese Themen einzustellen» (also damit aufzuhören), sei dann, «soweit ich mich erinnere», Compliance Officer geworden.

Kutschenreuther schildert den Fahndern eine weitere Episode. Nachdem italienische Ermittler Siemens ins Visier nahmen, habe er einen Compliance-Mitarbeiter zu den Ermittlungen befragt und von ihm die lapidare Antwort erhalten: Es sei besser, wenn er darüber nichts wisse, weil das bis ganz nach oben reiche. Erinnert sich Kutschenreuther richtig?

Dazu passt eine Geschichte, die Siekaczek den Ermittlern nicht vorenthalten will. Im Leitungskreis des Unternehmens habe er jedes Jahr einmal mit Kollegen zusammengesessen, um zu erfahren, wie ungesetzlich Korruption sei. So ein Vortrag habe meist zwanzig Minuten gedauert, und besonders lustig sei es gewesen, als ein Compliance Officer auf Sauberkeit und Ethik pochte, der zu diesem Zeitpunkt fest in das illegale Provisionsgeschäft eingebunden gewesen sei. Der Redner, ein Moralprediger von Format, war von August 2002 bis Dezember 2004 bei Siemens für Sauberkeit zuständig. Siekaczek habe sich das laute Lachen regelrecht verbeißen müssen. Eine Schulklasse hätte nicht alberner sein können. Während der Vorträge, erzählt er, hätten ihn die anderen grinsend angeschaut. Er habe auf eine Vorlage geguckt, um nicht loszuprusten.

Noch ein Fall: 2003 erhielt die Compliance-Spitze von Siemens einen angeforderten Bericht der Rechtsabteilung über krumme Geschäfte bei der Erweiterung des nigerianischen Telefonnetzes. Der Auftragswert lag nur bei rund 20 Millionen Euro, aber die Provision war happig: 25 Prozent. Ein ehemaliger Compliance-Mann, der sich in der Altersteilzeit befand, hatte laut Kassenbelegen als «anerkennende Dienststelle» Barbeträge genehmigt, die später durch ausgewählte Mitarbeiter nach Nigeria gebracht wurden – laut Legende als «Auffüllung für die Baukasse».

«Aufgrund der Höhe der Provisionszahlungen (gemessen am Auftragswert) und der Art ihrer Abwicklung bestehen Anhaltspunkte für den Verdacht der Amtsträger- und Angestelltenbestechung im Ausland», hatte die Rechtsabteilung korrekt vermerkt. Gegen wichtige Vorgaben sei verstoßen worden. In das Nigeria-Geschäft verwickelt waren der Chef des Rechnungswesens H., der im November 2006 verhaftet wurde, der ebenfalls inhaftierte Kurier J. und natürlich Siekaczek.

Warum ist der damalige Compliance-Chef Albrecht Schäfer, der auch Leiter der Hauptabteilung Corporate Personnel World Net war und rund eine Million Euro im Jahr verdiente, nicht zur Alarmglocke geeilt? Er habe das Papier, sagt er, dem damaligen Finanzvorstand Heinz-Joachim Neubürger gegeben, die Wirtschaftsprüfungsgesellschaft KPMG habe sich ebenfalls damit befasst. «Also: Übernahme durch die letztzuständigen Stellen.» Er habe darauf vertrauen müssen, dass die erforderlichen Maßnahmen umgesetzt würden. Weitere Aktivitäten durch ihn wären «geradezu intrigant» gewesen. Ebenjener Schäfer, Jurist und von Oktober 2004 bis Ende 2006 Chief Compliance Officer, leitete zunächst im November 2006 die Task Force, mit der Siemens gegen strafbare Geschäftspraktiken vorgehen wollte.

Nachdem ihn als Erster Siekaczek belastet hatte, leitete die Münchner Staatsanwaltschaft gegen Schäfer ein Ermittlungsverfahren ein, das bereits am 8. Dezember 2006 eingestellt wird. «Ich habe stets meine Aufgabe wahrgenommen, im Rahmen meiner Zuständigkeit für rechtmäßiges Verhalten im Unternehmen zu sorgen», sagt Schäfer im Brustton der Überzeugung. Doch darunter verstand offenkundig in der Compliance-Abteilung nicht jeder dasselbe. Ein Compliance Officer habe zu ihm im Zusammenhang mit den liechtensteinischen Ermittlungen gesagt: «Seien Sie loyal zur Firma», behauptet J. Falsch, sagt der Compliance-Mann. Er habe nur erklärt, J. solle sich «ordnungsgemäß verhalten». Selbstverständlich werde die Firma ihrer Fürsorgepflicht ihm gegenüber nachkommen.

Was da abläuft, entwickelt sich zu einem Drama von shakespearescher Wucht. Einer nach dem anderen gerät unter Generalverdacht. Kutschenreuther belastet an diesem Tag Thomas Ganswindt, einst ein Großer bei Siemens. Der Diplom-Ingenieur war 1989 im Alter von 29 Jahren vom Fraunhofer-Institut für Produktionsanlagen und Konstruktionstechnik zum Konzern gekommen. Er arbeitete zunächst im Bereich Automatisierungstechnik, wechselte 1993 in die Verkehrstechnik und stieg in den Bereichsvorstand auf. Als einzigen Deutschen lud man ihn im Jahr 2000 als «Global Leader for Tomorrow» zum Weltwirtschaftsforum nach Davos ein. Ein Jahr später übernahm Ganswindt das Netzwerkgeschäft bei Siemens und strich 20000 Stellen, um die angeschlagene Sparte wieder auf Vordermann zu bringen. 2004 zog er in den Zentralvorstand ein, wurde jedoch nicht, wie von vielen erwartet, der Nachfolger des scheidenden Vorstandsvorsitzenden von Pierer, sondern im Jahr 2005 der neue Com-Chef. Im Herbst 2006 hat er das Unternehmen verlassen.

Kutschenreuther behauptet nun, er habe Ganswindt über die Probleme mit den österreichischen Konten informiert und dem sei es zunächst unangenehm gewesen, darüber zu reden. Ganswindt habe nicht gesagt, das Schmiergeldsystem müsse eingestellt werden, sondern er sei nach dem Motto vorgegangen: «Wasch mich, aber mach mich nicht nass.»

Kutschenreuther berichtet auch über das schon erwähnte Treffen beim «Alten Wirt» in Forstenried, über das Siekaczek viel erzählt hat, erinnert sich jedoch nicht mehr an alle Einzelheiten, weil die Besprechung für ihn «nicht so wichtig» gewesen sei. Es sei um legale und illegale Beraterverträge gegangen, die von Siekaczek «kanalisiert» und deren Inhalte nicht entsprechend kontrolliert werden sollten. Der Kollege von der Revision, ein «sorgfältiger» Mann, habe versichert, er werde in diesen Fällen nicht so genau hinschauen.

Bei dem Frage- und Antwortspiel mit den Ermittlern schildert Kutschenreuther, was Kollegen von anderen Konzernen auf Dienstreisen und Kongressen über ihre Methoden erzählt hätten. So heuerten US-Unternehmen gern Vermittler mit dem Auftrag an, im jeweiligen Exportland Geschäfte anzubahnen. Die Exklusivverträge würden bewusst verletzt; die US-Firmen müssten dann hohe Strafen an die Vermittler zahlen, die derart Geld für Bestechungszahlungen sammelten. Auf diese Weise tarnten US-Firmen ihre Schmiergeldtransfers.

Außerdem, fährt Kutschenreuther fort, habe die amerikanische Konkurrenz den Vorteil, dass die US-Nachrichtendienste zunehmend für Wirtschaftsspionage eingesetzt würden. Geplante Angebote von Siemens für Großprojekte in Europa oder Südamerika seien immer in die Hände der Konkurrenz gelangt. Da seien wohl Telefonate abgehört oder E-Mails abgefangen worden. Kutschenreuther erwähnt einen ehemaligen schwedischen Nachrichtendienstler, der Siemens bei der Auftragsvergabe in China behilflich gewesen sei. Nach seiner Erinnerung seien bei dem Geschäft Gelder an Leute in Hongkong geflossen.

Das eine oder andere mag ja stimmen, aber die Geschichte vom angeblich unheimlichen Wirken der US-Geheimdienste erzählt man sich gern an den Stammtischen des deutschen Managements. Wahrscheinlicher ist eine andere von US-Unternehmen eingesetzte Methode: Die Regierung zahlt beispielsweise in Lateinamerika Subventionen und bereitet so das Feld für Angebote amerikanischer Unternehmen.

Kutschenreuther schildert in seiner ersten Vernehmung auffällige Geschäfte der 2006 geschlossenen Schweizer Intercom in Südafrika, bei denen Preisniveau und Verrechnungen nicht übereinstimmten. Dann schaut er auf einen Sprung in die GUS-Staaten hinüber, wo Bargeld eingesetzt wurde, macht eine kleine Spritztour den Nigerstrom hinunter, wo es sehr wüst zugegangen sei. Lauter krumme Geschäfte.

Ausführlich beschreibt Kutschenreuther den Besuch eines hochrangigen Siemens-Mitarbeiters aus Nigeria in seinem Büro. Der habe geklagt, die Schmiergelder aus Deutschland blieben aus, und der Kollege sei dann «sehr massiv» geworden. Genauso massiv habe er dem Mann aus Nigeria geantwortet: Er solle sich selbst um seinen Kram kümmern und Deutschland mit diesen Themen in Ruhe lassen.

Als dann wieder einmal ein Emissär wegen Gaben für Griechenland angefragt habe, sei er auch «grundsätzlich» geworden: Er habe dem Mann gesagt, dass er diese Themen in Deutschland nicht wolle, und daraufhin sei der Kundschafter zu Siekaczek gegangen. Der wiederum sei einige Tage später bei ihm aufgetaucht und habe gesagt, Kutschenreuther solle die Unterlagen gut aufbewahren. Vielleicht brauche er sie irgendwann als Lebensversicherung.

Das kommt den Fahndern bekannt vor. Ein paar Tage zuvor hatten sie in den Räumen des LKA einen früheren Siemens-Bereichsvorstand vernommen, gegen den auch ermittelt wird. Dem Manager war im Sommer 2005, am Vorabend seiner Hochzeit, mitgeteilt worden, die Firma wolle sich von ihm trennen. Der Beschuldigte hatte den Vernehmern erzählt, dass er nach einem Gespräch mit einem Zentralvorstand wütend zu Kutschenreuther ins Büro gegangen sei und seinen Fall geschildert habe. «Das sollen die mal mit mir machen, dann hole ich Sachen aus der Schublade», habe der nur gesagt.

8. Dezember 2006:
Die Kutschenreuther-Vernehmung wird fortgesetzt. Der frühere Siemens-Bereichsvorstand, der, dieses Detail fehlte noch, bei Com natürlich auch für Compliance verantwortlich war, berichtet, dass er sich Ende 2004 oder Anfang 2005 mit einem weiteren Compliance-Beauftragten über illegale Zahlungen unterhalten habe. Der habe erzählt, ein Siemens-Mitarbeiter sei all die Jahre mit einem Koffer voller Bargeld um die Welt geflogen. Speziell in den Regionen Nordeuropa, GUS, Naher Osten und Afrika würden Schmiergelder eingesetzt. Er sei daraufhin zu einem anderen Bereichsvor-

stand gegangen und habe ihn gefragt, ob dieser davon gehört habe: «Ja, sicher.»

Kutschenreuther nennt Namen, Namen, Namen, sagt auch, dass sich Kollegen geweigert hätten, die Compliance-Erklärung zu unterschreiben, in der Mitarbeiter versichern, sich an die Gesetze zu halten. Bei Gesprächen mit Wirtschaftsprüfern über sogenannte Quartals- und Jahresabschlussdurchsprachen habe es außerdem in der Regel zwei Runden gegeben: einen offiziellen Teil in größerem Kreis mit den harmlosen Themen und einen inoffiziellen Teil in kleiner Besetzung, wo über auffällige Zahlungsvorgänge oder Geschäftsvorfälle gesprochen worden sei. Ein übereifriger junger Wirtschaftsprüfer, der sich über merkwürdige Zahlungsbelege gebeugt habe, sei von den älteren ausgebremst worden.

Dann schildert Kutschenreuther noch angebliche Gespräche in Sachen Liechtenstein/Siekaczek. Ein führender Compliance-Manager habe die Bitte der Liechtensteiner Ermittler, den Fall mit einem hochrangigen Siemens-Mitarbeiter zu besprechen, mit einer wegwerfenden Handbewegung abgelehnt. Das sei «nicht zielführend», weil man am Ende nie wisse, was dabei herauskomme.

11. Dezember 2006:

Die Schmiergeldaffäre erreicht die Konzernspitze. Der frühere Zentralvorstand Thomas Ganswindt, den Kutschenreuther, Siekaczek und ein Schweizer Treuhänder in ihren Vernehmungen belastet haben, wird festgenommen. Der Haftbefehl ist zwar acht Seiten dick, aber nur vierzehn Zeilen beschäftigen sich direkt mit dessen Tun oder, besser, Nichttun.

Der Manager, der seit September 2006 der Luxemburger Elster Group (ehemals Ruhrgas Industries) vorsteht, sei über die Strukturen des Schmiergeldsystems zwar nicht im Detail informiert gewesen, habe aber gewusst, dass Siekaczek die Sonderaufgabe zur

Bildung schwarzer Kassen übernommen hatte. Ganswindt sei klar gewesen, dass er als Mitglied des Bereichs- und später des Zentralvorstands für das Gelingen des Tatplans «unumgänglich» gewesen sei. Er habe seine «schützende Hand» über die Mittäter gehalten und dadurch den Fall zur «Chefsache» gemacht. Nur so sei ein kriminelles Vorgehen dieses Ausmaßes möglich gewesen.

Es hat schon Haftbefehle mit massiveren Begründungen gegeben. Ganswindt war ein doppelgesichtiger Charakter. Dieser Typus ist übrigens häufiger in dieser Affäre anzutreffen. Er unterschied scharf zwischen nobel und schäbig, vornehm und vulgär, aber unscharf zwischen Recht und Unrecht. Kleinfeld sagt in kleiner Runde: «Das Versagen von Führungsleuten ist auch eine Charakterfrage», und er zielt mit dieser Bemerkung vor allem auf Ganswindt.

Cromme ist ebenfalls sauer auf Ganswindt. Dem Managerkollegen müsse klar gewesen sein, dass die Mitglieder des Kontrollgremiums «unzureichend oder falsch informiert wurden». Auch dem Prüfungsausschuss sei wichtiges Wissen vorenthalten worden.

Vor Wochen hatte Ganswindt auf Anfrage der *Süddeutschen Zeitung* erklärt, er werde «selbstverständlich» mit der Staatsanwaltschaft und den anderen Behörden kooperieren, sollte das erforderlich sein. Gilt die Zusage noch?

Als der Aufsichtsrat an diesem Montag tagt, sehen einige Kontrolleure sehr bleich aus. Die Nachricht von Ganswindts Festnahme ist zu diesem Zeitpunkt zwar nur ein Gerücht, aber einige der Aufsichtsräte halten inzwischen vieles für möglich.

Cromme, der seit 2001 die Corporate-Governance-Kommission leitet, die Verhaltensregeln für die Führung und Kontrolle börsennotierter Unternehmen in Deutschland erarbeitet, verlangt, dass alle Sparten überprüft werden. Einige Kontrolleure schreiben seine Ausführungen mit, echten Widerstand gibt es nicht. Es wird immer deutlicher, dass dem promovierten Juristen und Volkswirt zunehmend die Rolle zufällt, den skandalgeschüttelten Konzern wieder aufs richtige Gleis zu setzen.

Aufsichtsrat und Vorstand vereinbaren offiziell, die New Yorker Anwaltskanzlei Debevoise & Plimpton LLP einzuschalten. Die von Kleinfeld empfohlenen Spezialisten für das sogenannte Forensic-Accounting, eine Methode zur Aufdeckung von Wirtschaftsstraftaten, sollen die Vorfälle analysieren und die internen Kontrollsysteme durchleuchten. Um die Ermittlungen zu unterstützen, werde die Kanzlei eine Wirtschaftsprüfungsgesellschaft einschalten. Das ist ein üblicher Vorgang, wenn ein Konzern auf Unregelmäßigkeiten untersucht wird.

Als Berater des Siemens-Vorstands wird der frühere amerikanische Agent Michael Hershman engagiert. Seine Vita klingt imponierend, aber bei näherem Hinsehen können Zweifel aufkommen, ob er wirklich ein so Großer ist, wie er tut. Er hat sich zwar als leitendes Mitglied des Senatsausschusses zur Aufklärung der Watergate-Affäre einen Namen gemacht, aber das ist lange her. Seit 23 Jahren betreibt Hershman in Washington die Beraterfirma Fairfax, die nach eigenen Angaben mehr als 2000 Kunden in achtzig Ländern betreut. Er ist außerdem Mitbegründer der Anti-Korruptionsorganisation Transparency International (TI) – allerdings nur einer von diversen weiteren –, seitdem Einzelmitglied von TI und sitzt im Vorstand von TI USA. Hershman «leitet seit Jahrzehnten eine Firma, die sich zunehmend auf Korruptionsbekämpfung spezialisiert hat. Sein Engagement bei Siemens ist also ein rein kommerzielles», sagt dazu der Vorsitzende von Transparency Deutschland, Hansjörg Elshorst.

Auch wird im Aufsichtsrat eine neue Personalie bekannt gegeben. Die Compliance-Organisation soll Anfang des Jahres einen neuen Chef bekommen: den Stuttgarter Oberstaatsanwalt Daniel Noa, Jahrgang 1952. Der umstrittene alte Compliance-Chef Schäfer und Personalchef Radomski haben ihn empfohlen. Noa leitete

Mitte der neunziger Jahre die Stabsstelle Recht der Treuhand, ehe er Staatsanwalt für Wirtschaftsstrafsachen wurde. Am Ende landete er in Stuttgart als Abteilungsleiter für Verkehrsdelikte mit Zuständigkeitsbereich von Stuttgart bis Waiblingen auf dem Abstellgleis.

1998 war er das erste Mal von einem Headhunter gefragt worden, ob er nicht zu Siemens kommen wolle, aber daraus war dann nichts geworden. In diesen Dezembertagen nun hat der Stuttgarter Ministerpräsident mit dem Siemens-Aufsichtsratsvorsitzenden Heinrich von Pierer vereinbart, dass Noa vom Staatsdienst freigestellt wird und zurückkehren kann. Noa will sich auf diese Art seine Unabhängigkeit bewahren. Er ist vor der Sitzung des Aufsichtsrats nicht interviewt worden. Kleinfeld und die anderen wissen daher nicht, dass Noas Englischkenntnisse sehr begrenzt sind. Das ist bei Siemens ein großes Handicap, ganz besonders, wenn amerikanische Anwälte im Anmarsch sind.

Noch-Compliance-Chef Schäfer verfasst für den von Cromme geleiteten Prüfungsausschuss einen 40-Seiten-Bericht, der sich wie ein Rechtfertigungspapier liest. Schäfer, der viele Jahre Chefjurist des Hauses war und von Kollegen als Mann mit Stil beschrieben wird, hat aufgeschrieben, wann er den Prüfungsausschuss, dem neben Cromme der ehemalige Allianz-Chef Henning Schulte-Noelle, Aufsichtsratschef Heinrich von Pierer und zwei Arbeitnehmervertreter angehören, über welche Verdachtsfälle unterrichtet hat. Die meisten Teilnehmer der Runde finden seine Auflistung nicht überzeugend. «Selbst ein bösgläubiger Mensch», sagt Cromme, «hätte hinter dieser Darstellung nicht das vermuten können, was bei Siemens passiert ist.»

12. Dezember 2006:
Kleinfeld erklärt öffentlich, die Affäre sei finanziell weit gravierender als bislang angenommen. Siemens stuft mittlerweile Zahlungen von 420 Millionen Euro als zweifelhaft ein. In den vergangenen

drei Wochen habe eine Arbeitsgruppe im Konzern die Geschäftsberichte der Jahre 1999 bis 2006 durchforstet, so Kleinfeld, und dabei fragwürdige Zahlungen von beinahe einer halben Milliarde Euro festgestellt. Meist gehe es um zweifelhafte Beraterverträge, ergänzt Finanzvorstand Kaeser. Der Konzern muss wegen voraussichtlich fälliger Steuernachzahlungen den Gewinn in den Büchern nachträglich um mindestens 168 Millionen Euro korrigieren. «Eine Gruppe von Mitarbeitern hat sich zusammengeschlossen, um alle Sicherungen außer Kraft zu setzen», sagt von Pierer. Die Führung des Unternehmens wolle «diesem Spuk ein Ende machen». Bis zur Großrazzia habe er von einem System schwarzer Kassen nichts gewusst. Was von Pierer sagt, übersetzt ein Journalist so: «Der erweckt den Eindruck, Außerirdische hätten Siemens überfallen.»

15. Dezember 2006:
Der Schmiergeldskandal hat Auswirkungen auf das geplante Gemeinschaftsunternehmen Nokia Siemens Networks. Auf Druck des Nokia-Managements wird der für Anfang Januar 2007 geplante Start verschoben. Das Unternehmen wolle zunächst «die Aufklärungsarbeit bei Siemens begleiten», erklären die Finnen offiziell. Das klingt harmlos. Die Realität ist weniger harmonisch. Der amerikanischen Börsenaufsicht SEC teilen die Finnen später mit, es sei nicht zu erkennen, ob die Justiz schon alle Rechtsbrüche bei Siemens aufgedeckt habe. Unklar sei auch, ob die Verstöße bei Siemens weitergegangen seien. «Die Aufklärung, Untersuchung und Lösung solcher Vorfälle könnten teuer werden und bedeutenden Zeitaufwand» für Unternehmen und Management nach sich ziehen. Der Mitteilung an die SEC zufolge droht der Schmiergeldfall die Chancen der neuen Gesellschaft zu beeinträchtigen, neue Kunden, Geschäftspartner und öffentliche Aufträge zu erhalten. Siemens erklärt sich vor der mehrheitlichen Übernahme seiner Mobil- und Festnetzsparte bereit, dem Partner «alle Schäden zu

ersetzen, die durch Strafzahlungen und Forderungen aus Zivilprozessen als Folge des Schmiergeldskandals entstehen» könnten.

Seit 1998 ist Siemens korporatives Mitglied von TI Deutschland. Angesichts der ausufernden Affäre hält die Anti-Korruptionsorganisation eine weitere Mitgliedschaft der Münchner für inakzeptabel. Weil sich die Aufklärung eines anderen Korruptionsfalls stark verzögerte, ruht die Mitgliedschaft ohnehin schon seit zweieinhalb Jahren, aber jetzt will TI endgültig die Trennung. Der Vorstand hat am 24. November Siemens per E-Mail die Beendigung der Mitgliedschaft angekündigt. Allerdings sollen die Münchner die Möglichkeit haben, den Ausschluss durch eine geschmeidige Formel zu verbrämen. Und so wird an diesem Freitag die Mitgliedschaft «einvernehmlich beendet». Aufgenommen hatte TI den Konzern acht Jahre zuvor, weil sich dessen Führung für die Durchsetzung einer OECD-Konvention engagiert hatte, in deren Folge Bestechung im Ausland in 34 Industrie- und Schwellenländern zu einem strafbaren Delikt wurde.

22. Dezember 2006:

IG-Metall-Vizechef Berthold Huber, der bei Siemens im Aufsichtsrat sitzt, erklärt, die Siemens-Affäre mache ihn «wütend. So etwas hätte ich nicht für möglich gehalten. Erstaunlich ist für mich, wie weit die Affäre in die Führungsetage hineinreicht. Dass offenbar sogar ein ehemaliges Zentralvorstandsmitglied [Ganswindt; H.L.] involviert ist, ist schon ein starkes Stück.» Huber wirft dem Management gravierende Fehler im Kontrollsystem vor.

Alle Siemens-Manager kommen vor Weihnachten aus der Untersuchungshaft frei. Ganswindt, der Mann, der sich angeblich mit einer Rauschanlage vor unerwünschten Lauschern geschützt hat, hat bei einer Vernehmung eingeräumt, von illegalen Provisionszahlungen gewusst zu haben; die Details des Schwarzgeldsystems oder das Ausmaß der Geldschiebereien habe er jedoch nicht gekannt. Die Staatsanwaltschaft macht allen Freigelassenen Auflagen. Dazu gehört ein Kontaktverbot. Der Weihnachtsfriede legt sich über Siemens.

31. Dezember 2006:

Kleinfeld appelliert zum Jahreswechsel an das Verantwortungsgefühl der Mitarbeiter: «Niemand darf Verhaltensweisen tolerieren, die nicht unseren internen Verhaltensregeln, den Business Conduct Guidelines, entsprechen … Wir wollen in Zukunft vorbildlich sein in Transparenz und Verhalten und damit weltweit Standards setzen.» Kleinfeld will «null Toleranz». Im Zweifel soll auf ein Geschäft verzichtet werden. Er weiß, wovon er redet. Schließlich hat er über den «engen Zusammenhang zwischen Image und Unternehmenserfolg» promoviert.

2. Januar 2007:

Der Vorstandsvorsitzende teilt den Mitarbeitern mit, dass die US-Kanzlei Debevoise & Plimpton LLP mit der Aufarbeitung der Affäre betraut worden ist, und fordert alle Beschäftigten zur Kooperation mit den Prüfern auf. Ab sofort darf auf Computern keine Datei mehr gelöscht oder geändert werden, die mit Kontakten zu Staatsbediensteten oder offiziellen politischen Parteien in aller Welt zu tun hat. Denn einer der Beschuldigten hat den Ermittlern berichtet, in Griechenland seien sowohl die sozialdemokratische Pasok als auch die konservative Nea Dimokratia heimlich von Siemens ausstaffiert worden. Kutschenreuther hat den Vernehmern die angeblichen Aussagen eines griechischen Managers hinterbracht, der ihm lang und breit erklärt habe, man müsse den beiden großen Parteien im Wahlkampf helfen. Das sei dort so üblich. Siekaczek will gehört haben, politische Parteien in Griechenland seien über eine Firma in Monaco mit Siemens-Geld bedient worden. Siemens-Mitarbeiter wollen außerdem von Zahlungen an

Politiker und Parteien in etlichen anderen Ländern wissen. Eine Spur führt in den Kreml.

11. Januar 2007:

Die Staatsanwaltschaft leitet gegen ein weiteres Ex-Mitglied des Zentralvorstands, den früheren Finanzvorstand Heinz-Joachim Neubürger, ein Ermittlungsverfahren ein. Der früher in New York, Tokio und Frankfurt tätige Investmentbanker war 1989 zu Siemens gekommen, um dort die Abteilung Investor Relations aufzubauen. Neubürger machte Karriere. 1998 wurde er in den Zentralvorstand berufen, wo ihm als Finanzvorstand traditionell neben dem Konzernchef eine bestimmende Rolle zufiel. Zusammen mit von Pierer nahm er den Umbau des Konzerns in Angriff, und Investoren wie Analysten schätzten ihn wegen seiner klaren Aussagen. Dass Siemens 2001 erfolgreich an die Börse ging, ist sein Werk.

Doch jetzt haben Manager und Angestellte von Siemens ihn belastet. Angeblich sei er frühzeitig über schwarze Kassen informiert gewesen und habe auch versucht, fragwürdige Zahlungen zu vertuschen. Neubürger war wie Ganswindt einer der Kronprinzen für die Nachfolge von Pierers und hatte Ende Dezember 2005 als einer der Ersatzmänner für den Posten des Vorstandssprechers bei der Deutschen Bank bereitgestanden, sollte deren Chef Josef Ackermann über die Mannesmann-Affäre stolpern. Im Dezember 2006, da war er bereits seit neun Monaten bei Siemens ausgeschieden und als Berater einer Beteiligungsfirma tätig, hatte er der *Süddeutschen Zeitung* gegenüber noch beteuert, er habe von den Korruptionsfällen nichts gewusst: «Wir im Vorstand sind offenbar hinters Licht geführt worden.» Dass jetzt sogar Neubürger ein Aktenzeichen bekommt, ist ein Fanal: Nicht nur bei Siemens hat sich in den Weihnachtstagen mancher gefragt, ob es jetzt genug sei, ob jetzt die Ermittler endlich innehielten und vor den ganz großen Namen zurückschreckten.

Bei Günther H. Oettinger, dem baden-württembergischen Ministerpräsidenten, würde ein Konzern wie dieser «sicher sensibler behandelt», schimpfte der in dieser Sache tätige Anwalt Steffen Ufer einmal auf dem Gerichtsflur, worauf die Staatsanwältin Bäumler-Hösl nur kühl entgegnete: «Bei mir hat der Stoiber noch nicht angerufen.» Wer bayerische Justizgeschichte zu Zeiten des Herrschers Franz Josef Strauß kennengelernt hat, reibt sich die Augen: Keiner ist in diesem Verfahren im Freistaat gleicher als gleich, und der Fall sprengt in der deutschen Justizgeschichte längst alle Dimensionen.

20. Januar 2007:

Ein Radioreporter des Bayerischen Rundfunks interviewt auf dem Marktplatz in Erlangen Passanten. «Wie ist Ihr Name?», fragt er einen älteren Herrn mit runder Brille. «Pierer, Heinrich.» Der Bayern-Eins-Mann ist beglückt. Bei dieser Sendung kann man eine Reise nach Teneriffa oder Mauritius gewinnen, wenn man nur sagt: «Ich bin reif für die Insel», doch den Satz sagt der 65-Jährige verständlicherweise nicht. Er redet stattdessen über Tennismatches mit seiner Frau, übers Kochen, über neue Hemden und über die Vorbereitung der Siemens-Hauptversammlung, die nächsten Donnerstag stattfinden wird.

Heinrich von Pierer war viele Jahre lang der Inbegriff der Deutschland AG, ein Virtuose im Geflecht von Wirtschaft und Politik. Der Volkswirt und promovierte Jurist trat 1969 als Syndikus in die Rechtsabteilung von Siemens ein. Zwanzig Jahre später übernahm er im neugegliederten Konzern die Leitung des Bereichs Energieerzeugung (KWU) und rückte damit gleichzeitig in den Vorstand der Muttergesellschaft auf. Von Oktober 1992 bis Anfang 2005 stand er als Vorstandsvorsitzender an der Spitze der Siemens AG. Seitdem steht er dem Aufsichtsrat vor. Kritiker werfen ihm Zögerlichkeit bei wichtigen Entscheidungen und mangelnde Härte vor. Die Arbeitnehmer hatte er jedoch auf seiner Seite, und von Pierer, der achtzehn Jahre lang für die CSU im Erlanger Stadtrat saß, warb früh für eine menschliche Wirtschaft, in der Moral und Profit keine Gegensätze sein dürften – eine Botschaft, die im eigenen Haus offenkundig nicht bei allen ankam.

Pierer ist jedenfalls dünnhäutig geworden und braust leicht auf. Über seine Seelenlage verrät er dem Radiomann nichts. Er hört die Vorwürfe, die ihm allenthalben gemacht werden, und hört sie nicht. «Wir müssen doch den Laden zusammenhalten», sagt er. Wer außer von Pierer könnte das nach seiner Ansicht schaffen? Seine Kritiker argumentieren, entweder habe von Pierer von den systematischen Verfehlungen gewusst – dann müsse er gehen. Oder er habe weder etwas gewusst noch geahnt – dann müsse er auch gehen, weil er in diesem Fall als Vorstandsvorsitzender versagt habe. Zurücktreten werde er nicht, sagt von Pierer. «Das wäre ein Riesenfehler», weil es als Schuldeingeständnis ausgelegt würde.

24. Januar 2007:
Die EU-Kommission verhängt gegen Siemens ein Bußgeld in Höhe von rund 420 Millionen Euro wegen illegaler Preisabsprachen bei Stromschaltanlagen. Die Nachricht geht bei all den Schreckensmeldungen fast unter.

25. Januar 2007:
Auf der Siemens-Hauptversammlung rechnen die Aktionäre mit der Siemens-Führung ab. Pierer bekommt bei der Abstimmung über die Entlastung 34 Prozent Gegenstimmen, Kleinfeld 29 Prozent. Der Aufsichtsratschef sagt, der Begriff der politischen Verantwortung lasse sich nicht auf die Wirtschaft übertragen. Cromme lässt die Aktionäre wissen, dass die Mitglieder des Prüfungsausschusses wegen der Vorwürfe außerordentlich beunruhigt seien. Einem Freund sagt Cromme, er hoffe, dass von Pierer noch bis zur

Hauptversammlung im nächsten Jahr an der Spitze des Aufsichtsrats bleiben könne, sei sich aber nicht mehr sicher. Er würdigt in dem Gespräch von Pierers Lebensleistung, und seine Ausführungen sind fast schon ein Nachruf. Die Affäre wächst weiter. In einem halben Dutzend anderer Geschäftsfelder soll es problematische Zahlungen in großer Höhe geben, von Milliarden-Schiebereien ist die Rede.

1. Februar 2007:

Der Vorstand verhängt ein generelles Verbot vertriebsbezogener Beraterverträge. Ausnahmen sind nur durch eine Genehmigung des Chief Compliance Office möglich, dem seit Anfang Januar Noa vorsteht. Die Konzernspitze beschließt, externe Bankkonten stark zu reduzieren. Zahlungsempfänger sollen zentral registriert, die Abteilung der internen Bilanzprüfer in der Zentrale stark ausgebaut werden. Zusätzlich wird eine kriminaltechnische Abteilung eingerichtet. Geschäftspartner will man künftig ebenfalls auf Siemens-Regeln verpflichten.

14. Februar 2007:

Die Staatsanwaltschaft Nürnberg durchsucht Siemens-Standorte in Nürnberg und Erlangen wegen des Verdachts dubioser Zahlungen an die Arbeitsgemeinschaft Unabhängiger Betriebsangehöriger (AUB). Denn bei einer Durchsuchung von Wilhelm Schelskys Haus im selben Monat ist ein Geheimvermerk ans Licht gekommen, der endlich erhellt, warum Schelsky 1990 in Absprache mit Vorstandsmitgliedern den Konzern verließ.

In Auszügen liest sich das so:

«1. Vorgeschichte: Das Ergebnis der Aufsichtsratswahl 1988 auf der Arbeitnehmerbank mit einer hundertprozentigen IG-Metall-Vertretung (ausgenommen der Vertreter der leitenden Angestellten) veranlasste den damaligen Aufsichtsratsvorsitzenden sowie zwei Mitglieder des Vorstands, sich mit einem leitenden Angestellten Gedanken zu machen, wie man die Repräsentation der Belegschaft im Aufsichtsrat in Zukunft verändern könnte.

2. Auftrag: Zu diesem Zweck wurde im Jahr 1990 ein mit der Mitbestimmung erfahrener Mitarbeiter [Schelsky; H.L.] aufgefordert, die Firma zu verlassen und sich als Unternehmensberater selbständig zu machen. Von diesem – offiziell von Siemens unabhängigen – Unternehmensberater erhoffte man sich, dass er die Mitbestimmungsverhältnisse auf den Ebenen Betriebsrat und Aufsichtsrat nachhaltig verändere.»

Es folgt ein dritter Teil über die Entwicklung der AUB zu einer bundesweiten Arbeitnehmervereinigung, die bei Siemens bald an hundert der rund 170 Standorte kandidieren soll.

Punkt 4 befasst sich mit den «Kosten: Die Kosten aus dieser Aktivität teilen sich in drei Blöcke: a) Gehaltspflege des Unternehmensberaters, b) fixe Kosten für Büroaufwendungen aus der Selbständigkeit des Unternehmensberaters, c) Kosten zur Unterstützung der Tätigkeit der AUB …

Die Aufwendungen betrugen im Kalenderjahr 1994 rund 1,7 Millionen Mark. Die Schwerpunktkosten sind dabei mit 310000 Mark die Druckkosten von Informationsblättern und betrieblichen Zeitungen sowie mit 850000 Mark die Kosten für Seminare (Hotel, Referenten, Materialien). Einen größeren Kostenanteil macht mit 75000 Mark der Aufwand für Werbematerial aus. Die anderen Kosten betreffen laufende Ausgaben zum Unterhalt der Aktivitäten der AUB. Die Gesamtausgaben lagen für das Jahr 1994 bei rund zwei Millionen Mark. Eine seriöse Planung hat ergeben, dass wir bereits für das Jahr 1995 eine weitere Steigerung um 200000 bis 300000 Mark haben werden und im Jahr 1996 und 1997, also in den Jahren der Aufsichtsratswahlen und dann folgenden Betriebsratswahlen, mit jährlich 2,7 Millionen Mark rechnen müssen …

5. Nachsatz: Gemessen an den möglichen Kosten durch eine

radikalisierte Monopol-Gewerkschaft IG Metall haben sich die bisher aufgewendeten Gelder sicherlich gelohnt. Die Mitbestimmungskosten liegen bei der Siemens AG vergleichsweise niedrig zu Unternehmen gleicher Größenordnung wie zum Beispiel Daimler Benz. Dieses bis heute moderate Verhalten der IG Metall im Hause Siemens hat seine Ursache nicht zuletzt aus dem internen Wettbewerb zweier konkurrierender Listen bei den Betriebsratswahlen und auch Aufsichtsratswahlen. ... Wichtig bleibt, dass in den Führungsebenen des Hauses zunehmend deutlich gemacht wird, dass die Mitbestimmung ein Produktionsfaktor geworden ist.

In den unter 4. genannten Kosten sind natürlich auch die Aufwendungen des Unternehmensberaters enthalten, die er verbraucht, um die Anbahnung politischer Kontakte zum Beispiel nach Brüssel oder Bonn oder zu den Verbänden zu betreiben.»

Vermerkt war noch: «Dieses Papier ist aus Sicherheitsgründen zu vernichten.»

Nach Abschluss der Durchsuchung stellten die ermittelnden Beamten in einem eigenen Vermerk nüchtern fest: «Die weiteren, im Tresor des Beschuldigten Schelsky sichergestellten Unterlagen zeigen, dass sich die Beteiligten auch entsprechend den im zitierten Bericht getroffenen Vereinbarungen verhalten haben.»

Bei einer Anschubfinanzierung für die AUB war es also nicht geblieben.

3. März 2007:

Ein amerikanischer Siemens-Aktionär verklagt Vorstand und Aufsichtsrat sowie ehemalige Organmitglieder vor dem Obersten Gerichtshof des Staates New York auf Schadenersatz. Sie sollen für alle im Zusammenhang mit dem Schmiergeldskandal entstandenen Schäden geradestehen. Der Kläger wirft Aufsichtsrat und Vorstand vor, ihre Aufsichtspflichten verletzt und dem Unternehmen massiv geschadet zu haben. Führende Siemens-Mitarbeiter sorgen sich, dass sie bei Reisen in die Vereinigten Staaten von US-Behörden festgehalten werden könnten.

Die SEC verbreitet bei den meisten in München Schrecken. Für Außenstehende ist das System verzwickt. Die etwa siebzig Anwälte der Kanzlei Debevoise & Plimpton LPP, von denen jeder im Jahr etwa eine Million Euro kostet, liefern ihre Ergebnisse an Siemens, an die Staatsanwaltschaft und an die SEC. Die Strafe wird am Ende danach bemessen werden, wie konsequent Siemens die Verstöße aufgeklärt hat und welche personellen Konsequenzen gezogen wurden.

Als Anhaltspunkt für die Größenordnung mögen dabei folgende Beispiele dienen: Der US-Rüstungskonzern Titan einigte sich 2005 mit der SEC und Ermittlern der Bundesstaatsanwaltschaft in Washington auf 28,5 Millionen Dollar Strafe, weil Mitarbeiter des Unternehmens über zwei Millionen Dollar investiert hatten, um Präsidentschaftswahlen im afrikanischen Benin zu beeinflussen. Der Schweizer Anlagenkonzern ABB hatte 16,4 Millionen Dollar bezahlt, weil Tochterfirmen Staatsangestellte mit insgesamt 1,1 Millionen Dollar geschmiert hatten. «Investitionen» von mal zwei Millionen, mal rund einer Million Dollar – das ist alles kein Vergleich zu den Summen, die bei Siemens geflossen sind: Die US-Anwälte sprechen vom «schlimmsten Fall in der Geschichte der SEC».

Die Münchner Staatsanwälte, die weiterhin mit großem Engagement ihr Verfahren vorantreiben, beobachten das Treiben der US-Anwälte allerdings skeptisch und behalten ihr Material für sich. Was die Amerikaner machen, «ist Wirtschaftsimperialismus», sagt der Leitende Oberstaatsanwalt Schmidt-Sommerfeld in kleiner Runde.

Als hätten sie das drohende Unheil geahnt, drängten Siemens-Vorstände in den vergangenen Jahren zweimal darauf, sich von der

New Yorker Börse wieder zu verabschieden, aber der Rückzug hätte wie eine Bankrotterklärung gewirkt. Zumindest Kleinfeld sah es so.

14. März 2007:

Als Kompensation für den Schmiergeldskandal bringt Siemens in den Netzausrüster-Konzern Nokia Siemens Networks rund 700 Millionen Euro an Nettovermögenswerten mehr ein als ursprünglich geplant. Siemens steuert 2,4 Milliarden Euro bei, Nokia 1,7 Milliarden. Das Unternehmen soll nun zum 1. April starten.

In Norwegen, wo die Whistleblower-Affäre um den früheren Siemens-Mitarbeiter Per Yngve Monsen noch immer nicht ausgestanden ist, verkauft der Konzern sein IT-Geschäft an den skandinavischen IT-Dienstleister WM Data. Bisher hat Siemens rund 4,4 Millionen Euro an das norwegische Verteidigungsministerium zurückgezahlt, das mit überhöhten Rechnungen geprellt worden war.

27. März 2007:

An diesem Dienstagmorgen ist Siemens-Zentralvorstand Professor Johannes Feldmayer im Haus, als sich Besucher beim Pförtner der Konzernzentrale am Wittelsbacherplatz melden. Beamte der Staatsanwaltschaft Nürnberg und des Dezernats 4 der dortigen Kriminaldirektion präsentieren einen Durchsuchungsbeschluss und wollen in Feldmayers Büro. Das kann unangenehm werden. Der Münchner Anwalt Werner Leitner wird herbeigerufen. Der Anwalt Martin Reymann-Brauer, der Feldmayer normalerweise vertritt, ist verhindert.

In einem Besprechungsraum auf der Vorstandsetage warten die Ermittler auf Feldmayer; Compliance-Chef Noa ist auch herbeigeeilt. Feldmayer und der 48-jährige Leitner haben kurz miteinander gesprochen, und alle sehen ein bisschen ratlos aus. Sie möchten Feldmayer vernehmen, erklärt ein Beamter. Einer in der Runde schlägt vor, das Verhör nicht bei Siemens, sondern in den Räumen des Landeskriminalamts durchzuführen. Noa stimmt zu.

Anwalt Leitner hat auch unter Kollegen einen guten Ruf. Jedenfalls hat er schon in anderen Fällen eine Witterung für Fernes, Verstecktes bewiesen. Er ahnt, dass die Ermittler nicht nur wegen des Verhörs angereist sind. Auffällig ist, dass die Sachbearbeiterin des Falles nicht mitgekommen ist, und warum soll die Vernehmung in den Räumlichkeiten des LKA stattfinden? Im Besprechungsraum ist ausreichend Platz. Die Vorstandsetage ist sehr weitläufig.

Leitner berät sich erneut mit Feldmayer. Was die beiden besprechen, ist nicht bekannt. Kurz danach verblüfft Leitner die Beamten mit dem Vorschlag, er werde den Siemens-Vorstand in seinem Wagen zum LKA mitnehmen. Betretene Gesichter. Das sei nicht möglich, meint ein Fahnder. Er druckst: Sie hätten einen Haftbefehl dabei.

Erst verhören, dann am Ende der Vernehmung den Haftbefehl präsentieren, der schon lange vorher ausgestellt worden ist – das ist nicht die feine Art. Leitner sagt, unter diesen Umständen sei Feldmayer nicht zu einer Vernehmung bereit. Noa beteuert, er habe von der geplanten Festnahme nichts gewusst. Kurz darauf macht er den Vorschlag, den verhafteten Vorstand wenigstens über den Hinterausgang hinauszubringen, damit die Kollegen die Sistierung nicht mitbekommen.

Feldmayer wird dem Nürnberger Haftrichter vorgeführt – das ist jener Richter, der auch schon den Haftbefehl ausgestellt hat. Die Anhörung dauert nur knapp fünfzehn Minuten. Dann erklärt der Richter, wegen Feldmayers internationaler Verbindungen bestehe Fluchtgefahr. Ein Vorstand ist zwar daheim in der Welt, aber türmt so einer wegen eines Ermittlungsverfahrens?

Der Schmiergeldskandal bei Siemens hat schon in den Wochen zuvor viele unerwartete Wendungen genommen, Höhen erreicht, die vorher unvorstellbar schienen, aber Feldmayers Festnahme ist der Gipfel. Siemens-Chef Klaus Kleinfeld erhält die Nachricht in Essen. Ein Siemens-Mitarbeiter liest ihm am Telefon den Durchsuchungsbeschluss vor.

Kleinfeld ist überrascht und sauer. Wochen zuvor ist Feldmayer aus einer Sitzung des Zentralvorstands in München vor die Tür gebeten worden, weil ihn Nürnberger Ermittler als Zeugen in dem damals angelaufenen Verfahren gegen den langjährigen AUB-Chef Wilhelm Schelsky vernehmen wollten. Nach seiner Vernehmung hatte Feldmayer dem Siemens-Vorstandschef berichtet, die Sache mit der AUB sei finanziell aus dem Ruder gelaufen, als er sich nicht mehr um die Angelegenheit gekümmert habe. Aus dieser Zeit, es ging um einen Zeitraum von zwei Jahren, stünden 15,5 Millionen Euro im Feuer. Davor, als er noch zuständig gewesen sei, wären die Zahlungen von Siemens vergleichsweise zu vernachlässigen gewesen: ein paarmal eine halbe Million.

Kleinfeld hatte seinem Vorstandskollegen geglaubt. Aber Details des Durchsuchungsbeschlusses, der ihm vorgelesen wird, lassen erhebliche Zweifel an Feldmayers Darstellung aufkommen. Kleinfeld, der polterig sein kann, ist verärgert. Feldmayer wird von Siemens auf eigenen Wunsch beurlaubt, eine Rückkehr ist ausgeschlossen.

Der Manager, der in die Justizvollzugsanstalt Bamberg eingeliefert wird, war einer der Großen der Industrie, der, so schien es lange, noch Größeres werden konnte. Es war eine Karriere wie aus dem Lehrbuch: Nach dem Abitur hatte er bei Siemens eine kaufmännische Lehre absolviert. Feldmayer, Jahrgang 1956, besuchte im französischen Fontainebleau die Business-School Insead und wurde nach der Rückkehr Wirtschaftsplaner beim Konzern. Er wechselte nach Südafrika, dann in die USA, wurde Abteilungsleiter, Bereichsvorstand und rückte 2003 in den Zentralvorstand auf. Feldmayer erhielt die Zuständigkeit für die IT-Tochter SIS, war außerdem für die Geschäftsbereiche Gebäudetechnik und Immobilien verantwortlich und wurde Europa-Chef des Unternehmens. Bei der Europa-Holding von Exxon-Mobil sitzt er ebenso im Aufsichtsrat wie bei Infineon. An der Technischen Universität Berlin ist er seit Herbst 2006 Honorarprofessor für Strategisches Management.

Er gehörte zur Manager-Elite dieses Landes, ein ruhiger, eher bescheidener Mann, der nicht viel von sich her macht. Eine Zeit lang galt er als einer der aussichtsreichsten Kandidaten für die Nachfolge von Pierers; der damalige Aufsichtsratschef Karl-Hermann Baumann soll sich für ihn eingesetzt haben. Am Ende hatte Feldmayer seinem Konkurrenten Kleinfeld den Vortritt lassen müssen, aber was war diese Niederlage, verglichen mit der Schmach, in eine Zelle gesteckt zu werden?

Die Beträge, die seit den neunziger Jahren an Schelsky und die AUB geflossen sind, liegen – so viel wissen die Fahnder bereits – deutlich höher als die Summen, die Feldmayer Kleinfeld gegenüber eingeräumt hat. Insgesamt soll Siemens überschlägig 57,5 Millionen Euro überwiesen haben. Und nach der Jahrtausendwende nahmen die Zahlungen deutlich zu. Wie viele der Millionen am Ende bei der Gewerkschaft der Gewerkschaftsgegner landeten, die weder Tarifpartner ist noch Streik im Angebot hat, ist nicht ganz klar – Schelsky hat eine Menge Geld für sich gebraucht. Der vermutlich größte Teil gelangte jedoch wohl tatsächlich in die Kassen der «Unabhängigen».

Dutzende Mitarbeiter der AUB alimentierte Schelsky über eine seiner Firmen, indem er, wie aus einem Vermerk der Sonderkommission «Amigo» hervorgeht, Ausgaben «wie Mieten, Fahrzeugkosten, EDV-Ausstattung, Bücher/Literatur, Kinderferienlager für AUB-Mitglieder und Druckkosten für Werbeflyer ... als Betriebsausgaben» abrechnete.

Und der Einsatz zahlte sich für Schelsky aus: Nach einer Analyse des Instituts der Deutschen Wirtschaft haben AUB-Vertreter bei den Betriebsratswahlen 2006 im privaten Dienstleistungsgewerbe und im Einzelhandel, aber auch in Banken und Betrieben der Lufthansa recht erfolgreich abgeschnitten. Bei Siemens sitzt eine Vertreterin sogar stimmberechtigt im Aufsichtsrat. Als die Ausgliederung der Netzsparte in ein Joint Venture mit Nokia im Kontrollgremium auf heftigen Widerstand der IG Metall traf, stimmte die AUB-Vertreterin gemeinsam mit einem leitenden Angestellten und den Kapitalvertretern für das Geschäft. Aber das ist kein Beleg dafür, dass sie gekauft ist. Sie bestreitet, von den Siemens-Geldern für die AUB gewusst zu haben.

Dabei war es schon auffällig, dass sich die Arbeitnehmerorganisation mit konkurrenzlos niedrigen acht Euro Monatsbeitrag aufwendige Tagungen und Seminare, ein Netz aus Geschäftsstellen in guten Lagen deutscher Großstädte und eine üppige Zahl an hauptamtlichen Mitarbeitern leisten konnte. Andere kannten sich offenkundig besser aus. «Wer zahlt die Ausgaben der AUB? Von wem ist die AUB unabhängig?», fragte 2004 ein ehemaliges AUB-Mitglied. Der Mann verteilte Flugblätter, in denen er die undurchsichtige Finanzierung der Organisation anprangerte.

Die IG Metall hielt von Pierer und seinen Vorstandskollegen schon in einer Sitzung des Siemens-Aufsichtsrats vom 10. Dezember 1997 vor, Zahlungen an die AUB zu leisten. Unter Punkt 6 der Tagesordnung hatte sich ein Metaller zu Wort gemeldet und seinen Zweifel zu Protokoll gegeben, dass die Wahl der Arbeitnehmervertreter in den Aufsichtsrat ordnungsgemäß abgelaufen sei. Die AUB sei bezuschusst worden. Der damalige Chef des Kontrollgremiums, Hermann Franz, der von Pierer gefördert hatte, ließ keine Diskussion aufkommen. Er sehe «zu dieser Angelegenheit keinen weiteren Diskussionsbedarf», sagte er laut Niederschrift. Siemens zahlte heimlich weiter.

Dabei war der Versuch, sich Betriebsräte zu kaufen, aus Sicht der Siemens-Manager kompliziert und gefährlich. Die Beteiligten hätten beim Abschluss von Verträgen und Vereinbarungen «äußerst konspirativ» zusammengearbeitet, halten Ermittler im Frühjahr 2007 in einem Vermerk fest. Schelsky habe den Schriftverkehr mit den Siemens-Managern, darunter mit Vorstandsmitgliedern, über deren Privatanschriften geführt – die ausführlichen Verträge durften nicht in der normalen Siemens-Registratur auftauchen. Auf den Dokumenten finden die Ermittler Anmerkungen wie: «Dies darf man eigentlich nicht zu Papier bringen.» Oder: «Außer der Rechnung bitte ich Sie, die anderen Blätter möglichst zu vernichten.»

Feldmayer hat das System nicht erfunden, aber er ist der Letzte in einer langen Reihe von Entscheidungsträgern, die sich viele Jahre an einem krummen Geschäft versucht hatten. Dass Betriebsräte umgarnt werden, ist so selten nicht. Aber dass eine Arbeitnehmerorganisation mit Firmengeldern ausgehalten und gefügig gemacht wird, um der Mitbestimmung die Spitze zu nehmen, ist – vermutlich – einzig in der Republik.

Schelskys Rechnungen wurden seit Mitte der neunziger Jahre an die Sparte Automation & Drives der Siemens AG in der Gleiwitzer Straße in Nürnberg geschickt. Der Geschäftsbereich gab sie zur Zahlung frei, verbuchte die Millionen allerdings nur als durchlaufende Posten und belastete dann die Zentrale in München. Zeitweise arbeiteten zehn Mitarbeiter einer Siemens-Tochter für die AUB mit. Zwischen Januar 2001 und Oktober 2006 zahlte der Konzern insgesamt 30,3 Millionen Euro an Schelsky. Der Leiter des Rechnungswesens in Nürnberg sagte den Ermittlern, anfangs habe ihm Feldmayer, der damals Finanzvorstand des Bereichs war, die Rechnungen mit der Bitte um Zahlung überreicht. Nachdem Feldmayer nach München gewechselt sei, habe dieser ihm die Rechnungen dann geschickt. Später seien sie automatisch freigegeben worden.

Strafrechtlich kommt da einiges zusammen: In Feldmayers Haftbefehl steht, es könnte sich um den Verdacht der Untreue handeln. Womöglich kommen Steuerdelikte hinzu. Die Zahlungen sind von Siemens als Betriebsausgaben von der Steuer abgezogen worden, natürlich fiel auch Vorsteuer an. Bei Feldmayer summiert sich das zum Verdacht der Untreue in 23 Fällen und der Umsatzsteuerhinterziehung in fünf Fällen. Belastend ist für ihn außerdem die Tatsache, dass er 2001 einen Rahmenvertrag mit Schelsky unterschrieben hat.

Eingeschaltet in den Kreislauf waren mindestens elf Topmanager von Siemens. Vorstandsmitglieder sind darunter, Leute, die an Universitäten über Ethik dozieren und sich als Ehrenmänner feiern lassen. Sieben von ihnen haben das Glück, dass ihre Taten vermutlich verjährt sind.

Ermittelt wird jedoch auch gegen Feldmayers früheren Förderer, den ehemaligen Siemens-Aufsichtsratsvorsitzenden Karl-Hermann Baumann, der die ersten Vereinbarungen mit Schelsky gekannt haben und angeblich auch über die Folgevereinbarungen informiert gewesen sein soll. Ihm wird vorgeworfen, als Chef des Kontrollgremiums die Zahlungen nicht unterbunden zu haben. Auch gegen den Nürnberger Leiter des Rechnungswesens und einen ehemaligen Bereichsvorstand, der von 2001 bis 2005 die Rechnungen zur Zahlung freigegeben hat, läuft wegen Untreueverdachts und Verdachts der Steuerhinterziehung eine Untersuchung.

Da ist niemandem in der Topetage von Siemens etwas unterlaufen, da handelt es sich nicht um Missverständnisse. Die beschlagnahmten Dokumente lassen an dem Vorsatz keinen Zweifel. Der AUB-Fall ist ein Beleg dafür, dass die Korruption in diesem Konzern systemimmanent war. Es muss sich einer nicht selbst etwas in die Tasche stecken, um korrupt zu sein. Korrupt sind alle, die sich auf Kosten des Gemeinwohls eigene Vorteile verschaffen; bestechlich ist auch derjenige, der sich zugunsten seines beruflichen Fortkommens nicht an die Gesetze hält. Ein Insider erklärt das gesetzeswidrige Taktieren der Topleute so: «Die glaubten, eine Mission zu haben. Sie schwankten zwischen Hybris und dem Glauben, sich für eine gute Sache einzusetzen. Vermutlich hielten sie sich für unangreifbar.»

Fast erübrigt es sich zu sagen, dass die amerikanischen Anwälte von Debevoise & Plimpton LLP die Zahlungen an Schelsky für die AUB als Verstoß gegen die Anti-Korruptionsregeln in den USA betrachten.

28. März 2007:

Zermürbender Druck liegt auf dem Konzern. Bereichsvorstände unter Verdacht – das war schlimm; zwei ehemalige Zentralvorstände unter Verdacht, davon einer zeitweise in U-Haft – das ist verheerend; aber ein amtierender Zentralvorstand zeitweise in Haft – das ist eine Katastrophe. Für die Nachfolge von Pierers als Vorstandschef gab es vor Jahren vier aussichtsreiche Kandidaten: Drei von ihnen – Neubürger, Ganswindt und Feldmayer – haben Aktenzeichen bekommen. Außerdem wird gegen mehr als ein Dutzend Manager ermittelt, und die amerikanischen Anwälte wollen bei ihren Überprüfungen keinen Bereich im Weltkonzern auslassen. Es scheint keine Einzelfälle mehr zu geben, sondern nur noch die Regel.

In sechs weiteren Sparten sind die Prüfer auf Beraterhonorare von mehreren Milliarden Euro gestoßen. Es wird eine Weile dauern zu klären, welche legal und welche illegal waren, und in dieser Zeit werden die Gerüchte weiterwuchern.

17. April 2007:

Von Pierer, der aus dem Osterurlaub im Engadin zurückgekommen ist, berät sich mit dem Deutsche-Bank-Chef Josef Ackermann, der seit ein paar Jahren im Siemens-Aufsichtsrat sitzt. Der mächtigste deutsche Banker hat lange solidarisch zu von Pierer gehalten, den er schätzt. Aber er verfolgt die Vorgänge bei Siemens mit immer größerem Unbehagen. Ein Topmanager wie Ackermann hat nicht die Zeit und die Möglichkeit, im Aufsichtsrat einen Koloss wie Siemens ausreichend zu kontrollieren, und was da abläuft, erinnert ihn an seinen eigenen Mannesmann-Fall. Als Mitglied der Aufsichtsratsspitze hatte Ackermann riesige Abfindungen für die Mannesmann-Führung nach der Übernahme durch Vodafone gebilligt und musste sich deshalb zweimal vor Gericht verantworten. Der Mannesmann-Prozess ist sein Trauma. Noch einmal will er sich nicht vorwerfen lassen, in einem Aufsichtsrat ungenügend aufgepasst zu haben.

Eingebrannt in sein Gedächtnis hat sich der Satz des Bundesrichters Klaus Tolksdorf, dessen Senat Ende 2005 die Freisprüche des Düsseldorfer Landgerichts aufgehoben hatte: Vorstand und Aufsichtsrat seien «nicht Gutsherren, sondern Gutsverwalter» und als solche «zwingend einer Treuepflicht unterworfen». Ackermann kennt die Passage auswendig. Die Fälle Mannesmann und Siemens findet er nicht vergleichbar, und da hat er recht. Der eine handelt von struktureller Korruption, der andere spielte sich im Grenzbereich zur Untreue ab. «Wenn in der Deutschen Bank systematisch solche Dinge aufbrechen würden, würde ich morgen zurücktreten», vertraut Ackermann in diesen Tagen einem Freund an.

Im Gespräch mit von Pierer beschreibt Ackermann den Druck, den die US-Behörden auf Siemens ausüben, und empfiehlt den Rückzug. Pierer bespricht sich auch mit Cromme. Der ist schon eine Weile überzeugt, dass von Pierer nicht mehr bis zur Hauptversammlung 2008 bleiben kann, um dann in Ehren abzutreten. Andere Kontrolleure sind entsetzt. Dass der VW-Aufsichtsratschef Ferdinand Piëch in der VW-Affäre «mit seiner Ich-weißvon-nichts-Strategie durchgekommen ist und ein Ehrenmann wie Pierer gehen soll», empfindet ein Siemens-Kontrolleur als «schreiend ungerecht». Cromme erklärt sich bereit, von Pierers Posten zu übernehmen.

19. April 2007:

Von Pierer nimmt in seiner Eigenschaft als VW-Aufsichtsrat an der Hauptversammlung der Wolfsburger in der Hamburger Kongresshalle teil. Am Nachmittag fliegt er mit dem Firmenflugzeug zurück nach München und kündigt den Vorständen seinen Rücktritt an. «Alleiniger Anlass und Beweggrund für meine heutige Entscheidung», schreibt von Pierer in einer Erklärung, «ist das Interesse von Siemens.» Er wolle das Unternehmen «allmählich wieder aus den Schlagzeilen und in ruhigeres Fahrwasser bringen». «Ende einer Ära», werden viele Zeitungen titeln.

Kleinfeld schreibt dem dreiköpfigen Präsidium des Aufsichtsrats einen Brief. Der im Konzern heiß diskutierte Vorschlag, die Abfindung von Vorstandsmitgliedern künftig auf zwei Jahresgehälter zu begrenzen, solle für ihn schon jetzt gelten. Und falls im Zuge der Affäre etwas herauskomme, das seinen Rücktritt erforderlich mache, werde er auf jegliche Abfindung ebenso verzichten wie darauf, die Restlaufzeit seines Vertrags ausbezahlt zu bekommen. Er mache das, weil er «ein reines Gewissen» habe. Cromme erhält eine Kopie des Schreibens.

20. April 2007:

Der Rücktritt von Pierers sei «überfällig» gewesen, erklärt IG-Metall-Vize Berthold Huber. Ralf Heckmann, Chef des Gesamtbetriebsrats, hat eine völlig andere Sicht: Hier werde «ein Idol zerstört». Von Pierer sei in der Belegschaft und bei den Betriebsräten sehr beliebt. «Jetzt bestimmen Amerikaner, was in unserem Unternehmen passiert, welche Vorstände wegmüssen.» Mancher der Beteiligten hat Nerven aus Schießbaumwolle und kann, wie das Cellulosenitrat, leicht explodieren.

Aber längst schon geht es nicht mehr um von Pierer, sondern um Kleinfeld. Kann er bleiben, soll er gehen? Was hat er vor der Razzia getan, um das illegale System abzustellen? Gut, er sei mit dem Umbau des Konzerns beschäftigt gewesen, aber Compliance ist auch wichtig, und die habe er nicht ausreichend im Blick gehabt, sagt ein Kritiker, der nicht genannt werden möchte, aber ziemlich weit oben sitzt.

«Wenn ich geahnt hätte, was da lief, hätte ich doch ganz andere Fragen gestellt», sagt Kleinfeld in kleiner Runde. Doch er habe immer nur von «Einzelfällen» gehört, die gelöst würden, und er sei ein Mensch, der zunächst dem anderen glaube. Er verachte Zyniker (Kleinfeld, der lange in Amerika war, sagt gern «Zynisten») und habe den Compliance-Leuten, Schäfer vorneweg, vertraut. In der *Frankfurter Allgemeinen Zeitung* erscheinen vorläufige Zahlen über den Geschäftsverlauf bei Siemens, und die sind sehr gut. «Kleinfeld am Ziel», schreibt die Zeitung. Cromme, aber auch andere Aufsichtsräte, reagieren verschnupft. Er lasse sich «nicht unter Druck setzen», sagt Cromme.

Die amerikanischen Anwälte warnen den Aufsichtsrat, Kleinfelds Vertrag, der zum 30. September ausläuft, bereits auf der Aufsichtsratssitzung Ende April zu verlängern. Zwar gebe es keinerlei Hinweise, dass sich Kleinfeld irgendwann gesetzeswidrig verhalten habe. Dennoch sei es ratsam, mit der Vertragsverlängerung so lange wie möglich zu warten. Das ist die Umkehr der Unschuldsvermutung, aber für die SEC, so scheint es manchmal, sind Beteiligte verdächtig bis zum Beweis des Gegenteils. Mehr als vier Monate lang haben sie Kleinfelds archivierte Post gesichtet, seine E-Mails gelesen und ihn immer wieder befragt, und sie haben nichts gegen ihn in der Hand.

Kleinfeld telefoniert in diesen Tagen häufiger als sonst mit Kanzlerin Angela Merkel. Die Regierungschefin interessiert sich für die

Turbulenzen an der Siemens-Spitze. Beide verstehen eine Menge von Technik und der Umsetzung naturwissenschaftlichen Fortschritts in technische Lösungen. Sie sind Norddeutsche, und beide Familien sind, unterschiedlich stark, durch die DDR mitgeprägt. Frau Merkel hat in der DDR gelebt, Kleinfelds Eltern sind 1950 aus Wittenberg nach Bremen gezogen. Ratschläge soll sie ihm nicht gegeben haben; er hat wohl auch nicht darum gebeten. Dabei kennt sie viele Leute, ist auch häufige Gesprächspartnerin von Ackermann und Cromme. In die Gremienentscheidung des bedeutendsten Technologieunternehmens kann jedoch vermutlich auch sie nicht eingreifen.

21. April 2007:
Ackermann und Cromme treffen bei einem Abendessen in Berlin den Linde-Chef Wolfgang Reitzle. Sie bieten ihm den Kleinfeld-Posten für den Fall an, dass Kleinfeld das Handtuch wirft.

22. April 2007:
Ackermann und Cromme reden in München mit Kleinfeld. Sie berichten ihm über das Gespräch mit Reitzle, das rein vorsorglicher Art gewesen sei, und informieren ihn über die Bedenken der US-Anwaltskanzlei Debevoise & Plimpton LLP. Die Amerikaner hielten es für zu riskant, den Vertrag jetzt zu verlängern, und schlügen vor, die Entscheidung, die ursprünglich schon für Ende 2006 geplant war, noch einmal um drei Monate zu verschieben. «Habe ich noch eine faire Chance?», fragt Kleinfeld. «Ja», antworten die beiden Kontrolleure. Am Abend sickert halboffiziell durch, dass die amerikanischen Anwälte nichts Belastendes gegen Kleinfeld gefunden hätten, und das steht dann in der Zeitung. Einige Aufsichtsräte haben den Verdacht, Kleinfeld versuche indirekt Druck auf sie auszuüben. Die Lage wird immer unübersichtlicher.

24. April 2007:

«Aufsichtsrat sucht neuen Chef», meldet die *Financial Times Deutschland (FTD)*, und die Geschichte über die Unterredung mit Linde-Reitzle sorgt in allen Lagern für Verwirrung. Wer hat die Information der *FTD* gesteckt und warum? Kleinfeld ist brüskiert, Ackermann und Cromme sind es auch. Die Spin-Doktoren der beiden Lager verheddern sich in den eigenen Fäden, die sie scheinbar kunstvoll gezogen haben. Am Nachmittag informieren die amerikanischen Anwälte den Siemens-Prüfungsausschuss in einem abhörsicheren Raum über ihre Erkenntnisse: Alles sei noch schlimmer als befürchtet. Führungskräfte unterhalb der Vorstandsebene seien an den Schmiergeldgeschichten beteiligt und versuchten sich gegenseitig zu decken. Auch sei der Prüfungsausschuss unvollständig informiert worden. «Bei Siemens gibt es eine solidarische Gemeinschaft von Alten, die sich gegenseitig schützen», klagt Cromme. Spätabends streckt Kleinfeld die Waffen. Über von Pierer sagt er nur noch öffentlich Nettes; das früher sehr gute Verhältnis zu Ackermann und Cromme ist ebenfalls angespannt. Aus Sicht Kleinfelds ist aus der Beziehung eine «Chemiesache geworden», und die Chemie stimmt nicht mehr.

25. April 2007:

Die US-Anwälte schlagen vor, die in diesem Jahr auslaufenden Verträge mit Feldmayer und Radomski nicht zu verlängern. Der eine ist in die AUB-Geschichte verstrickt, der andere war auch für Compliance verantwortlich. Radomski habe zu wenig Elan bei der Aufklärung gezeigt, stimmt ein Aufsichtsrat zu. Belastete Manager sind ein hohes Risiko für ein Unternehmen, wenn amerikanische Behörden im Spiel sind. Kleinfeld und Kaeser tragen glänzende Unternehmenszahlen vor, aber der Geschäftserfolg zählt in diesen Tagen wenig. Cromme wird zum neuen Aufsichtsratschef gewählt. Im konzerneigenen Fernsehstudio gibt Kleinfeld eine Erklärung ab: «Ich habe mich entschieden, für die Verlängerung meines Vertrags nicht mehr zur Verfügung zu stehen. Ein Schwebezustand ist unakzeptabel.» Reitzle sagt endgültig ab.

1. Mai 2007:
Die Suche nach dem neuen Siemens-Chef gestaltet sich schwierig. Cromme wird heftig kritisiert. Als er 1988 das Stahlwerk Krupp Rheinhausen stilllegen wollte, hatten Protestler einen Steckbrief ausgehängt: «Gesucht wird Dr. Gerhard Cromme. Tot oder lebendig wegen: Mord am Standort Rheinhausen und Betrug der Arbeitnehmer. Belohnung: Leben und Arbeit in Rheinhausen.» 1997 war er dann wieder unter Druck geraten. Die geplante feindliche Übernahme des Thyssen-Konzerns durch Krupp sorgte für Aufruhr: Mit Schilden hatten Polizisten Cromme schützen müssen, als er den Stahlarbeitern seine Pläne erläutern wollte. Eier flogen. «Hängt ihn auf», war damals zu hören. «Wer das hinter sich hat», sagt Cromme, «hat vor nichts mehr Angst. Man muss seinen Weg gehen, darf nicht links und rechts gucken.»

Die Headhunter von Spencer Stuart, die Siemens eingeschaltet hat, präsentieren eine Liste mit zehn Kandidaten, doch kein Name überzeugt. Cromme hat feste Vorstellungen: Eine Affinität zu Siemens-Produkten soll der Neue haben, er soll Weltgeist sein, aber aus dem deutschen Kulturraum stammen. Erfahrungen mit amerikanischen Börsen- und Justizbehörden wären von Vorteil. Gibt es so jemanden? An diesem Maifeiertag macht ihn Siemens-Aufsichtsrat Professor Walter Kröll – ein in aller Welt hochangesehener Forscher, Gründungsrektor und Vorstandsvorsitzender des Deutschen Zentrums für Luft- und Raumfahrt – auf einen Manager aufmerksam, der womöglich passe: Peter Löscher, 49, Österreicher, Vorstandsmitglied des US-Pharmakonzerns Merck, ehemaliger Vorstand bei General Electric, dem Hauptwettbewerber von Siemens. Cromme liest Löschers Lebenslauf und ist begeistert. Er ruft den 49-jährigen gebürtigen Österreicher sofort in New Jersey an.

5. Mai 2007:
Löscher und Cromme treffen sich am Frankfurter Flughafen. Die Chemie stimmt.

14. Mai 2007:
Die Schmiergeldaffäre verdrängt wieder die Unternehmensnachrichten. Reporter der großen Blätter und der wichtigsten Sender, auch Journalisten amerikanischer Blätter, sind nach Darmstadt gereist. Die Wirtschaftsstrafkammer des dortigen Landgerichts verkündet das erste Urteil seit Aufdeckung der Siemens-Affäre. Es ist jener Fall, den die Münchner Oberstaatsanwältin Regina Sieh vor Jahren an die Einsatzreserve des Hessischen Generalstaatsanwalts abgegeben hat; es ging um Schmiergeschichten im Kraftwerksbereich.

Obwohl es keine erkennbare Verbindung zum Com-Netzwerk in München gibt, ist das Interesse der Medien groß, auch deshalb, weil es sich möglicherweise um eine Art Pilotverfahren für die Prozesse handelt, die in den nächsten Monaten und Jahren in der Causa Siemens stattfinden werden.

Die früheren Siemens-Manager Andreas Kley und Horst Vigener hatten wochenlang vor Gericht gestanden. Kley wird an diesem Montag wegen Bestechung und Untreue zu zwei Jahren Haft auf Bewährung verurteilt. Außerdem muss er 400 000 Euro an gemeinnützige Organisationen zahlen. Vigener erhält eine Bewährungsstrafe von neun Monaten. Kley kündigt gleich an, dass er Revision einlegen werde.

Zumindest bei den Alten von Siemens kommen wehmütige Erinnerungen auf. Die Kleys sind eine Manager-Dynastie. Vater Gisbert war von 1964 bis 1973 Mitglied des Siemens-Vorstands. Bruder

Karl-Ludwig saß im Lufthansa-Vorstand und wechselte 2006 in den des Darmstädter Pharmakonzerns Merck. Der andere Bruder, Max Dietrich, war stellvertretender Vorstandsvorsitzender des Ludwigshafener Chemiekonzerns BASF und ist heute Aufsichtsratschef bei Infineon. Außerdem steht er als Präsident dem Deutschen Aktieninstitut vor.

Weitgehend unbeachtet von der Öffentlichkeit hatte Andreas, der Jüngste, seinen Weg bei Siemens gemacht. Der gelernte Bankkaufmann fing 1968 in der Finanzabteilung in München an, ging zu einem Zwischenspiel in die USA und stieg schließlich in den Bereichsvorstand der Sparte Energieerzeugung (Power Generation) auf, die beachtliche Gewinne machte. Zu seinen Bekannten gehörte der damalige Vorstandsvorsitzende Heinrich von Pierer. Kley war der klassische Siemens-Kaufmann. Das soll heißen: Er war jemand, der über die Welt der Techniker hinausblickte und Geschäfte anbahnte.

Zum 1. Juli 2004 hatte er den Konzern, wie eine Zeitung meldete, «altersbedingt» verlassen. Das war falsch. Er war erst 61 Jahre alt und musste seinen Hut nehmen, weil er in eine Schmiergeldaffäre verwickelt war, die der breiten Öffentlichkeit damals verborgen blieb. Zum Abschied hatte ihm Uriel Sharef, Mitglied des Siemens-Zentralvorstands, eine Abfindung in Höhe von 1,7 Millionen Euro angewiesen, die in den Sommertagen des Jahres 2007 noch viel Ärger machen sollte. Der Weggang schmerzte ihn damals trotz der Abfindung. Die Firma war ein wichtiger Teil seines Lebens gewesen, und Kley hatte seine Arbeit gern erledigt.

Es gibt viele Überlegungen, warum es im weltumspannenden Siemens-Reich so ungewöhnlich viele «Landschaftsgärtner» gab, die den Boden reichlich düngten und immer mit Risiko den kürzesten Weg zum Ziel suchten. Die freundlichste Lehrmeinung geht so:

Nach dem Krieg schwärmten junge Siemens-Manager in alle Welt aus, und sie lernten, dass nur der Erfolg hat, der tüchtig schmiert. Sie kamen zurück, wurden Bosse und lernten die nächste Generation an. Und all die Zeit mischten sich weder Politik noch Staatsanwaltschaften in die speziellen Geschäfte ein. Außerdem beherrschten die Siemens-Manager das elfte Gebot: Du sollst dich nicht erwischen lassen.

Allen Beteiligten, so geht die Theorie weiter, sei klar gewesen, dass auf vielen Märkten nur mit vollem Einsatz Geschäfte zu machen waren. Für nützliche Aufwendungen, die bei Bestechungen im Ausland sogar von der Steuer abgesetzt werden konnten, hätten die Siemens-Manager den Markt mit Schwarzgeldkonten oder Provisionen «beatmet».

Nun wird das Gedankengebäude der Abwiegler ein bisschen brüchig. Dass sich die Gesetze Ende der neunziger Jahre dramatisch änderten und Bestechung im Ausland auch daheim strafbar wurde, sagen sie, hätten manche Manager nicht gleich mitbekommen. Außerdem habe es «Übergänge» gegeben. Anders gesagt: Geben und Nehmen sei von manchen als so selbstverständlich empfunden worden, dass sie das Selbstverständliche nicht einfach ablegen konnten.

«Bestechung war bei Siemens gängige Praxis», erklärte Vigener in dem Darmstädter Prozess. In anderen Regionen der Welt sei der Einsatz von Schmiergeld ebenfalls üblich gewesen. Vor allem in Ostasien hätten sich immer wieder Gruppen vorgestellt, die Verbindungen zu Firmen schaffen konnten und dafür Gegenleistungen erwarteten.

Der 73 Jahre alte Elektroingenieur, der sein Leben lang für die AEG und dann für Siemens in Griechenland gearbeitet hatte, war ein Veteran im Kraftwerksgeschäft. 1993 war er aus Gesundheitsgründen bei Siemens ausgeschieden. Fünf Jahre später bekam er einen Anruf. Kley bot ihm einen Beratervertrag an, weil man einen wie ihn brauche. Vigener bekam mit Wirkung vom 13. November

1998 einen freien Mitarbeitervertrag, der dann diverse Male verlängert wurde, bis er zum 31. Dezember 2001 endgültig auslief.

In Italien hatte er ein, wie es schien, lukratives Geschäft eingefädelt. In den Jahren 1999 und 2000 führten die Energiekonzerne Enel Produzione S.p.A. und Enelpower S.p.A. zwei Ausschreibungen über die Lieferung von Gasturbinen inklusive Zubehör durch. Verantwortlich für die Ausschreibung war der italienische Manager Luigi G., das Projekt als solches unterstand dem zuständigen Ingenieur Antonio C.

Vigener wusste den kürzesten Weg. Er traf mit G. und C. in der Lobby eines Mailänder Luxushotels zusammen. Vigener hat später oft erzählt, wie sehr er sich zunächst über die beiden geärgert habe. Die wollten vier Prozent der Auftragssumme kassieren. Üblich aber sei ein Prozent gewesen, und er habe die Manager heruntergehandelt: auf 5,637 Millionen Euro sowie 438 990 Dollar. Kley stimmte dem Deal zu.

Die beiden italienischen Manager sorgten dann dafür, dass ein von den Firmen Ansaldo und Siemens AG gegründetes Konsortium bei den Ausschreibungen den Zuschlag bekam. Der Tatplan war simpel. Ausschließlich Siemens erhielt von den beiden bestochenen Managern spezielle Informationen über geforderte Leistungsgarantien, die Verkürzung der Lieferfristen und weitere technische Spezifikationen. Der Wettbewerb wurde ausgeschaltet. Die Unternehmen Fiat Avio, General Electric, ABB Sadelmi/ABB Power Generation zogen ihre Bewerbungen entnervt zurück. Das Gesamtvolumen der von Vigener in Abstimmung mit Kley gekauften Aufträge lag bei 450 329 837,45 Euro, hinzu kamen lukrative Wartungsverträge. Auf Siemens entfiel dabei ein Anteil von mindestens 338 100 000 Euro.

Interessant waren die Wege der Schmiergeldzahlungen. Die beiden italienischen Manager hatten von Vigener verlangt, das Geld dürfe nicht gleich auf ihre Konten überwiesen werden. Kein

Problem. Die Kraftwerksparte von Siemens verfügte – ähnlich wie die Sparte Com – über ein Firmengeflecht. Rund die Hälfte der Summe – exakt 2,65 Millionen Euro – wurde zunächst auf ein Konto der in Vaduz ansässigen Gesellschaft Eurocell überwiesen. Von dort floss das Geld weiter an eine ebenfalls in Liechtenstein eingerichtete Grenusso Anstalt bei der Neuen Bank in Vaduz, wo die Summe abgehoben und auf das Konto einer Gesellschaft namens Colford Investments Corporation überwiesen wurde. Von dort ging es weiter an die Gesellschaft Middle East & Industrial Service Llc. in Abu Dhabi und gelangte schließlich auf Konten in Monaco und Lugano.

Die andere Hälfte stammte ursprünglich aus einer von Kley verwalteten schwarzen Kasse, die ebenfalls in Liechtenstein eingerichtet worden und der Siemens-Buchhaltung unbekannt war. Kley hatte die Kasse mit zwölf Millionen Schweizer Franken 1998 von einem anderen Siemens-Mitarbeiter übernommen. Ähnlichkeiten zu dem Com-System mit den Geheimkonten in Österreich sind nicht zufällig. 1999 ließ Kley Vigener die Stiftung Gastelun in Liechtenstein gründen, auf deren Konten das Geld transferiert wurde, um, den Feststellungen der Ermittler zufolge, für «Consulting-Leistungen» und Beatmungsversuche verfügbar zu sein. Im Enel-Fall wanderten im August 2001 auf Veranlassung Vigeners mehr als drei Millionen Euro auf ein Konto der Firma Technical Consulting & Service Limited in Dubai, die verschiedentlich hin und her überwiesen wurden und schließlich in Monte Carlo und Lugano landeten.

All diese Details hatten deutsche und italienische Fahnder der Eingreifreserve des Hessischen Generalstaatsanwalts, des Wiesbadener Landeskriminalamts und der Staatsanwaltschaft Mailand in Zusammenarbeit ermittelt. Als der Fall schließlich in Darmstadt vor Gericht kam, konnten weder Staatsanwälte noch das Gericht nachvollziehen, warum die beiden Manager gegen sämtliche Ethik-richtlinien des Konzerns verstoßen hatten. In ihrer Anklage zitierten die Strafverfolger seitenweise aus den Regeln.

Der Frankfurter Oberstaatsanwalt Ulrich Busch fordert letztlich drei Jahre und sechs Monate Haft für Kley sowie für Vigener fünfzehn Monate auf Bewährung. Ein solches «Konzerngeflecht in Liechtenstein zur Verschleierung von Zahlungsströmen haben wir bisher eher mit Drogen- und Waffenhandel und der organisierten Kriminalität assoziiert», stellt Busch konsterniert fest.

Richter Rainer Buss schreibt den Angeklagten in seinem Urteil ins Stammbuch, Untreue liege immer vor, wenn Firmengeld in schwarzen Kassen lande. Ob korrupte Manager und deren Helfer, wie in diesem Fall, eine inoffizielle Nebenbuchführung anlegten, um den Abfluss des Geldes dokumentieren zu können, sei nebensächlich. Außerdem zeigt er sich sehr irritiert, dass Siemens die Millionen-Abfindung nicht zurückgefordert habe, obwohl Kleys Verstrickungen bekannt gewesen seien. Dem Staatsanwalt gibt er den Rat, die Abfindungsvereinbarung, die von Pierer und Sharef getroffen haben, unter strafrechtlichen Gesichtspunkten zu prüfen. Busch stimmt zu.

Aus dem lukrativen Geschäft ist ein Schlag ins Kontor geworden. Ursprünglich hatte Siemens bei diesem Projekt einen Gewinn von 104 Millionen Euro gemacht. 113 Millionen Euro musste der Konzern bereits als Ausgleich an Enel zahlen. Die Darmstädter Richter verfügen, Siemens müsse zusätzlich 38 Millionen Euro an den Staat abführen.

19. Mai 2007:
Bei einem Abendessen im Münchner Hotel «Vier Jahreszeiten» trifft das Präsidium des Aufsichtsrats den Kandidaten Löscher. Erst am Vortag hat Cromme die beiden anderen Mitglieder des Gremiums, Ackermann und Heckmann, in die Pläne eingeweiht.

20. Mai 2007:

Löscher wird dem Aufsichtsrat vorgestellt und ohne Gegenstimmen zu Kleinfelds Nachfolger gewählt. Er will am 1. Juli bei Siemens anfangen. Cromme sagt, der Neue solle den Kollegen in den einzelnen Bereichen und Regionen erst einmal drei Monate «aktiv zuhören». Siemens müsse in ruhigeres Fahrwasser kommen. Das ist nicht so einfach. Aufsichtsratsmitglieder beschweren sich darüber, dass von Pierer das Kontrollgremium nicht über die 1,7 Millionen Euro Abfindung für Kley informiert habe. «Es kann nicht sein, dass verurteilte Manager mit einem goldenen Handschlag verabschiedet werden», sagt ein Kontrolleur. In der Abendausgabe der *Süddeutschen Zeitung* werden drei Gremienmitglieder mit kritischen Aussagen über von Pierer zitiert. Ein Aufsichtsrat bezeichnet von Pierers Verhalten als «Sauerei und Lumperei». Die drei Kritiker haben auf Anonymität bestanden.

22. Mai 2007:

In einem Brief an den Aufsichtsrat zeigt sich von Pierer «tief betroffen» über die Vorwürfe. Kley habe von ihm «keinen goldenen Handschlag» bekommen, sondern es seien lediglich «vertragliche Ansprüche erfüllt» worden. Der Aufsichtsrat sei für finanzielle Angelegenheiten, die Spartenvorstände wie Kley beträfen, nicht zuständig. Deshalb werde «gemäß den internen Regularien dem Aufsichtsrat grundsätzlich nicht berichtet». Cromme teilt mit, Siemens habe ein Rechtsgutachten in Auftrag gegeben, das klären soll, ob die Abfindungszahlung im Jahr 2004 korrekt war.

31. Mai 2007:

Die Schmiergeldaffäre bei Siemens hat auch Folgen für die Deutsche Telekom. T-Systems-Chef Lothar Pauly, bis Herbst 2005 Vorstand der Kommunikationssparte von Siemens, tritt zurück. Frühere Mitarbeiter hatten ihn belastet. Ein ehemaliger Com-Finanzvorstand hatte behauptet, er habe Pauly auf einen Schmiergeldtransporteur angesprochen. Der habe angeblich geantwortet, er wisse das, und sinngemäß gefragt: Wollen wir Geschäfte machen oder nicht? Das sei völlig falsch, sagt Paulys Anwalt Kurt Kiethe. Sein Mandant habe von krummen Geschäften nichts gewusst.

Aber Pauly gerät auch durch interne Mails in Bedrängnis, die die Ermittler sichergestellt haben. In dieser elektronischen Post an und von Pauly ging es meist um Beraterhonorare, und da ist von «süßen Versprechungen», unbekannten Bankkonten und «Abschottung» die Rede. «Die Zahlung wurde bei uns vermasselt», heißt es in einer Notiz an Pauly. Das Übliche, so scheint es. Doch Pauly bestreitet, von Schmiergeldzahlungen «gleich welcher Art» gewusst zu haben. Das Gleiche gelte für schwarze Kassen. Er habe nie auf Anonymisierung gedrängt. Der Umstand, dass ein Berater, für den das Geld gedacht gewesen sei, «offenbar auf Anonymität Wert gelegt habe, müsse weder Siemens noch Pauly in irgendeiner Weise betreffen», sagt Kiethe.

Anfang Juni 2007:
Die amerikanischen Anwälte fordern, der frühere Compliance-Chef Schäfer solle den Konzern verlassen. Deutsche und amerikanische Anwälte arbeiten an einem gemeinsamen Vorschlag für den Vorstand. Die Amerikaner sind mit dem deutschen Arbeitsrecht nicht vertraut. Kleinfeld und Cromme warnen jedoch vor übereilten Aktionen, da die Lösung auch vor einem Arbeitsgericht Bestand haben müsse. Später wird Schäfer dann gekündigt. Bald darauf zieht Siemens die Kündigung wieder zurück.

18. Juni 2007:
Die 12. Strafkammer des Landgerichts Nürnberg-Fürth weist in einem siebenseitigen Beschluss eine Haftbeschwerde des AUB-Gründers Schelsky zurück. Das Gericht kommt zu dem Ergebnis,

es bestehe Fluchtgefahr, weil Schelsky, der seit Mitte Februar in Untersuchungshaft sitzt, mit einer empfindlichen Freiheitsstrafe rechnen müsse, die nicht zur Bewährung ausgesetzt werden könne. Es sei gegen «elementare Grundsätze des Mitbestimmungsrechts» verstoßen worden.

28. Juni 2007:
Noch vor Ablauf der Probezeit muss Daniel Noa, der Chef der Anti-Korruptionsabteilung, sein Amt wieder aufgeben. Noa hat sich nichts zuschulden kommen lassen, aber der gelernte Staatsanwalt fand sich in der Siemens-Welt nicht nur wegen seiner mangelnden Englischkenntnisse nicht zurecht. Außerdem gab es Streit um Zuständigkeiten. Noa hatte intern kritisiert, dass seine Compliance-Abteilung der Rechtsabteilung zugeschlagen worden war. Bis ein Nachfolger, nach Wunsch des Unternehmens ein Compliance-Experte mit internationaler Erfahrung, in Abstimmung mit dem neuen Vorstandschef Löscher gefunden ist, übernimmt Chefsyndikus Paul Hobeck den Posten.

1. Juli 2007:
Der ehemalige General-Electric-Manager Löscher nimmt den Dienst bei Siemens auf. Ackermann hat vor Wochen in einem *Zeit*-Interview gesagt, es gebe kein Geschäft, «das es wert ist, den eigenen Ruf zu ruinieren». So hat es Kleinfeld gesehen, so sieht es auch Löscher. Aber er hat gegenüber Kleinfeld den Vorteil, dass er weiß, worauf er sich einlässt. Für den Weltkonzern wäre viel gewonnen, wenn die Compliance künftig ähnlich gut funktionieren würde wie bei General Electric, aber bis dahin ist es noch ein weiter Weg.

Juli 2008:
Löscher ist ein Jahr im Amt. Der Österreicher hat nach der Schmiergeldaffäre kräftig aufgeräumt. So hat er nahezu den kompletten

Vorstand ausgetauscht, die zweite Führungsebene gewechselt und die Geschäftsbereiche völlig neu geordnet. Für den Bereich Compliance gibt es einen eigenen Vorstand. Die Zentrale in München hat mehr zu sagen, der Neue hat den Regionalfürsten einen Teil ihrer Macht genommen.

Die neue Führung hat sich von Heinrich von Pierer abgewendet; je mehr die amerikanischen Anwälte, die den Konzern durchkämmen, herausfinden und je mehr Manager auspacken, umso deutlicher gehen Vorstand und Aufsichtsrat von heute auf Distanz.

Die Staatsanwaltschaft München I hat gegen gut 300 Siemens-Mitarbeiter Ermittlungsverfahren eingeleitet. Die Nürnberger Strafverfolger haben gegen den früheren Zentralvorstand Johannes Feldmayer und gegen den ehemaligen AUB-Chef Wilhelm Schelsky Anklage erhoben: gegen Feldmayer wegen Verdachts der Untreue und der Steuerhinterziehung, gegen Schelsky wegen Untreue, Steuerhinterziehung und Betrug. Der Fall hat eine Menge zerbeulter Egos und abgeschnittener Karrieren hinterlassen.

21. Juli 2008:

Es wird bekannt, dass das Unternehmen wenn möglich Schadenersatzforderungen gegen den alten Vorstand erheben will. Auch gegen Kleinfeld und auch gegen von Pierer. Die Staatsanwaltschaft hatte zuvor schon gegen zehn frühere Vorstände und den früheren Aufsichtsratchef Baumann Ordnungswidrigkeiten-Verfahren eingeleitet, weil sie angeblich in ihrer Amtszeit von schwarzen Kassen, Schmiergeldfällen und mangelhaften internen Kontrollen erfahren haben sollen. Sie sollen nicht konsequent gegen die Missstände vorgegangen sein. Die Staatsanwaltschaft verwies darauf, dass eine Unternehmensleitung alle «durchführbaren und zumutbaren organisatorischen Maßnahmen» ergreifen müsse, die zur Verhinderung von Straftaten notwendig seien. Von Pierer betont, er habe «alle notwendigen Maßnahmen» ergriffen. Den ehemaligen Siemens-

Vorstandsmitgliedern droht eine Geldbuße bis zu einer Million Euro. Die Staatsanwaltschaft behält sich vor, auch strafrechtlich gegen die früheren Siemens-Manager vorzugehen.

Sechs Sparten des Konzerns sind nach Feststellungen der Ermittler vom Schmiersystem infiziert. Siemens beziffert die Summe der ungeklärten Zahlungen auf 1,3 Milliarden Euro. Knapp zwei Milliarden Euro hat die Affäre den Konzern schon gekostet, darin enthalten eine Geldbuße in Höhe von 201 Millionen Euro. Löscher kündigt an, er wolle in den nächsten Jahren weltweit 17 000 Jobs streichen. Früher galt Siemens als Aushängeschild der Deutschland AG.

28. Juli 2008:

Am 28. Juli wurde Reinhard Siekaczek, mit dem das alles angefangen hatte, wegen Untreue von einer Wirtschaftsstrafkammer des Münchner Landgerichts zu einer Gesamtfreiheitsstrafe von zwei Jahren verurteilt, die auf drei Jahre zur Bewährung ausgesetzt wird. Außerdem soll er 540 Tagessätze à 200 Euro bezahlen, insgesamt 108 000 Euro – 72 000 weniger, als die Staatsanwälte gefordert hatten. Als Organisator der schwarzen Kassen der ehemaligen Telekommunikationssparte hatte er 53 Millionen Euro Schmiergeld verwaltet. Das Gericht würdigte bei der Urteilsfindung Siekaczeks Kooperation mit den Ermittlern, ohne die manche Details nicht ans Licht gekommen wären. Weiter wirkte sich strafmildernd aus, dass der von Anfang an voll geständige Manager im Auftrag seiner Vorgesetzten und – wie er selbst glaubte – im Interesse der Firma gehandelt habe. Der Vorsitzende Richter der Kammer, Peter Noll, prägte ein prägnantes Bild zur Beschreibung der Sicherungen bei Siemens gegen die seit Anfang der neunziger Jahre verbotenen Bestechungen. «Praktisch alle Kontrollinstanzen haben darauf abgezielt, so ein Verhalten zu ermöglichen», kritisierte Noll. Die Compliance-Abteilung habe dagegen so viel ausrichten können wie «die Feuerwehr mit einem Zahnputzbecher» bei einem Großbrand.

Kassensturz in Afrika:
Ein Kontinent, zwei Beispiele

Um das weite Feld der Korruption in Auslandsgeschäften besser abstecken zu können, haben sich Forscher schöne Begriffe ausgedacht: Mit *petty corruption* werden die Überlebensstrategien unterbezahlter Beamter in armen Ländern beschrieben; *grand corruption* steht für Transaktionen zwischen Konzernen und Staatschefs oder Ministern. Letztere zieht sich durch die Geschichte Nigerias. Als «einen der korruptesten Landstriche unter der Sonne, dreckig, lärmig, unaufrichtig und vulgär», hat der Schriftsteller Chinua Achebe seine Heimat beschrieben.

In einen der größten Korruptionsskandale in dem afrikanischen Land war ein deutsches Unternehmen verwickelt: die Essener Ferrostaal AG, die Industrieanlagen baut und Stahlhandel betreibt. Es geht in dieser Affäre um Hunderte Millionen Euro Schmiergeld und um die Frage, ob Geschäftsleute mit den Wölfen heulen müssen, wenn sie im Ausland Geschäfte machen wollen. Ist Korruption die Grundlage für die Geschäftskultur eines ganzen Kontinents, in diesem Falle Afrikas? Betrachten wir dazu zwei aufschlussreiche Fälle: einen aus Nigeria, einen aus Lesotho.

Die Geschichte des Ferrostaal-Falles, die zunächst erzählt wird, findet sich auszugsweise in einer 122 Seiten dicken Anklageschrift der Liechtensteiner Staatsanwaltschaft, über die in den vergangenen Monaten beim Fürstlichen Landgericht in Vaduz verhandelt wurde. Hunderte Millionen Euro sollen in den neunziger Jahren via Liechtenstein in die Schatullen des früheren nigerianischen Diktators Sani Abacha und seines Clans geflossen sein. Der Despot hatte bei einem Großauftrag an Ferrostaal für eine Aluminiumhütte nachträglich 25 Prozent der Vertragssumme für sich und seine Familie gefordert. Auch im Fürstentum sollen sich einige Vermögensverwalter bereichert haben. Insgesamt seien mit Hilfe von Ferrostaal knapp 385 Millionen Euro abgezweigt worden – zulasten des Staates Nigeria, wie die Ermittler festhielten.

Zu den Hauptbeschuldigten in Vaduz zählen die beiden Abacha-Söhne Mohammed und Abba. Beide sind nicht vor Gericht erschienen; nach Angaben der Staatsanwaltschaft halten sie sich in Nigeria auf. Mohammed Abacha wurde bislang lediglich die Anklage zugestellt; er steht in seinem Heimatland angeblich unter Hausarrest. Abba Abacha saß längere Zeit in Genf in Untersuchungshaft, kam aber wieder frei. Sein Verfahren in Vaduz wurde abgetrennt. Und der Liechtensteiner Treuhänder, der Ferrostaal und Abacha als Geldwäscher gedient haben soll, ein inzwischen älterer Herr, ist nicht mehr verhandlungsfähig. Sein Verfahren sei «ausgeschieden», teilt die Staatsanwaltschaft mit. Das hört sich nach wenig Arbeit für das Gericht an.

Einiges bleibt dennoch zu tun. Mehrere ebenfalls angeklagte Gehilfen sind noch greifbar, und viel Geld ist auch noch da. Knapp 55 Millionen Euro, die frühzeitig sichergestellt wurden, hat der Staat Nigeria aus Liechtenstein bereits zurückerhalten. Über weitere fast 150 Millionen Euro, die beschlagnahmt wurden, muss das Gericht entscheiden. Fehlen noch etwa 180 Millionen Euro. Dieses Geld ist nach Angaben der Strafverfolger in Vaduz auf Konten der beiden Abacha-Söhne bei einer Bank in Luxemburg geflossen, wo «erhebliche Summen gesperrt» seien. Die Justiz in Vaduz bemüht sich, auch das restliche Vermögen einzuziehen. Selbst in Liechtenstein, das lange als erste Adresse für diskrete Geschäfte galt, sind Wirtschaftskriminelle nicht mehr sicher.

Auf der Zeugenliste taucht der Name eines ehemaligen deutschen Stahlmanagers auf: Klaus von Menges. Er war viele Jahre Vorstandschef des Essener Konzerns, der als MAN-Tochter heute unter MAN Ferrostaal AG firmiert, und gehört mittlerweile dem Aufsichtsrat an. Bei der Handelsgruppe Metro sitzt er ebenfalls im Kontrollgremium. Gegen Menges und drei Mitbeschuldigte ermittelte die Bochumer Staatsanwaltschaft von 2002 bis 2005 wegen Beihilfe zur Untreue, stellte die Untersuchung aber schließlich ein. Die deutschen Manager zahlten Geldbußen zwischen 50 000 und 100 000 Euro. Menges und die anderen seien «quasi erpresst worden», befand Staatsanwalt Ekkehart Carl. Ferrostaal äußert sich zu alldem nicht.

Der Fall ist in vielerlei Hinsicht lehrreich. Obwohl Nigeria als fünftgrößter Ölproduzent der Opec mehr Öl und Gas fördert als die anderen Staaten Schwarzafrikas, leidet Afrikas volkreichster Staat immer wieder unter Rezessionen. Wirtschaftliches Missmanagement ist an der Tagesordnung, Einnahmen aus Ölexporten in riesiger Höhe wurden mit sinnlosen Großprojekten und durch hemmungslose Korruption verschwendet. Kriminalität grassiert. Der Ferrostaal-Fall lässt erahnen, wie Korruption ein potenziell reiches Land ruinieren kann.

Er wirft außerdem ein Schlaglicht auf Schmiergeldpraktiken in den neunziger Jahren. Seit Anfang 1999 sind solche Vorgehensweisen allerdings in Deutschland strafbar. Auch können seitdem Bestechungen im Ausland nicht mehr von der Steuer abgesetzt werden. Schwarze Kassen im Ausland waren einst der Grundstock für große Geschäfte weltweit; und korrupte Manager haben – wie auch der Siemens-Fall zeigt – selbst dann weitergemacht, als solche Praktiken verboten wurden.

Der Fall, den der Liechtensteiner Strafverfolger Dietmar Baur in jahrelanger mühevoller Kleinarbeit aufgearbeitet hat, ist, was die Handlung angeht, gar nicht so kompliziert: Im April 1990 hatte der seit 1960 in Nigeria tätige Konzern aus dem Ruhrgebiet den Auftrag bekommen, gemeinsam mit einer mehrheitlich in nigerianischem Staatsbesitz befindlichen Firma einen kombinierten Aluminiumschmelzofen und ein Groß-Kraftwerk zu bauen. Vertragspartner war eine Firma, an der zu 70 Prozent Nigeria, zu 20 Prozent Ferrostaal und zu 10 Prozent ein amerikanisches Unternehmen beteiligt waren.

Der vereinbarte Preis lag bei knapp 1,2 Milliarden Euro, die nigerianische Staatsbank sollte zahlen. In der Vertragssumme waren fünf Prozent Schmiergeld berücksichtigt. Der damalige Staatspräsident Ibrahim Babangida, ein großer machiavellistischer Taktiker, und sein Verteidigungsminister Sani Abacha, ein Choleriker und Despot, sollten zusammen 35 Millionen Euro einsacken. Für den Vermittler des Deals, den deutschen Manager einer Ferrostaal-Tochter, waren gut zwei Millionen Euro vorgesehen.

So schmierig ging es damals in vielen Ländern zu. Unruhig wurde die Konzernspitze in Essen erst, als sich der blutrünstige Abacha 1993 an die Macht putschte. Knapp 250 Millionen Euro standen noch aus, aber Abacha hatte seine Zentralbank angewiesen, die Transfers zu stoppen. Der Manager der Ferrostaal-Tochter musste erneut vermitteln. Die Bedingungen des Diktators waren unmissverständlich: Wenn Ferrostaal das restliche Geld haben wolle, müsse auch etwas für ihn und die Seinen übrig bleiben: 25 Prozent der Vertragssumme. Abacha war kein Papa Gnädig.

Schließlich kümmerte sich Vorstandschef Menges, wie die Ermittler notierten, selbst darum. Seine Leute waren noch in Nigeria, das Projekt lag auf Eis, und der Firmenkasse drohte ein riesiges Loch. In vielen afrikanischen Ländern gibt es Vorhaben, die aus ähnlichen Gründen nie zu Ende gebracht wurden. Abacha empfahl Ferrostaal, die Kosten für den Bau der Aluhütte auf knapp zwei Milliarden Euro zu erhöhen; seine Zentralbank werde zahlen und er über Umwege kassieren. Der nigerianische Staat sollte derart um knapp 500 Millionen Euro geprellt werden. Der Diktator ließ Tarnfirmen gründen, die an Ferrostaal Scheinrechnungen ausstellten. Ferrostaal übermittelte die Rechnungen an die Partnerfirma in Nigeria, die sie dem Ministerium für Energie und Stahl zu Händen des jeweiligen Ministers persönlich zur Freigabe vorlegte. Bevor der Minister die Zahlungen verfügen konnte, musste er Abachas Zustimmung einholen.

Dessen Plazet war jeweils daran gebunden, dass Ferrostaal Millionensummen auf Konten in Liechtenstein überwies. Darüber hatten die Söhne des Alten, Ibrahim (der bereits 1996 verstarb), Mohammed und Abba, zu wachen, die den Geschäftssinn des Vaters geerbt hatten. Sie traten nicht unter ihrem Familiennamen auf, sondern nannten sich «Sani». So lautete der Vorname des Diktators. Die Söhne führten mehrere amtlich gefälschte Reisepässe bei sich. Mohammed Abacha trat bei Besuchen in luxemburgischen Geldhäusern unter den Namen Alhaji Mohammed Sani und Alhaji Sani Mohammed auf, Abba Abacha nannte sich mal Abbas Sani, mal Abb Mohammed Sani. Verwaltet wurde das Geld, das meist auf Konten in Steueroasen oder in Luxemburg landete, von einem Treuhänder in Liechtenstein.

1998 starb Abacha senior. Kurz darauf erschienen weltweit Zeitungsartikel, aus denen hervorging, dass sich der Diktator bei Geschäften persönlich bereichert hatte und dass ihm dabei auch seine Söhne behilflich gewesen waren. Der untreue Treuhänder ließ ein paar Monate später sämtliche Gesellschaften auf einen neuen Namen eintragen und die Zeichnungsberechtigungen der Herren «Sani» streichen. Außerdem gründete er neue Gesellschaften, auf deren Konten er sämtliche Vermögenswerte übertrug und für die praktischerweise nur er zeichnungsberechtigt war. Als ihm die Ermittler auf die Spur kamen, versuchte der Treuhänder, das Abacha-Geld auf den Kaiman-Inseln zu verstecken.

Der Treuhänder, ein älterer Herr (geboren 1924), habe sich

«ohne vertragliche Rechtfertigung unter missbräuchlicher Verwendung seiner Befugnis, über fremdes Vermögen zu verfügen, Vermögenswerte zugeeignet», stellte der Vaduzer Strafverfolger Baur fest. Seit November 1994 seien so insgesamt umgerechnet 23 Millionen Euro für ihn zusammengekommen. Die Strafbarkeit dieses Vorgehens werde dabei durch die «wahren Eigentumsverhältnisse an den Vermögenswerten der von ihm vertretenen Gesellschaften» nicht beeinträchtigt, auch nicht dadurch, «dass diese Vermögenswerte selbst durch strafbare Handlungen erlangt worden waren».

Der Bochumer Staatsanwalt Ekkehart Carl, der die Ermittlungen gegen den damaligen Ferrostaal-Chef von Menges geleitet hatte, konnte angesichts dieser Transfers nur staunen: «Es war für Ferrostaal ein Nullsummenspiel.» Das Geld, das zusätzlich hereinkam, floss wieder hinaus. Dennoch handelte es sich strafrechtlich um Beihilfe zur Untreue. Näheres regelt Paragraph 9, Absatz 2 des Strafgesetzbuches: «Hat der Teilnehmer an einer Auslandstat im Inland gehandelt, so gilt ... das deutsche Strafrecht» – auch wenn die Tat in dem betreffenden Staat nicht mit Strafe bedroht ist.

Von deutschen Managern wird in diesem Zusammenhang gern vorgebracht, wer Geschäfte im Ausland – insbesondere in Afrika – machen wolle, müsse sich den dortigen Gepflogenheiten anpassen. Und Korruption sei da nun einmal üblich. Jahrzehntelang haben deutsche Unternehmen im Ausland geschmiert und zugleich mit einer Mischung aus Hochmut und Mitleid auf die korrupten Staaten geschaut. «Wissen Sie eigentlich, wie man in manchen Gegenden Geschäfte machen muss?», ist eine Standardfrage in Diskussionen über Ethik und Moral im Wirtschaftsleben. «Ohne Schmiergelder läuft nicht mal die Zollabwicklung», rechtfertigt ein Automobil-Manager die Praxis. «Wir können es uns nicht leisten, moralinsauer zu sein. Sonst kommen die anderen zum Zuge.»

Der angesehene Professor für Philosophie und Managementtrainer Pater Rupert Lay S. J., ein Jesuitenpater, dessen Einfluss auf die Welt der Manager nicht überschätzt werden kann, hat sich in den neunziger Jahren auf das Thema so eingelassen: «Viele Typen von Korruption sind strafrechtlich verboten, aber nicht unbedingt moralisch. Die Vorstellung vom ehrlichen Kaufmann kann heute – weil sich die Werte gewandelt haben –, konsequent angewandt, dazu führen, dass sie den Untergang des Unternehmens bewirkt. Und da muss man eine Güterabwägung machen: Soll ich das Unternehmen zugrunde gehen lassen und tausend Mitarbeiter auf die Straße stellen – oder soll ich in meine Kostenrechnung einen Posten für Schmiergelder einsetzen?»

Das Beispiel Lesotho zeigt, dass Lays Kostenrechnung zumindest nicht immer aufgeht und dass sich Bestechung nicht lohnt – der Betrüger ist der Dumme.

Als «zehnte Provinz» von Südafrika ist das im Süden Afrikas gelegene Bergkönigreich schon oft verspottet worden. Das Land mit knapp zwei Millionen Einwohnern hat eine Arbeitslosenrate von 50 Prozent, und in Wahlkämpfen ist die Arbeitslosigkeit neben Aids und Armut das wichtigste Thema. Das amerikanische Wirtschaftsmagazin *Forbes* hat 2006 ausgerechnet, dass die damals 22 Jahre alte libanesische Milliardärin Hind al-Hairi mit 1,4 Milliarden Dollar den Gegenwert der gesamten Jahresproduktion Lesothos an Waren und Dienstleistungen besaß.

Der kleine, bitterarme Bergstaat ist dennoch zum Symbol für ein anderes Afrika geworden: für einen Kontinent, der die Seuche Korruption bekämpft und dabei auch gegen Firmen aus Europa vorgeht. Das Appellationsgericht in der Hauptstadt Maseru hat drei europäische Firmen, darunter die im hessischen Bad Vilbel ansässige Ingenieurs- und Consultingfirma Lahmeyer International GmbH, wegen Schmiergeldzahlungen zu hohen Geldstrafen verurteilt. Nachdem Lahmeyer auch in der Berufungsverhandlung unterlag, landete die Firma auf einer schwarzen Liste der Weltbank und soll sieben Jahre lang von allen von der Weltbank finanzierten Projekten ausgeschlossen werden. Inzwischen arbeitet die deutsche Firma mit Fahndern und Behörden in Lesotho zusammen.

Generalisierende Afrika-Stereotypen über sich allerorts ölfleckartig ausbreitende Korruption sind demnach fehl am Platz. In ihrem lehrreichen Buch «Das nachkoloniale Afrika» verweisen die Autoren Rainer Tetzlaff und Cord Jakobeit darauf, dass sich Hinsehen lohne, denn den Kontinent gebe es «nur im Plural». Das gilt auch für die Korruptionsbekämpfung mit Hilfe der reichen Länder. Es sei «damit zu rechnen», schreiben Tetzlaff und Jakobeit, «dass die internationale Gebergemeinschaft, vor allem die EU und die im Juli 1944 in Bretton Woods, einem kleinen Erholungsort in Neu-England, gegründete Weltbank einiges dransetzen werden, die demokratischen Erfolgsbeispiele mittels Zuckerbrot und Peitsche zu stabilisieren. Solche Länder können dann ermutigende Signale an Regierungen, Parteien und Zivilgesellschaften von Nachbarstaaten aussenden, es ihnen gleichzutun.»

Für ein kleines, armes Land wie Lesotho ist das ein schwieriger Prozess. Die parlamentarische Erbmonarchie kann sich eigentlich eine aufwendige juristische Aufarbeitung eines Schmiergeldskandals kaum leisten. Die bisherigen Prozesse haben umgerechnet 2,5 Millionen Euro gekostet, und die Regierung in Maseru hat Südafrika gebeten, einen Teil der Kosten zu übernehmen. «Wissen Sie, schon allein die Kosten für Papier, diese zahlreichen Kopien machen uns zu schaffen», erzählte der Leiter der staatlichen Anklagebehörde, Leaba Thetsane, der Berliner Journalistin Haidy Damm, als die ihn in Maseru besuchte.

Aber Korruption, fügte er hinzu, sei eine Seuche, sie gefährde sein Land. Thetsane zur Seite steht der Chefermittler Borotho Matsoso, der der Journalistin in seinem Büro metergroße Schaubilder zeigte, mit Namen von Firmen, die auf unterschiedlichste Weise mit den Namen von Mittelsmännern verbunden waren. Gestrichelte Linien markierten Barzahlungen, durchgezogene Striche Konten in der Schweiz und Südafrika. «In der Ersten Welt heißt es immer, Korruption kommt aus Afrika», sagte Matoso der Reporterin. «Wir sagen, Korruption ist wie Tango. Du kannst ihn nicht alleine tanzen.»

In diesem Fall geht es um das wichtigste Exportgut des kleinen Landes: Wasser, das aus den Bergen kommt. Der tiefste Punkt seines Territoriums liegt im Zusammenfluss des Oranjes und des Makhaleng-Flusses auf etwa 1400 Meter, 80 Prozent seiner Fläche befinden sich mehr als 1800 Meter über dem Meeresspiegel. Lesotho ist eine der wenigen Gegenden im südlichen Afrika, in denen es regelmäßig und viel regnet. Durch die Berge, von denen einige über 3000 Meter hoch sind, graben sich tiefe Schluchten. Seit Jahrtausenden gibt es Wasserfälle, die im Frühjahr, nach der Schneeschmelze, zu reißenden Flüssen werden. «Das weiße Gold» nennen die Bewohner das Wasser, das, wenn Geschäfte damit gemacht werden, ganz schön schmutzig werden kann.

Vor gut zwanzig Jahren hat Südafrika, das Lesotho von allen Seiten umschließt, mit der Regierung des Bergstaates einen Vertrag über ein riesiges Wasserprojekt unterzeichnet: das Lesotho Highland Water Project (LHWP), das größte Staudamm- und Kanalsystem Afrikas, ein riesiges Mehrzweckprojekt, das Dämme, Wassertunnels und ein unterirdisches Wasserkraftwerk umfasst. Hauptabnehmer ist Südafrika, das mit dem Wasser aus Lesotho seine Ballungszentren in der Industrieregion Gauteng und der Stadt Johannesburg versorgt.

Das LHWP ist eine gigantische Anlage: An einigen Stellen sind die Dämme 185 Meter hoch und sechzig Meter breit. Die Kosten für das Projekt, an dem immer noch gebaut wird, werden auf acht bis zwölf Milliarden Euro geschätzt und im Wesentlichen von Weltbank, EU und Europäischem Entwicklungsfonds finanziert. Für Firmen aus Europa und den USA ist dies ein lukratives Geschäft, und anfangs galt es manchem Manager als Selbstverständlichkeit, dass bei solchen Projekten immer zwei Hände am Werk sind: eine, die gibt, und eine andere, die nimmt.

In den neunziger Jahren wurde bekannt, dass einer der beiden Geschäftsführer der Lesotho Highlands Water Authority (LHWA), der Ingenieur Masupha Sole, mehr als ein Jahrzehnt lang von einem Dutzend europäischer und amerikanischer Baufirmen bestochen worden war. Er besaß plötzlich einen Fuhrpark mit teuren Limousinen, mehrere Villen mit viel Auslauf, lebte auch sonst auf ungewöhnlich großem Fuß und erzählte den Nachbarn, dass er häufig in die Schweiz reise. Auch in Afrika zitiert man gern Machiavelli. Der hat einmal geschrieben, wer ein großer Mann werden wolle, müsse ein großer Lügner und Heuchler sein. Sole war einfach nur dreist. Offenkundig hielt er sich für unantastbar.

Die politischen Seitenwinde warfen ihn jedoch aus der Bahn. Zu seinem Pech wurde 1993 die Militärregierung durch die linksgerichtete Basotho Congress Party abgelöst, die schon vor der Wahl «Sauberkeit» und «good governance», also eine bessere Regierungsarbeit, versprochen hatte. Sole, der sich so sicher gefühlt hatte, wurde von seinem Arbeitgeber gefeuert. Außerdem bekam der Ingenieur Probleme mit der einheimischen Justiz, weil er über Jahre hinweg von fast jeder am Projekt beteiligten Firma Bestechungsgelder gefordert und kassiert haben soll: insgesamt 1,2 Millionen Euro. In Lesotho ist das ein Vermögen. 1995 wurde gegen ihn ein Disziplinarverfahren eingeleitet, dann folgte im November des folgenden Jahres eine Zivilrechtsklage. 1999 wurde ihm dann der Prozess wegen Korruption gemacht. Es war kein einfaches Verfahren. Zeugen verschwanden im Nirgendwo, der Angeklagte verweigerte die Aussage.

Der frühere Chefingenieur vertraute nicht nur auf die Gesetze des Schweigens, die an vielen Orten auf diesem Globus Gültigkeit haben, sondern auch darauf, dass ihn in der Schweiz, wo er seine Konten hatte anlegen lassen, das Bankgeheimnis schützte. Die wenigen Mittelsmänner, die er eingeschaltet hatte, beispielsweise sein Squash-Partner Zalisiwonga Bam, hatten jedoch Spuren hinterlassen wie eine Herde Elefanten. Auch Sole war nicht vorsichtig gewesen. Die Zahlungsanweisungen an Schweizer Banken hatte er auf dem offiziellen Briefpapier der Staudamm-Behörde notiert. Die Ermittler in Lesotho stellten ein Rechtshilfeersuchen und schalteten die Zürcher Bezirksanwaltschaft ein; die Bezirksanwältin Cornelia Cova nahm sich des Falles an.

Die Strafverfolgerin hat sich einen exzellenten Ruf im Kampf gegen Korruption und Geldwäscherei erworben. Im Millionenskandal des peruanischen Geheimdienstchefs Vladimiro Montesinos etwa hatte sie die entscheidenden Belege zusammengetragen. Sole war die Dame offenkundig kein Begriff. Vor Prozessbeginn behauptete er: «Erst einmal müssen Sie mir beweisen, dass es diese heimlichen Konten gibt, bevor Sie beweisen können, dass ich Geld genommen habe.» Als ein Reporter erwiderte, dass die Bankleute aus dem Westen sicherlich mit den Ermittlern in Lesotho zusammenarbeiten würden, lachte der Ingenieur: «Denken Sie etwa, die sagen gegen ihren eigenen Kunden aus?»

Doch mittlerweile hatten die Ankläger in Lesotho, unterstützt von der Washingtoner Weltbank, mit allen Geldhäusern aus Soles Finanzgeflecht Kontakt aufgenommen. Zu den Glaubenssätzen der Bank gehört heute, dass Korruption Betrug ist. Die bankeigenen Anti-Korruptionsstandards waren während des Lesotho-Projekts entwickelt worden. Zuvor war es Weltbank-Politik gewesen, sich nicht in nationale Angelegenheiten der Empfängerländer einzumischen; dazu gehörte auch die Korruption vor Ort. Mit ihren weltweit 13 000 Mitarbeitern und einem jährlichen Ausgabevolumen an Krediten in Höhe von 25 Milliarden Dollar ist die Institution in vielen Ländern eine Macht. Nicht nur Lesotho ist auf ihre Hilfe angewiesen. Verstöße gegen ihre Grundsätze ahndet die Bank mit

Härte – Sanktionen wegen Korruption beispielsweise verhängt sie seit 1998. Sie verfährt nach einer Regel, die so alt ist wie die Welt: Wer zahlt, bestimmt. Als die Washingtoner Einrichtung, die völkerrechtlich gesehen eine Sonderorganisation der Vereinten Nationen ist, aber auch unter dem Einfluss der Vereinigten Staaten steht, nun Banken in Europa ermunterte, mit den Ermittlern aus Lesotho zusammenzuarbeiten, hatten ihre Worte Gewicht.

Als Sole noch über die vermeintliche Weltanschauung der eidgenössischen Geldhäuser schwadronierte, hatten die Schweizer die Unterlagen längst an die Behörden in Lesotho und Abgesandte ins südliche Afrika geschickt. Korruption war kein Bagatelldelikt mehr. Denn, was Sole auch nicht wusste: Am 15. Februar 1999 hatten sich, von der Öffentlichkeit damals weitgehend ignoriert, die Spielregeln im internationalen Geschäftsverkehr geändert. An diesem Tag trat in Deutschland jene Konvention in Kraft, mit der sich die Mitgliedsstaaten der OECD verpflichteten, künftig die Bestechung von Amtsträgern und vom Staat beauftragter Privatfirmen nicht mehr nur zu Hause, sondern auch im Ausland mit harten Strafen zu belegen. Überdies durften Schmiergelder nicht mehr als Betriebskosten anerkannt werden. «Dieses Abkommen», erklärte damals der Leiter der zuständigen OECD-Projektgruppe, Mark Pieth, sei der «ganz große Durchbruch» gewesen.

Im selben Jahr begannen die Anhörungen im Fall Sole. Als zwei Jahre später der Prozess eröffnet wurde, war die Anklageschrift auf 20 000 Seiten angeschwollen. Im Mai 2002 wurde Sole in erster Instanz zu achtzehn Jahren Haft verurteilt. Er blieb uneinsichtig. Die Schmiergelder hätten dem Projekt nicht geschadet. Außerdem sei Schmieren üblich. In zweiter Instanz wurde seine Strafe nur um drei Jahre verringert.

Sein Prozess zeigt, dass das Vorurteil über die moralische Akzeptanz der Korruption im Süden wirklich ein Vorurteil ist. Justizbeamte wie Thetsane und Matsoso gaben sich mit dem Urteil gegen den

Landsmann nicht zufrieden, sondern leiteten auch Ermittlungen gegen die Firmen ein, die den Ingenieur ausstaffiert hatten. Diese hatten sich dafür keine aufwendigen Tricks ausgedacht. In der Regel waren Freunde von Sole als Berater bei den ausländischen Firmen eingestellt worden, hatten einen Teil des Geldes für sich genommen und den Rest auf Soles Konten weitergeleitet. Ganz simpel.

Als die ersten ausländischen Konzerne in Lesotho verurteilt wurden, reagierten deren Manager mit Unverständnis. Die kanadische Firma Acres International beispielsweise protestierte heftig und im Brustton moralischer Empörung:

«Acres hatte mit den besten Absichten einen hochangesehenen Ingenieur aus Lesotho [Bam; H.L.] als unabhängigen örtlichen Repräsentanten in Lesotho unter Vertrag genommen. Damit folgte Acres einer Empfehlung der Weltbank, anderer Entwicklungsbanken, der Regierung von Kanada und internationalen Industrieverbänden zur Ernennung eines örtlichen Repräsentanten zwecks Unterstützung bei komplexen internationalen Projekten. Die Vergütung, die dieser Repräsentant über die Laufzeit von Acres' Arbeit am Lesotho-Hochlandwasserprojekt erhielt, lag am unteren Ende der Industrienormen und Regierungsrichtlinien für vergleichbare internationale Projekte. Der Repräsentant war außerdem der kanadische Honorarkonsul in Lesotho. Ohne Acres' Wissen gab dieser Repräsentant insgeheim einen Teil seines Honorars an den Direktor des Wasserprojekts ab. Acres hatte von diesen Zahlungen weder Kenntnis noch eine Ahnung, konnte sie nicht voraussehen, konnte kein Motiv erkennen und profitierte nicht von ihnen. Die unrechtmäßigen Zahlungen fanden ausschließlich zwischen dem mittlerweile verstorbenen Repräsentanten und dem Projektdirektor statt … Die Entscheidung des Gerichts setzt ein gefährliches Signal, das, sollte es stehenbleiben, weitreichende Konsequenzen für die Arbeit von Unternehmen (Ingenieurberatungen, Baufirmen, Lieferanten usw.) in Entwicklungsländern haben wird.»

Die Weltbank zeigte sich unbeeindruckt und verhängte im Jahr 2004 für die Dauer von drei Jahren Sanktionen gegen Acres.

Auch die Firma Lahmeyer aus dem hessischen Bad Vilbel hatte Herrn Bam auf ihre Lohnliste gesetzt. Die deutsche Firma, die von 1982 bis 1987 eine Machbarkeitsstudie als Basis für das Gesamtprojekt erarbeit hatte, war mit zwei Angeboten gescheitert. Anfang 1988 war ein Direktor der hessischen Firma nach Lesotho gereist und hatte diverse Gespräche mit Vertretern der Projektbeteiligten sowie den zuständigen Firmen geführt. Er bekam die Empfehlung, die Firma Lahmeyer solle den Entscheidungsträgern «finanzielle Anreize» bieten, um bei künftigen Ausschreibungen bessere Chancen zu haben.

Bam reiste nach Deutschland, traf einen damaligen Ingenieur der Firma und richtete kurz darauf in der Schweiz ein Konto ein, auf das Lahmeyer schon bald Geld überwies. Mit diesem «Eintrittsgeld» («pay to play») durfte sie am Wettbewerb teilnehmen. Es dauerte nicht lange, da bekam das Unternehmen bei einem Staudammprojekt «wegen überlegener technischer Kompetenz», so ein Lahmeyer-Manager, den Zuschlag. Kompetenz allein hätte wohl nicht gereicht.

Bam starb noch vor Beginn der Prozessserie. In einem Indizienprozess wurde Lahmeyer im August 2003 vom Appellationsgericht wegen sieben Bestechungsfällen verurteilt. Die Firma ging in Berufung und argumentierte ähnlich wie Acres: Das Unternehmen habe nicht gewusst, dass sein Agent vor Ort das Geld weitergeleitet habe. Der Ingenieur, der mit Bam in Deutschland gesprochen hatte, war krank und konnte sich angeblich an die Vorgänge nicht mehr erinnern. In zweiter Instanz wurde Lahmeyer zu 1,6 Millionen Euro Strafe verurteilt. «Ich denke, dass die Unternehmen die konsequente Haltung der lesothischen Behörden unterschätzt haben», sagte Thetsane der Reporterin Damm.

Nachdem das Revisionsgericht das Urteil gegen Lahmeyer bestätigt hatte, schloss die Weltbank das deutsche Unternehmen im November 2006 für sieben Jahre von Weltbank-Aufträgen aus. Das schmerzt: Immerhin steckt das ein paar Minuten vom Weißen Haus in Washington gelegene Geldhaus jährlich 25 Milliarden Dollar in Entwicklungsprojekte.

Die Firma Lahmeyer International, die weltweit mehr als 900 eigene Mitarbeiter beschäftigt und auf Energie, Wasser und Wasserkraft spezialisiert ist, hat jetzt die Möglichkeit, durch strikte Compliance- und Ethikregeln sowie ein sogenanntes Disclosure-Programm und ein Projekt Audit (Wirtschaftsprüfung) die Weltbanksperre auf drei Jahre zu verkürzen. Nach dem ersten Urteil in Lesotho hatte das deutsche Unternehmen die Beweisführung aufgrund der damals vorliegenden Indizien noch als nicht nachvollziehbar bezeichnet. Nach dem zweiten Urteil und dem Verdikt der Bank räumte Lahmeyer «nach umfangreichen internen und externen Untersuchungen» (Lahmeyer-Geschäftsführer Henning Nothdurft) die Verstöße ein und erklärte, dass keiner der dafür verantwortlichen Mitarbeiter noch im Unternehmen arbeite, dass es jetzt eine Null-Toleranz-Politik in Sachen Korruption gebe, und auch mit Chefermittler Matsoso arbeiten die Manager aus dem Hessenland nun eng zusammen. «Jetzt müssen wir mit den wirtschaftlichen Folgen kämpfen», sagt Nothdurft. «Das ist schon hart.»

Doch es kann noch ärger kommen. Die EU hat bislang zur Finanzierung des Dammprojekts 61,2 Millionen Euro aus dem Europäischen Entwicklungsfonds (EEF) sowie 122,5 Millionen Euro über die Europäische Investitionsbank beigesteuert. Im Jahr 2000 wurde eine erste unabhängige Rechnungsprüfung durchgeführt, um zu untersuchen, ob EEF-Gelder missbräuchlich verwendet worden sind. Damals konnte ein Missbrauch nicht nachgewiesen werden. Nachdem das Europäische Amt für Betrugsbekämpfung OLAF sich in die Aufklärung der Schmiergeldaffäre eingeschaltet und einen Bericht auch über Lahmeyer vorgelegt hatte, erklärte im

Januar 2007 Siim Kallas, Vizepräsident der EU-Kommission für Verwaltung, Wirtschaftsprüfung und Betrugsbekämpfung, nun werde der Frage nachgegangen, «ob Beträge eingezogen und Sanktionen» gegen die Firmen verhängt werden sollen. Nach Artikel 93 (1) f der Haushaltsordnung der Kommission werden Firmen, die rechtskräftig wegen Betrugs, Korruption, Beteiligung an einer kriminellen Vereinigung oder einer anderen gegen die finanziellen Interessen der Gemeinschaften gerichteten Handlung verurteilt worden sind, für ein bis vier Jahre von der Auftragsvergabe ausgeschlossen.

Wenn das Beispiel Schule macht, werden viele Manager bei ihren Geschäftspraktiken im Ausland gewaltig umdenken müssen. Arbeiten Strafverfolgungsbehörden, Geldhäuser und Entwicklungsinstitutionen international zusammen, dann ist Korruption aus ökonomischer Sicht hochgradig geschäftsschädigend – sogar in Afrika.

Lustreisen für die Co-Bosse:
Der Fall VW

Rückblickend betrachtet, gibt es im Leben immer wieder Augenblicke, da liegt zwischen Niederlage und Triumph nur ein Wimpernschlag. In der Regel setzt sich der Kaltblütige, der Stratege durch und schafft seine eigene Realität. Für den Außenstehenden hat er nur den Zufall, das Glück auf seiner Seite, aber meist dreht einer das ganz große Rad, weil er schwierigste Situationen für sich zu nutzen versteht.

Der VW-Aufsichtsratsvorsitzende und Milliardär Ferdinand Piëch hat etwas Unbedingtes in seinem Wesen, etwas Disponierendes, Imponierendes, und er weiß, wann er attackieren muss. Vieles spricht dafür, dass die neuere Geschichte des größten Autobauers Europas – der Volkswagen AG – anders verlaufen wäre, wenn Piëch einen Skandal nicht als Chance begriffen hätte, Zauderer und Widersacher ins Abseits zu befördern. Wahrscheinlich gäbe es heute noch den alten Konzern mit den alten Strukturen: die VW Welt AG. Stattdessen wird bald eine Art Piëch Societas Europaea (SE) an seine Stelle treten, ein Familienunternehmen mit einem neuen König der automobilen Welt an der Spitze.

Bevor wir uns in den labyrinthischen Korridoren dieses Wirtschaftskrimis verirren, tun wir vielleicht gut daran, einen Blick zurückzuwerfen. Im Frühsommer 2003 wurde einem von Piëchs Vertrauten, dem damaligen VW-Sicherheitschef Dieter Langendörfer, die Bitte eines hochrangigen Kontrolleurs der VW-Tochter Škoda vorgetragen, sich den Škoda-Personalvorstand Helmuth Schuster einmal näher anzusehen. Der pflege merkwürdige Kontakte ins Prager Milieu und führe einen äußerst flatterhaften Lebenswandel.

Der frühere Hamburger Kriminaloberrat, der einer größeren Öffentlichkeit als Kopf einer Sonderkommission bekannt wurde, die 1996 die Entführer des Hamburger Millionärs Jan Philipp Reemtsma enttarnte, arbeitete seit sieben Jahren in Wolfsburg und war mit den Usancen des Betriebs bestens vertraut. Die Angelegenheit mit Schuster war heikel. Der Manager galt im Haus als potenzieller Nachfolger des damaligen VW-Personalvorstands Peter Hartz, und der war Langendörfers Vorgesetzter. Also war größte Diskretion geboten.

Langendörfer, der einst im Polizeidienst für sein Temperament bekannt war, weil er seinen Chef, den damaligen Hamburger Polizeipräsidenten, öffentlich einen «Frühstücksdirektor» genannt und dem Innensenator – ebenfalls öffentlich – «Ahnungslosigkeit» bescheinigt hatte, ging vergleichsweise taubenfüßig vor. Er schaltete eine tschechische Sicherheitsfirma ein, damit diese Schusters Vita unter die Lupe nahm. Dass VW hinter der Operation stand, durfte auf keinen Fall nachvollziehbar sein.

Die Details, die dann in monatelanger Arbeit zusammengetragen wurden, waren beunruhigend. Dass Schuster, der auch Vorsitzender des VW-Pensionsfonds war, einen szenetypischen Lamborghini fuhr, war ein erstes Alarmsignal. Dass er in ein vielmaschiges Beziehungsnetz zu Leuten aus der Halbwelt eingesponnen war, ließ auf private Probleme schließen. Da driftete, das wurde dem früheren Kriminalisten rasch klar, ein Topmanager möglicherweise ins Milieu ab.

Langendörfer ließ ein sehr ausführliches Personagramm erstellen. Der Bericht enthielt diverse Einzelheiten über vielerlei Merkwürdigkeiten im Leben des Helmuth Sch. Auch stand da,

Schuster sei angeblich aus beruflichem Anlass nach Angola und Indien geflogen, für Škoda jedoch nicht gereist. Warum war er dann auf deren Firmenkosten geflogen? Weitere Nachprüfungen waren absolut notwendig.

Ein Exemplar der vertraulichen Dokumentation bekam ein damaliger Škoda-Aufsichtsrat, das andere soll Langendörfer in seinem Safe verstaut haben. Schusters Vorgesetzter und – wie sich noch zeigen wird – Alter Ego Hartz erhielt den Bericht nicht, auch sonst angeblich niemand bei VW, doch die Kenner der Verhältnisse sind sich da nicht sicher. Piëch ist eigentlich immer über alles informiert.

Der Škoda-Kontrolleur sagte, er werde sich wieder melden, was er aber nicht tat. In Tschechien, wo sich die Wege von skrupellosen Ex-Nachrichtendienstlern und Geschäftsleuten auf oft seltsame Weise kreuzen, gelten spezielle Regeln, und mancher passt auf, dass er den falschen Leuten nicht im falschen Moment in die Quere kommt. Seit ein in einen Schmiergeldskandal verwickelter Škoda-Manager bei einem rätselhaften Autounfall ums Leben kam, kursieren viele Gerüchte.

Es dauerte dann noch zwei Jahre, bis eine Geschichte hochging, in deren Mittelpunkt Schuster und dessen damaliger Freund, der VW-Personalmanager Klaus-Joachim Gebauer, standen. Diese Geschichte hätte es vermutlich nie gegeben, wenn die Ermittlungen über die Prager Nächte nicht folgenlos geblieben wären.

Auf der Festplatte eines entlassenen Commerzbank-Mitarbeiters waren verdächtige Dokumente entdeckt worden. Der Mitarbeiter des Geldhauses hatte gemeinsam mit Schuster und Gebauer ab 2004 ein internationales Firmengeflecht entwickelt, um darüber Aufträge mit den Wolfsburgern abzuwickeln. Schuster, Gebauer und auch der damalige VW-Gesamtbetriebsratschef Klaus Volkert waren beispielsweise an einer Firma F-BEL beteiligt, die sich eines Tages um den Bau einer kleinen Autostadt in

Prag bemühen sollte. Außerdem hat Schuster angeblich versucht, die Generalimporteursverträge für Angola und Indien zu verschieben. Gelder waren geflossen. Die Commerzbank reichte die Unterlagen an VW weiter.

Gebauer und Schuster wurden sofort fristlos entlassen, Volkert trat kurz darauf zurück. Die Revisions- und die Rechtsabteilung von VW entschlossen sich in Abstimmung mit dem VW-Vorstandsvorsitzenden Bernd Pischetsrieder, die Unterlagen an die Braunschweiger Staatsanwaltschaft weiterzugeben. Ermittlungen gegen Schuster und Gebauer – und kurz darauf auch gegen Volkert – wurden eingeleitet.

Es gab zwar einigen Pressewirbel, aber aus Sicht der Strafverfolger war es eigentlich kein sehr großer Fall. Auch mit Blick auf den Arbeitgeber VW ging man zunächst bedachtsam vor. Das ist schon daran zu erkennen, dass die Staatsanwaltschaft nicht, wie in Wirtschaftsstrafverfahren üblich, flächendeckende Durchsuchungen bei Gericht beantragte, sondern sich anfangs mit dem von VW gelieferten Material begnügte. Langendörfer zu seiner Zeit als Kriminaloberrat beispielsweise hätte – schon wegen des arbeitsteiligen Vorgehens der Beteiligten – versucht, daraus ein sogenanntes OK-Verfahren (Organisierte Kriminalität) zu machen, in dem abgehört werden darf und V-Leute zum Einsatz kommen können.

Die Ermittlungen in Braunschweig führte zu Beginn der damalige Abteilungsleiter des Sonderdezernats für Korruptionsstrafsachen bei der Staatsanwaltschaft, Hans Meyer-Ulex. An seiner Seite arbeitete die Strafverfolgerin Hildegard Wolff, die zwischen 1997 und 2000 in einem weitaus größeren und komplizierteren Verfahren versucht hatte, ein Netzwerk von korrupten Lieferanten der Autoindustrie zu enttarnen. Damals war sie von ausgekochten Spezialisten des Bundeskriminalamts unterstützt worden, Wirtschaftsermittlern, die schon den Immobilienpleitier Jürgen Schneider hinter Gitter gebracht hatten.

Verglichen damit, war der VW-Fall zunächst ein Allerweltsverfahren. Dass Mitarbeiter sich auf Kosten des Betriebs bereichern wollen, passiert schließlich alle Tage. Bei der Staatsanwaltschaft kam es zu personellen Veränderungen. Meyer-Ulex wurde stellvertretender Behördenleiter, die Strafverfolgerin Wolff war fortan Dezernentin des Verfahrens und arbeitete gemeinsam mit ihrem Kollegen Ralf Tacke die Akten auf.

Dann begann die Affäre zwei, die aus dem Fall erst den ganz großen Skandal machte und Piëch später Gelegenheit geben sollte, die Alleinherrschaft bei VW ins Auge zu fassen. Der Niemand Gebauer war sauer, dass ihn die Großen, denen er jahrelang sehr diskret Gefälligkeiten erwiesen hatte, im Stich ließen. Zumindest wollte er nicht allein untergehen. Er wäre vermutlich dennoch der große Schurke in dem Stück geblieben, wenn er nicht den Kieler Anwalt Wolfgang Kubicki an seiner Seite gehabt hätte, der sehr kampferprobt ist. Mit Akten und Spesenbelegen bewaffnet, warf der sich in die Schlacht, um seinen Mandanten aus der Schusslinie zu holen. Die Art und Weise, wie er für seine Sicht der Dinge Öffentlichkeit schuf, kann als Musterbeispiel gelten, wenn in juristischen Seminaren über das Thema Strafverteidigung mittels Medien diskutiert wird.

Am 29. September 2005 erschien im *Stern* eine Beichte des Ex-Managers («Gebauer, wo bleiben die Weiber?»), durch die Hartz, Volkert und etliche andere hochrangige VW-Mitarbeiter stark belastet wurden. Der frühere Personalmanager berichtete, wie er als Verbindungsmann zwischen Personalvorstand und Betriebsrat Lustreisen für die Arbeitnehmervertreter organisiert habe. Das Leben einiger Vertreter der Arbeiterklasse schnurrte – man muss es so derb sagen – auf Fliegen und Vögeln auf Firmenkosten zusammen: teure Nächte und teure Frauen in Lissabon, São Paulo, Prag. Der Weltenlauf bei VW erwies sich als wenig moralisch. Einmal war das Laster oben, das andere Mal die Tugend unten.

Von Hartz, dem er auch Frauen besorgt habe, so Gebauer, sei die Anweisung gekommen, sich insbesondere um Volkert zu kümmern und ihm «alle Wünsche zu erfüllen». Dass VW für eine brasilianische Geliebte des Betriebsratschefs Hunderttausende Euro bezahlt hatte, ließ für die meisten den Fall in neuem Licht erscheinen.

Hartz, der schon vorher zurückgetreten war, bekam ein Aktenzeichen verpasst. Die Staatsanwälte rotierten. Gemeinsam mit Tacke koordinierte die Strafverfolgerin Wolff die Arbeit der inzwischen dreizehnköpfigen polizeilichen Ermittlungsgruppe, sie kooperierte mit VW und der Wirtschaftsprüfungsgesellschaft KPMG, die im Auftrag des Konzerns Akten sichtete. Endlich fand auch eine Durchsuchung bei VW in der Chefetage statt; die Privatwohnungen der Vorständler blieben allerdings unbehelligt. Mehr als ein Dutzend Ermittlungsverfahren wurden eingeleitet. Ausländische Zeugen hat die Strafverfolgerin noch abends um acht Uhr in ihr Büro gebeten. Für eine wichtige Vernehmung unterbrach sie sogar ihren Sommerurlaub. Die Angelegenheit hatte – nicht nur für Braunschweiger Verhältnisse – eine gewaltige Dimension angenommen.

Im Hintergrund spielte sich derweil ein Machtkampf ab. Nie zuvor in der Nachkriegszeit war ein Sachverhalt bekannt geworden, bei dem Angehörige der Konzernleitung versucht hatten, den Betriebsratschef und andere Arbeitnehmervertreter durch derartige Wohltaten zu kaufen. War Piëch, der das Gespür einer Fledermaus für Veränderungen hat und über ein feinmaschiges Informantensystem in Wolfsburg verfügte, wirklich ahnungslos?

Der VW-Aufsichtsrat und niedersächsische Ministerpräsident Christian Wulff, ein erbitterter Gegner von Hartz, verlangte Aufklärung und attackierte die Machtfülle des Aufsichtsratsvorsitzenden Piëch. Der solle seinen Posten räumen, forderte der Christdemokrat im Herbst 2005, nachdem Porsche bei VW eingestiegen war. Der Milliardär Piëch ist mit einigen Verwandten im Besitz aller stimmberechtigten Aktien des Zuffenhausener Sportwagen-konzerns, und die österreichische Piëch-Holding wiederum ist in vielen osteuropäischen Staaten der Generalimporteur von VW. Interessenkonflikte sind in der Welt des Ferdinand Piëch allerdings eine Frage der Definition. Der VW-Vorstandsvorsitzende Pischets-rieder verlangte ebenfalls größtmögliche Aufklärung und unter-stützte die Staatsanwaltschaft bei ihren Ermittlungen. War seine Empörung echt? War er naiv? Oder war er forsch, weil er hoffte, es werde erst den Personalvorstand und IG-Metaller Peter Hartz und dann auch den Impresario erwischen?

Piëch blieb in dem Verfahren nur Zeuge. Aber ob es ohne ihn, seine Unternehmensphilosophie, seine Rigorosität, seine Härte und Kompromisslosigkeit diesen Skandal überhaupt gegeben hät-te, darf bezweifelt werden. In seiner Welt wird nach seinen Regeln gespielt, das gilt auch für die Fouls. Wenn der Betriebsrat für ihn nützlich ist, lautet Regel Nummer eins: Wer förderlich ist, wird ge-fördert und darf sich vieles erlauben. Regel Nummer zwei: Alles muss ganz sauber zugehen. Regel Nummer drei: Man darf sich nicht erwischen lassen.

Piëch ist raffiniert, er ist vorsichtig. Selbst einer der größten Fälle von Industriespionage – der noch folgende Fall des frühe-ren VW-Einkaufschefs Ignacio López – perlte von ihm ab. Der Legastheniker Piëch ist ein Fuchs. Er scheut schriftliche Verein-barungen. Wirklich Wichtiges erledigt er im Stillen, mündlich. Im schlimmsten Fall steht dann Aussage gegen Aussage. Es gibt nicht viele inner- und außerhalb Wolfsburgs, die glauben, dass er von den heimlichen Superboni und den Superfrauen nichts wusste. Es gibt aber eine Menge Leute, die fest davon ausgehen, dass Hartz ihn – angeblich nicht ganz uneigennützig – bis zuletzt gedeckt hat. Das wird natürlich von den Beteiligten heftig bestritten, und Belege für diese ebenso lebensnahe wie völlig unbewiesene These sind nicht gefunden worden.

Anstatt zurückzutreten, nutzte Piëch das durch die Affäre entstandene Vakuum. Die blessierten Arbeitnehmervertreter im Aufsichtsrat machte er durch weitere Zugeständnisse zu glühenden Gefolgsleuten. Er feuerte den bei den Betriebsräten unbeliebten Sanierer Wolfgang Bernhard. (Das Heer der Topleute, die er erst beförderte und dann demontierte, ist unüberschaubar geworden.) Auch trennte er sich von Pischetsrieder. «Zu spät habe ich erkannt, den Falschen ausgewählt zu haben», erklärte er lakonisch auf der VW-Hauptversammlung im April 2007 in Hamburg.

Porsche stockte seine Anteile bei VW auf, wurde damit stärkster Aktionär bei den Wolfsburgern und übernahm beim fünfzehnmal größeren Konzern die Macht. Piëch ist seinem Ziel, VW in den Herrschaftsbereich der Familie einzugliedern, näher gerückt. Nach gleichem Muster baut er seine Macht beim Münchner Lkw-Hersteller MAN aus. Der Porsche-Piëch-Konzern wird eines Tages die komplette Bandbreite – vom Schwerlaster bis zum Sportwagen – abdecken.

In den folgenden Unterkapiteln werden die Akteure und die Abfolgen des Skandals näher beschrieben. Wie ein Treppenwitz der Geschichte mutet es an, dass Langendörfer im Frühjahr 2004 von Hartz den Auftrag bekommen hatte, gemeinsam mit einer Lenkungsgruppe ein neues Anti-Korruptionssystem zu entwickeln. Ein paar Wochen bevor der Skandal aufflog, stand das Konzept. Es sah unter anderem vor, dass Mitarbeiter keine Geschenke annehmen dürfen, die, aufs Jahr gesehen, den Wert von 50 Euro übersteigen.

Einer gewinnt immer

Gespräche mit Piëch können unterhaltsam sein – sogar für Straf-verfolger. Welcher Wirtschaftskapitän erklärt schon frank und frei in einer Vernehmung, dass er «in unangenehmen Fällen» die Auf-gaben delegiert habe? Einer wie er, bedeutete der VW-Aufsichts-ratschef den Braunschweiger Staatsanwälten, mache sich nicht die Hände schmutzig. Er ist Piëch. Der Boss. Il Padrone.

Die Wirtschaftswelt ist voller Figuren, die sich im flüchtigen Am-biente zwischen Schein und Sein behaupten wollen und über einen festen Wesenskern gar nicht zu verfügen scheinen. Der Beobachter braucht meist eine Weile, um herauszufinden, was bei ihnen echt und was falsch, was Biographie und was Dekoration ist. Das gilt manchmal sogar für die vermeintlich Großen dieser Zunft.

Nur Piëch ist immer original Piëch. Er verkörpert das Bild eines durch und durch autarken Mannes, der tun kann, was auch immer ihm gerade beliebt – weil er ein Milliarden-Vermögen besitzt, enor-me Durchsetzungskraft hat und keine Gnade kennt, wenn sich ihm einer in den Weg stellt. Sein Wort ist für die meisten Gesetz. Was er beiläufig fallen lässt, macht im Betrieb in Windeseile die Runde, scheint immer dringlicher zu werden, bis daraus schließlich ein Befehl geworden ist. Er schaut dann verwundert. «Ich erschrecke manchmal, wie groß die Ehrfurcht ist in einem Konzern: Was ich zu irgendeiner Sache sage, wird, wenn es weitergegeben wird, fast wie Sakrosanktes behandelt», gestand er einmal der *Zeit*.

Er weiß aber auch selbst, dass er ganz weiß vor Zorn werden kann, wenn einer seiner Gefolgsleute einen Fauxpas begangen hat. Er liebt es dann, die Sätze nicht zu Ende zu führen, und sein plötz-liches Verstummen löst bei seinem Gegenüber zumeist Schrecken aus. Meinungen haben bei ihm keinen hohen Stellenwert. Jeder in seiner Umgebung weiß: Piëch will gewinnen, Piëch muss gewin-nen. Alles weiß er besser als die anderen. Einen Fehler macht man nicht zweimal. «Wir können es auch anders ausdrücken», hat Piëch den Ermittlern erklärt: Er habe schon mal mit dem oder dem «eine Rechnung offen gehabt». Er verwendete die Vergangenheitsform nicht zufällig. «Ich wurde als ein Hausschwein aufgezogen und muss als Wildschwein leben», diktierte er bei anderer Gelegenheit dem *Spiegel*-Reporter Jürgen Leinemann in den Block. Piëch sieht sich als «Rudelführer».

Mitarbeiter, die leicht kalte Füße bekommen oder «Schiss» (Piëch) haben, können nicht mit seiner Unterstützung rechnen. «Es ist nicht möglich, eine Firma immer auf der höchsten Harmoniestufe an die Spitze zu bringen, das Maximum ist nur erreichbar, wenn man an die Grenze des menschlich Erreichbaren geht», steht in Piëchs 2004 erschienener Lebensgeschichte mit dem beziehungsreichen Titel «Auto.Biographie». Einen «Teflon-Autokraten» hat ihn Wolfgang Kaden, der frühere Chefredakteur des *Spiegels* und des *Manager-Magazins* einmal genannt. Es sei «beklemmend zu beobachten, wie wenig Corporate Germany diesem Mann entgegenzusetzen» habe.

Herkunft, Talent und Chuzpe mischen sich bei Piëch, der sich seine Wirklichkeit ähnlich zusammenbastelt wie seine Motoren, auf ungewöhnliche Weise. Er ist einer der acht Enkel des VW-Gründers Ferdinand Porsche (1875–1951). Der Alte war eine große Koryphäe, manche meinen, er sei sogar ein Genie gewesen. «Was die Genialität meines Großvaters betrifft, so lese und höre ich öfter von seinen langen Schatten, die mich wohl unweigerlich verfolgen müssten und wohl auch zu Komplexen geführt hätten», spottet Piëch. Das mit dem Vorbild und den Komplexen sei ein Thema für «Hobby-Psychologen». Auch mit dem Begriff «Genie» tue er sich schwer. Zweifelsohne sei sein Großvater in seinem «Metier und in seinem Jahrtausend herausragend» gewesen. Der Großvater, das immerhin steht fest, war ein herausragender Konstrukteur, der den Lohner-Porsche-Radnabenwagen von 1900, den Auto-Union-

Grand-Prix-Wagen von 1934 und den Käfer, das lange Jahre meist-gebaute Auto der Welt, entwickelt hat. Er lasse sich aber keine «Minderwertigkeitskomplexe» wegen des Großvaters anhängen, sagt Piëch.

Die Piëchs und die Porsches liefern viel Stoff für eine deutsch-österreichische Familiensaga. Die Geschichte beginnt banal: Ferdinand Porsche und seine Frau Aloisia hatten zwei Kinder, die Tochter Louise (1904–1999) und den Sohn Ferry (1909–1998). Louise heiratete den Wiener Rechtsanwalt Anton Piëch. Beide Erben hatten je vier Kinder, Ferdinand Piëch wurde als drittes Kind von Anton und Louise Piëch 1937 in Wien geboren. Sein Großvater und sein Vater bauten am Mittellandkanal bei Fallersleben eine Autofabrik, deren Errichtung Adolf Hitler angeordnet hatte.

Rund um das Werk entstand eine Ansiedlung, die offiziell «Stadt des KdF-Wagens» (KdF = «Kraft durch Freude») genannt wurde. Den Namen Wolfsburg bekam die Stadt erst nach dem Krieg. Der Konstrukteur Ferdinand Porsche stand in der Gunst Adolf Hitlers, war aber kein echter Nazi, weil er eine Berufsauffassung hatte, der zufolge es egal ist, ob Rote, Schwarze oder Braune das Land regieren, solange sie ihm bei seiner Arbeit nicht im Weg stehen. Erst 1937 war er in die NSDAP eingetreten, er bekam einen SS-Rang ohne Mitgliedsnummer und trug auch bei offiziellen Anlässen keine Uniform. Weil er tüchtig und wichtig war, galt er als unangreifbar.

Sein Schwiegersohn Anton wurde «Wehrwirtschaftsführer» und sorgte mit dafür, dass die «Stadt des Kdf-Wagens» den Titel «Kriegsmusterbetrieb» erhielt. Die Kriegsproduktion lief an. Das Werk stellte Teile für die Ju 88, den Standardbomber der deutschen Kampfflieger, her. Während des Zweiten Weltkriegs war der VW-Kübelwagen VW 82 das meistgebaute Fahrzeug in der KdF-Fabrik. Ferdinand Porsche wurde für einige Zeit Vorsitzender der Panzerkommission, und ein von ihm entwickelter Kampfpanzer «Ferdinand» kam in der Schlacht am Kursker Bogen zum Einsatz.

KZ-Häftlinge und Zwangsarbeiter schufteten sich im KdF-Werk buchstäblich zu Tode.

Kurz vor Kriegsende wurde das Porsche-Konstruktionsbüro aus Stuttgart nach Gmünd in Kärnten ausgelagert. In den Tagen des Zusammenbruchs nahm Anton Piëch die wichtigsten Geschäftsbücher und 10,5 Millionen Reichsmark an sich und setzte sich nach Zell am See im Salzburger Land ab. Die Millionen sollten angeblich für die Auslagerung einer Wollkämmerei verwendet werden. «Da die aber nicht mehr zustande kam», sei das Geld «dann größerenteils für die Finanzierung der Porsche KG» verwendet worden, resümieren die Historiker Hans Mommsen und Manfred Grieger in ihrem 1060 Seiten dicken Standardwerk «Das Volkswagenwerk und seine Arbeiter im Dritten Reich». Nach dem Krieg wurden Großvater, Vater und Onkel Ferry von den Alliierten für einige Zeit festgenommen. Die Verfahren wurden jedoch eingestellt.

1951 starb der Großvater, 1952 der Vater, nur 58 Jahre alt. Mutter Louise war ausgesprochen streng. Zu ihrer Rechten am Esstisch durfte immer dasjenige Kind Platz nehmen, das besondere Leistungen erbracht hatte. Aber «es fehlte die Ernsthaftigkeit einer gewissen Furcht vor ihr», meint Piëch.

Der Junge, den sie «Burli» nannten, hatte ein Faible für Technik. Schon als Vierjähriger soll er die ersten technischen Zeichnungen angefertigt haben. Beim Lesen und auch beim Schreiben hingegen tat er sich schwer. In Englisch bekam er ein «Ungenügend». Er habe «ein verheerendes Anti-Talent für Fremdsprachen» gehabt, «was vielleicht mit Legasthenie zu tun hat», sagte er später. Er redet oft irritierend langsam, macht große Pausen zwischen Sätzen und manchmal auch zwischen einzelnen Wörtern. Er spricht auch deshalb schwerfällig, weil er wenig liest.

Piëch hatte keine einfache Kindheit. Vater und Großvater waren für «Burli» meist unerreichbar gewesen. Und Louise Piëch gehörte zu jenen Müttern, die allein mit Folgsamkeit und gutem Appetit nicht zufriedenzustellen sind. Sie erwartete Höheres von ihrem Sohn und schickte den lernschwachen Jungen ins Internat nach Zuoz bei Sankt Moritz – ein «Abhärtungsinternat, elitär, schlicht und streng», schrieb Piëch in seinen Erinnerungen. Privat hat sich der Chauffeur um ihn gekümmert.

Natürlich weiß Piëch, dass jede Episode seiner Lebensgeschichte Interpreten anzieht, also Leute, die das «Bedürfnis» haben, «mich und meinen Background zu deuten». Er winkt ab. Kennt er, weiß er alles. Da werden dann «Passagen aus alten Geschichten zu Schlüsselerlebnissen aus der Schulzeit hochstilisiert. Gar so arg war es nicht, aber gelernt habe ich schon einiges.»

Gelernt habe er in der Schweiz beispielsweise, dass der Ehrliche der Dumme sei. Einmal wurden ihm hundert Franken gestohlen, die er aber gar nicht hätte haben dürfen, weil laut Schulordnung jeder Schüler nur ein offizielles Taschengeld hatte und den Rest abliefern musste. Der junge Piëch fand, dass der Schwarzgeldbesitz, verglichen mit dem Diebstahl, zu vernachlässigen sei, und meldete den Fall der Schulleitung. Der Direktor und der Internatsleiter drehten ihn durch die Mangel, um zu erfahren, wer ihm das Geld zugesteckt habe. Für den Diebstahl interessierten sie sich nicht. Piëch wäre fast von der Schule geflogen. Er musste anerkennen, dass ihm nichts gestohlen worden sei. Er zog daraus den Schluss, dass «Ehrlichkeit bestraft wird» (Piëch).

Auch lernte er ein Spitzelsystem kennen. Die Internatsleitung hatte die beliebtesten Gasthäuser der Umgebung mit Fotos der Schüler versorgt. Die Wirte schrieben auf, wie viel jeder Schüler ausgegeben hatte, und meldeten das Ergebnis der Schulleitung, die alle Ausgaben mit dem offiziellen Taschengeld verglich. «All das passierte geheim», so Piëch. Vieles, so habe er damals erkannt, sei «nur im Alleingang möglich … weil man sich nicht verlassen kann».

Aus seiner Sicht steckt die Welt voller Gefahren – nicht nur auf der Rennstrecke. Piëch kann jeden Motor auseinander- und wieder zusammenbauen, aber ein Menschenkenner ist er nicht geworden. Sonst wäre er nicht so wahnhaft kontrollwütig und misstrauisch. Vor Gesprächen in Hotels lässt er manchmal die Räume von Sicherheitskräften auf Wanzen durchsuchen, er wittert überall Verschwörung. Aufsichtsräte müssen vor Sitzungen in Wolfsburg ihre Handys abgeben. So soll verhindert werden, dass heimlich vertrauliche Inhalte mitgeschnitten werden. Dass sich die Gremiumsmitglieder solche Spielchen gefallen lassen und sich fügen, anstatt sich angesichts einer solchen Zumutung aus dem Aufsichtsrat zu verabschieden, ist eine andere Geschichte.

Über den Zweiten Weltkrieg hatten die Porsches zwei Familienunternehmen gerettet. Mutter Louise Piëch formte das Autohandelshaus Porsche Holding in Salzburg. Onkel Ferry machte aus dem väterlichen Konstruktionsbüro, das in Zuffenhausen bei Stuttgart eingerichtet worden war, die heutige Porsche AG. Für jeden neuen Käfer erhielten die Porsches/Piëchs eine Lizenzgebühr von einer Mark. Onkel Ferry arbeitete als Entwickler für VW, Mutter Louise war Alleinimporteurin der Autos aus Wolfsburg für Österreich. Die Grenzen innerhalb der Familie waren klar abgesteckt: Die Porsches standen für Stuttgart, die Piëchs für Salzburg, und man traf sich bei VW in Wolfsburg. Elisabeth, die jüngste Tochter des sagenumwobenen VW-Chefs Heinrich Nordhoff, der den Konzern von 1946 bis 1968 leitete und mit der Erfolgsgeschichte des Käfers eng verbunden ist, heiratete 1959 Ernst Piëch.

Dessen acht Jahre jüngerer Bruder Ferdinand wurde 1962 Diplom-Ingenieur und begann dann bei Porsche als Sachbearbeiter im Rennmotorenversuch. Schon mit 32 Jahren war er Entwicklungschef bei Porsche. Fortan überrollte Porsche die Rennsportkonkurrenz. VW zahlte zwei Drittel des Porsche-Rennbudgets.

Piëch ist ein Techniker, der Sprit im Blut hat. Die Menschen, mit denen er sich am liebsten umgibt, sind Ingenieure, Praktiker und einige Autorennfahrer, die er «Vollgashelden» nennt. Er hängt einem Premierenkult an. Der Kult gilt dem jeweils neuentwickelten Auto. Sobald der Vorhang sich gehoben hat, lässt der Rausch allerdings nach.

Seine Führungskräfte müssen alle neuen Autos selbst fahren. Als beispielsweise Volkswagen sich an Scania beteiligte und groß ins Lkw-Geschäft einstieg, empfahl er den Vorstandskollegen, den Lkw- und Busführerschein zu machen. Er selbst hatte ihn natürlich schon, und die Aufforderung wurde ernst genommen. Sein Personalvorstand Peter Hartz ließ sich morgens um sechs Uhr von einem Fahrlehrer mit einem Reisebus abholen und kurvte durch die Wolfsburger Umgebung. 56 Fahrstunden sind vor der Prüfung Pflicht. Als Piëch noch ein junger Mann war, fuhr er selbstverständlich auch die von ihm entwickelten Rennwagen selbst. In seinem Büro im 13. Stock in Wolfsburg steht die stählerne Kurbelwelle eines 16-Zylinder-Motors, den ihm die Porsche-Belegschaft geschenkt hat.

Die Porsches und die Piëchs gerieten immer häufiger aneinander, und Ferdinand Piëch war mittendrin. Es ging um Geld, Prestige und Eitelkeiten: Für Piëch ging es immer um alles. Natürlich vor allem um Technik. Er hatte den berühmten Porsche 917 entwickelt, der extrem teuer war, den Ruhm der Firma jedoch mehrte. Besonders stolz war Piëch auf die spezielle Ventilsteuerung mit zwei obenliegenden Nockenwellen. Er setzte sich dafür ein, die Steuerung auch in der Porsche-Serie zu verwenden, aber sein Cousin, der Porsche-Produktionschef Peter Porsche, lehnte ab – zu teuer.

Es kam zu größeren Auseinandersetzungen. Dann wurde, zum Stichtag 1. März 1972, nach turbulenten Familienklausuren verabredet, dass sich alle Piëchs und alle Porsches aus dem operativen Geschäft der Firmen zurückziehen sollten. Zuvor hatte sich Ferdinand Piëch im Familienkreis umgeschaut und die Frage gestellt:

«Gibt's einen, der mit mir will?» Für ihn war klar: «Ich hatte das Gefühl, überall bestehen zu können, und für meine lieben Verwandten war ich mir da nicht so sicher.»

Ferdinand Piëch ging zu Audi (damals Audi NSU Auto Union AG). Er fing ein paar Hierarchiestufen tiefer an, brachte es aber schon mit 37 Jahren zum Technischen Vorstand und bekam zusätzlich die Bereichsleitung für die Wolfsburger Motoren- und Getriebeentwicklung übertragen. Piëch ist, das räumen auch seine Gegner ein, ein Genie der Technik, und er brachte Audi voran. Die VW-Tochter, die von den Wolfsburgern oft schlecht behandelt wurde, feierte mit ihren Autos – vor allem mit dem Sport quattro – große Rallyeerfolge. 1988 wurde Piëch Audi-Chef, und sein Ehrgeiz war es, besser und erfolgreicher als die Wolfsburger zu sein. Die Arbeitnehmervertreter stützten ihn, und Piëch bedankte sich bei den Betriebsräten.

1992 ging es schließlich um den Chefposten im VW-Konzern, und es gab ein hartes Rennen zwischen Piëch und dem VW-Manager Daniel Goeudevert, der mit grünen Ideen aufgefallen war. Die Arbeitnehmervertreter schlugen sich auf Piëchs Seite. Auch der Hannoveraner Ministerpräsident Gerhard Schröder, den Piëch schätzte, setzte sich für den Mann von Audi ein. Piëch gewann und bezog 1993 das Chefbüro im 13. Stockwerk. «Vor die Alternative gestellt, mich zu wählen oder von den Japanern an die Wand gedrückt zu werden, fiel die Wahl auf mich», resümierte der Enkel des VW-Gründers. Piëch, der Retter, war da.

Der Heilige Krieger

Bei einer Phänomenologie der diversen Sozialcharaktere der Managerwelt darf der Name José Ignacio López de Arriortua nicht fehlen. Nachdem die Öffentlichkeit den Ingenieur aus dem Baskenland in den achtziger und neunziger Jahren kennengelernt hatte, schmückte sie ihn mit allerlei Beinamen: der Gnadenlose. Der Vollstrecker. Der Großinquisitor. Weltbester, härtester Sanierer. Seine Gefolgsleute, die er «Krieger» nannte, trugen ihre Chronometer am rechten Handgelenk, um zu zeigen, dass mit ihnen eine neue Ära begonnen hatte; sie agierten wie eine verschworene Söldnertruppe, suchten konsequent den eigenen Vorteil und lehrten Lieferanten weltweit das Fürchten. Egoismus galt ihnen als löbliche Karriereorientierung, eine gewisse Brutalität als Durchsetzungsfähigkeit, partielle Charakterlosigkeit als Tugend.

Die rücksichtslose Jagd nach Profiten, die angeblich die globalisierte Wirtschaft auszeichnet, hat López schon ausgeübt, als die Welt noch Staaten kannte und die Märkte voneinander getrennt waren: Er war ein Pionier in vielfacher Hinsicht. Für seine Jünger verfasste er eine 44 Seiten starke Gesundheitsfibel, die den Mitarbeitern nahelegte, was sie zu essen und zu trinken hatten. Auszug: «Sie sollen eine Diät halten, die aus Nahrungsmitteln mit einem 70-prozentigen Wassergehalt besteht» – weil die Meere fast 70 Prozent der Erdoberfläche bedecken.

Der 1941 im baskischen Amorebieta in kleinen Verhältnissen geborene López, der jedem Film über die spanische Inquisition entsprungen sein könnte, war tatsächlich ein Fanatiker des Glaubens und berief sich auf den heiligen Ignatius von Loyola, der solche Zuneigung allerdings nicht verdient hat, denn Ignatius war ein anständiger Heiliger. Seine Religiosität kehrte der Frömmler López arg nach außen: In seiner Biographie «Superlópez» ist zu lesen, er habe achtzig Nächte vor dem Allerheiligsten gebetet und die Gemeinde habe ihn zum «ehrenwerten Anbeter» ernannt. Sein historisches Vorbild wurde der spanische Nationalheld El Cid, der im elften Jahrhundert die Araber bekämpft hatte.

Peter Hartz schildert in dem ihm zugeschriebenen Buch «Macht und Ohnmacht», dass er den Namen López erstmals in seiner saarländischen Zeit gehört habe. «Damals kamen die Verkäufer zu mir und berichteten: Da stellen Sie sich vor, da will ein verrückter spanischer Ingenieur den Stahlstab zwanzig, dreißig oder sogar vierzig Prozent billiger haben ... Viele und auch ich waren der Ansicht, dass es sich nur um eine Welle handelte, die sich totlaufen würde.»

Der geborene Krieger und Anführer Piëch traf den gnadenlosen López, der bei General Motors (GM) so erfolgreich war, erstmals im November 1992. Piëch stand damals kurz vor seinem Wechsel von Audi zu VW und schickte einen seiner Leibwächter mit einem Zeitungsfoto von López zum Flughafen Frankfurt. Dieser fing den Spanier am Gate ab und brachte ihn ins Sheraton-Hotel, wo Piëch bereits in einem Zimmer wartete. «López war von der ersten Minute an voll auf meiner Linie», erinnerte sich Piëch später. «Er war kein Entwickler, aber er hatte dieses übergreifende technische Verständnis von der Entwicklung bis hin zur Produktion. Er schilderte seine Erfolge bei General Motors mit einer Größenordnung von Einsparungen, die ich beim besten Willen kaum glauben konnte.» Aber bei VW war kein Job für López frei. Erst als der alte Produktionsvorstand von VW dem designierten neuen Chef Piëch ein paar Wochen später erklärte, er wolle gern in den vorzeitigen Ruhestand wechseln, um dem neuen Chef, den er nicht gewollt hatte, nicht im Wege zu stehen, konnte Piëch handeln.

López kam im Januar 1993 nach Wolfsburg und traf mit den wichtigen Präsidiumsmitgliedern des Aufsichtsrats zusammen. Der gelernte Schmied und Betriebsratschef Klaus Volkert, der VW «meine Firma» nannte, als wäre er der Firmenpatriarch, war darunter und auch Gerhard Schröder, der als Ministerpräsident für das mit rund 20 Prozent an dem Konzern beteiligte Land Niedersachsen im Kontrollgremium saß. Mit beiden verstand López sich prächtig.

Der Baske sollte in Wolfsburg Konzernvorstand für Produktionsoptimierung und Beschaffung werden und ungefähr so viel verdienen wie der neue Vorstandsvorsitzende Piëch. «Dass der Betrag in der Größenordnung meiner eigenen Gage lag, war kein Problem für mich. Hier ging es um eine gewisse Einmaligkeit, die ihren Preis hatte», schrieb Piëch in seiner Biographie. Für GM hingegen war López' drohender Weggang ein Problem, und es gab ein großes Gezerre, bis López sich schließlich für VW entschied. Der damalige GM-Chef Jack Smith war sehr erbost.

Im Frühjahr 1993 trat López, der vor seiner Zeit in Detroit als Chefeinkäufer bei Opel in Rüsselsheim gewirkt hatte, mit sieben seiner engsten Getreuen in Wolfsburg zum Dienst an. Mit Piëch verband ihn nicht nur das Ingenieurstudium. Beide hatten sich als Borderliner des Wirtschaftslebens einen Namen gemacht, beide schätzen Praktiker und tun sich mit Intellektuellen oder Diven der Managementwelt schwer.

Die López-Geschichte wird in diesem Buch nicht nur erzählt, weil der Name des Basken in der Welt der Nadelstreifen zu einem Synonym für die Verdorbenheit der Sitten geworden ist, sondern auch, weil die VW-interne Aufarbeitung der alten Causa López eine Menge über den Betrieb in Wolfsburg verrät.

Kurz nach López' Ankunft war der Verdacht aufgetaucht, er habe als kostensparende Morgengabe geheime Unterlagen seines alten Arbeitgebers mitgenommen. Einige Intimkenner des alten Skandals hegen sogar den Verdacht, dass es zwischen der VW-Affäre, die 2005 aufflog, und dem López-Fall, der zuvor die Staatsanwaltschaften beschäftigte, eine Verbindung gibt. Aber zu diesem Detail kommen wir später. Zunächst seien die Abläufe jener Tage grob skizziert, die damals einen Großteil der deutschen Wirtschaftselite in gemeinsamem Abscheu einten und wegen der Skrupellosigkeit der Akteure doch faszinierten.

López quetschte gleich die Lieferanten aus und wurde «der Würger der Zulieferer» genannt. Seine Truppe rationalisierte die

Arbeit in den VW-Fabriken, entwickelte neue Arbeitsmodelle und Arbeitsabläufe. Der Sohn eines baskischen Monteurs sprach von den «Herren Arbeitern», die die «Protagonisten» einer Firma seien. Schon nach kurzer Zeit konnte er die Erfolgsmeldung verbreiten, er habe die Einkaufspreise um 700 Millionen Mark, das sind umgerechnet knapp 350 Millionen Euro, gesenkt.

Es gab indes auch andere Meldungen. Gleich nach López' Wechsel hatte General Motors entdeckt, dass massenweise GM-Unterlagen und Papiere von Opel verschwunden waren. In einer Privatwohnung zweier López-Getreuer in Wiesbaden tauchten vier Kartons mit Opel-Material auf, darunter geheime Details eines von General Motors geplanten Kleinwagens, der «O-Car» genannt wurde. GM sprach vom «größten Fall von Industriespionage in der Geschichte der Automobilindustrie».

Auch wurde bekannt, dass López mit Gefolgsleuten ins VW-Gästehaus «Rothehof» gezogen war und dass seine Sekretärin die Anweisung gegeben hatte, die Ankunft des Gastes auf besondere Weise vorzubereiten. Das Schloss in dem für López reservierten Besprechungszimmer musste ausgewechselt werden, damit die üblichen Schlüssel im «Rothehof» und natürlich auch der Generalschlüssel nicht mehr passten. Helfer schleppten Umzugskartons in das Büro, und die hatten eine lange Reise hinter sich. Sie waren zunächst aus Rüsselsheim und Detroit zu einem Verwandten von López ins Baskenland transportiert und dann mit einem VW-Firmenflugzeug abgeholt und nach Wolfsburg geflogen worden. Zu der sogenannten Klausur im März 1993 wurden auch Kopierer und Aktenvernichter in den Besprechungsraum gebracht.

Zigtausend Seiten wurden kopiert, säckeweise wurde Material vernichtet und fortgeschafft. Die López-Leute hatten sich bei VW Firmenpapier besorgt und die Opel-Kennzeichnungen auf den Originalen abgeschnitten. Warum? Und weshalb hatten nur López und seine Leute Zutritt zu den Räumen? Eine Angestellte des «Rothehofs» schilderte später dem damaligen VW-Chefjuristen Hans-Vigo von Hülsen ihren eher vagen Verdacht. Da sei «irgendetwas nicht mit rechten Dingen zugegangen», weil «die sich so abgeschottet» hätten. Selbst die Putzfrauen durften die Räume nicht betreten. Eine Bedienstete gab später dem Chefjuristen zu Protokoll, sie habe einmal in einem Vorraum Krümel wegsaugen dürfen, mehr sei nicht erlaubt worden. Erst als die López-Männer nach Tagen abrückten, konnte sauber gemacht werden, und auch die alten Schlösser wurden wieder eingebaut.

Wozu die Geheimnistuerei? Für GM war klar, dass die ehemaligen Mitarbeiter vertrauliche Einkaufslisten, Konstruktionspläne und sogar Konzepte für eine Autofabrik heimlich mitgenommen hatten. Insbesondere ärgerte sich General Motors darüber, dass Pläne des neu zu bauenden Autos im Detail kopiert worden waren.

Die von Opel eingeschaltete Darmstädter Staatsanwaltschaft kam zu dem Schluss, der ehemalige Einkaufschef von GM habe bereits kurz nach dem ersten Treffen mit Piëch begonnen, Unterlagen zu sammeln. Einige seiner Gefolgsleute hätten ihm kräftig geholfen. Nach den Recherchen der Strafverfolger waren auch drei Studien über die Autofabrik im Baskenland, über deren Bau López oft mit der GM-Spitze und mit Piëch bereits beim ersten Treffen gesprochen hatte, in Wolfsburg aufgetaucht. Und tatsächlich reiste López im April 1993 mit Piëch nach Bilbao, um mit einem Investorenkonsortium über die Errichtung eines solchen Werkes im Baskenland zu reden. Die Fabrik in der baskischen Heimat sei halt López' «Lieblingsprojekt» gewesen, wiegelte Piëch später ab. Die Kunst, aus einem Elefanten eine Mücke zu machen, beherrscht Piëch perfekt.

Außer den Fabrikplänen soll die López-Truppe nach Feststellungen der Ermittler alles mitgenommen haben, was sie in der Eile besorgen konnte: eine Liste mit den Stückpreisen und Kosten für Werkzeugformen der Opel-Modelle Corsa, Omega, Vectra und Astra, Kostenvergleichsstudien, Arbeitspapiere über die erreichten

Einsparungen für Opel-Modelle, Unterlagen über das Kleinwagen-projekt einschließlich Detailskizzen des Modells, Listen über Einkaufsdaten für die europäische Fertigung.

Im Dezember 1996 klagte die Darmstädter Staatsanwaltschaft López und drei seiner engsten Mitarbeiter wegen des Verdachts auf Verrat von Dienstgeheimnissen und Unterschlagung an. Die Ermittler hatten beispielsweise herausgefunden, dass Unterlagen über die Einkaufsstrategie von General Motors später bei VW verwendet worden waren. López beteuerte «bei der Ehre meiner Mutter», er sei unschuldig, aber das glaubte ihm kaum jemand.

Aus dem Skandal war eine Riesen-Affäre geworden, und gekämpft wurde mit harten Bandagen. Opel ließ zeitweise López und dessen zu VW gewechselte Mitarbeiter beschatten. VW-Manager wiederum äußerten den Verdacht, Opel habe die Computer von VW manipuliert, weil die Ermittler auf Festplatten GM-Material entdeckt hatten. Auch verklagten sie GM-Manager wegen rufschädigender Behauptungen auf Unterlassung und Schadenersatz. VW-Aufsichtsrat Gerhard Schröder stellte sich vor López und Piëch und erklärte die Opel-Attacke gegen den Sanierer zum «Angriff auf den Produktionsstandort Deutschland». López sei ein «Ehrenmann». Die Regierungen in Bonn und Washington waren eingeschaltet, der «Krieg zwischen General Motors und Volkswagen» beschäftigte die *New York Times*.

In Wolfsburg war die Unruhe ebenfalls groß. Kurz nach Beginn der Affäre beschwerten sich Manager des VW-Konzerns in einem anonymen Brief über die beiden Seelenverwandten López und Piëch bei dem damaligen Aufsichtsratsvorsitzenden Klaus Liesen:

«Wir mögen die Tatsache, dass wir anonym bleiben müssen, nicht, aber die derzeitige Situation hier in Wolfsburg lässt uns keine andere Wahl … Herr Dr. Liesen, dieses Unternehmen wird von einem Mann mit psychopathischen Zügen ‹geführt›. Alle kreativ und selbständig arbeitenden Führungskräfte werden entweder von ihren Positionen entfernt, begeben sich in die innere Emigration oder kündigen … Herr Piëch sammelt eine Gruppe von Ja-Sagern um sich und glaubt, damit ein Weltunternehmen führen zu können …

Unser Unternehmen hat durch Herrn Piëch ein schlechtes Image bekommen. Auch ehemals befreundete Unternehmen wie Ford und Toyota werden zunehmend durch Herrn Piëch vor den Kopf gestoßen, von General Motors ganz zu schweigen.

Eine Firma, für die keine guten Manager mehr arbeiten wollen, bringt sich in große Gefahr für die Zukunft. Das gleiche gilt für Firmen, die keine Kooperationspartner mehr finden!

Die größte Gefahr geht von der Passivität der Führungsmannschaft aus, die naturgemäß nur noch an Posten-Sicherung und Durchhalten bis zur Nach-Piëch-Ära denkt. Hier möchten wir anmerken, dass die Opposition gegen Piëch sich nicht nur auf ‹Feiglinge› und Leute bezieht, die keine Änderungen wollen. Wir sehen die Notwendigkeit von Veränderungen und wollen diese auch aktiv unterstützen. Das Piëch-Regime lässt dies nicht zu, es ist auf stumpfes Gehorchen ausgerichtet und nicht auf kreative Erneuerung durch eine mitdenkende Führungsmannschaft …

Machen Sie Herrn Piëch klar, dass ein Weltkonzern nicht wie ein Rittergut mit Leibeigenen zu führen ist. Wenn er sein Verhalten nicht ändert, ist er für den Posten des Vorstandsvorsitzenden nicht geeignet. Sein Charakter erfüllt nicht die Erfordernisse für diese wichtige Position … Wir wissen, dass Änderungen bei Volkswagen notwendig waren und sind – wir wissen aber, dass diktatorischer Führungsstil ohne Überzeugung der Mannschaft der falsche Weg ist.»

Piëch bot Liesen an, dieser könne mit jedem Manager reden, mit dem er reden wolle. Niemand bestätigte die Vorwürfe der anonymen Briefschreiber. Piëchs Macht blieb unangetastet, und López tourte für VW weiter durch die Welt und baute beispielsweise in Südamerika drei neue Fabriken.

Erst als das Bezirksgericht Detroit im November 1996 eine Schadenersatzklage von General Motors gegen VW, López, Piëch sowie ein weiteres VW-Vorstandsmitglied wegen des «Diebstahls wertvoller Betriebsgeheimnisse» zuließ, kam in den Fall Bewegung. Die US-Bundesrichterin Nancy Edmunds hatte entschieden, hier ließen sich die sogenannten Rico Acts anwenden: Rico ist die Abkürzung für Racketeer Influenced and Corrupt Organizations und bezeichnet eine Art Anti-Mafia-Gesetz, das auch im Zivilrecht scharfe Sanktionen möglich macht. Es erlaubt amerikanischen Richtern, die Schadenssumme zu verdreifachen, und der damalige Opel-Chef David Hermann hatte einen möglichen Schaden von umgerechnet 300 Millionen Euro angedeutet: Damit hätten, theoretisch, 900 Millionen Euro Schadenersatz fällig werden können.

Jetzt musste Piëch handeln. López unterschrieb seine Rücktrittserklärung und ging als Unternehmensberater in seine Heimat zurück. Auch die meisten seiner Vertrauten demissionierten bei VW. López' Rücktritt war aus Sicht von VW ein Faustpfand, denn die Demission besänftigte die Amerikaner – ein bisschen zumindest. Wolfsburg zahlte, angeblich freiwillig und ohne Anerkennung einer rechtlichen Verpflichtung, 100 Millionen Dollar an General Motors und schloss einen mehrjährigen Rahmenliefervertrag über rund eine Milliarde Dollar ab.

Die Anklage gegen López und drei seiner engsten Vertrauten wurde in Deutschland nicht zur Hauptverhandlung zugelassen. Das Landgericht Darmstadt stellte das Verfahren mit Zustimmung der Staatsanwaltschaft ein, die vier Beschuldigten mussten eine Geldstrafe in Gesamthöhe von umgerechnet 295 000 Euro zahlen. 1998 verunglückte López schwer, lag wochenlang im Koma, erlitt ein Schädeltrauma und wurde von den spanischen Behörden nicht ausgeliefert, als die amerikanische Justiz ihn im Mai 2000 wegen Industriespionage anklagte.

Piëch sagt, er habe López zum letzten Mal im Herbst 1996 auf dem Pariser Autosalon gesehen. Den Kontakt zu dem Basken hatte fortan Peter Hartz gehalten, der wie López 1993 in den VW-Vorstand gekommen war und den Basken heute noch für einen ehrenwerten, charismatischen Mann hält, dem in Deutschland Unrecht widerfahren sei. López habe VW durch seine Arbeit Einsparungen von mehreren Milliarden Mark ermöglicht, argumentiert Hartz.

Und Piëch? Er ist wie immer mittendrin und immer nur Zeuge. In seiner «Auto.Biographie» bezeichnet er die meisten Vorwürfe gegen López als «absurd»; er kann lediglich ein paar «Unzulänglichkeiten» und «Ungeschicklichkeiten» erkennen. Die Aufregungen um Industriespionage seien «in erster Linie eine Ersatzhandlung für die Hochempfindlichkeit nach einer Enttäuschung zwischen zwei Menschen» gewesen: GM-Chef Jack Smith sei «menschlich tief verletzt» gewesen, als ihn sein «Schützling» López Richtung VW (sprich: Piëch) verlassen habe.

Die Kartons hätten eine «Irritation» ausgelöst – mehr nicht. Der Inhalt: harmloses Zeug. Die von VW beauftragten Wirtschaftsprüfer, die dem Konzern ein gutes Zeugnis ausgestellt hatten, seien «tiefer» in die Materie eingedrungen als «alle Spezialisten der Kriminalpolizei», die viel Belastendes gefunden hatten. Er könne aus der Rückschau «keinen Punkt erkennen, an dem Volkswagen Unrecht begangen hätte. Ich gehe auch unverändert davon aus, dass López im Zusammenhang mit VW nichts Unrechtes getan hat.»

Der Träumer

Der Legende nach verdankt die deutsche Sprache Peter Hartz so kreative Wortschöpfungen wie «Jobfloater», «Ich-AG» oder «Arbeitszeitkonten». Aber wenn der Manager redet, ist er seltsam steif. Er stockt, macht irritierende Pausen zwischen den Wörtern, baut

Satzteile aneinander wie Werkstücke, gerät auf holprige Umwege und sagt dann endlich: «Entsprechend dem Orientierungsrahmen Bonus 2003 für 2002 ... vom 18. September 2006 entspricht die Gehaltsgruppierung einer Führungskraft der Gehaltsgruppen 31–34.» Hartz sieht nicht nur so grau aus wie der pensionierte Schalterbeamte von nebenan, er spricht auch so. Die in der VW-Affäre ermittelnden Braunschweiger Strafverfolger jedenfalls, die ihn noch nie erlebt hatten, staunten, wie viele Anläufe der im Sommer 2005 bei VW ausgeschiedene Personalvorstand benötigte, um einen einfachen Sachverhalt zu erklären.

Das führt zu der naheliegenden Frage, ob der angeblich größte Arbeitsmarktreformer der vergangenen Jahrzehnte, der Träger vieler Auszeichnungen, der Held der Arbeit, der Wohltäter des Saarlandes, dessen Name mit dem Umbau des deutschen Sozialstaates verbunden wird, der Mann, der im VW-Vorstand ganz nebenher auch noch für das Lateinamerika-Geschäft verantwortlich war und der Deutschland 2002 im Französischen Dom zu Berlin nicht weniger als dreizehn «Innovationsmodule» zur Arbeitsmarktreform bescherte, tatsächlich eine so überragende Figur ist, als die er sich gern darstellt.

Die Rotlicht-Geschichten, die mit seinem Namen auch verknüpft sind, weisen jedenfalls in eine andere Richtung. Etwas verschraubt hat Hartz seine Eskapaden einmal als «konkrete Ereignisse auf den Reisen» umschrieben, was der Hamburger Johann Schwenn, der den früheren VW-Betriebsratschef Klaus Volkert in der Affäre anwaltlich betreut, verständlicher mit «Gelegenheit zum Geschlechtsverkehr mit Prostituierten auf Firmenkosten» übersetzt.

Der doppelte Hartz: einerseits ein gewerkschaftlicher Schwarmgeist, der aus Betriebsräten «Co-Manager» und aus Firmen «atmende Unternehmen» machen wollte, andererseits ein Gaukler, der aus Co-Managern Kumpane machte, während die Firma sich in einen stinkenden Pfuhl verwandelte. Vielleicht haben wir es bei

Hartz mit einer jener gespaltenen Persönlichkeiten zu tun, die in der vorgeblichen Machtelite gar nicht so selten anzutreffen sind und vor allem durch ihren Glauben an die eigene Bedeutung und durch Statussymbole zusammengehalten werden.

Sie predigen Essig oder Wasser, um sich selbst am Wein schadlos halten zu können. Wie die Gier alle Sinne betäuben kann, zeigt der Fall VW – und wie die Wirklichkeit manchmal jeden Roman, jedes Theaterstück, jeden Film übertreffen kann, zeigen die Biographien von Hartz und seines einst wichtigsten Helfers Helmuth Schuster, die in diesem Kapitel zumindest in Umrissen skizziert werden.

Zunächst Hartz: Im Herbst 2005 teilte er dem Wochenblatt *Die Zeit* seinen Wunschtraum mit. Der Bundespräsident ruft ihn an, und Hartz schlägt dem Staatsoberhaupt vor, ihn und andere Angehörige der «Macht-Eliten dieses Landes» einzuladen, um den Arbeitslosen zu helfen. Hartz phantasiert: «Und es träumt mir, ich sei Alleinherrscher, ein wunderbarer, sympathischer, liebevoller Alleinherrscher, wie ihn die Weltgeschichte bisher noch nicht gekannt hat und der für sein Volk das Beste will.» Innerhalb eines Jahres werde er die Arbeitslosigkeit beseitigen oder bei Nichterreichen des Ziels sterben.

Man muss kein Moralisierer sein, um sich angesichts dieser Wahnvorstellung nach der Askese eines selbstlosen Mitarbeiters im Apparat zu sehnen. «Du sollst dich vor niemandem bücken», hat der legendäre Metallarbeiterführer Willi Bleicher (1907–1981) den Leuten einst zugerufen. Einen wie ihn findet man heute nicht mehr. Selbst wenn Bleicher stammelte, hatte er Aura: «Man wird irgendwo wund, wund, wund.» Und wonach sehnt sich der selbstgefällige Hartz? Am Ende des fiebrigen Traums will der Mann, der mit fünfzehn Jahren IG-Metall-Mitglied wurde, «Zauberer» sein.

Wen oder was würde er wegzaubern? Den Namen Hartz IV ganz sicher, denn die mit seinem Namen versehene Reform hat ihm Ärger eingebracht, und er findet ihre Umsetzung völlig misslungen.

Einmal gab es sogar eine Attacke von Hartz-IV-Gegnern auf sein Haus in Wolfsburg. «Es war eine Gruppe aus Magdeburg, die diesen Anschlag organisiert hat», erinnerte sich Hartz. Dabei hatte es so schön begonnen. «Hartz eins zu eins umsetzen», hatte der ehemalige Kanzler Gerhard Schröder 2002 empfohlen. Das war, wie sich später herausstellte, eine Drohung. Es gab in der Wirtschaftsgeschichte viele Skandale und viele tiefe Stürze. Aber Hartz ist von ganz oben abgestürzt.

Altkanzler Gerhard Schröder, der ein Duzfreund von Hartz ist, mag zur VW-Affäre «nichts sagen». Dass er den damaligen VW-Personalvorstand 2002 gern ins Kabinett geholt hätte, weil dieser «die persönlichen und fachlichen Fähigkeiten dafür hatte», sagt er dann doch. «Aber ich wusste, der wollte bei VW bleiben.»

Hartz hat den VW-Aufsichtsratschef Ferdinand Piëch und den damaligen VW-Vorstandschef Bernd Pischetsrieder im Jahr 2002 gefragt, was sie von seiner Beteiligung an der Reform des Arbeitsmarktes hielten. Ein paar Minuten zuvor hatte ihn der Kanzler angerufen und laut Hartz gesagt: «Hör mal, ich gehe um elf Uhr zu einer Pressekonferenz und verkünde, dass wir jetzt am Arbeitsmarkt aktiv werden. Ich werde der Presse mitteilen, dass wir eine Kommission für Dienstleistungen am Arbeitsmarkt einsetzen, und dich als Vorsitzenden ankündigen.» Pischetsrieder und vor allem Piëch rieten ab. «Erzielt die Kommission Erfolge, sind es die von Schröder. Scheitern die Reformen, werden es Ihre Misserfolge sein», warnte Piëch. Hartz machte es trotzdem.

Zum Verständnis des Falles kann ein bisschen Heimatkunde nicht schaden. Hartz ist Saarländer. Bewohner dieses Grenzgebiets zeichnet oft ein eigenständiges Lebensgefühl aus, das von einer Mischung aus Pragmatismus und Schlitzohrigkeit geprägt wird. Auch haben sie nicht selten den Minderwertigkeitskomplex, es «denen im Reich» zeigen zu müssen.

Hartz, 1941 als jüngster von drei Brüdern geboren, stammt aus kleinen Verhältnissen. Sein Vater war erst Hüttenarbeiter, erkrankte dann schwer und malochte schließlich als Hilfsarbeiter; die Mutter arbeitete als Tagelöhnerin bei einem Bauern. «Meine Herkunft habe ich nie vergessen», hat Hartz später gesagt. «Ich habe in jedem Arbeiter immer meinen Vater gesehen.» Solche Herkunft spornt oft an. Hartz besuchte ein Jahr das Abendgymnasium, wechselte dann, ohne das Abitur gemacht zu haben, zur Fachhochschule nach Saarbrücken und wurde Diplom-Betriebswirt. Status und Beachtung können bei so einer Biographie sehr wichtig werden. Hartz jedenfalls birst vor Eitelkeit. Die Trierer Universität und die Universität in Córdoba haben ihm Ehrendoktortitel verliehen, Ministerpräsident Peter Müller (CDU) ehrte ihn wegen seiner Verdienste um die Wirtschaft, «insbesondere für die Entwicklung innovativer Instrumente der Personalpolitik», mit dem Professorentitel. Die Tongij-Universität in China ernannte ihn zum Advisory Professor, was übersetzt «beratender Professor» heißt, und die Jilin-Universität im chinesischen Changchun gab ihm den Titel Consult Professor (was dasselbe bedeutet). Vertraute von ihm sagen, Hartz habe nach der Jahrtausendwende ernsthaft geglaubt, das Zeug zum Bundespräsidenten zu haben.

«Professor Dr. h.c. Peter Hartz GmbH & Co KG: Beratungsgesellschaft für Neugründungen» heißt die Firma, die Hartz nach seinem Ausscheiden bei VW gründete. (Auch der alte Porsche schmückte den Firmennamen mit seinen Titeln.) Die Beratungsgesellschaft hat ihren Sitz in einem Saarbrücker Gewerbegebiet. Hartz hat viele Gegner und auch richtige Feinde: «Hartz hat eine neue Firma gegründet und macht Unternehmensberatung. Controlling. Wir sollten ihn im Auge behalten. Und natürlich alle, die mit ihm Geschäfte machen», schrieb am 27. Juli 2006 eine «Ricarda» an die Leser der Internetplattform mobbing-zentrale.com.

Die Welt des Peter Hartz ist ziemlich überschaubar geworden. Er lebt zurückgezogen mit der Ehefrau in seinem lothringischen

Bauernhaus auf einem Hügel in Rehlingen-Siersburg, und sogar die Pferde sind umgezogen. Der Dressurreiter hat sie nebenan auf einem gepachteten Kirchengrundstück untergebracht. Mit öffentlichen Auftritten hält er sich zurück. «Ich bin zum Buhmann geworden», sagte er der Autorin Inge Kloepfer, als die Journalistin ihn für das Buch «Macht und Ohnmacht» befragte. Hartz sieht sich als Opfer von «Rufmord».

Nach Wolfsburg war er überraschend gekommen. Bei VW war im Juni 1993 der Arbeitsdirektor Alexander Kowling im Alter von 52 Jahren gestorben, und der damalige Betriebsratschef Klaus Volkert hatte eine Idee: Er empfahl, den Neuen im Kreis der Arbeitsdirektoren der Montanindustrie zu suchen. Deren Sprecher war Hartz, damals ebenfalls 52 Jahre alt. Als Arbeitsdirektor in den Stahlküchen an der Saar hatte der Sozialdemokrat und Metallgewerkschafter, dessen Bruder Kurt SPD-Landtagsabgeordneter und Bevollmächtigter der IG Metall war, in den achtziger Jahren mit Hilfe einer Stahlstiftung verhindert, dass an der Saar Tausende Malocher wegrationalisiert wurden. Davon schwärmen die Alten in Dillingen und Umgebung noch heute.

VW-Patriarch Piëch flog an die Saar und sprach mit Hartz: «Sie müssen alles mal zehn nehmen: die Probleme, die Belegschaftszahlen, oder vielleicht auch manchmal mal zwanzig, leider auch den Personalabbau.» Hartz zauderte. Wolfsburg war nicht die Stadt seiner Träume. Einen bereits mit Piëch und anderen Vorstandsmitgliedern verabredeten Termin wollte er noch kurzfristig absagen. Piëchs Frau Ursula, die sehr gewinnend sein kann, hat ihn dann doch überredet, mit seiner Frau einmal vorbeizuschauen. Hartz kam und brachte seine Frau mit. «Wir kümmerten uns sehr um die neuen Gäste», beschrieb Piëch später das Treffen, «und ich reichte Hartz dann zu den Vorstandskollegen durch. Der Letzte» sei der damalige Einkaufschef Ignacio López gewesen, «der kraft seiner

Begeisterung dann wahrscheinlich den Ausschlag gegeben hat. López konnte Hartz das Außerordentliche der Situation klarmachen – und dass es ganz sicher kein langweiliger Job sein würde. Es musste etwas Großes passieren.»

Im Oktober 1993 fing Hartz bei VW an, und er legte Wert darauf, dass er in der Nähe von Vorstandschef Piëch platziert wurde. Fortan residierten der Kollege Metaller und der Milliardär fast Tür an Tür in der obersten Etage des Stammhauses zu Wolfsburg, und sie verstanden sich prächtig. «Er hatte vom ersten Tag an eine klare Idee, wie es gehen könnte», behauptet Piëch, «und es war phantastisch, wie recht er hatte.» Die Lage war nicht rosig. Der Konzern steckte tief in den roten Zahlen. Eine Beschäftigungsanalyse für die sechs deutschen Werke hatte ergeben, dass es bis Ende 1995 einen Personalüberhang von rund 31 000 Mitarbeitern gab. Piëch forderte «eine neue Zumutbarkeit, Verschieben von Grenzlinien und Tabuschranken».

Hartz kreierte – ähnlich wie im Saarland – eine innovative Personalpolitik: Arbeitszeitmodelle wie die Vier-Tage-Woche ohne vollen Lohnausgleich oder das Projekt 5000 mal 5000, bei dem Arbeitslose unter Tariflohn eingestellt wurden. Wenn es um die Bekämpfung der Arbeitslosigkeit ging, hatte er ein messianisches Sendungs- und fast bleichersches Pflichtbewusstsein. Allerdings lagen bereits Modelle des früheren VW-Personalvorstands Karl-Heinz Briam vor, der zehn Jahre zuvor mit seinen Mitarbeitern versucht hatte, über Änderungen an der Arbeitszeit Massenentlassungen zu verhindern. Er hat Briams Modelle ganz bestimmt nicht abgekupfert, aber er ist auch nicht gerade ein Genie gewesen.

Bei näherem Hinsehen gab es zwischen Wolfsburg und dem Saarland ein paar Ähnlichkeiten. «Die saarländische Ausgewogenheit ist quasi die Harmonie der nicht ausgetragenen Widersprüche», hat der Schriftsteller Ludwig Harig einmal über seine Heimat gesagt. Das galt auch für VW, wo sich Betriebsrat und Kapital miteinander arrangierten und der Staat beiden die Hand hielt. Und wie schon im Saarland verstand es Hartz auch in Wolfsburg, Leute an seine Seite zu holen, die Ideen hatten, fleißig waren und ihm, mit Blick auf ihre weitere Karriere, den Ruhm nicht streitig machten.

Einer dieser Mitarbeiter war Helmuth Schuster, Jahrgang 1955, ein kreativer Kopf, der eine gehobene Hamburger SPD-Karriere absolviert hatte. In die Partei trat er schon mit sechzehn Jahren ein. Er war Schulsprecher, Herausgeber einer Hamburger Schülerzeitung und Mitglied der Hamburger Schülerkammer. Im Alter von neunzehn Jahren lernte er Gerhard Schröder kennen. Er studierte Volkswirtschaft und Soziologie, war in den Fachschaften engagiert und arbeitete als Geschäftsführer der Sozialdemokratischen Hochschulgruppen aller Hamburger Hochschulen. Nach seinen Abschlüssen als Diplom-Volkswirt und Diplom-Soziologe wurde Schuster Lehrbeauftragter, und für seine später im Westdeutschen Verlag erschienene, 644 Seiten starke, lesenswerte Doktorarbeit über «Industrie und Sozialwissenschaften» bekam er die Auszeichnung «summa cum laude».

Er arbeitete bei der Hoechst AG in Frankfurt als Assistent des damaligen Aufsichtsratsvorsitzenden, kümmerte sich für die Chemiefirma um internationale Kirchenangelegenheiten, lernte dabei sogar den Papst kennen und fing dann im Juni 1991 als Seiteneinsteiger bei VW im Bereich Personalpolitik an. Mit nur 38 Jahren übernahm er die Gesamtverantwortung für das internationale Personalwesen; in die IG Metall, der damals mehr als 90 Prozent der Belegschaft angehörten, trat er nicht ein.

Als Hartz mit Unterstützung der IG Metall im Herbst 1993 nach Wolfsburg kam, weilte Schuster in Spanien als Mitglied eines Teams, das die VW-Tochter Seat sanieren sollte. «Zu Weihnachten 1993 hat mich Hartz überrascht, als er sagte, Mensch, jetzt müssen wir was zur Vier-Tage-Woche machen», erinnert sich Schuster. Bei VW wurde die Vier-Tage-Woche (28,8 Stunden statt 36 Stunden) bei einem Einkommensverzicht von 14 bis 16 Prozent tatsächlich eingeführt, außerdem wurden fünftausend Teilzeitverträge mit zwanzig Arbeitsstunden pro Woche verabredet. An diesen Plänen hatte Schuster ziemlichen Anteil, wie auch sonst an den Hartz zugerechneten Werken.

Ein paar Monate nach dem Amtsantritt des Saarländers erschien ein 196 Seiten dickes Buch mit dem Titel «Jeder Arbeitsplatz hat ein Gesicht – Die Volkswagen-Lösung». Auf dem Cover steht der Name Peter Hartz, erst auf Seite vier findet sich der Hinweis auf die Redaktion: «Helmuth Schuster, Wolfsburg». Im Lauf der Jahre sind zwei weitere Bücher von Hartz erschienen: «Das atmende Unternehmen – Jeder Arbeitsplatz hat einen Kunden» (1996) und «Job Revolution – Wie wir neue Arbeitsplätze gewinnen können» (2001). Ziemlich versteckt findet sich auch in diesen Büchern der Hinweis auf die «Redaktion»: Schuster.

Hartz legte viel Wert auf Formen und Etikette. Schuster hingegen war sehr salopp. Bei Sitzungen erschien er gelegentlich zu spät, und häufig war er unpassend gekleidet, aber ihm eilte der Ruf voraus, sehr schöpferisch zu sein. Anders als Hartz sprach er viele Fremdsprachen, anders als Hartz war er überall einsetzbar. «Immer, wenn es irgendwo riesige Umstrukturierungen gab, Streiks ausbrachen, schwierige Verhandlungen bei Produktionsstillständen gab oder Tarifverträge neu zu verhandeln waren», sei er gerufen worden, sagt Schuster. Anfang 2001 wurde er Personalvorstand bei der VW-Tochter Škoda, war VW-Beauftragter für Indien und hatte, bevor der Skandal aufflog, beste Chancen auf den Škoda-Vorstandsvorsitz oder die Nachfolge von Hartz in Wolfsburg. Tschechisch hatte er inzwischen auch gelernt.

Zum Verhängnis wurde ihm, dass er auf der Suche nach dem absoluten Kick alle Konventionen hatte fahren lassen. Er fand immer mehr Spaß an der Machowelt, fuhr den bereits erwähnten Lamborghini mit 650 PS. Etwa zweitausend dieser Autos werden jährlich gekauft, die Kunden sind Männer: Unternehmer, Selfmademen, Investmentbanker, Sportstars, Schauspieler und auch Angeber mit Hang ins Rotlichtmilieu.

Schuster hatte eine Freundin in Prag, eine in Wolfsburg, und daheim saß die Ehefrau mit zwei Söhnen und war sauer. Es gab Streitereien, er tat sich wichtig, tauchte daheim nur kurz auf, war dafür in Tschechien, wo er eine Berühmtheit geworden war, mit einer mit ihm verbandelten Schönheitskönigin in der Klatschpresse zu sehen. Sein Leben war so verlogen wie das der anderen Lustreisenden, die sich wie er die Sex-Ausflüge von VW bezahlen ließen.

Es gibt eine sehr skurrile Geschichte aus dem Jahr 2002. Schuster war Studiogast in der SWR-Sendung «Nachtcafé» mit dem Thema «Diagnose: Mann». Schuster trat als der Mustermann auf, der Job und Familie miteinander vereinbaren konnte. Kein Problem, wenn man sich Zeit nehme und mit sich im Reinen sei. Zu diesem Zeitpunkt tobte daheim schon der Ehekrieg. Sie ließ Schlösser auswechseln, wollte die Scheidung, und er mimte im Fernsehen den fürsorglichen Ehemann und guten Vater. Früher sei er auch mit Gleichgesinnten zu den Demonstrationen am Internationalen Frauentag gegangen. Er habe offensichtlich einen Feministen eingeladen, freute sich der Moderator.

2004 setzte sich der Sicherheitsdienst von VW auf Schusters Spur, um sein Privatleben auszukundschaften. Die betriebsinterne Revision war darüber gestolpert, dass Schuster Gelder des VW-Pensionsfonds, der mit 1,6 Milliarden Euro gefüllt war, im Ausland anlegen wollte, und die Umstände waren dubios. Hartz nahm den Vorgang zu den Akten. Piëch wurde ebenfalls informiert; er fand Schusters Vorgehen sonderbar. Sein Verhältnis zu Schuster war nicht frei von Spannungen. Anfang der neunziger Jahre, damals war Piëch noch bei Audi, hatte der damalige VW-Personalvorstand Posth eine Weisung erteilt, die Piëch unverschämt fand. Schuster hatte das Dekret mit verfasst, und Piëch wusste das. Er hatte zwar dafür gesorgt, dass der damalige VW-Vorstandsvorsitzende Carl Hahn das Papier zurückzog, aber mit Schuster hatte er noch eine Rechnung offen. Posth hatte den Konzern schon 1996 verlassen.

Mitte Juni 2005 kam es dann zum Knall. Die Revision der Düsseldorfer Commerzbank hatte, wie an anderer Stelle schon beschrieben, bei einem auffällig gewordenen Banker einen höchst dubiosen Anlage- und Managementvertrag entdeckt. Aus einem Papier, das im Oktober 2004 bei einem Schweizer Notar hinterlegt werden sollte, ging hervor, dass die VW-Manager Gebauer und Schuster mit Hilfe von zwei Finanzfachleuten Tarnfirmen errichten wollten, die in Angola, Indien und Prag heimlich Geschäfte mit VW machen sollten. Geplant war, die Projekte über Firmen abzuwickeln, an denen Schuster und Gebauer indirekt beteiligt waren. Die Nettoerlöse sollten auf verwinkelten Wegen ins Ausland abfließen. Auch an Geschäfte mit der Pensionskasse war gedacht. Eine schweizerische Firmengruppe werde versuchen, den beiden Automanagern «jeweils eine schweizerische Aufenthaltsgenehmigung» zu verschaffen. Die Projekte befanden sich noch im Anfangsstadium, aber die Commerzbank hatte VW informiert, und die Wolfsburger schalteten die Staatsanwaltschaft ein. Gebauer und Schuster wurden fristlos entlassen.

Hartz hatte sofort vorgeschlagen, den beiden VW-Managern zu kündigen, obwohl er wusste, «dass Gebauer durch seine Funktion viele persönliche Dinge von vielen wusste». Auch Volkert hielt heimlich Anteile an einer Firma, die in Planung war und sich um das Projekt eines Automobilforums in Prag kümmern sollte.

Die VW-Affäre wurde öffentlich. Schuster, der inzwischen geschieden ist, irrlichtert seitdem durch die Welt. Er kann sich, anders als Hartz, nicht mehr auf den Schutz und die Fürsorge von VW verlassen. Die 400 000 Euro, die ihm aus einem Aktienoptionsprogramm zustehen, hat VW schnell eingefroren. Zeitweise drohte er ins Bodenlose abzustürzen. VW möchte an «meinem Ex-Mann ein Exempel statuieren», sagte seine Ex-Frau einer Reporterin von *Emma*. Da seien «Mächte im Spiel, hervorgegangen aus jahrzehntelangen Verbindungen, die für einen normalen Menschen schwer nachzuvollziehen» seien.

Im VW-Verfahren ist Gebauer, von dem gleich noch die Rede sein wird, seinem Anwalt Wolfgang Kubicki mit der Frage auf die Nerven gefallen, wie denn der Stand der Dinge sei. Kubicki wählte sehr drastische Begriffe, damit Gebauer ihn verstand. Als das Verfahren gegen Hartz eingeleitet wurde, sagte Kubicki: «Jetzt ist Stalingrad.» Als Hartz ein Quasi-Geständnis ablegte, meinte der Kieler Anwalt: «Stellen Sie sich vor, es ist 1945, Führerhauptquartier. Der Führer hat sich umgebracht.» Natürlich wollte Kubicki den Saarländer nicht mit Hitler vergleichen, doch Gebauer verstand: Hartz, für ihn der Inbegriff der Allmacht, war auch nur ein Mensch.

«Menschlich» habe Hartz den Abgang nicht verdient, denn dieser habe «für VW wirklich viel geleistet», sagte Piëch, als Hartz 2005 gekündigt hatte. Alles sei ganz «tragisch». Über Schuster verlor er öffentlich kein Wort.

«Gebauer, wo bleiben die Weiber?»

Hilflos steht Klaus-Joachim Gebauer im Kieler Hauptbahnhof vor einem Fahrkartenautomaten: «Wie löst man ein Ticket?» Reisen im Dienstwagen oder im Firmenjet – das war viele Jahre seine Welt. Jetzt ist der 62-Jährige zweiter Klasse mit der Bahn unterwegs, und nicht nur dieser Wechsel des Verkehrsmittels lässt ahnen, dass der frühere VW-Personalmanager ziemlich weit unten angelangt ist, knapp vor Hartz IV. Die meisten früheren Kollegen behandeln ihn, als hätte er die Kleiderläuse oder eine ansteckende Krankheit.

Gebauers Welt war zwar schon vorher eigentlich porös und verlogen, doch nach außen strahlend und vor allem sehr exklusiv und fein. Als Bindeglied zwischen Vorstand und Betriebsrat in Europas größtem Autokonzern organisierte der VW-Personalmanager, von drei Sekretärinnen und zwei Fachreferenten unterstützt, die Treffen des Gesamtbetriebsrats. Er war Diener der Herren Arbeitnehmervertreter, die angeblich unermüdlich Arbeit für das Wohl der Belegschaft leisteten. Gebauer veranstaltete Luxusreisen, organisierte Luxusfrauen und buchte Luxusabsteigen – und alles natürlich auf Firmenkosten.

Die Gewerkschafter wollten immer nur das Beste. Der VW-Gesamtbetriebsrat hatte eine Art heimliches Paradies aller Spesenritter geschaffen: Brüder, zur Wonne, zur Sause. Rio, Prag, Dubai, Lissabon – und Gebauer hat, wie er sagt, «die Menüs zusammengestellt». Die Kollegen trugen das Feldzeichen hoher moralischer Werte vor sich her und wetterten gegen die Auswüchse des globalen Kapitalismus. Intern aber brauste das gute Leben.

Vor allem kümmerte sich Gebauer um das Wohl des früheren VW-Betriebsratschefs Klaus Volkert, der zu den mächtigsten deutschen Arbeitnehmervertretern zählte. Er war Betriebsratschef des Werks Wolfsburg, Chef des Betriebsrats in ganz Deutschland, Chef des Europabetriebsrats sowie des Weltkonzernbetriebsrats. Der Konzernbetriebsrat hat weltweit mehr als 850 Mitglieder und Mitarbeiter, die allesamt freigestellt sind. Volkert gehörte außerdem zum Aufsichtsrat und saß im Präsidium dieses Gremiums.

Im Vergleich dazu war Gebauer ein Niemand. Er sei nur «ein Kammerdiener, Kofferdiener, was Sie wollen», gewesen, hat der Manager seine Rolle umschrieben, ein «nützlicher Idiot». Aber ist das eine zutreffende Stellenbeschreibung? Er war sich, zeitweise zumindest, sehr nützlich. Und ist in den Augen der Gesellschaft derjenige, der auf seinen Vorteil aus ist, wirklich ein Idiot?

Gebauer war für vergleichsweise kleines Geld und große Spesen käuflich. Als er im Juni 2005 fristlos entlassen wurde, verdiente er bei VW monatlich 3446,68 Euro netto. Volkert, der im Juli 2005 von seinem Posten als Betriebsratsvorsitzender zurücktrat, erreichte – inklusive heimlicher Sonderboni – in manchen Jahren fast 700 000 Euro brutto. Das entsprach ungefähr dem Salär eines Markenvorstands. Kein anderer deutscher Arbeitnehmervertreter kam an solche Bezüge heran.

Zwei deutsche Lebensläufe aus der Arbeitswelt: Kollege Lakai und Kollege Boss. Nur vor Gericht waren dann beide gleich. Im November 2007 mussten sie sich vor der 6. Großen Strafkammer des Landgerichts Braunschweig verantworten. Die Staatsanwaltschaft warf Volkert Anstiftung zur Untreue vor. Auch habe ihn der frühere VW-Personalvorstand Peter Hartz als Betriebsrat und Gesamtbetriebsrat «um seiner Tätigkeit willen» begünstigt. Übersetzt heißt das: Der bestbezahlte deutsche Betriebsrat war gekauft. Volkert sollte VW einen Gesamtschaden von 2 637 696,16 Euro zugefügt haben: Er erhielt Sonderboni in Höhe von knapp zwei Millionen Euro. Durch sogenannte nichtdienstliche Veranstaltungen, zu denen Volkert angestiftet habe, sei VW ein Schaden in Höhe von weiteren 290 000 Euro entstanden. Die Anklage legte ihm außerdem Zahlungen des Konzerns für seine ehemalige Geliebte in Höhe von 399 000 Euro zur Last. Gebauer wurde vor allem Untreue vorgeworfen. In seinem Fall betrug der von den Ermittlern angenommene Schaden rund 1,3 Millionen Euro.

Die Dimension des Falles ging über die Bordellgeschichten weit hinaus: Die zentrale Frage lautete, ob Betriebsräte des größten europäischen Autokonzerns käuflich waren. Warum stimmten die Arbeitnehmer Milliarden-Investitionen in Luxusmodelle wie Lamborghini, Bentley und Bugatti zu? Hielten sie dem Tüftler Ferdinand Piëch den Rücken frei, damit dieser seiner Lust am Autobau ungehemmt nachgehen und etwa den Phaeton entwickeln konnte? Vertraten sie die Interessen der Belegschaft, oder konnten sie dem

Management, das vor allem Volkert gut versorgt hatte, nicht mehr widersprechen?

Die Geschichte beginnt in den siebziger Jahren. Der studierte Volkswirt Gebauer hat 1973 als Fachreferent bei VW angefangen. Er war für ein paar Monate Vorstandsassistent und konnte auf eine Karriere hoffen. Dann verschwand sein Vorstand, und Gebauer fand sich nach einem Abstecher in die Einkaufsabteilung im Personalressort wieder. Mitte der neunziger Jahre sollte er Geschäftsführer und Mitglied im Management werden.

Doch selbst sein kleiner Aufstieg war nicht unumstritten. Bei VW gab es damals die sogenannte 360-Grad-Befragung. Bei jedem, der ins Management befördert werden sollte, wurde das Umfeld ausgeleuchtet, und einige Kollegen lehnten Gebauer wegen angeblicher charakterlicher Mängel ab. Trotz der zugesicherten Anonymität mussten sie sich anschließend bei den Oberen dafür rechtfertigen. Gebauer hatte einflussreiche Gönner.

Volkert ist ein Kind der Arbeiterklasse. Sein Vater arbeitete als Schriftsetzer bei der *Braunschweiger Zeitung*. Der Sohn, geboren 1942, erlernte den Beruf des Schmieds und fing 1969 als Mechaniker bei VW an. Ein Jahr später schon war er im Konzern Vertrauensmann der IG Metall, der mitgliederstärksten und reichsten Einzelgewerkschaft der Welt. Bereits 1978 wurde er in den Betriebsrat von VW gewählt. Er galt als Mann der Basis, nicht als Theoretiker.

Aus dem Jahr 1984 ist ein Aufsatz überliefert, den Volkert und zwei seiner Kollegen geschrieben hatten und der in der SPD-nahen Zeitschrift *Die neue Gesellschaft* erschien. Das Thema des Heftes lautete «Arbeit und Arbeitszeitverkürzung». Der große Jesuit Oswald von Nell-Breuning ist in der Ausgabe mit einem Opus über «Die Enzyklika Laborem exercens und ihre Bedeutung für die Arbeitswelt» vertreten, der Theoretiker Karl Kautsky mit «Die Krise des Kapitalismus und die Verkürzung der Arbeitszeit». Verglichen damit, ist der Beitrag der VW-Kollegen ungewöhnlich schlicht: «Qualitätszirkel, Werkstattkreise, Aktionskreise». Beschrieben wird, wie die Beschäftigten in den Fertigungsbereichen auf Anregung des Managements in «Werkstattkreisen» über allgemeine Probleme wie «Fehler und ihre Auswirkungen», «Anlernvorgang», «Kommunikation und Information» sowie «Einbeziehung der Mitarbeiter in das betriebliche Geschehen» diskutierten. Das Management gehe erstaunlicherweise auf die Vorschläge der Arbeiter in den Werkstattkreisen rasch ein. «Werden Vertrauensleute und Betriebsrat ausgeschaltet?», fragen die Autoren.

Volkert wollte nicht abseitsstehen, nicht ausgeschaltet werden, sondern dabei sein, dazugehören, Einfluss nehmen. Er war kein verhinderter Revolutionär, aber, damals zumindest noch, ein sehr gerader Mann. Ein Organisationstalent, aber keiner, auf den sich zunächst alle Augen richteten, wenn er den Raum betrat. Kein Riese von Gestalt, kein Zwerg. Wenn die Ex-Kollegen von ihm erzählen, wird einer sichtbar, der sich durch Arbeit unentbehrlich machte. Man hat andere Arbeiterführer in Tarifverhandlungen weinen, auf Streikversammlungen wüten sehen. Zu Volkert passte das nicht. Er war sehr systembezogen und bei genauerem Hinsehen auch schon früh ein bisschen selbstgefällig.

Mit Fleiß und Zähigkeit hat er bei VW Karriere gemacht, nachdem er 1990 Gesamtbetriebsratschef geworden war. Er sprach von «meiner Fabrik», wenn es um das Werk Wolfsburg ging, und hängte in sein Büro ein Foto, das mehrere tausend VW-Arbeiter zeigte, die in der Fabrikhalle aufmarschiert waren – Volkerts Armee. In Betriebsräten gibt es wie in der sonstigen Managementwelt zwei Grundtypen: X und Y. Typ X sind die mit Mumm in den Knochen, Typ Y die Waschlappen. Es kommt darauf an, die richtige Mischung zu finden. Volkert war natürlich ein X-Typ, der geborene Anführer. Angstfrei konnte er vor 20 000 Kollegen reden, selbst wenn er die

Einführung der Vier-Tage-Woche bei VW oder Entlassungen begründete. Das traut sich längst nicht jeder.

Im Jahr 2000 wurde ihm das Verdienstkreuz am Bande des Niedersächsischen Verdienstordens verliehen. Er war ein Duzfreund des Kanzlers, der ihn im März desselben Jahres anlässlich der «50. Jahrestagung Arbeitsgemeinschaft Partnerschaft in der Wirtschaft – Mitarbeiterbeteiligung – Aufbruch in das Dritte Jahrtausend» ausdrücklich als den «lieben Klaus Volkert» begrüßte. 2001 wurde Volkert vom damaligen Bundespräsidenten Johannes Rau in Berlin mit dem Verdienstorden der Bundesrepublik Deutschland ausgezeichnet, weil er die «Interessen der rund 325 000 Volkswagen-Arbeitnehmer an den 44 Standorten des Konzerns in aller Welt kreativ und unkonventionell» vertrete. Die Technische Universität Braunschweig ernannte ihn zum Ehrendoktor.

Volkert war sich seiner Macht bewusst, und manchmal demonstrierte er sie. Als ihm 1993 der damals neue Einkaufschef Ignacio López seine Aufwartung machte, wies er den Basken darauf hin, dass auf den Platz vor dem Verwaltungsgebäude bei VW 20 000 Leute passten, und wenn die alle den Namen López riefen, sei er weg. «Als Herr López zu uns ins Werk kam», erzählte Volkert im Februar 2006 den Ermittlern, «hat er mehrere junge Leute, ich nenne sie mal Youngster-Manager, mitgebracht, die sofort erheblich mehr verdient haben als unsere alteingesessenen Manager. Ich habe hier interveniert.» Peter Hartz habe dann «versucht, mir mit einer erhöhten Bonusleistung entgegenzukommen». Das ist die vergleichsweise nette Variante der Geschichte.

Die weniger nette lautet so: Volkert, der alles wusste, könnte erfahren haben, dass López in großem Stil bei General Motors Unterlagen eingesteckt und nach Wolfsburg gebracht hatte. Nach einem entsprechenden Gespräch mit VW-Oberen könnte er fortan eine Art Schweigegeld bekommen haben. Diese Pointe der Geschichte hat den Vorteil, eine Erklärung für Abläufe zu liefern, die bei anderer Betrachtung wenig Sinn ergeben. Sie hat den Nachteil, dass alle befragten Akteure die These nicht bestätigen oder sogar als unsinnig verwerfen. Also nur eine Spekulation – mehr nicht.

Über Regeln, Anstand und die in der Gesellschaft geltenden Kodizes gibt es sehr unterschiedliche Ansichten, aber dass Volkerts Gehalt mit den Konventionen der europäischen Arbeiterbewegung nur schwer in Einklang zu bringen ist, steht fest. Als er Vorsitzender des Betriebsrats wurde, lag sein Jahresgehalt noch bei 57 322 Euro. Zwölf Jahre später hatte es sich mehr als verzehnfacht, auf exakt 692 893 Euro. Von «stinkendem Geld» spricht die Braunschweiger Oberstaatsanwältin Hildegard Wolff, wenn die Rede auf Volkerts Salär kommt. Er winkt ab. Aus seiner Sicht hat er sich das Geld wie auch alle anderen Extras verdient. Er wollte auf «Augenhöhe» mit den Bossen sein, und das hieß für ihn «Macht» und eine «vernünftige Einkommensstruktur». Er durfte erster Klasse fliegen und hatte auf dem Braunschweiger Flugplatz einen speziellen Parkplatz unweit der Vorstände. Wenn er ein Flugzeug brauchte, buchte er einen Firmen-Jet oder charterte eine Maschine.

Über das wirkliche Leben bei VW ist von ihm wenig zu erfahren. Deshalb sind wir an dieser Stelle stärker auf Gebauers Berichte angewiesen. Dieser hat fünfmal mit Staatsanwälten und gelegentlich mit mir gesprochen. Seine Erzählungen verschaffen dankenswerterweise Einblicke in ein Milieu, das einem so merkwürdig vorkommen kann wie das der Kopfjäger im Großraum Melanesien. Das Stammesleben fällt durch eine starke hierarchische Differenzierung auf; gerade unter Duzkollegen gibt es offenbar große Kastenunterschiede. Volkert, das ist klar, war der Anführer. Wer dazugehören wollte, musste verlässlich sein, und eine servile Haltung schadete auch nicht.

Außenstehende fanden das System der Bestechungsgelder irritierend. Bei einer Vernehmung schilderte der erst 1991 zu VW gekommene Helmuth Schuster, der nicht der IG Metall angehörte, den Dialog mit einem Betriebsratsmitglied:

«Herr Schuster, also, wir finden alle, dass Sie ein netter Kerl sind, aber jetzt müssen wir Sie feuern.»

Schuster: «Wieso denn eigentlich, ich arbeite hier sehr engagiert.»

Betriebsrat: «Also, Sie bestehen immer auf Einzelabrechnungen. Sie schicken den Betriebsräten die Reisekostenabrechnungen ins Werk, das kann ja wohl nicht wahr sein. Da kommen ja Leute hinein in jedes Betriebsratsbüro, gucken und sehen dann, mein Gott, was sind die unterwegs. Und nicht jedem kann man erklären, wie das im Konzern alles zusammenhängt und was der Konzern machen muss, um international als Konzern auf den Weltmärkten zu bestehen.»

Schuster: «Ja, wieso, so ist die Reisekostenabrechnung.»

Betriebsrat: «Nein, es gibt hier eine klare Absprache zwischen dem Gesamtbetriebsrat und dem Vorstand, wie das zu laufen hat.» Schuster solle Gebauer beauftragen. Der wisse, was zu machen sei: Abrechnungen nur pauschal.

Es ist nicht mehr verlässlich zu klären, ob Volkert den Betriebsrat vorgeschickt hatte oder nicht. Sicher ist nur, dass der Betriebsratschef selbst sogenannte Vertrauensspesen erhielt und keine Rechnungen vorlegen musste.

«Heute sieht es manchmal so aus, als ob damals auf der einen Seite die netten Jungs saßen, die von nichts eine Ahnung hatten, und auf der anderen Seite diejenigen, die jetzt unter Wasser sind», kommentiert Schuster die VW-Affäre. Aber damals hätten sich die «guten Jungs» um Gute-Laune-Systeme bemüht. Der Vorstand sei «sehr bemüht» gewesen, Volkert und die anderen Kollegen zu pflegen.

Gebauer resümiert seine Erfahrungen mit der Attitüde eines Buchhalters: «Die Organisation insgesamt, sowohl auf dem normalen Gebiet als auch auf dem Gebiet der Versorgung mit Prostituierten, lief fünfzehn Jahre lang absolut ohne Beanstandung. Es gab also nie irgendetwas, was nicht funktionierte. Na gut, vielleicht fehlte mal eine Tasse oder so. Mehr aber nicht.» VW zahlte, die Belegschaftselite war zufrieden. Versorgung hat funktioniert, keine Beanstandung – lauter Begriffe aus der Warenwelt, die auf die Käuflichkeit von Individuen baut. In dieser verlogenen Welt hatte alles und vor allem jeder seinen Preis. Nur der Verlust des Anstands zählte nicht.

Sollte, könnte, müsste es nicht eine Moral der Arbeitnehmervertreter geben? Thomas Mann hat «den Leuten, die von unten kommen», einmal bissig vorgeworfen, sie seien «power und patzig». Heute sind gerade die am patzigsten, die nicht mehr power sind, sondern sich zur Elite zählen. Die Korruption breitet sich auch deshalb aus, weil diese Funktionselite zwar Moral predigt, aber nicht vorlebt. Im Einklang mit der allgemeinen Verhaltensmaxime strebten diese IG-Metaller, Hartz eingeschlossen, ihre persönliche Nutzenmaximierung an.

Natürlich gab es in der Welt der Kollegen oben und unten. Ganz oben war natürlich Peter Hartz, der sich intensiv für die Reiseziele des Welt- und des Europabetriebsrats interessierte. Das Ziel Brasilien gefiel allen, «weil es unter dem Kriterium der Beschaffung einfach ist», sagt Gebauer. Gebauer: «Da gibt es das ‹Café Foto›, einen der bekanntesten Clubs in São Paulo. Man geht rein, die Mädchen laufen da rum, die sprechen die Männer nicht an. Man kann sich eine aussuchen, man sagt: ‹Okay, wollen Sie oder willst du mit ins Hotel?› Ja/nein, und dann nimmt man die mit und fährt ins Hotel, und zurück fahren sie alleine.» Bei der Planung war VW do Brasil behilflich. Wenn Hartz dabei gewesen sei, «musste alles separiert» werden, damit die meisten anderen Betriebsrats-Ausflügler «eben nicht mitbekamen, was sich abspielte». Der frühere Personalvorstand Peter Hartz mag nicht darüber reden, wie er sich in dieses System einbinden ließ – das sei eine Privatangelegenheit.

Er hatte schon sehr exklusive Wünsche. Gebauer schildert eine Fahrt nach Lissabon. Hartz habe ihn gebeten, im Club «Elefante Branco» vorbeizuschauen: «Suchen Sie eine aus für mich.» Er, Gebauer, habe dann eine brasilianische Schönheit mitgebracht. «Bezahlt habe ich sie … Dieses Mädchen hat wohl so einen großen Eindruck auf ihn hinterlassen, dass er die unbedingt wieder haben wollte.» Als Hartz in Paris war, sei sie eingeflogen worden. Gebauer: «Ich habe ihr nochmals 1000 Euro gegeben.» Ob die Zahlen genau stimmen, ob Gebauer wirklich die Hurerei bezahlt hat, ist umstritten. Er habe sich nie auf VW-Kosten amüsiert, behauptet Hartz in seinem neuen Buch, aber Aussage steht gegen Aussage.

Volkert ist nicht so verschlossen wie ein Krokus, wenn es um die Lustreisen geht. Die Ermittler fragten den früheren Arbeitnehmervertreter, wer für ihn die Frauen bei der Sitzung des Weltpräsidiums 2001 in Mexiko bezahlt habe. «Ist bezahlt worden von mir. Das hat einmal stattgefunden». Schanghai? «Hat nicht stattgefunden.» Pamplona? «Habe ich nachgesehen, fällt mir beim besten Willen nicht ein.» Genf? «Hat so stattgefunden und ist nicht von mir bezahlt worden.» Informationsreise Indien? «Sind einige Frauen dabei gewesen. Für uns war das eine Hostessenbegleitung, wie wir sie bei anderen Veranstaltungen auch hatten, zu Gesellligkeit, Tänzchen und Kultur. Inwieweit irgendjemand die Mädchen mit aufs Zimmer genommen und mit ihnen geschlafen hat, weiß ich nicht. Da waren auch irgendwelche Schönheitsköniginnen, die hofiert wurden. Also: Da waren Frauen, das will ich nicht abstreiten. Eine indische Prostituierte habe ich so noch nicht kennengelernt. Jedenfalls waren die akkurat und wussten sich zu benehmen.»

Die Damen – etwa fünf oder sechs, die Angaben der Teilnehmer schwanken merkwürdigerweise – wussten sich so gut zu benehmen, dass man sie in Linienmaschinen dem Tross folgen ließ, damit sie abends einem ausgewählten Kreis von Betriebsräten zur Verfügung standen. Die Herren vom Gesamtbetriebsratsausschuss waren übrigens mit der großen Werksmaschine, einer umgebauten Boeing mit 36 Plätzen, nach Indien geflogen. Insgesamt soll die Reise knapp 400 000 Euro gekostet haben. Die Arbeitnehmervertreter, heißt es, wollten sich ein Bild von Indien machen.

Letzter Punkt: Prag, der Club «K5». «Ich kann mich erinnern, dass es einen entsprechenden Vorfall in jedem Fall gegeben hat. Es kann auch einen zweiten Fall gegeben haben, an dem ich eine Prostituierte in Anspruch genommen habe.» Generell gelte: «Herr Gebauer hatte organisiert, dass die entsprechende Anzahl von Prostituierten ins Hotel gekommen ist.»

Das ist die Sprache der Buchhalter, der Schrauber. Genuss, Wollust, Üppigkeit, Luxus sind Kategorien, zu denen sich der Arbeitnehmervertreter-Chef nicht öffentlich bekennen mag. Vom Verdacht des totalen Sybaritentums ist er ohnehin freizusprechen. Seiner Sphäre haftet bei genauerem Hinsehen und bei allem Protz cher etwas Kleinkariertes an. Auch Prunk kann furniert wirken.

Wenn Volkert Surf-Urlaub auf Fehmarn machte, schleppte Gebauer ihm Prostituierte an. Auf Volkerts Geheiß habe er, so Gebauer, außerdem in Braunschweig eine Wohnung anmieten müssen. Gemeinsam mit einer Sekretärin habe er sie ausgesucht. Allein die Renovierung hat rund 31 000 Euro gekostet. Volkert habe ihm vorher gesagt: «In so einen Kramladen kannst du Hartz nicht reinlassen.» Zwei Etagen habe die Wohnung gehabt: «Ich meine, dass die Wohnung drei- oder viermal jeweils von Volkert und Hartz benutzt wurde. Im Prinzip stand der Aufwand der Renovierung nicht im Verhältnis zur Nutzung. Aber das ist ja nicht mein Problem, wenn die das nicht nutzen.»

Die Geschichte mit Volkerts Freundin Adriana Barros zog sich deutlich länger hin. Die Dame arbeitete als Animateurin in einem Club in der Nähe von Rio und war Volkert aufgefallen. Er traute sich nicht, sie anzusprechen. Kurz vor der Abreise sah er sie wieder.

Gebauer erzählt: «Volkert war ganz aufgeregt. Da ist sie ja, sagte er. Ich habe ihm gesagt, er soll doch hingehen. Nee, hat er gesagt. Er traute sich nicht.» Also ist Gebauer zu ihr gegangen und bekam ihre Telefonnummer.

Im Mai 1998 wurde sie zu einer Betriebsratssitzung in Prag in Begleitung eines Personalmanagers von VW do Brasil eingeflogen, wohnte mit Volkert im Hotel «Pariz», und seitdem kamen sie fast sieben Jahre lang auf VW-Kosten immer wieder zusammen. Wie viele Treffen er zwischen Volkert und Barros organisiert habe, wollten die Ermittler von Gebauer wissen: «Vierzig bis fünfzig, in verschiedenen Teilen der Welt.» Der Konzern zahlte die Flüge für die Geliebte, sie bekam einen Vertrag, kassierte zwischen Oktober 2000 und Oktober 2004 rund 400 000 Euro und musste dafür nach Feststellungen der Ermittler «keine Arbeitsleistung für die VW AG abliefern». VW kam sogar für gemeinsame Urlaube an den schönsten Ferienorten auf, auch für die Geschenke an die Dame. Was sagt Volkert zu alldem? «Bei Reisen, bei denen mich Frau Barros begleitet hat, habe ich keine Prostituierten in Anspruch genommen.»

Im deutschesten aller Betriebe ging es sehr intim zu; der Werksarzt verteilte vor Exkursionen schon mal Viagra. Im Oktober 1999 wurde eine VW-Betriebsratsgruppe nächtens durch Hannover gekarrt, um mit Sexarbeiterinnen Kontakt zu suchen. Die sechs Männer wurden in zwei VW-Bussen im Hotel «Pelikan» abgeholt und zu einem Etablissement in der Badenstedter Straße gebracht. Dort warteten bereits sechs oder sieben Mädchen. Umgerechnet 15 000 Euro aus der Firmenkasse hat der Besuch, einschließlich Getränken, gekostet. Das Bargeld überreichte Gebauer einem Halbweltler standesgemäß im Umschlag in einer Schwulenkneipe. Ein anderes Mal fuhren die Männer mit dem Wagen in eine Wohnung, um es dort gemeinsam mit sechs oder sieben Sexarbeiterinnen zu treiben. «So was verbindet», erklärt Gebauer. «Darüber kann man später reden, und das schweißt zusammen.» Kosten für den Besuch beim Sexproletariat: ebenfalls rund 15 000 Euro. Das ist eine ganze Menge Geld für Männlichkeitsrituale, aber für manchen Kollegen war es eine Auszeichnung, zum Tross zu gehören.

Die Eskapaden wurden Thema bei VW. Spätestens als sich in Wolfsburg eine Berliner Hotelbesitzerin darüber beschwerte, dass Gebauer volltrunken mit einer fast nackten Frau im Arm durch die Lobby gelaufen sei und, zur Rede gestellt, gedroht habe, der gesamte VW-Konzern werde nie wieder Zimmer in diesem Hotel buchen, war der Fall Vorstandssache. Vorstandschef Bernd Pischetsrieder forderte die Entlassung Gebauers, Hartz und Volkert legten sich quer. Gebauer blieb.

Der Außenstehende braucht eine Weile, um auch nur einen ungefähren Eindruck von der üppigen Vielfalt des Biotops in Wolfsburg zu bekommen. Die Ausstaffierung des Betriebsrats im Fall VW hat auch zu Besonderheiten im juristischen Betrieb geführt. Die Braunschweiger Staatsanwaltschaft klagte wegen angeblich gesetzeswidriger Sonderleistungen einige Akteure des VW-Skandals wie Hartz, Volkert und Gebauer nicht nur der Untreue, sondern auch der Begünstigung der Arbeitnehmervertretung an. Der entsprechende Paragraph 119 des Betriebsverfassungsgesetzes wird laut Absatz 2 «nur auf Antrag des Betriebsrats, des Gesamtbetriebsrats, des Konzernbetriebsrats, des Unternehmers oder einer im Betrieb vertretenen Gewerkschaft» verfolgt.

Und tatsächlich hatten im Juli 2005 zwei VW-Prokuristen und der damals neue Konzernbetriebsratsvorsitzende Bernd Osterloh bei der Braunschweiger Staatsanwaltschaft Strafantrag wegen der Begünstigung von Betriebsräten gestellt. Osterloh hatte Volkert zum Rücktritt gedrängt, nachdem nur wenige Tage zuvor die *Süddeutsche Zeitung* auf der Titelseite die Frage aufgeworfen hatte, ob Arbeitnehmervertreter bei VW gekauft worden seien. Das sei doch «absurd», kommentierte Hartz den Artikel, ähnlich äußerten sich damals einige seiner Kollegen. Hartz war ebenfalls dafür gewesen, den Staatsanwalt einzuschalten. Ebenso wie die meisten Chronisten ging er davon aus, dass die Staatsanwaltschaft diesen Vorwurf bald als erledigt bezeichnen und den Aktendeckel schließen werde. Das wäre dann der Beleg dafür gewesen, dass die Betriebsräte nicht gekauft waren.

Dass die Ermittler diesen Paragraphen in eine Anklage aufnehmen würden, galt auch deshalb als unwahrscheinlich, weil die Höchststrafe ein Jahr nicht übersteigt. Diese Sanktion kennt man von Delikten wie Wildfischerei. Dabei ist das Gesetz eigentlich klar und leicht verständlich. Es verbietet jede Gewährung eines offenen oder versteckten Entgelts für Betriebsräte. «Die Mitglieder des Betriebsrates führen ihr Amt unentgeltlich als Ehrenamt», heißt es in Paragraph 37 des Betriebsverfassungsgesetzes. Im Falle von Freistellungen soll sich das Entgelt an der Gehaltsentwicklung der jeweiligen Arbeitsgruppe orientieren.

Das Einfache kann allerdings ganz schön kompliziert sein. Früh wies Gebauers Kieler Anwalt Wolfgang Kubicki in einem Schriftsatz darauf hin, dass es bei der rechtlichen Beurteilung des Sachverhalts «nicht auf einen unter Umständen auch nachvollziehbaren moralischen Standpunkt» ankomme. Sein Mandant jedenfalls habe «aus seiner Sicht ausschließlich im Unternehmensinteresse gerade auch zur Wahrung der Vermögensinteressen des Unternehmens gehandelt. Ein Streiktag, die Verschiebung einer Investitionsentscheidung in dem Unternehmen, durch Dr. Volkert initiiert, hätten das Unternehmen mehr Geld gekostet als alles das, was Gegenstand der Ermittlungen ist.» Ähnlich argumentiert Volkerts Anwalt Johann Schwenn. Ende Mai 2007 verwies er in einem Schriftsatz an die Wirtschaftskammer des Landgerichts Braunschweig auf das Sachverständigengutachten eines von ihm beauftragten Wirtschaftsprofessors, dem zufolge Volkert dem Konzern jährlich einen wirtschaftlichen Vorteil von «mindestens 500 000 Euro verschafft» habe. VW habe in der Ära Volkert von allen deutschen Automobil-konzernen die wenigsten Streiktage gehabt. Schiedsverfahren seien ebenso wenig wie «kostenaufwendige Sachverständigengutachten» notwendig gewesen. Er habe ein «Modell» der Mitbestimmung praktiziert, «dessen Besonderheit die Verlagerung unternehmer-typischer Aufgaben auf den Vorsitzenden des Betriebsrats» gewesen sei. Hat Volkert die Boni als eine Art sozialen Ausgleich für seine Tätigkeit als «Co-Manager» empfunden?

Ein Betriebsrat, der die vom Vorstand verfolgte Strategie gutheißt, kann für Unternehmen und Aktionär von besonderem Wert sein. Dann wäre die Unternehmensleitung Nutznießer des Kaufs von Ar-beitnehmervertretern. «Die besondere, bevorzugte Behandlung des Betriebsratsvorsitzenden hatte bereits Tradition und wurde schon den Vorgängern von Herrn Volkert zuteil», behauptete Hartz.

Eine monströse Affäre mit vielen Opfer-Tätern. Am 14. Juni 2007 wurde der Ex-Bundestagsabgeordnete der SPD, Ex-IG-Metaller, Ex-Aufsichtsrat, Ex-Betriebsrat, Ex-Geschäftsführer im Gesamt-und Konzernbetriebsrat bei VW, Hans-Jürgen Uhl, wegen Bei-hilfe zur Untreue in zwei Fällen und der Abgabe von fünf falschen eidesstattlichen Versicherungen zu einer Geldstrafe in Höhe von 39 200 Euro verurteilt. Der Angeklagte, der auf Firmenkosten an Lustreisen teilgenommen hatte, sei jetzt «gesellschaftlich ruiniert», stellte Oberstaatsanwältin Wolff fest.

In fünf zivilrechtlichen Streitigkeiten mit Medien machte Uhl nach Auffassung der Ermittler falsche Angaben an Eides statt. In einer heißt es zum Beispiel: «Ich habe nicht zum Kreis der Einge-weihten gehört, dem Klaus-Joachim Gebauer Prostituierte zuge-führt haben will; Klaus-Joachim Gebauer hat mir nie eine Prostitu-ierte zugeführt. Ich habe mich auch sonst nicht auf Firmenkosten mit Prostituierten vergnügt.» Für den Prozess waren sechs Frauen, die Künstlernamen wie «Lola», «Laura» und «Monika» tragen, als Zeuginnen vorgesehen. Knapp drei Wochen vor Prozessbeginn räumte Uhl ein, er habe gelogen. Seine Versicherungen seien «zu erheblichen» Teilen falsch gewesen. Beim Prozess trug er ein umfassendes Geständnis vor. Auszug: «Ich habe mich in der letzten Zeit oft gefragt, wie es zu diesem Verhalten gekommen sein mag, das nicht zu meinen persönlichen und politischen Wertvorstellungen passt. Was die Kontakte zu Prostituierten angeht, bin ich über mein Verhalten bis heute fassungslos. Es ist daher nur der Versuch einer Erklärung, wenn ich sage, dass in dieser Zeit meiner Betriebsratszugehörigkeit eine Atmosphäre entstanden ist, die mich teilweise die Bodenhaftung hat verlieren lassen.»

Die falschen Versicherungen an Eides statt habe er «fatalerweise» abgegeben, weil er seine Kandidatur zum Bundestag habe retten wollen. Auch habe er «schlicht Angst gehabt, dass ich meine Ehefrau verlieren würde». Er habe «die Wähler belogen und in besonders für einen Abgeordneten unvertretbarer Weise die Zivilgerichte missbraucht».

Ansonsten wabern Nebel, und wie in vielen anderen Skandalen wird das Geschehen nicht völlig aufgeklärt werden. «Ich glaube auch, dass angesichts der spezifischen Machtkonstellation, die sich auf diesem politischen Segment und Inhalt des Konzerns darstellte, Herr Gebauer in Teilbereichen auch instrumentalisiert worden ist», sagt ein ehemaliger Bereichsleiter des zentralen Personalwesens bei VW etwas gewunden. «Er hat Aufträge erhalten, er musste sie umsetzen und abwickeln. Das muss man aus Fairnessgründen schon sagen und nicht gleich auf irgendwelche Eigennützlichkeiten oder kriminelle Energie stoßen.» Da sei auch «vollzogen, abgewickelt» worden.

Volkerts Anwalt Schwenn verglich die Rolle Gebauers mit der eines «sogenannten Vergatterers der DDR-Grenzsoldaten». Weil «die Befehlslage den Soldaten vorgegeben und erläutert» worden sei und der Vergatterer «keinen inhaltlichen Spielraum» besessen habe, so Schwenn, habe der Bundesgerichtshof ihn als *Gehilfen* und nicht als Anstifter behandelt. Zwar meint auch die Staatsanwalt-schaft, Gebauers Auftrag sei es gewesen, «Volkert jeden Wunsch zu erfüllen», dennoch hält sie ihn für einen Anstifter.

Als der Skandal im Juni 2005 in Konturen sichtbar wurde, er-zählt Gebauer, habe Volkert ihn angerufen. «Kein Wort über Frau-engeschichten», habe der von ihm verlangt. «Die Aussage von Vol-kert war die: Also, wenn das mal knallt, dann bist du alles gewesen.» Es hat dann geknallt, und nur durch eine offensive Verteidigungs-strategie ist es Gebauers Anwalt Wolfgang Kubicki gelungen, seinen Mandanten aus dem Zentrum der Affäre herauszuholen. Weil Ge-bauer sehr geständig war, rückten stattdessen Hartz und Volkert immer mehr in den Mittelpunkt.

Im November 2006 kam es zwischen Volkert und Gebauer zu einer denkwürdigen Begegnung in einer Magdeburger Mercedes-Vertretung. «Du bist nichts mehr wert», soll Volkert gesagt haben. «Es wäre hilfreich gewesen, wenn du dich vor einen Zug geworfen hättest.» Danach habe ihn Volkert bedrängt, bei der Staatsanwalt-schaft eine Falschaussage zu machen. «Hallo, Herr Kubicki», mailte Gebauer nach dem Gespräch an den Kieler Anwalt: «Mir sollte klargemacht werden, dass das Ganze ein Spiel auf höchster politi-scher Ebene ist und ich sowieso absolut keine Chance hätte.»

Alles falsch, erklärte Volkert. Das alles habe er nicht gesagt. Gebauer habe ihn angerufen, nicht umgekehrt. Er, Volkert, habe zunächst den Kontakt mit ihm nicht gewollt. Dann habe sich der frühere Personalmanager wieder bei ihm gemeldet, und sie hätten sich im Beisein eines von Volkerts Anwälten in Magdeburg tatsäch-lich getroffen. Der Dialog sei aber ganz anders verlaufen, als von Gebauer behauptet. Die Staatsanwaltschaft glaubte Gebauers Ver-sion. Volkert wurde von Zivilbeamten daheim festgenommen und saß wegen Verdunkelungsgefahr drei Wochen und sieben Stunden in Untersuchungshaft.

Gebauers Frau hat (ebenso wie Schusters Frau) Konsequenzen

gezogen. Nach einer Reise räumte sie den Koffer ihres Mannes leer und fand Visitenkarten von Damen aus dem Milieu. Sie stellte ihn zur Rede und zog dann aus. «Ich brauchte doch die Visitenkarten», sagt Gebauer. «Wenn Hartz oder Volkert nach bestimmten Damen fragten, musste ich doch die Nummer parat haben.»

Früh träumte er davon, aus seinen Erlebnissen einen Film zu machen. Der Regisseur Dieter Wedel sagte im Frühjahr 2007, er plane einen Mehrteiler über die Wucherungen der VW-Affäre und bei der Recherche solle ihm Gebauer helfen. Den Aufsichtsgremien könnte dies schlaflose Nächte bereiten; viele Zuschauer werden die Handlung wahrscheinlich für übertrieben halten.

Das Ende einer Ich-AG

Als Peter Hartz am Morgen des 17. Januar 2007 vor dem Landgericht zu Braunschweig in einer der so selten auf der Straße anzutreffenden Phaeton-Limousinen vorfährt, muss er wieder einmal erfahren, dass er der Hartz von Hartz IV ist. Mitglieder einer rot gewandeten autonomen Gruppe, die weiße Masken tragen und sich «Die Überflüssigen» nennen, schimpfen ihn «Lump» und «Arbeiterverräter». Hartz sagt später, er habe sich «für einen kurzen Moment» Gedanken über die «Gefahr der Situation» gemacht. «Unter ihre Umhänge hätten sich die Maskierten leicht eine Waffe stecken können.» Einer der Umstehenden ruft ihm «Alles Gute, Peter!» zu. Hartz schaut sich um. Er glaubt, den Mann zu erkennen, erinnert sich aber in der Aufregung nicht an dessen Namen.

Nach außen hin tut der frühere VW-Personalvorstand allerdings so, als beeindruckten ihn das Getümmel und Gedränge nicht. Er hat es abgelehnt, das Gerichtsgebäude durch eine Nebenpforte zu betreten, und strebt dem Haupteingang zu. Er ist Kummer gewöhnt. Immerhin gehört er zu den wenigen Zeitgenossen, die montags ihre eigene Demonstration haben. Das ist ihm erstmals richtig bewusst geworden, als er mit seinem Wagen in Berlin in einen Stau geriet. «Was ist da los?», fragte er seinen Fahrer. «Die demonstrieren wegen Hartz IV», lautete dessen Antwort.

Einer der vielen Dauerprotestler, der Braunschweiger Hans-Jürgen Zander, der zwei Tage zuvor die 121. Braunschweiger Montagsdemonstration angeführt hat, ist natürlich auch erschienen. «Hartz in den Knast!», fordert er. So weit wird es nicht kommen. Um 9.47 Uhr betritt Peter Hartz, begleitet von seinem schlachterfahrenen Verteidiger Professor Egon Müller, den Gerichtssaal 141. Er geht gewohnt aufrecht, fast wie ein Preuße. Die Journalisten drängeln, es wird geschubst und gestoßen. Fotojournalisten rücken mit ihren Kameras ganz dicht an ihn heran. «Unschuldig!», ruft einer, andere lachen. Hartz begrüßt einen Bekannten im Publikum. Er versucht, wie ein Mann zu wirken, der über der Situation steht, lächelt in den Saal. Ein Kratzfuß von Lächeln, fast scheu.

Auf der Richterbank haben die Mitglieder der 6. Großen Strafkammer Platz genommen: zwei Berufsrichterinnen, zwei Laienrichterinnen und ein Berufsrichter. Auf der Bank der Ankläger sitzen zwei Oberstaatsanwältinnen. Hartz schaut die Damen freundlich, fast nachdenklich an. Müller biegt ihm das Mikrofon zurecht, aber Hartz hat nichts zu sagen. Seine letzte öffentliche Äußerung liegt schon lange zurück und datiert vom 8. Juli 2005. «Es geht um mehr als um meine Person», sagte er damals. «Es geht um die Reputation von Volkswagen, der ich mich verpflichtet fühle.» Immer ging es um mehr, aber eigentlich geht es immer um ihn.

Für die Vorsitzende Richterin Gesine Dreyer ist es der bislang größte Prozess unter ihrer Leitung. Die 46-Jährige versucht Ruhe auszustrahlen. Zunächst verliest sie die Personalien. Dann trägt Oberstaatsanwältin Hildegard Wolff, die aussieht wie die Sopranistin einer Domkantorei, den Anklagesatz vor, und der Ton, den sie anschlägt, verleitet dazu, das Vorgetragene zu unterschätzen.

«Dem Angeklagten wird zur Last gelegt», beginnt sie, aber wenn sie über die hartzschen Verhältnisse redet, wirkt die Last leicht wie Schwanenflaum.

Fast alle im nicht ganz vollbesetzten Saal, der 112 Zuhörern Platz bietet, wissen, dass Hartz wegen Untreue und Begünstigung des früheren Betriebsratschefs Klaus Volkert angeklagt ist und dass die Staatsanwaltschaft den Gesamtschaden für VW mit 2 628 359,75 Euro beziffert. Das ist keine Bagatelle. Allein der zur Verhandlung stehende Umstand, dass der IG-Metaller Hartz von 1995 bis 2005 seinem früheren Duzfreund Volkert Sonderboni von insgesamt 1,949 Millionen Euro auszahlen ließ, ist der größte Anschlag auf die Arbeiterbewegung seit der Affäre um die Zement-Cäsaren der Neuen Heimat in den Achtzigern. Dem Typus des selbstlosen Arbeitervertreters, der in manchen Betrieben noch anzutreffen ist, muss Hartz wie ein Wesen aus einer anderen Welt vorkommen.

Nach einstündiger Beratung erklärt Richterin Dreyer, dass es im Vorfeld Konsultationen gegeben habe und dass sich alle Prozessbeteiligten an die Absprachen halten müssten. Vor allem sei Hartz gefordert, ein umfassendes, glaubwürdiges Geständnis abzulegen. In diesem Fall werde die Höchststrafe auf zwei Jahre Haft mit Bewährung und 360 Tagessätze festgelegt. Hartz sei nicht vorbestraft, habe sich nicht selbst bereichert, VW jedoch «großen Schaden» zugefügt.

Es folgen die Erklärungen zur Person. Müller überreicht dem Gericht eine zweiseitige Kurzbiographie, und um 11.50 Uhr an diesem 17. Januar 2007 redet Hartz erstmals: Seine Stimme ist saarländisch eingefärbt, und er schildert seine Lebenskurve. Aus seiner Sicht ging es immer aufwärts. Den Grundwehrdienst erwähnt er, Hartz IV nicht. Er legt seine Einkommensverhältnisse offen, und einige Hartz-IV-Empfänger im Saal seufzen vernehmlich: Aus der Zeit als Arbeitsdirektor in den Stahlküchen an der Saar bekommt er von der Dillinger Hütte monatlich eine Rente von 7649 Euro, von

VW erhält er 16 207 Euro im Monat und von der gesetzlichen Rentenversicherung 1862 Euro. Sein Monatseinkommen überschreitet also 25 000 Euro. Außerdem gibt es ein Aktiendepot im Wert von 2,7 Millionen Euro. Damit lässt es sich einigermaßen leben. Bucherlöse aus seinem Werk über «Macht und Ohnmacht» in Höhe von mindestens 60 000 Euro stünden an. Das Geld komme der von ihm im Jahr 2000 gegründeten Stiftung «Saarländer helfen Saarländern» zugute. Die Stiftung, in der sein Sohn Michael arbeitet, hat etwa zweihundert Mitglieder, darunter etwa fünfzig Firmen.

Doch als es im Gerichtssaal zur Sache geht, schweigt Hartz. *Er* werde die Angaben zur Sache machen, erklärt Anwalt Müller, und dann herrscht in Braunschweig plötzlich große Oper. Der 68-jährige Saarbrücker ist in jedem Gerichtssaal eine Erscheinung. Müllers streitbare Intelligenz und Sprachfertigkeit haben ihn legendär gemacht. An den Herstatt-Prozessen war er beteiligt, er hat den früheren Bundeswirtschaftsminister Otto Graf Lambsdorff und viele andere Berühmtheiten verteidigt. Zuletzt vertrat er im Mannesmann-Prozess den Ex-Vorstandschef Joachim Funk. Müller gelingt es sofort, den Respekt der anderen Prozessbeteiligten zu erzwingen.

Natürlich sei im Hartz-Fall von keiner Seite auf den Angeklagten Druck ausgeübt worden, sagt er. Zwar hatte Oberstaatsanwältin Wolff Wochen vor der Verhandlung einem Reporter des Wochenblatts *Die Zeit* gesagt, falls Hartz am 17. Januar nicht «ganz genau» zu den für den Beschuldigten Volkert verhängnisvollen Sonderboni-Zahlungen aussage, «wird es wohl auf eine richtige Hauptverhandlung hinauslaufen», mit vielen Zeugen. Diese von der Strafverfolgerin autorisierte Äußerung konnte als Drohung verstanden werden. Als Anwalt Müller in der nach dieser Logik falschen Hauptverhandlung den bösen Verdacht bestreitet, schaut ihn die Oberstaatsanwältin ziemlich unschuldig an.

Dann erklärt der Anwalt die Welt von VW, in der Betriebsräte und Vorstand friedlich neben- und miteinander arbeiteten. Die Mitbestimmungsidee: einzigartig in Deutschland und Europa, sagt Müller. Es habe eine Vorstellung der totalen Co-Partnerschaft geherrscht und dazu geführt, dass sich Volkert und Hartz prächtig verstanden. Müller: «Da herrschte eine Vertrauensseligkeit», es habe an Kontrollen gefehlt. Hartz habe Volkert wegen dessen überragender Bedeutung und auf dessen Drängen die Sonderboni gewährt – natürlich in einer Art Geheimaktion.

Volkert und Hartz hätten sich «blind» verstanden, «Mimik» und «Gestik» zwischen beiden hätten gereicht. Einmal habe Volkert doch etwas gesagt: «Dann mach mal was» – und Hartz habe gemacht. Bei den Gaben für Volkerts brasilianische Geliebte sei es ähnlich gelaufen. Volkert habe Hartz im Jahr 2000 zugesetzt, er möge etwas für die Dame tun. «Von interkulturellen Beziehungen» sei die Rede gewesen; das provoziert Gelächter im Saal. Dann redet Müller über «wolkige Gedanken», die sich Hartz angesichts des vielen Geldes für die Frau gemacht habe. «Ein schlechtes Gewissen» habe sein Mandant gehabt, sich Volkerts Drängen jedoch nicht entziehen können. Davon, dass über seine Kostenstelle 1860 Maßanzüge und Schmuck abgerechnet wurden, habe Hartz keine Ahnung gehabt. Im Saal wird ganz still nochmals der gesellschaftliche Tod des Klaus Volkert zelebriert, der in Fallersleben nahe Braunschweig wohnt.

Auch der zweite Verhandlungtag eine gute Woche später läuft wie nach einem längst geschriebenen Drehbuch ab. Wieder ist Hartz an der im Aufgang angebrachten Leuchttafel vorbeigeschritten, auf der in großen Buchstaben «Die Würde des Menschen ist unantastbar» steht. Es ist ein Prozess aus der Retorte: zwei Tage ohne Zeugen, ohne Sachverständige, die in die Quere hätten kommen können. So geht es inzwischen häufig in Verfahren zu, die ansonsten umfangreich und schwierig zu werden drohen. In Braunschweig wird die Urteilsabsprache, deren Regeln der Bundesgerichtshof in einem

Beschluss im Jahr 2005 aufgestellt hat, perfekt umgesetzt. An beiden Verhandlungstagen herrscht Konferenzatmosphäre. Der Angeklagte ist daran zu erkennen, dass er als Einziger keine Robe trägt.

Ein paar Fragen hatten die Richterinnen und der Richter sowie Oberstaatsanwältin Hildegard Wolff kurz vor Schluss der ersten Sitzung am 17. Januar dem Angeklagten Hartz als Hausaufgaben mitgegeben: Wer hatte die Idee der Sonderboni für Volkert? Sollte eine konkrete Gegenleistung erfolgen – und warum unterblieb die Kontrolle? Die Antworten liefert auch am zweiten Tag sein Verteidiger, der sprachmächtige Egon Müller, der schon das Geständnis formuliert und gesprochen hatte. «Es ging um gegenseitigen Kauf, um eine Position, in der man den anderen einkauft», beschreibt Müller das Verhältnis von Volkert und Hartz.

Die Oberstaatsanwältin wippt mit dem Stuhl, als Müller beteuert, die Sache mit den Sonderboni für Volkert habe sich Hartz ausgedacht. Frau Wolff favorisiert offenkundig die These, Volkert, gegen den sie zu diesem Zeitpunkt noch die Anklage vorbereitet, sei der Anstifter gewesen. Doch Müller macht, Absprache hin oder her, nicht mit: «Nein, das war die Idee von Herrn Hartz.» Die Sonderzahlung habe nur der Stabilität des Verhältnisses zwischen den beiden Herren gedient: «Klimapflege, Wohlwollen, nehmen Sie einen der Begriffe.» Hartz nimmt die Schuld auf sich, aber es hat schon lange keinen unschuldigeren Täter mehr gegeben. Er ist gewissermaßen ein Opfer hartzscher Verhältnisse.

Vorstandschef Ferdinand Piëch sei ebenfalls nicht eingeweiht gewesen. Kann man das glauben? «Viele Verständigungen leben davon, dass der Verteidiger ebenso wie das Gericht die artifiziellen Einräumungen des Mandanten wunschgemäß so behandeln, als wären sie wahr», hatte der ebenfalls berühmte Verteidiger Franz Salditt beim Symposium «Mandant und Verteidiger» vorgetragen, das vor einigen Jahren zu Ehren von Egon Müller stattfand.

In ihrem Plädoyer wendet sich Oberstaatsanwältin Wolff ans Publikum. Hartz sei nicht zu bestrafen, weil die Arbeitsmarktreform seinen Namen trage. Es gehe auch nicht um moralische Verfehlungen. «Wer hätte es für möglich gehalten», fragt sie, dass «die Ermittlungen in der Vorstandsetage von VW enden würden?» Und mit einigem Stolz verweist sie darauf, dass nicht die Wirtschaftsprüfungsgesellschaft KPMG die versteckten Sonderboni für Volkert entdeckt habe, sondern die Braunschweiger Staatsanwaltschaft.

Die Geschichte ist noch ein bisschen komplizierter. Eigentlich war Kubicki die Sache mit den Sonderboni aufgefallen. Der hatte bei der Lektüre einer Volkert-Vernehmung den eher beiläufigen Hinweis auf irgendeinen Sonderbonus für Volkert entdeckt und Frau Wolff gefragt, was es damit auf sich habe. Die hatte daraufhin intensiv nachgeforscht. Hildegard Wolff, die sehr viel Verständnis für den Angeklagten zeigt, spricht vom «Rundum-sorglos-Paket», das Hartz für Volkert entwickelt habe. Die Anklägerin meint, dass Volkert als Mitglied des Betriebsrats solche Manager-Superboni nicht zustünden. Hartz, der ansonsten sehr still der Verhandlung folgt, schüttelt an dieser Stelle den Kopf und spricht mit seinem Anwalt. Er gilt als Verfechter des Co-Managements von Betriebsrat und Vorstand. Bei seiner Vernehmung ein paar Monate zuvor hatte er der Staatsanwaltschaft eine Ausarbeitung über «Die Mitbestimmung bei Volkswagen unter besonderer Berücksichtigung der Rolle des Gesamtbetriebsratsausschusses» übergeben.

Strafverfolgerin Wolff definiert die Gaben für Volkert und dessen Geliebte denn auch als betriebsinterne Lobbyarbeit: «Man behält das Wohlverhalten der anderen Seite.» Volkerts Geliebte habe keine Gegenleistung erbracht, «jedenfalls nicht fürs Unternehmen». Und sie rechtfertigt, dass im Gerichtssaal nicht alle Details erörtert wurden: «Keinen Furz» hätte sich das Strafmaß geändert, wenn auch über die Dienste der Prostituierten geredet worden wäre, die auf Firmenkosten für Hartz im Einsatz waren. Sie verbessert sich rasch: «Keinen Deut.»

Dann wird es recht still. Müller beginnt mit seinem Plädoyer. Er redet nicht, er predigt. Anders als die Oberstaatsanwältin wendet er sich nicht ans Publikum, sondern ans Gericht. Er rühmt den Ablauf: Die Urteilsabsprache sei «keine Missgeburt, sondern ein Fortschritt». Der Oberstaatsanwältin habe er «fast andächtig» zugehört. Was für ein Schmeichler. «Ich kann ihr in keinem Wort, keinem Satz, keiner Bewertung widersprechen.» Er schließt sich dem Antrag der Strafverfolgerin an, die zwei Jahre auf Bewährung plus 360 Tagessätze gefordert hatte. War Müller der Co-Staatsanwalt, oder war sie die Co-Verteidigerin?

Als die Vorsitzende Richterin der 6. Großen Strafkammer schon am frühen Nachmittag das Urteil verkündet, ist niemand im Saal überrascht. Der frühere VW-Personalvorstand Peter Hartz wird wegen Untreue und wegen Begünstigung des früheren VW-Betriebsratschefs Klaus Volkert in elf Fällen zu zwei Jahren Haft auf Bewährung und zu einer Geldstrafe in Höhe von 576 000 Euro verurteilt. Den Schaden für VW beziffert das Gericht auf rund 2,6 Millionen Euro. Hartz droht nun noch Ärger mit einer Managementversicherung, die sich diese Summe angeblich bei ihm zurückholen will. 2,6 Millionen Euro wären auch für ihn kein Pappenstiel. Aber muss er wirklich zahlen?

Der Richterspruch gegen den geständigen Manager entfacht eine neue öffentliche Debatte um den Deal im Strafverfahren. Seriöse Medien kritisieren solche Ökonomisierung der Justiz, und das Wort vom «Basar» wird oft verwendet. Das Massenblatt *Bild* stellt eine zu einfache Frage: «Müssen Reiche nicht ins Gefängnis?» Dabei ist Justitia längst unter die Händler gegangen. Weil die Gerichte sonst die Verfahrensflut nicht bewältigen könnten und durch langwierige, komplizierte Verfahren lahmgelegt würden, wird in acht von zehn größeren Wirtschaftsprozessen mittlerweile gedealt, das Strafmaß im Vorhinein ausgehandelt.

Das Urteil der Braunschweiger Strafkammer hat Hartz – nach

außen hin zumindest – fast gelassen entgegengenommen. Aber in seinem Buch «Macht und Ohnmacht» behauptet er, die von der Richterin beim Urteilsspruch gemurmelte Formel («Im Namen des Volkes») habe ihn «in dem Moment ins Mark getroffen». Hartz verzichtet auf Rechtsmittel. «Dieses Strafmaß wird eingepackt, verstärkt und potenziert durch den Boulevard, durch die politischen Medien, durch die intellektuellen Medien. Zu der Strafe des Gerichts kommt für mich die endgültige Vernichtung meiner Person durch die Medien hinzu. Sie haben mich beschimpft, verunglimpft, lächerlich gemacht, verhöhnt. Der vollständige Rufmord ist gelungen», sagt er der Autorin Kloepfer. Er will die Deutungshoheit über sein Leben und glaubt seine eigene Wahrheit. Das geht allerdings auch anderen Angeklagten so. «Was wird angesichts der Familie, der Freunde und der Öffentlichkeit verbleiben, nachdem das Verfahren seinen Abschluss gefunden hat?», hatte schon der Verteidiger Salditt in seinem Vortrag gefragt. «Und welcher Rest an Selbstachtung kann in die Zukunft gerettet werden?»

Der Arbeiterführer und sein Diener: ruiniert

Wenn die Abläufe in Gerichtssälen geschildert werden, fallen oft Begriffe aus den Wortfeldern des Sports und des Militärs. Da ist von Kantersiegen die Rede oder auch von verheerenden Niederlagen. Von gewinnen und verlieren. Dabei wird vor Gericht nur «für Recht erkannt». Und bisweilen die Illusion gefördert, es gebe absolutes, durch keine Relativität getrübtes Recht.

Dass es kein absolutes Recht gibt, zeigte beispielhaft der Prozess gegen Klaus-Joachim Gebauer und Klaus Volkert. Die Verhandlung begann am 15. November 2007, und nach dreizehn Verhandlungstagen sprach die Vorsitzende Richterin Regine Dreyer im Februar 2008 das Urteil: Der frühere VW-Personalmanager Gebauer wurde wegen Untreue zu einem Jahr Haft auf Bewährung verurteilt. Der ehemalige Gesamtbetriebsratschef Volkert erhielt wegen Beihilfe und Anstiftung zur Untreue sowie der Anstiftung zur Begünstigung eines Betriebsrates eine Haftstrafe von zwei Jahren und neun Monaten. Er legte Revision ein.

Die Formel, es sei nur «für Recht erkannt» worden, spiegelt den Prozess ziemlich genau wider: Die Rolle von VW wurde nicht ausreichend untersucht, obwohl es viele Hinweise gegeben hat, dass das System umfassender Begünstigung der Betriebsräte Teil der Geschäftspolitik des Vorstandes war. Die Arbeitnehmervertreter sollten gnädig gestimmt werden. Anders als im Fall des Peter Hartz war kein Deal zwischen den Prozessbeteiligten abgesprochen worden. Also wäre in diesem Verfahren bei der Beweisaufnahme der gründliche Blick ins Innere von VW möglich gewesen.

An Zeugen hat es nicht gemangelt: Reihenweise traten VW-Leute auf, die entweder noch im Konzern tätig oder in Ehren ausgeschieden waren. Sie waren manchmal schwer voneinander zu unterscheiden, ein Frosch mit der Maske war nicht dabei. Der Konzern hatte ihnen im Wortsinn Rechtsanwälte als Zeugenbegleitung an die Hand gegeben. Die Erinnerungslücken der Zeugen waren auffällig, auch verweigerten sie häufig die Antwort auf Fragen, die möglicherweise neue Ermittlungen der Staatsanwaltschaft hätte auslösen können. Warum hatten so viele Zeugen so dramatische Erinnerungslücken? Hatte vielleicht sogar der Konzern ein Interesse an der offenkundig in Wolfsburg und Braunschweig grassierenden Amnesie?

Indessen wollen wir am Ende des VW-Komplexes in diesem Buch die vielen Zeugnisse ablenkender Erklärungen, schwacher Erinnerungen und greifbarer Ausflüchte übergehen und uns stattdessen zwei Aspekten zuwenden, die es wert sind, erzählt zu werden: der Welt der Sekretärinnen in Wolfsburg und dem Auftritt des Zeugen Ferdinand Piëch.

Beginnen wir mit den Sekretärinnen, und hier am besten mit Silke W., 41. Gut zwanzig Jahre war sie eine der drei Sekretärinnen des früheren Personalmanagers Gebauer. Was sie denn so gemacht habe, wollte die Vorsitzende Richterin wissen. Frau W. erzählte von den Reisen des Gesamtbetriebsratsausschusses. Darunter auch Reisen, auf denen Sekretärinnen Gebauer zur Unterstützung begleiten mussten. Die Herren wollten es krachen lassen. In Bratislava beispielsweise, sagte Frau W., habe sie beobachtet, wie Gebauer nach Prostituierten Ausschau gehalten habe.

Und dann in Straßburg: Hier habe sie mit Gebauer und einem Hotelmanager zusammengesessen, und Gebauer habe den Hotelier gefragt, wo man denn Frauen besorgen könne. «Die Situation war für mich ausgesprochen peinlich. Ich wäre am liebsten im Boden versunken.» Warum sie sich nicht beschwert habe, wollte die Richterin erfahren. «Wo sollten wir denn hingehen?», antwortete die Zeugin. Sie sei davon ausgegangen, dass das «alles im Auftrag des Unternehmens» stattgefunden habe.

Sekretärinnen sind oftmals ein Muster an Hingabe. Sie haben ein Innenleben – aber davon verraten sie nichts. Sie haben ein Schicksal – aber nur, wenn sie allein sind. Vorzimmerdamen sagen ihren Chefs jede Woche aufs Neue, welche Nummer deren Handy hat, wie der Geheimcode für die EC-Karte lautet, sie erkundigen sich bei den Davoneilenden nach den Tickets («Haben Sie auch wirklich Ihre Fahrkarten dabei?») und finden den Ausgang, wenn sich der Chef wieder mal im Labyrinth der Alltäglichkeiten verirrt hat. Aber so etwas wie bei VW?

Frau W. sprach über das Gewese um die Betriebsräte nach zwanzigjähriger Beobachtung so nüchtern wie eine Wissenschaftlerin, die unter ihrem Mikroskop ein schillerndes Insekt betrachtet. Natürlich habe sie gewusst, dass Prostituierte über das Unternehmen abgerechnet wurden. Und für die brasilianische Geliebte Volkerts hatte sie auch die Hotelübernachtungen buchen müssen.

Die Dame sei sehr ungehalten gewesen, wenn was nicht geklappt habe.

Nach Frau W. trat ihre Kollegin Jessica Z., 32, in den Zeugenstand. Dreizehn Jahre lang hat sie für Gebauer gearbeitet. Warum hat sie mitgemacht? «Ich konnte mich doch nicht bei denen beschweren, die involviert waren.» Aus ihren Schilderungen wurde deutlich, dass sie dabei an Volkert und Peter Hartz dachte. Hätte sie sich bei einem der beiden beschweren können, und wie hätten sie reagiert? Sie sagte noch, dass Volkert und Hartz ja im Werk in «unterschiedlichen Sektoren» ihre Büros gehabt hätten. Als sie die Welt der Sektoren genauer beschreiben wollte, erläuterte sie: «Irgendwann kommt man in die Küche.» Aber eigentlich endet in diesem VW-Stück alles im Schlafzimmer.

Am 9. Januar 2008 erschien der Zeuge Ferdinand Piëch. Eine Weile vor seinem Auftritt hatte es einige Aufregung um ihn gegeben. Ein NDR-Journalist, der bei der Braunschweiger Staatsanwaltschaft als verlässlich galt, hatte in Gesprächen mit dem Pressestaatsanwalt Klaus Ziehe von einem «Mister X» berichtet, der wiederum von drei Zeugen wisse, die angeblich Piëch belasten könnten. Der Informant wolle anonym bleiben, sei aber sachkundig. Die Staatsanwaltschaft hatte daraufhin die Zeugenvernehmung der drei Männer beantragt. Der Beweisantrag löste Medienspekulationen aus, Piëch werde unter Druck geraten. Die Aussagen der drei angeblichen Belastungszeugen brachten dann aber überhaupt nichts Belastendes zutage.

Piëch zeigte sich bei seinem Auftritt völlig unbeeindruckt. Das ominöse Vorstandskonto 1860, das zum Kenncode der Affäre wurde, habe er nicht gekannt. «Eins von 6000 bis 7000 Konten.» Sonderboni für Volkert? «Keine Kenntnis.» Volkerts brasilianische Geliebte Adriana Barros? Nie kennengelernt. Vertrauensspesen für Volkert? Nichts davon gewusst. Damit alle ihn auch recht verstanden, erklärte er, wie es in seiner Welt zugehe: Wenn einer bei VW erwischt werde, wie er eine Zündkerze klaut, so werde er «fristlos entlassen». Wenn ihm also zu Ohren gekommen wäre, dass es im Umfeld des Betriebsrats Unregelmäßigkeiten gebe, wäre selbstredend sofort die Revision in Gang gesetzt worden – die «schärfste Polizei» in seinem Reich.

Richterin Regine Dreyer hakte nach, ob Piëch wusste, wie Volkert besoldet wurde. Der 70-Jährige warf ihr seinen Hans-Albers-Blick zu: «Nicht detailliert.» Erst im Nachhinein habe er sich dafür interessiert. «Das war nicht meine Zuständigkeit.» Ihm sei auch kein Zusammenhang bekannt, sagte der Zeuge weiter, in dem es «vom Vorstand oder vom Vorstandsvorsitzenden die Anweisung gab, dass eine Unterschrift für einen Vorgang genügt. Immer waren zwei Unterschriften nötig.»

Oberstaatsanwalt Ralf Tacke schaute etwas ratlos. Alle Ermittlungen zeigten, dass für die Spezialitäten bei VW eine Unterschrift gereicht hatte. Gebauer hatte aber nicht selbst über die Gelder aus der einschlägigen Kasse verfügen können. Wer also hatte die angeblich so unverbrüchlichen Richtlinien außer Kraft gesetzt? Die Zeugen verwiesen auf nicht definierbare Mächte.

Stimmen die Aussagen des Zeugen Piëch, so hätten eigentlich gegen alle Geldverwalter bei VW, die schon bei einer Unterschrift Geld aushändigten, Verfahren wegen Beihilfe zur Untreue eingeleitet werden müssen. Was zu prüfen war, war nicht ordentlich geprüft worden. Was zweifelhaft war, war nicht in Zweifel gezogen worden. «Was haben die eigentlich geprüft?», blaffte Gebauers Anwalt Wolfgang Kubicki. Weil die Staatsanwaltschaft sich lange Zeit mit den von VW gelieferten Informationen begnügt hatte, fehlte im Prozess nun wesentliches Material.

Trotz des unterschiedlichen Ausgangs ihrer Verfahren endete die Affäre sowohl für den früheren Personalmanager als auch für den ehemaligen Betriebsratschef ruinös. Gebauer erhält heute eine gesetzliche Rente in Höhe von 1500 Euro. Ansprüche gegen VW auf Zahlung einer Betriebsrente sind aufgrund der fristlosen Kündigung entfallen. Die Zwangsversteigerung seines Hauses wurde angeordnet. Ihm bleibt nichts.

Volkert ist Eigentümer einer mit rund 70 000 Euro belasteten Eigentumswohnung und eines Einfamilienhauses. Er erhält ebenfalls eine gesetzliche Rente in Höhe von 1500 Euro. Die festgesetzte Werksrente beträgt zwar auskömmliche 6600 Euro, aber einen Großteil davon behält der Konzern als Schadenersatz ein. Seine Prozesskosten lagen im hohen sechsstelligen Bereich. Das Finanzamt Gifhorn vollstreckte gegen ihn am 5. Februar 2008 Forderungen von insgesamt rund 463 000 Euro. Die Zahlungen von VW für seine ehemalige brasilianische Geliebte in den Jahren 2000 bis 2004 rechnete ihm der Fiskus als Einkünfte zu. Nach Recht und Gesetz ist das zweifelsfrei korrekt.

Hat sich die Korrumpierung von Betriebsratsmitgliedern bei VW auf lange Sicht für irgendjemanden gelohnt? Oder hat es sich für Siemens gerechnet, dass die AUB mit Firmengeldern ausgehalten wurde? Und wie war das bei der Übernahmeschlacht im Jahr 2000 mit Mannesmann, als Aufsichtsratsmitglied Klaus Zwickel, damals noch Vorsitzender der IG Metall, im Kontrollgremium die Millionen-Boni für die Manager akzeptierte?

Moralisch, das bleibt zunächst festzuhalten, handelte es sich in jedem Fall um ein Desaster für die Arbeitnehmerbewegung. Dabei ist gleichgültig, ob sich einer persönlich bereichert hat oder nicht. Es kann auch jemand moralisch korrupt sein, wenn Kooperation in Kumpanei umschlägt. Im Betriebsverfassungsgesetz jedenfalls ist der Co-Manager nicht vorgesehen, das Gesetz geht immer noch von widerstreitenden Interessen aus.

Betriebswirtschaftlich gesehen, ist der Fall verzwickter: Bei VW hat das Co-Management des Betriebsrats dem Unternehmen teure Streiks erspart, und die stille Erledigung schwierigster Vorgänge war, neutral formuliert, dem Betriebsfrieden förderlich. Aber ist ein solches Arrangement auch hilfreich, um ein Unternehmen voranzubringen? Die Konsens-Demokratie im Betrieb kann zu Verflechtungen führen, die ein Unternehmen unbeweglich machen. Der Betriebsrat genehmigt die extravagante Modellpolitik des Vorstands, der dafür im Gegenzug Kompromisse bei der Standortpolitik macht. Natürliche Interessenkonflikte werden zugedeckt. Das hilft beiden Lagern nicht. Der Betriebsrat wird von der Belegschaft gewählt und nicht vom Management.

Dass im Fall Siemens Betriebsräte umgarnt wurden und eine Betriebsratsorganisation als eine Art potemkinsches Dorf der Mitbestimmung aufgebaut werden sollte, ist Hybris von Vorstandsleuten gewesen; Bonsai-Strategen, die dank der üppig ausgestatteten Firmenkasse mal große Unternehmenspolitik machen wollten, spielten ihre Spiele. Gebracht hat es ihnen und dem Unternehmen nichts.

Und Mannesmann? Ist es richtig, wenn sich ein Gewerkschaftsvertreter im Aufsichtsrat bei einer Entscheidung über dubiose Boni nicht widersetzt, um vielleicht bei anderer Gelegenheit bei den Aufsichtsratskollegen mit Entgegenkommen rechnen zu können? Der Verlust der Reputation ist bedeutsamer als alle angeblichen strategischen Vorteile. Das gilt bei der Korruption für alle Bereiche.

Die gespaltene Moral:
Fluchtpunkt Liechtenstein

Aus den Februartagen des Jahres 2008 ist der Öffentlichkeit das eindrucksvolle Foto einer staatsanwaltschaftlichen Heimsuchung überliefert. Voran schreitet der Frankfurter Anwalt Hanns W. Feigen, ein Profi, dem im Berufsleben wenig Menschliches fremd geblieben ist. Hinter ihm geht der damalige Postchef und Multimillionär Klaus Zumwinkel. Aber wer ist die Frau rechts neben ihm mit der braunen Jacke und dem beigefarbenen Schal, die angesichts der um das beste Bild rangelnden Fotografen und Kameramänner den Kopf gesenkt hält? In den Angaben der Fotoagenturen wird sie als «Frau Zumwinkel» ausgewiesen. Doch die sieht ganz anders aus.

Die Frau auf den Fotos vor dem Haus Zumwinkels heißt Margrit Lichtinghagen und ist Staatsanwältin von Beruf. Kaum jemand hatte bis dahin von der Bochumer Strafverfolgerin gehört. Nur Experten, die sich mit den Abgründen der Wirtschaftskriminalität beschäftigen, kannten ihren Namen. Jetzt ist sie plötzlich eine öffentliche Person, ja, eine Berühmtheit. Für die einen ist sie zu einer Art moralischer Instanz geworden, die es «denen da oben» zeigt. Eine Rächerin, die klarmacht, dass Recht und Gesetz auch für die Großen gelten. Für die anderen, eine gar nicht so kleine Minderheit, verkörpert sie die entfesselte Staatsmacht, die sich aufführt, als sei sie die letzte Bastion vor dem Weltuntergang, und die angeblichen Leistungsträger, die Cleverles, vorführt.

Der Auftritt von Frau Lichtinghagen bei Zumwinkel führte in der Männerwelt zu Irritationen. Bei einem Partytalk für Entscheider und Geldadel im historischen Düsseldorfer Ständehaus, dem ehemaligen Landtagsgebäude, plauderte Fernsehmoderator Frank Plasberg mit Bundesumweltminister Siegmar Gabriel (SPD) über dies und das und natürlich auch über den Fall Zumwinkel. Der Moderator fragte den Minister zunächst, ob «wir» angesichts der öffentlichen Zumwinkel-Razzia «nach dem Schauprozess einen neuen Begriff, ‹Schau-Ermittlungen›, einführen» müssten. «Haben Sie mal die Staatsanwältin gesehen, die hat sich noch die Haare machen lassen, garantiert», sagte Plasberg. «Und haben Sie den feinen Schal von ihr gesehen?» Was man so sagt – und über männliche Staatsanwälte nie sagen würde.

Frau Lichtinghagen, Jahrgang 1954, Mutter von zwei Töchtern, gehört seit dem 27. September 1993 der aus 42 Beamten bestehenden Schwerpunktabteilung 35 für Bekämpfung der Wirtschaftskriminalität der Bochumer Staatsanwaltschaft an. An ihren ersten großen Fall kann sich die Staatsanwältin, die schon an der Uni Bochum als Studentin das «Strafrecht heiß und innig lieben lernte», noch gut erinnern. Das war 1993. Ein «gescheiterter Jurist», der mit Versicherungs- und Immobiliengeschäften Millionenbetrügereien begangen hatte. Es folgten diverse Großverfahren gegen Veba-Manager wegen Untreue, Verfahren gegen Produktpiraterie bei Microsoft, Korruptionsverfahren gegen Bauträger und Baulöwen und ganz viele Steuerstrafsachen.

Das Liechtenstein-Verfahren ist ihr bislang größter Fall. In den Akten stehen die Namen von rund 800 Beschuldigten. Die Dame rollt den Fall mit einer Truppe auf, mit der sie schon viele Schlachten geschlagen hat: In der «Einsatzkommission (EK) Liechtenstein II» sind die Beamten vom KR 23, dem Wirtschaftsdezernat der Kriminalpolizei Essen, mit denen Lichtinghagen in den vergangenen Jahren schon oft in aller Herrgottsfrüh losgefahren ist, um irgendwo in der Republik zuzuschlagen. Dazu gehören Steuerfahnder aus Wuppertal, Düsseldorf, Bonn, Köln, Essen, Aachen, die Frau Lichtinghagen außerordentlich schätzen. Sie war zu Beginn ihrer Karriere Sachgebietsleiterin bei der Steuerfahndung Essen, hat dann Aufbaukurse bei der Oberfinanzdirektion Düsseldorf belegt und kennt folglich die Tricks.

Mancher Steuerfahnder verehrt sie heimlich sogar ein bisschen, weil sie unerschrocken ist und keine Angst vor großen Namen hat. Sie spricht auch den Jargon der Fahnder. «Ich habe die Ohren ab», sagt sie gern. Das heißt übersetzt: Sie ist platt, aber zufrieden. Strafverteidiger hingegen beklagen bei der Bochumer Staatsanwaltschaft «eine Mentalität von Großwildjägern». Die dortigen Fahnder rückten früher zumindest, als sie gegen Ärzte und Pommesbudenbesitzer große Verfahren führten, gerne mit Haftbefehlen aus, um das Schweigen der Beschuldigten zu brechen. Für Lichtinghagen ist der Vorwurf der Erzwingungshaft «völliger Unsinn». Jeder Ermittlungsrichter verlange heutzutage bei einem Antrag auf Haftbefehl triftige Gründe für Flucht- und Verdunkelungsgefahr. «Das ist nicht unsere Entscheidung.» Für alle Fälle hatte sie auch einen Haftbefehl für Zumwinkel bei sich.

Später wurde viel darüber spekuliert, was wohl der Mann auf dem Foto neben ihr, Zumwinkel, beim Klicken der Kameras gedacht habe. Das Wochenblatt *Die Zeit* etwa fand, ihm scheine «zu schwanen, dass er erledigt» sei. Andere meinten, er habe resigniert, wieder andere, er habe überrascht gewirkt. Das Foto, das zum Sinnbild für die Habgier der Mächtigen wurde, erlaubt viele Deutungen.

Der Mann auf dem Foto, der sich früher solide bis zur Langeweile gab, erlitt nach dem quasi öffentlichen Besuch der Staatsanwältin den Tod seines bürgerlichen Renommees. Kurz nach dem Abgang Zumwinkels forderte der Präsident des Bundesverbandes der Deutschen Industrie (BDI), Jürgen R. Thumann, die Ausgrenzung des Steuersünders. Wer gegen die Spielregeln verstoße, stelle sich gegen die Wirtschaft und verdiene die Unterstützung seiner Kollegen nicht. «Wir werden uns nur vor diejenigen stellen, die nach Recht und Gesetz, Ehre und Gewissen arbeiten. Wer das nicht akzeptiert, gehört nicht mehr dazu», sagte der Präsident. Eine Ära ging zu Ende.

Zumwinkel, Jahrgang 1943, zwei Kinder, hatte eine traumhafte Karriere hingelegt. Schon in jungen Jahren war er durch den Verkauf der großen väterlichen Handelskette finanziell unabhängig. Er arbeitete bei der Unternehmensberatung McKinsey, übernahm den Vorstandsvorsitz des Versandhauses Quelle und wurde 1990 Chef der Deutschen Bundespost. Er modernisierte den früheren Staatskonzern, ja, er machte die Post, deren Briefmonopol 2007 endgültig fiel, erst wettbewerbsfähig; die neue Deutsche Post World Net wurde weltweit erfolgreich.

Der Postchef, der einen Tag nach der Heimsuchung zurücktrat, war einmal der Musterknabe des rheinischen Kapitalismus gewesen: Die Medien hatten ihn als «Strategen des Jahres» und «Manager des Jahres» gefeiert; die Politik verlieh ihm das Große Bundesverdienstkreuz, die Wirtschaft zeichnete ihn mit dem Denkerpreis des Deutschen Instituts für Betriebswirtschaft aus. Irgendwann müssen ihm die vielen Lobeshymnen und Schmeicheleien das Gefühl vermittelt haben, dass er unangreifbar sei. Er wurde leichtsinnig. Im Dezember 2007 verkaufte er ein Post-Aktienpaket im Wert von 4,7 Millionen Euro, nachdem er für die Zustellerbranche einen Mindestlohn durchgesetzt hatte, der seinem Unternehmen lästige Mitbewerber vom Leibe hielt. Seitdem stand er bei manchem unter Verdacht, nicht ganz uneigennützig zu sein. Der Argwohn war nicht unbegründet.

Der Manager hatte bereits 1986 bei der LGT-Gruppe in Liechtenstein eine Familienstiftung namens «Devotion Family Foundation» eingerichtet und die Kapitalerträge 22 lange Jahre dem deutschen Fiskus verschwiegen. Ein ideales Versteck für Schwarz-geld, wie es schien. Das Geldhaus, das früher einmal Bank in Liech-tenstein hieß, gehört seit über sieben Jahrzehnten der Familie des herrschenden Fürsten von und zu Liechtenstein. Es ist die größte Bank im Lande, sie verwaltet ein Vermögen von knapp 100 Milli-arden Schweizer Franken. Das ist mehr als ein Drittel des gesamten Anlagekapitals in dem Steuerparadies. «Investieren wie der Fürst», lautet ein Slogan der Bank.

Wie viel Zumwinkel angelegt hatte, ist unklar. Die Ermittler ha-ben aus den Anfangstagen nur die Stiftungsurkunde aus dem Jahr 1986 samt Statuten. Indessen werden es sicherlich viele Millionen Mark gewesen sein. Ein sichergestellter Kontoauszug aus dem Jahr 2002 weist einen Stand von elf Millionen Euro aus. Sein zuständi-ges Finanzamt Köln-Süd erfuhr davon nichts. Die Zinseinkünfte, die er angab, waren minimal. Einmal lagen sie sogar unterhalb des Sparerfreibetrags. Welch eine Raffgier: Mit LGT-Mitarbeitern soll Zumwinkel Gespräche geführt haben, ob der Transfer des Geldes auf die Cayman Islands oder in den pazifischen Raum wegen der Si-cherheit notwendig sei. Gemeinsam mit seinem neun Jahre älteren Bruder Hartwig, der ebenfalls 1986 in Liechtenstein bei der Fürs-tenbank einen Schatz versteckte, hatte Klaus Zumwinkel einst von dem Vater zehn Kaufhäuser und fünfzig Discounter geerbt und die Ladenkette bereits 1971 an den Rewe-Konzern verkauft. Der reiche Mann gab sich bescheiden, bieder, unauffällig und hatte ein Schloss am Gardasee. Er nannte sich einen «guten Kaufmann», predigte In-tegrität und betrog den Staat. Er forderte in der Mitarbeiterzeitung *Premium Post (PP)*, Führungskräfte müssten Vorbilder sein, und war doch nur von kleinlichem Geiz. Pech für ihn, dass der Beitrag in *PP* just zu dem Zeitpunkt erschien, als Frau Lichtinghagen bei ihm in Köln-Marienburg vorbeischaute. Da lachte nicht nur die Branche.

Der Fall Zumwinkel verstärkte die Diskussion über das Versagen der Elite. Korrektheit, Aufrichtigkeit, Vertrauenswürdigkeit und Ehrgefühl sind Tugenden, die man vor allem Konservativen wie ihm zuschreibt, aber die Tugenden sind leider verlorengegangen. Der Mann, der etwa den Stundenlohn für Briefträger auf 10,30 Euro drückte, war habgierig. «Die Gier nach Geld macht keinen Halt bei denen, die schon Geld haben», analysierten der Münchner Wirtschaftsprofessor Dieter Frey und der wissenschaftliche Mitarbeiter Albrecht Schnabel den Fall Zumwinkel: «Man will immer mehr, man will das Maximum rausholen, alles versuchen, was man haben kann. Die Einsicht ist gering, man glaubt, man habe es verdient. Es fehlt das Unrechtsempfinden.»

«Für diese Art von Raffgier habe ich null Verständnis», schimpfte der Vorsitzende der SPD-Bundestagsfraktion, Peter Struck. Bundesinnenminister Wolfgang Schäuble zürnte: «Die Leute machen alles kaputt. Wenn die Eliten nicht mehr begreifen, dass sie sich an die Gesetze halten müssen, ist das schlimm.» Das Vertrauen in die soziale Marktwirtschaft werde vor allem «durch einen nicht unerheblichen Teil der wirtschaftlichen Elite gefährdet». Bundeskanzlerin Angela Merkel fand die Situation «bedrückend und schwierig».

Ein dubioser Datendieb

Der Fall wird nicht einfacher durch den Umstand, dass die Angaben über Zumwinkel von einem Liechtensteiner Datendieb stammten und vom Bundesnachrichtendienst, quasi im Auftrag der Bundesregierung, gekauft wurden. Hehlerware also.

Der Dieb, Heinrich Kieber, Jahrgang 1965, ist eine schillernde Figur. In Spanien war er im Zusammenhang mit Immobiliengeschäften als Betrüger aufgefallen; 1999 kam er als Computerspezialist zur LGT Treuhand. Er habe die Aufgabe gehabt, erklärte später die

Bank, «im Zuge der Überführung der Datenbestände in ein elektronisches Archiv eingescannte Unterlagen zu überprüfen». So kam eine ungewöhnliche Datensammlung zusammen: handschriftliche Vermerke der Bank-Mitarbeiter, Protokollnotizen, Korrespondenz der Kunden mit der Bank, Kontobewegungen. Im Fall Zumwinkel hatte Kieber Berichte über Besuche des Deutschen in der Bank gesichert. Zumwinkel soll sich erkundigt haben, ob es nicht sicherer wäre, sein Geld auf die Kaiman-Inseln zu transferieren.

Als seine spanische Vergangenheit 2002 ruchbar wurde, setzte sich Kieber aus Liechtenstein ins Ausland ab. Im Januar 2003 schickte er einen Brief und eine Tonbandkassette an den Fürsten. Entweder bekomme er für die Sache in Spanien Straffreiheit und dazu noch zwei falsche Reisepässe, oder er werde die Unterlagen an Behörden und Journalisten im Ausland weiterreichen. Stattdessen kam es zu einem Prozess in Liechtenstein. Kieber musste 600 000 Franken an die Geschädigten des Immobiliengeschäfts zahlen, erhielt eine Bewährungsstrafe und gab die Bank-Unterlagen wieder heraus. Was er nicht verriet: Er hatte sich heimlich auf vier DVDs Kopien gemacht. Auf den Datenträgern waren Angaben über mehr als 4500 Stiftungen und Institutionen in Liechtenstein gespeichert. Mehr als 1300 gehörten zu deutschen Anlegern. Einige von ihnen hatten dem Fiskus die Kapitalerträge gemeldet, die meisten allerdings nicht.

Kieber verhandelte zunächst heimlich mit amerikanischen und britischen Behörden über einen Verkauf der Daten. Es gibt zwei Versionen, wie er dann mit dem Bundesnachrichtendienst zusammenkam. Die offizielle geht so: Am 24. Januar 2006 habe sich Kieber unter einem weiblichen Pseudonym beim Bundesnachrichtendienst in Pullach gemeldet und auf seinen Schatz hingewiesen. Er habe sich dabei über das Thema Geldwäsche verbreitet. Ihn empöre, dass die Reichen an der Steuer vorbei ihr Geld mehrten. Erst habe er eine Deckadresse angegeben, dann hätten sich Nachrichtendienstler und Informant getroffen. Der BND habe sich dann bei der Wuppertaler Staatsanwaltschaft gemeldet, deren Leiter Liechtenstein-Spezialist ist und BND-Beamte kannte. Kieber, so geht die Geschichte weiter, habe zur Probe 14 Datensätze über nordrhein-westfälische Bürger überreicht, die in Liechtenstein Stiftungen eingerichtet hatten. Die Arbeitsproben hätten überzeugt.

Kanzleramt und Bundesfinanzministerium seien nun eingeschaltet worden. Kieber habe Geld verlangt. Am 12. Juni 2007 habe er dann für ein Informantenhonorar von 4,6 Millionen Euro den Steuerfahndern bei einem vom BND abgesicherten Treffen vier DVDs übergeben. Zehn Prozent Steuern habe der Zuträger bezahlen müssen, und dann sei er mit einer neuen Identität ausgestattet worden.

Fest steht, dass dann zwei Monate später die Zentrale der Liechtenstein-Fahnder in Wuppertal mit dem tüchtigen Leiter an der Spitze eingerichtet wurde. Er ist ebenso unorthodox und einfallsreich wie unerschrocken und legt viel Wert auf Anonymität. Dabei waren Steuerermittlungen in Sachen Dresdner Bank beispielsweise mit seinem Namen verbunden. Seit August 2007 nun saß er mit 41 Kollegen an dem Fall, und als es darum ging, eine Staatsanwaltschaft dafür zu gewinnen, war klar, dass die vier DVDs nach Bochum kommen würden. Im Herbst wurde Frau Lichtinghagen eingeschaltet, im Dezember begann sie mit der Aufarbeitung der rund 700 Fälle.

In ihren Akten findet sich kein Hinweis auf den BND. Der Chef der Wuppertaler Steuerfahnder, so immer noch die offizielle Version, soll ihr nur gesagt haben, der Datenträger sei «auf dem Wege der Amtshilfe beschafft» worden. In den Akten des zuständigen Bochumer Ermittlungsrichters, der etwa 900 Durchsuchungsbeschlüsse und auch Haftbefehle in dem Liechtenstein-Verfahren unterschrieben hat, findet sich ebenfalls kein Hinweis auf den BND; auch in seinen Dokumenten ist nur von «Amtshilfe» die Rede.

Die inoffizielle, also die nicht durch amtliche, sondern nur durch interne BND-Quellen verbreitete Version geht ganz anders: Der Nachrichtendienst, der schon 1999 einen umstrittenen Bericht über die «Geldwäsche-Community» in Liechtenstein verfasst hatte und danach heftiger Kritik aus dem Zwergstaat ausgesetzt gewesen sei, sei auf Revanche aus gewesen. Kieber habe sich nicht etwa aus freien Stücken in Pullach als Informant gemeldet, sondern der BND habe ihn direkt angeworben. Um diesen Umstand zu kaschieren, sei Kieber aufgefordert worden, sich als Informant auszugeben, der dem BND Unterlagen anbieten wolle. Eine Legende. Die Idee mit dem Frauennamen habe ein Nachrichtendienstler entwickelt. Demzufolge hätte der Dienst keine Amtshilfe leisten dürfen. Steuerhinterziehung von Deutschen geht den Dienst nichts an. Streng genommen hätte der Dienst Beihilfe zur Hehlerei geleistet.

Für die Fahnder ist nicht so entscheidend, ob ihr Informant der BND war oder nicht. Hilfe in Steuerverfahren kommt in der Regel von gehörnten Ehefrauen, die ihren untreuen Männern die Kontounterlagen entwenden und an die Steuerbeamten schicken. Moralisch betrachtet, ist das auch nicht die feine Art. «Aber wer redet da von Hehlerei?», hat Frau Lichtinghagen mal gefragt. Für sie sind Steuerhinterzieher Leute, die das Gemeinwohl schädigen. Bei Hausbesuchen beginnt sie Gespräche gern mit der Frage: «Sie stehen doch auf der Sonnenseite des Lebens, warum verhalten Sie sich dann sozialschädlich?» Normalerweise bekommt sie dann patzige Antworten. Die Feste Liechtenstein ist ihr vertraut. Sie hat mit den Steuerfahndern in den vergangenen Jahren mehr als 100 Verfahren gegen die Klienten des Treuhänders, Professor Dr. Dr. Herbert Batliner, geführt, der ein guter Bekannter des Altkanzlers Helmut Kohl ist (siehe «Vaduz-Veteranen» ab S. 243).

Auf Batliners Kundenliste standen Namen wie der des Milliardärs Friedrich Karl Flick, der ehemaligen persischen Kaiserin Soraya oder des Springreiters Paul Schockemöhle. Mehr als 80

Millionen Euro mussten die Hinterzieher an Steuern, Strafen und Geldbußen zahlen; «Liechtenstein I» war, ökonomisch und moralisch betrachtet, ein großer Erfolg.

Wer in diesem Sumpf gräbt, stößt ständig auf Leute, die moralisch gespaltene Persönlichkeiten sein müssen. Sie predigen Anstand, Ritterlichkeit, Ehrlichkeit und greifen doch nur gemein ab. Sind sie belehrbar? Vermutlich nicht. Leeres Pathos überall. Kann das Strafrecht andere, kann es überhaupt Leitbilder schaffen? Auf einer Tagung des Düsseldorfer Justizministeriums in Bensberg bei Köln, an der auch Generalbundesanwältin Monika Harms und der für Bochum zuständige Generalstaatsanwalt Manfred Proyer teilnahmen, waren sich die Teilnehmer im Frühjahr 2008 einig, dass Strafrecht nur *Ultima Ratio* sein könne, mehr nicht. Wörtlich heißt das: die letzte Vernunft, der letzte Ausweg, das letzte Mittel. Friedrich II. von Preußen benutzte die Formel (als Inschrift für seine Kanonen), Kardinal Richelieu angeblich auch.

Die kleinen Zumwinkels

Das neue Liechtenstein-Verfahren brachte auch jenseits der Causa Zumwinkel viele Überraschungen – gerade für Frau Lichtinghagen. «Es ist eine Ehre, dass Sie kommen», sagte ein Münchner, als die Staatsanwältin morgens mit einem Tross von Steuerfahndern in seiner Tür stand. Er habe, versicherte der ältere Mann, schon viel von ihr gehört. Nur Gutes?

Bei einem der Verdächtigen gab es Kaffee und Kuchen für die Ermittler. Und einige ältere Leute erklärten sogar, dass sie über die Aufdeckung ihres Liechtenstein-Schatzes geradezu erleichtert seien. «Nun kann ich sterben und das Problem in Liechtenstein ist gelöst», sagte ein bayerischer Millionär.

Viele Gespräche drehten sich ums Erbe, um Selbstanzeigen, um die Zukunft der Kinder, «die nicht mit so etwas belastet werden sollten», wie ein Kunde der LGT-Bank den Ermittlern eröffnete. Erben von Familienstiftungen beteuerten, sie hätten das Ansehen der verstorbenen Eltern «nicht durch eine Selbstanzeige belasten» wollen. Das klingt nett, aber ist es die Wahrheit?

Die Fahnder schauten auch bei Herbert Frey vorbei, einem Urenkel des Tuchmachers Johann Georg Frey, dessen Dynastie unter der Marke Lodenfrey firmiert. Seine Ehefrau hatte Anfang der neunziger Jahre von ihrem Stiefvater umgerechnet 1,2 Millionen Euro geerbt. Das Geld war bei der LGT-Bank angelegt. «So ernst haben wir das alles nicht genommen», sagte der 80 Jahre alte Herbert Frey einem Reporter. Ein paar Minuten nachdem die Steuerfahnder seine Villa in Schwabing betraten, schickte sein Anwalt per Fax eine vorbereitete Selbstanzeige.

Der EK Liechtenstein II lagen bis Mitte 2008 rund 200 Selbstanzeigen zu dem von ihr bearbeiteten Komplex vor. Am 18. Juli 2008 fand der erste Prozess in Bochum statt. Falls die Staatsanwaltschaft ein Pilotverfahren gesucht haben sollte, war das Verfahren gegen einen Homburger Immobilienkaufmann, Jahrgang 1941, eine gute Wahl. Der Fall wurde ausgedealt. Der Angeklagte war reuig und geständig. Die Verhandlung, ohne Zeugen, ohne Sachverständige, war nach gut drei Stunden schon beendet. Der Kaufmann wurde wegen Steuerhinterziehung zu zwei Jahren Haft auf Bewährung verurteilt und musste eine Geldauflage in Höhe von 7,5 Millionen Euro zahlen. Er hatte zwei Stiftungen in Liechtenstein eingerichtet und dem Fiskus 7,6 Millionen Euro vorenthalten. Aber er half den Ermittlern bei der Aufklärung seines Falles. Der Vorsitzende der 6. Strafkammer des Bochumer Landgerichts, Gerd Riechert, erklärte in seiner Urteilsbegründung, es wäre für die laufenden Verfahren ein falsches Signal gewesen, wenn bei den Beschuldigten der Eindruck entstünde, es lohne sich nicht, bei der Aufklärung mitzuwirken. Der Steuerflüchtling habe «wohl eingesehen, dass es Mist war, was er gemacht hat». 7,6 Millionen Euro ist ein ganz schön großer Misthaufen, aber beruhigend ist, dass auch so viel Mist weggeräumt werden kann.

Obwohl die Beschuldigten in vielen Teilen der Republik leben, werden fast alle Verfahren in Bochum durchgeführt. (Weitere 300 Selbstanzeigen beziehen sich zwar auf Liechtenstein, aber nicht auf die Bochumer Ermittlungen.) Dies ist unter anderem deshalb möglich, weil die Fälle als Auslandsstraftaten abgewickelt werden. Liechtensteiner Banker oder Treuhänder werden wegen Beihilfe angeklagt. Einige der Vaduzer Geldleute reisen seit dem Frühjahr 2008 nicht mehr nach Deutschland ein, weil sie ihre Festnahme befürchten.

Bei den meisten der von Frau Lichtinghagen und ihren Leuten heimgesuchten Steuersünder handelt es sich nach den Feststellungen der Fahnder um Angehörige des gehobenen Mittelstands.

Warum verschiebt jemand, dem es finanziell gutgeht, das Geld nach Liechtenstein, anstatt seinen Reichtum zu nutzen und zur Schau zu stellen? Frau Lichtinghagen kennt den Fall einer alten Frau, die in einer wirklich sehr billigen Mietwohnung hauste, aber heimlich 18 Millionen Euro im Zwergstaat gebunkert hatte. Auch bei Zumwinkel waren die Ermittler über die doch durchaus bescheidene Einrichtung erstaunt. «Die Fahnder hatten Luxus erwartet, den zur Schau gestellten Reichtum eines Mannes, der viel Geld verdient und noch mehr Wert auf das Sparen von Steuern legt», schrieb der *Spiegel*. «Aber sie wurden überrascht, als sie die große Villa in Köln betraten. Die Tapeten sind abgewetzt, in der Küche fehlt ein Stück vom Schrank, an der Wand hängen gewellte Bilder eines Hauses am Gardasee.» Vielleicht ist er wirklich von sehr kleinlichem Geiz.

Vaduz-Veteranen –
eine kurze Sittengeschichte

Als der mittlerweile selige Fürst von und zu Liechtenstein, Franz Josef II., 70 Jahre alt wurde, da bat die damals respektable Zürcher *Weltwoche* den Hofhistoriker Golo Mann, Seine Durchlaucht (S. D.) zu interviewen. Mann mimte den quasi hüstelnden Untertan: «Welche Eigenschaften des Menschen würden Sie als die schädlichsten ansehen?» S. D. antwortete: «Ich finde, das Schädlichste ist, nur an sich selbst zu denken. Daraus folgen dann leicht Neid, Egoismus, Missgunst, und daraus entsteht dann viel Unheil.» Ist das nicht, auch eingedenk des dazu vermutlich nachdenklich nickenden Golo Mann, eine nahezu göttliche Szene?

Oft beneiden die Ehrlichen die Unehrlichen, schauen die Korrekten missgünstig auf die Sudler. Auch sind Prediger des Gemeinwohls nicht selten heimliche Egoisten. Und kann es nicht sogar sein, dass Worte nicht nur das bedeuten, was sie bedeuten, sondern zugleich das glatte Gegenteil davon – so wie das Lewis Carroll in seinem Klassiker «Alice hinter den Spiegeln» beschreibt? Heißt dann im Fürstentum Liechtenstein Frieden Krieg und Wahrheit Lüge?

Die Finanzmanager der Alpenfeste, das zumindest ist sicher, sind, waren, werden sein: unschuldig und harmlos.

Oder?

Und wir? Die Deutschen? Und die Hochdekorierten unter uns, die in der Steueraffäre Liechtenstein eine Hinwendung zur Moral einfordern?

«Woanders: Zähneklappern und Geschlotter – doch auf der Alm, da gibt's keine Sünd, weil wir doch ALLE Hinterzieher sind», hatte Klaus Mann, der ältere Bruder von Golo, schon 1933 in seinem satirischen Gedicht «Liechtenstein» geschrieben.

Dazu ist zu sagen, dass gerade die Hochdekorierten der Bundesrepublik gerne in wildeste Abenteuer verstrickt waren, die in Liechtenstein spielten. (Von Möllemann oder Barschel hier mal gar nicht zu reden.) Mit dem Großen Bundesverdienstkreuz ausgezeichnete Würdenträger, Statthalter der deutschen Statthalterei des Ritterordens vom Heiligen Grabe, also echte Abendländer sozusagen mit Zwickel, Zigarre und Mensur – sie alle machten mit Hilfe der Liechtensteiner die krummsten Geschäfte. Abgebrüht. Eiskalt. Verglichen mit ihnen, vermitteln die Steuerhinterzieher unserer Tage, die Metzger oder jene, die irgendwas in Import-Export machen, geradezu einen blamabel kleinformatigen Eindruck.

Das dreiste Gebaren der Alten lässt übrigens die Frage, warum die Bundesrepublik viele Jahre mit stoischer Gelassenheit das Vorgehen des aus deutscher Sicht sozialschädlichen Nachbarn geduldet hat, in einem ganz anderen Licht erscheinen: Die Komplizen, Gehilfen, Profiteure liechtensteinischer Verhältnisse saßen hierzulande stets weit oben. Warum zum Beispiel wurden hessische Steuerfahnder in den vergangenen Jahren von der eigenen Obrigkeit ausgebremst, sodass mancher von ihnen resignierte und den Job wechselte? Die Handbremse wird ja doch immer von oben gezogen. Zum großen Sittengemälde der Bundesrepublik gehören auch sie: die schmutzigen Gelder, die in Liechtenstein gewaschen wurden und am Ende in den Schatullen von deutschen Politikern oder Parteien landeten. Staatstragende Parteien haben dabei am Staat vorbei agiert und den Staat damit betrogen. Als sie erwischt wurden, versuchten sie Anfang der achtziger Jahre den Putsch von oben – die Amnestie. Nur zu gut ist noch in Erinnerung, dass sie, als die Enttarnung drohte, Abweichler aus den eigenen Reihen als «Erbsenzähler» und «puristische Gerechtigkeitsfanatiker» verhöhnten und aus der Stammesgemeinschaft ausstießen.

Die jüngere Geschichte der Kumpanei mit dem Hinterziehungsland Liechtenstein begann 1944 im Pariser Hotel Majestic. Der promovierte Betriebswirt Hans Buwert, Jahrgang 1897, führte den Titel des Stellvertretenden Reichsgruppenverwalters und war Hauptschriftleiter des NS-Kampfblattes *Nationale Wirtschaft*. Buwert, dem im Ersten Weltkrieg ein Granatsplitter das rechte Augenlicht gekostet hatte, war ein richtiger Sozi-Fresser. Er entwarf mit Gleichgesinnten Pläne, wie nach einem verlorenen Krieg ein politischer Siegeszug der Roten gestoppt werden könne. Buwert erarbeitete das Konzept für den Bundesverband der Deutschen Industrie (BDI), der in Köln 1965 die Staatsbürgerliche Vereinigung (SV) gründete; einen Verein zur Parteienfinanzierung durch Zuwendungen, vor allem an die CDU. Als erster Präsident agierte AEG-Chef Friedrich Spennrath, die Geschäfte machte Buwert, der später auch der letzte Präsident der SV war.

Im Kanzleramt wachte damals Konrad Adenauer höchstselbst – assistiert von den Bankiers Hermann Josef Abs und Robert Pferdmenges sowie seinem Staatssekretär, dem Kommentator der Nürnberger Rassengesetze, Hans Globke – über die Verteilung des Geldes. Der Alte von Rhöndorf hatte im Kanzleramt sogar einen Tresor und setzte Bares im politischen Kampf ein – wie später auch der Bimbes-Kanzler Helmut Kohl.

Was da in den Fünfzigern begann, war bald eindeutig gesetzeswidrig. Nach einem Urteil des Bundesverfassungsgerichtes war es ab 1958 der SV verboten, Geld für die mittelbare und die unmittelbare Unterstützung politischer Parteien zu verwenden. Der Verein, der zuvor schon aus Opportunitätsgründen den Steuersitz vom damals roten Rheinland ins damals schwarze Rheinland-Pfalz verlegt hatte, weil er dort nicht geprüft wurde, wechselte in die Illegalität – nach Liechtenstein, wo Neugierde von außen immer schon nach Schwefel roch.

Im Dezember 1960 wurde in Vaduz das «Etablissement Aspe» gegründet. Die Drahtzieher dieses Etablissements, das angeblich «die Sozialstrukturen sämtlicher Länder Europas» beobachtete, tauchten in amtlichen Unterlagen nicht auf. Sie saßen auf den Kommandohöhen der Wirtschaft. Feine, etablierte Herren. Treuhänder der Aspe aber wurde Dr. Dr. Herbert Batliner, Jurist und Ökonom, der über viele Jahrzehnte virtuos die speziellen Möglichkeiten des Finanzplatzes Liechtenstein nutzen sollte. Er gehörte später zum Bekanntenkreis von Helmut Kohl und geriet erst spät ins Visier der Bochumer Staatsanwaltschaft, die gegen ihn ein Ermittlungsverfahren einleitete. Mit einer Millionenstrafe wegen Beihilfe zur Steuerhinterziehung kam Batliner milde davon. Die vorgeblich gemeinnützige Aspe, die sich angeblich um Forschungsvorhaben kümmern sollte – sie war die erste Tarnadresse der SV im Ausland.

Bei Herbert Batliner etablierten die Konservativen bald eine zweite Briefkasten-Adresse. Das «Etablissement Inter-Droit», das angeblich die «völkerrechtlichen Grundlagen der Menschheit» bewahren wollte. Hinzu kam noch ein «Etablissement Wisotest», das nicht bei Batliner, sondern bei einem anderen liechtensteinischen Treuhänder untergebracht war. Der Trick war einfach: Die SV überwies via Zürich Gelder an die Etablissements. Vorteil für die Spender aus der Industrie: Die Geber konnten die Gaben von der Steuer absetzen und blieben anonym. Vorteil für Union und FDP, die in den Genuss der gewaschenen Spenden kamen: Sie bekamen mehr Geld von den Spendern.

Die Hinterzieher gingen konspirativ vor. Sie verwendeten Tarnnamen, Tarnadressen, und sie waren wild entschlossen, sich von Staatsanwälten und Steuerfahndern nicht beirren zu lassen. Die mussten draußen gehalten werden. «Eine Partei muss eine gute finanzielle und Rechtsbasis haben», erklärte Konrad Adenauer auf einer Sitzung des CDU-Bundesvorstands im Mai 1962: «Wie die Dinge bisher sind, stehen wir alle mit einem Fuß im oder – sagen wir besser – neben dem Gefängnis.» Der Protokollführer notierte in der Sitzung «Bewegung und Unruhe».

Erhalten geblieben ist auch der Brief des früheren BDI-Präsidenten Fitz Berg an einen Top-Manager: «Wenn wir an diesem System nicht mit der äußersten Hartnäckigkeit festhalten», werde das zu einer «entscheidenden Verschiebung der innenpolitischen Kräfte führen, und zwar im wesentlichen zu Ungunsten der Wirtschaft».

Die Geschichte hätten sich die Filmregisseure Claude Chabrol («Die Masken») oder Luis Buñuel («Der diskrete Charme der Bourgeoisie») nicht besser ausdenken können. Hinter der Fassade der Union, in den Tarnpapieren der SV, «GR I» genannt, und auch der FDP («GR II») betrieb jahrzehntelang ein Trupp von Steuerhinterziehern sein Spiel. Die Geber setzten das Geld im politischen Kampf ein. Sie besprachen mit den Empfängern, wie der Ausbau der Mitbestimmung verhindert werden könnte, wer der geeignete Kanzlerkandidat wäre, wie der Wahlkampf geführt werden sollte.

Die Politik lief an der Gängelleine der Wirtschaft, deren Millionen über Liechtenstein geschleust wurden. Fast so, wie sich auf der äußeren Gegenseite des politischen Spektrums die Vertreter der Lehre vom Staatsmonopolistischen Kapitalismus (Stamokap) immer die Welt vorgestellt haben.

Die Hinterzieher der Parteien hatten nicht nur Helfer, sondern auch Helfershelfer. Der vielleicht prominenteste war der Leiter des «Instituts für Staatslehre und Politik e.V.» an der Uni Würzburg, Professor Dr. Friedrich August von der Heydte. Er kassierte für die Weiterleitung von Spendengeld ein Prozent Provision. (Die SV-Verschwörer richteten auch private, eigene Stiftungen in Liechtenstein ein.)

Der CSU-Freiherr, Vorsitzender der «Abendländischen Akademie», wurde weltweit bekannt, als er unter anderem wegen einer *Spiegel*-Titelgeschichte über das Fallex-Manöver und den Zustand der Bundeswehr bei der Bundesanwaltschaft Anzeige wegen Landesverrats erstattete und damit 1961 die *Spiegel*-Affäre einleitete. «Wenn ein Heydte Pflicht und Ehre nicht mehr achtet und verletzt, soll sein Stamm mit ihm verdorren – nicht beachtet und geschätzt», hieß es in einem Familienlied der von der Heydtes, das der alte Herr, ein großer Militär, gerne und oft zitierte.

War es also Pflicht, diesen Staat übers Ohr zu hauen, sich an Steuerbetrügereien größten Ausmaßes zu beteiligen? War es schon damals eine Art Ehre, den Fiskus zu betrügen? Umgerechnet mehr als hundert Millionen Euro wurden mit Hilfe der SV verschoben, und viele Jahre lang schaute die Finanzverwaltung weg. Als die SV Anfang der achtziger Jahre auf Betreiben Kohls aufgelöst wurde, sicherte sich die hessische CDU noch ein paar Millionen des Schatzes. Dieses Geld und weitere Millionen legten hessische CDU-Geldverwalter wieder bei Batliner an. Es war jenes Geld, das unter anderen den Mitwisser Manfred Kanther vor Gericht brachte, als Bundesinnenminister früher mal für die Bekämpfung betrügerischer Delikte zuständig. Parteisoldat Kanther meinte dazu, er stehe nicht wegen Untreue, sondern wegen Übertreue vor Gericht. Eine Treue, die mit Recht und Gesetz nichts zu tun hatte.

Und Kohl? Von den liechtensteinischen Stiftungen hat er, sagt er, nichts gewusst. Natürlich nicht. Er wusste nur von einem Tresor in Zürich, in dem viel Geld und Unterlagen gebunkert waren. Und ganz vielleicht nur erinnert er sich ja an seinen Bekannten Batliner, der für ihn und mit ihm beispielsweise 1993 in Liechtenstein eine Benefizveranstaltung mit dem schönen Namen «Alles Kohl» durchführte. Der Liechtensteiner Kommerzienrat, Ex-Betreuer von Aspe und Inter-Droit, verwaltete in den achtziger und neunziger Jahren die Stiftung «Zaunkönig», mit deren Hilfe die hessische CDU ihr Schwarzgeld versteckte, und die «Norfolk»-Stiftung, mit der die Bundes-CDU ihre geheimen Konten in der Schweiz verschleierte. Herbert Batliner beteuert, er habe nicht gewusst, dass die CDU hinter alledem steckte. Natürlich nicht. Ehrenwort.

Batliner – Träger der «Goldenen Pfadfinderlilie» und des «Großen Tiroler Adlerordens» – ist selbstverständlich nicht nur Kunstmäzen, Kunstfreund, sondern auch Moralist. Als er vor ein paar Jahren sein Büro an eine «First Advisory Group» übergab, schrieb er in einem Abschiedsbrief an seine Kunden: «Zu wissen, dass ethische und moralische Grundsätze das größte Gut in meiner Berufsauffassung waren, erfüllt mich mit berechtigtem Stolz für das Geleistete und Erreichte.»

«Ich war mit im Dreck»:
Wenn Bürger Alarm schlagen

Es ist schon seltsam: Für viele Begriffe der internationalen Wirtschafts- und Unternehmensethik gibt es keinen entsprechenden deutschen Ausdruck. Das gilt auch für das englische Wort «Whistleblowing», das – soweit ersichtlich – erstmals 1963 in den USA benutzt wurde.

Die Bedeutung dieses Anglizismus ist umstritten. Autoren haben, je nach gesellschaftlichem Standort, den Ausdruck mit «Alarmschlagen», «Alarmglocken-Läuten» oder «Verpfeifen» übersetzt. «To blow the whistle», das steht für den korrekten und für den falschen Schiedsrichterpfiff. Manche verwenden das Wort «Whistleblower» auch als Synonym für «Hinweisgeber». Die Bezeichnung «ethische Dissidenten» verwendet Dieter Deiseroth, Richter am Bundesverwaltungsgericht und Kenner der Materie.

Der Schweizer Professor Klaus M. Leisinger, Präsident und Geschäftsführer der Novartis Stiftung für Nachhaltige Entwicklung, dessen Buch über «Whistleblowing und Corporate Reputation Management» 2003 erschienen ist, versteht unter Whistleblowing «einen Informationsprozess, durch den Menschen in Unternehmen, die selbst nicht die Macht haben, korrigierend einzugreifen, sich gegen illegale oder als illegitim empfundene Praktiken nichttrivialer Art wenden. Die Berichterstattung erfolgt in der Regel außerhalb des Dienstweges; jedenfalls dann, wenn alle anderen Bemühungen erfolglos blieben und der Missstand fortbesteht.

Das Motiv zum Handeln ist gemeinwohlorientiert und dient nicht primär eigenen materiellen Vorteilen.» Enthüllt werden, so Richter Deiseroth, «rechtlich und ethisch fragwürdige Praktiken von Entscheidungsträgern, die Interessen von Bürgern oder der Allgemeinheit beeinträchtigen (können)» – das gilt für Machenschaften in Firmen ebenso wie in Behörden.

Ob der Whistleblower dabei uneigennützig und altruistisch dem Guten zum Durchbruch verhelfen möchte oder aus niederen Motiven agiert, ist manchmal völlig unerheblich: Spätestens seit dem 1714 erschienenen Werk «Die Bienenfabel oder Private Laster, öffentliche Vorteile» des niederländischen Sozialtheoretikers Bernard Mandeville gibt es die Theorie, dass auch Handlungen aus verwerflichen Motiven mitunter für das Gemeinwohl förderlich sein können. Wenn demnach ein eher charakterschwacher (vielleicht sogar hinterhältiger) Tippgeber auf Missstände von erheblicher Bedeutung aufmerksam macht und auf diese Weise großen Schaden abwendet, bleibt er ein unsympathischer Zeitgenosse, aber er hat sich um das Gemeinwohl verdient gemacht. Wenn hingegen ein sympathischer, uneigennütziger Whistleblower seine Klage nicht ausreichend belegen kann oder sich einfach geirrt hat, handelt er nicht nur unprofessionell, sondern er schadet womöglich dem Gemeinwohlinteresse. Nicht jeder, der sich was traut, ist übrigens ein Robin Hood.

Nach Leisingers Feststellungen sind Whistleblower allerdings in der Regel Leute, «denen das Schicksal der Firma am Herzen liegt, die eher eine gute Ausbildung haben, eher gut bezahlt sind und eher länger im Unternehmen arbeiten». Ein Grobraster der untersuchten Fälle deute «auf eine Reihe eher positiver Charakteristika hin».

Die Überbringer der schlechten Botschaft müssen sich indes oft auf einiges gefasst machen. «Wer die Courage hat, seine eigene berufliche Tätigkeit wie die der gesamten Firma unter ethischen

Gesichtspunkten zu betrachten, wer wenigstens die gesetzlichen, rechtlichen, gesundheitlichen, sozialen oder ökologischen Standards erwartet oder einfordert, der findet sich mitunter in Konfrontation mit Kollegen oder Chefs wieder», schreibt Norbert Copray, Direktor der Frankfurter Fairness-Stiftung, in einem Aufsatz. Wenn beim Whistleblowing der Hinweisgeber nicht anonym bleibe, seien «Abmahnungen, Kündigungen, Kündigungsschutzklagen, Wiedereinstellungen, Aufhebungsverträge und Abfindungen … symptomatisch». Vor allem Führungskräfte hätten «gelernt, wegzuschauen, wegzuducken und wegzuerklären».

Der frühere Bundesverfassungsrichter Jürgen Kühling hat sich 1999 kritisch über den juristischen Status der Whistleblower in Deutschland geäußert:

«Das Recht schützt – auch bei uns – die dunklen Geheimnisse der Mächtigen. Wer rechtswidrige oder gemeinschädliche Handlungen staatlicher Stellen oder seines Arbeitgebers offenlegt, verletzt regelmäßig Verschwiegenheitspflichten und setzt sich Maßregelungen aus. Der beamtenrechtliche Ausnahmetatbestand ist eng gefasst: Nur strafbares Verhalten darf der Beamte anzeigen.

Im Arbeitsrecht gibt es kein allgemein anerkanntes gesetzliches Maßregelverbot für Whistleblower. Der strafrechtliche Schutz von Staats-, Amts- und Geschäftsgeheimnissen reicht weit und kennt ebenfalls keine generelle Ausnahme für rechtswidrige oder gemeinschädliche Tatsachen.

Auch das gesellschaftliche Umfeld des Whistleblowers ist gewöhnlich nicht auf seiner Seite. Sein Verhalten wird als Verrat eingestuft, gilt als illoyal. Ein tiefverwurzeltes Ethos der Gefolgstreue überlagert die Grundsätze einer aufgeklärten Ethik, die sein Verhalten gutheißt. Von Freunden gemieden, vom Recht verfolgt – das ist das gewöhnliche Schicksal desjenigen, der sich im Interesse von Frieden, Umwelt oder anderen höchstrangigen Rechtsgütern zum Bruch der Verschwiegenheit entschließt.»

Über Risiken und Chancen von Whistleblowern, deren Identität bekannt geworden ist, gibt es diverse Untersuchungen. Das Fazit der meisten Betrachtungen lautet: In der Regel sehen und behandeln Hierarchen das Aufdecken von Missständen als Verrat oder Nestbeschmutzung.

In den vier folgenden Fallstudien werden zum Teil dramatische Konflikte der Warner sichtbar. Ihre Beispiele sollen potenzielle Hinweisgeber nicht abschrecken. Aus den gemachten Erfahrungen ergibt sich aber die Forderung nach einem neuen, verbesserten Whistleblower-Schutz, auf den abschließend eingegangen wird.

Fall 1: Stanley Adams

Die Causa des in Malta geborenen Briten ist ein besonders tragischer Fall, der zwar eine Weile zurückliegt, aber bis heute Diskussionen in der internationalen Whistleblower-Szene beeinflusst. Adams' Schicksal veranlasste die Europäische Kommission, die Vorkehrungen zum Schutz von Informanten zu stärken.

Der Manager arbeitete Anfang der siebziger Jahre in Basel bei Hoffmann-La Roche und war in der Abteilung Rohvitamine und Feinchemikalien Regional Director im Verkauf. Ende der neunziger Jahre fiel diese Abteilung – wie im Kapitel «Kundenservice» beschrieben – mit Preisabsprachen in den USA und in Europa auf.

Adams informierte die EG-Kommission schon 1973 darüber, wie der Pharmakonzern seine marktbeherrschende Stellung zu Preismanipulationen und Kartellbildung nutzte und dadurch gegen europäische Gesetze verstieß. Er schrieb einen Brief an den für Wettbewerbsfragen zuständigen EG-Kommissar, lieferte firmeninterne Unterlagen, reichte auf Anfrage noch Dokumente nach. Er verließ den Konzern, weil ihm das System der Absprachen missfiel. Er war ein Mann mit Prinzipien. Im Oktober 1974 fanden Razzien bei Roche in Paris und Brüssel statt. Adams' Informationen wurden durch Funde bestätigt.

Natürlich war vereinbart worden, dass sein Name niemals auftauchen würde. Das beschlagnahmte Material hätte für ein Kartellverfahren gereicht. Der damalige Stellvertreter der Abteilung Wettbewerb war jedoch eine Plaudertasche. Er sagte – vertraulich, versteht sich – einem Roche-Anwalt den Namen des geheimnisvollen Informanten.

Der Rest war Formsache. Roche erstattete Anzeige. Am 1. Januar 1975 wurde der ahnungslose Adams verhaftet. Er kam in Untersuchungshaft und wurde wegen fortgesetzten «wirtschaftlichen Nachrichtendienstes», wie bei den Eidgenossen der Paragraph 273 des Strafgesetzbuches heißt, von einem Gericht des Kantons Basel-Stadt zu zwölf Monaten Haft auf Bewährung verurteilt. Auch sollte er für fünf Jahre das Land verlassen (dieses Detail der Entscheidung wurde später korrigiert). Die Gerichtsverhandlung fand unter Ausschluss der Öffentlichkeit statt, weil es ja angeblich um Geheimnisse ging.

Seine Frau, mit der er drei Kinder hatte, war ebenfalls verhört worden. Sie stellte mehrere Anträge, ihn während der Untersuchungshaft besuchen zu dürfen, doch das wurde ihr nicht erlaubt. Sie beging Selbstmord. Adams durfte nicht einmal an ihrer Beerdigung teilnehmen. Von seinen ehemaligen Kollegen geächtet, von der EG-Kommission im Stich gelassen, verließ er das Land.

Und Roche? Der Konzern wurde von der Europäischen Kommission zu einer Geldbuße in Höhe von rund einer Million Franken verurteilt. Auf Einspruch des Unternehmens wurde das Urteil noch einmal deutlich reduziert. Die Kommission hätte, theoretisch, eine Strafe in Höhe von zehn Prozent des Jahresumsatzes verhängen können. Sie entschied sich in diesem Fall für 0,01 Prozent des Jahresumsatzes als Sanktion.

Der Whistleblower schrieb ein Buch über seinen Fall («Hoffmann-La Roche gegen Adams»), aber er war ruiniert. Auf die Frage, ob er noch einmal so handeln würde, sagte er später: «Wenn ich den Tod meiner Frau beiseitelasse, dann würde ich ohne Zögern ja sagen. Wenn du eine Geschichte zu erzählen hast, dann rate ich: Erzähl sie! Es ist besser, aufrecht zu sterben, als auf Knien zu leben.»

Fall 2: Christoph Meili

«Was würde passieren, wenn die Bank wichtige Unterlagen vernichten würde?», fragte der Wachmann Christoph Meili am 8. Januar 1997 die Pressesprecherin der damaligen Schweizerischen Bankgesellschaft (SBG). Den Grund für die Frage nannte er nicht, und die SBG-Sprecherin antwortete sachlich: «Ich denke, die Medien würden sich darauf stürzen.»

Meili, Jahrgang 1968, hatte zuvor bei einem Kontrollgang in einem Schredderraum vergilbte Dokumente entdeckt. In zwei Sackwagen fand er Protokolle über die Kollaboration von Schweizer Banken mit den Nazis. Weiteres, offenbar umfangreiches Material war schon geschreddert worden. Meili sagte später, er habe sich gleich daran erinnert, dass die Regierung erst wenige Wochen zuvor im Zusammenhang mit der Suche nach Konten von Holocaust-Opfern die Vernichtung solcher Akten verboten hatte.

Der Wachmann bot sein Material zunächst telefonisch der israelischen Botschaft in Bern an und stieß auf geringes Interesse. Ein Gesprächspartner meinte, Meili könne der Botschaft die Unterlagen schicken, es pressiere aber nicht. Meili war enttäuscht. Noch am selben Tag brachte er die Papiere zur Israelitischen Cultusgemeinde Zürich, und deren Präsident war elektrisiert. Er erstattete Anzeige gegen die Bank, händigte das Material der Polizei aus und nannte den Namen des Boten nicht. Geheim. Das war korrekt.

Anderntags allerdings schaute der Präsident bei Meili vorbei, er vermittelte ihm einen Anwalt und brachte ihn mit einer Journalistin in Verbindung, die schon mehrere Geschichten über die sogenannten nachrichtenlosen Vermögen, das Geld von Holocaust-Opfern, geschrieben hatte. Sie fotografierte Meili mit den von ihm sichergestellten Folianten und erhielt von ihm eine Kopie der Dokumente. Meili machte eine Aussage bei der Kriminalpolizei und gab zu Protokoll, er habe «der Wahrheit zuliebe» aufrütteln wollen. «Wenn mir Gott diese Akten in die Hand gibt», erklärte er Reportern der *SonntagsZeitung*, «so muss ich etwas damit unternehmen.»

Wenn Whistleblower oder Informanten solches Sendungsbewusstsein haben, sind sie potenziell gefährdet, aber Meili erntete zunächst in der Öffentlichkeit Respekt. «Er ist ein persönliches Risiko eingegangen, um Unverantwortliches aufzudecken», kommentierte die *Neue Zürcher Zeitung (NZZ)*. «Es würde der SBG gut anstehen, den Tatbeweis für ihr Bedauern auch so zu liefern, dass sie dafür sorgt, dass Meili keine materiellen Nachteile aus seinem Handeln entstehen.»

Der übliche Streit begann: Waren die zerstörten Dokumente bedeutsam oder nicht? Ein Fehler des Archivars, nichts Gravierendes, meinte die Bank. «Was vernichtet wurde, war uninteressant», behauptete der damalige SBG-Verwaltungsratspräsident. Ähnlich sahen es auch die Bankenkommission und die Bezirksanwaltschaft. Die zuständige Bergier-Kommission war allerdings anderer Ansicht. Die Aktenvernichtung sei «entweder kriminell oder kriminell dumm» gewesen, fand die *NZZ*.

Meili wurde als Held gefeiert und als Denunziant verteufelt. Er bekam 31 Menschenrechtsauszeichnungen, wurde vom *Time Magazine* 2002 zur eidgenössischen *Person of the Year* gekürt. Aber er verlor seinen Job, anonyme Schmierfinken drohten ihm mit Tod und Entführung. «Mein heutiger Wissensstand lässt mich vermuten, dass die Gründe, die Meili für sein Handeln angab, nicht die einzigen sind», stichelte der damalige SBG-Verwaltungsratspräsident.

Meili zog mit der Familie in die USA. Dort trennte sich die Ehefrau von ihm und nahm die Kinder mit. Er bekam auf Vermittlung eines Senators «politisches Asyl» in den USA und fühlte sich bald von jüdischen Organisationen ausgenutzt. Er überwarf sich mit seinem auf Sammelklagen spezialisierten Anwalt, der im Namen von Naziopfern und ihren Nachkommen von Schweizer Banken eine Entschädigung von zwanzig Milliarden Dollar verlangte. Meili war eine Art Kronzeuge der Anklage. Eine ihm angeblich zugesicherte Belohnung in Höhe von einer Million Dollar hat er jedoch nicht bekommen.

Die Medien, die ihn einst gefeiert hatten, demontierten ihn, weil er in völliger Selbstüberschätzung seiner Rolle nicht gewachsen war. Dramaturgisch gesehen, hatte er erst als Held die richtige Fallhöhe. Der einstige Aufdecker und Whistleblower hat in den vergangenen Jahren «ein paarmal an Selbstmord gedacht». Er würde «nicht mehr Alarm schlagen».

Fall 3: Anonymus

Der Anonymus, dem Schmiergeldschiebereien beim Luftfahrt- und Militärkonzern European Aeronautic Defence and Space Company N.V. (EADS) ein Dorn im Auge waren und der auf staatliche Hilfe hoffte, muss ein ungewöhnlich hartnäckiger Zeitgenosse sein.

Im September 1997 schrieb der Unermüdliche erstmals an das «Bundesministerium der Verteidigung, ES» – die Großbuchstaben stehen für «Ermittlung in Sonderangelegenheiten». Ein Insider also. Der Unbekannte machte darauf aufmerksam, dass es bei der Vergabe von Unteraufträgen im Bereich der Technisch-Logistischen Betreuungsdienstleistungen (TLB) für Militärflugzeuge zu Unregelmäßigkeiten gekommen sei. Das Schreiben trug weder Absender noch Datum, auch fehlte eine Unterschrift.

Am 20. Januar 2001 meldete sich der Unbekannte erneut. Diesmal war seine Anzeige an den «Bundesminister für Verteidigung, Herrn Rudolf Scharping», gerichtet, und im Briefkopf stand als Absender: «EADS Deutschland GmbH, Militärflugzeuge». Unterzeichnet hatte er mit den Initialen «H.K.». Da hätte der Absender auch gleich «N.N.» schreiben können – das ist lateinisch und steht für «Nomen Nescio» («den Namen weiß ich nicht»). Diesmal beschuldigte er mehrere EADS-Mitarbeiter der Korruption und skizzierte in Umrissen ein internes Schmiergeldsystem.

Vermutlich hat er dann sehr ungeduldig auf die Heimsuchung durch staatliche Ermittler gewartet. Die Innenrevision des Unternehmens, die zwar einen Verdacht hegte, aber nichts Verdächtiges fand, reichte ihm nicht. Denn nur fünf Monate später, am 20. Juni, formulierte er die dritte Anzeige. Erneut war der Brief an Scharping adressiert. Derselbe Absender, dieselben Initialen. Neu war, dass der Namenlose ankündigte, er werde künftig drei weitere Institutionen über seinen Verdacht informieren: die CDU, das Bundesamt für Wehrtechnik und Beschaffung in Koblenz sowie die *Monitor*-Redaktion in Köln. Der Hinweisgeber behauptete, bei Aufträgen von EADS seien zwei Firmen, eine Roma Planung GmbH in München und eine Synergie Services GmbH in Gera, auffällig bevorzugt worden.

Die drei Briefe landeten nach einigen Wirren bei der als zupackend bekannten Münchner Staatsanwaltschaft, die erst Vorermittlungen einleitete und dann im September 2004 die für solche Fälle zuständige Abteilung des Bayerischen Landeskriminalamts einschaltete. Im Dezember 2004 rückten die Fahnder aus: Neunzehn Wohnungen und Büros wurden durchsucht, sechs Verdächtige festgenommen.

Bevor einige Details dieses wegen der arbeitsteiligen Vorgehensweise der korrupten Manager recht ungewöhnlichen Falles geschildert werden, ein paar Bemerkungen zum Konzern: Bei EADS handelt es sich nicht um ein gewöhnliches Unternehmen. Seit seiner Gründung befindet es sich im Würgegriff der Politik; es fehlt an Führung, Kontrollen und Verlässlichkeit.

Deutsche, Franzosen, Spanier und neuerdings auch Russen halten Anteile an dem Unternehmen, das in einer korruptionsanfälligen Branche Geschäfte macht. Die Korruption ist, wie Altlinke sagen würden, bei solchen Produkten geradezu systemimmanent: Flugzeuge (Airbus), Hubschrauber (Eurocopter), Weltraumraketen (Ariane), Satelliten (Astrium), Kampfflugzeuge (Eurofighter) und andere Rüstungsgüter ziehen Wirtschaftskriminelle geradezu an.

Ein einziges großes Rüstungsgeschäft, bei dem einmal kräftig geschmiert wurde, hat manchen Gauner schon zum Multimillionär gemacht; auch beim Verkauf von Zivilflugzeugen geht es, wie die Deutschen im Fall des Waffenlobbyisten Karlheinz Schreiber lernten, oft nicht nach den Regeln des ehrbaren Kaufmanns zu. Stille Vermittler, erfahrene Waffenhändler und korrupte Staatsbedienstete gehören zu diesem Milieu wie das Krokodil zum Kasperletheater. Manche von ihnen können auf unnachahmliche Weise Geldflüsse mäandern lassen, und dubiose Geschäftsvorgänge sind fast normal. Mitunter beschäftigen sich – wie im Jahr 2007 in Österreich – Untersuchungsausschüsse mit dem Sujet. Beim 2,2 Milliarden Euro teuren größten Rüstungsprojekt der Zweiten Republik, dem Kauf von 18 Eurofightern, sind Millionen wie von Zauberhand verschwunden und haben sich merkwürdigste Dinge in Serie ereignet. Nach rund 50 Sitzungen und der Befragung von knapp 150 Zeugen kamen die Parlamentarier nach rund vierhundert Stunden Ausschussarbeit im Juli zu einem eher unspektakulären Ergebnis. Es gab ein paar Empfehlungen, ein paar Rügen der Opposition, und dabei blieb es. Statt 18 werden 15 Eurofighter angeschafft.

Der Lohn für all die Mühe bei der versuchten Aufklärung solcher Verdachtsfälle ist häufig nur das ungläubige Staunen der gewatschten Oligarchen, bevor sie sich dann wieder ihren Geschäften zuwenden. Auch deshalb ist jenes Verfahren gegen Manager der EADS aus Ottobrunn, das die Münchner Ermittler in den vergangenen Jahren nach den Hinweisen des Anonymus aufrollten, zwar viel kleiner als die großen Verdächtigungen in Wien, aber auch sehr unangenehm. In den acht Ordnern mit dem Aktenzeichen 561Js 43556/05 wird das Wirken einer Gruppe dokumentiert, die bandenähnliche Strukturen hatte und deren Mitglieder sehr gierig waren.

Da ist zuerst Ronald S., Jahrgang 1951, zu nennen. Lange Jahre war er als Leiter des Bereichs MB-4 bei EADS mit der Vergabe von TLB-Leistungen an Unterauftragnehmer beschäftigt. Das klingt harmlos, aber sein Wort galt und war also Geld wert. Der Ingenieur hatte es zum Chef von rund 530 Mitarbeitern gebracht. Zuletzt trug er den Titel Senior Vice President Programme. Bereits in den Anzeigen des unbekannten Tippgebers war ihm eine besondere Rolle zugeschrieben worden. S. musste zweimal in Untersuchungshaft einrücken.

Seine rechte Hand war der fünf Jahre ältere Hans M., der für die Prüfung der Produkte zuständig war und im Ruf stand, sehr streng zu sein. «Herr M. baute ständig eine Atmosphäre der Einschüchterung und Drohung auf», steht in amtlichen Vermerken. M. verbrachte drei Monate in Untersuchungshaft.

Rüdiger S., Jahrgang 1939, war der Ranghöchste der Clique. Er hatte zwar Maschinenbau studiert, war aber vorwiegend mit juristischen Angelegenheiten befasst. Als Leiter der Betreuungsprogramme Tornado arbeitete er als dessen Vorgesetzter eng mit Ronald S. zusammen. Er verbrachte zu seiner eigenen Verwunderung zweieinhalb Monate in Untersuchungshaft.

Gerd F., gelernter Bürokaufmann, war ein Spezialist für Softwareprogramme bei MB-4 und zuständig für die Bearbeitung von Handbüchern des Geschäftsbereichs Military Aircraft. Seine Aufgabe bestand unter anderem darin, Fremdfirmen mit der Digitalisierung von Handbüchern für den Kampfjet Tornado zu beauftragen. Er schied 2003 mit 56 Jahren bei der EADS aus und erhielt eine Abfindung in Höhe von 210 000 Euro netto. Auch er saß in Untersuchungshaft.

Gerd W., Jahrgang 1943, ist gelernter Journalist und galt in der Gruppe als Spezialist für technische Dokumentationen. Er war Leiter der Organisation Airbus Industries Services Data Deutschland und trug in der Gruppe den Spitznamen «Mister Airbus». Er saß drei Wochen in Untersuchungshaft.

Dann gab es Leute außerhalb der EADS: Günther N., Jahrgang 1956, gelernter Bankkaufmann, ist selbständiger Finanzberater. Bargeldtransfers waren ihm ebenso wenig fremd wie komplizierte Geschäftsmanöver. Er verbrachte zwei Monate in Untersuchungshaft.

Percy W., zwei Jahre jünger, war aus Sicht der Ermittler der Motor der Gruppe. Der damalige stellvertretende Landesvorsitzende der thüringischen FDP wird von den Fahndern als «treibende Kraft» für den «operativen und strategischen Bereich» bezeichnet. Einer der Akteure bei den Schiebereien nannte ihn einen «Großkotz». Ein anderer meinte, W. habe Angestellte wie «Galeerensträflinge» behandelt. Er wurde zweimal festgenommen und verbrachte insgesamt knapp fünf Monate in Untersuchungshaft.

Dr. Erich J., geboren 1939, ist Rechtsanwalt und soll angeblich von Anfang an über rechtswidrige Praktiken Bescheid gewusst haben. Er amtierte zeitweise als Aufsichtsratsvorsitzender einer Firma, die in krumme Geschäfte verstrickt war. Aus Sicht der Ermittler wusste er, dass kräftig bestochen wurde, aber ein Nachweis, dem zufolge der promovierte Anwalt tatsächlich konkret mitgewirkt hatte, konnte nicht erbracht werden.

Dr. Hans Peter A., Jahrgang 1941, ist Anwalt und Notar und wird ebenso wie sein Kollege J. von den Ermittlern der Beihilfe zur Bestechung im geschäftlichen Verkehr beschuldigt. Auch er fungierte zeitweise als Aufsichtsratsvorsitzender einer in den Fall verwickelten Firma.

Torsten M. ist Diplom-Finanzwirt und Steuerberater. Der heute 48-Jährige soll sich das Firmenkonstrukt ausgedacht und für die notwendigen steuerlichen Maßnahmen gesorgt haben, um den größtmöglichen Gewinn zu sichern.

Ein Journalist, eine Handvoll EADS-Manager an unterschiedlichen Schaltstellen, ein Politiker, ein Finanzfachwirt, einige Juristen – sie alle sind wegen Korruptionstatbeständen wie des Verdachts der Bestechung, Bestechlichkeit und der Beihilfe zur Bestechung zeitweise zumindest ins Visier der Justiz geraten, und angesichts der Umstände fühlt sich mancher an organisierte Kriminalität erinnert. Dabei handelt es sich nach der gültigen Definition um «die von Gewinn- oder Machtstreben bestimmte planmäßige Begehung von Straftaten, die einzeln oder in ihrer Gesamtheit von erheblicher Bedeutung sind, wenn mehr als zwei Beteiligte auf längere oder unbestimmte Dauer arbeitsteilig, unter Verwendung gewerblicher oder geschäftsähnlicher Strukturen … zusammenwirken».

Was Percy W. und die anderen ausbaldowerten, war auf jeden Fall ein übles Stück Ost-West-Kriminalität. Der Liberale hatte Mitte der neunziger Jahre gemeinsam mit zwei Mitbeschuldigten und einem Bekannten in Gera eine Firma namens Synergie Projektträger GmbH gegründet. Die Firma kaufte renovierungsbedürftige Immobilien in den neuen Bundesländern und verkaufte sie weiter. Zwei EADS-Mitarbeiter, Ronald S. und Gerd F., kamen mit ihm ins Geschäft und erwarben Wohnungen (was sich am Ende nicht als gute Idee erwies).

Damals gab es bei EADS die neue Vorgabe, beim Eurofighter-Programm Aufträge an Fremdfirmen nur in die neuen Bundesländer zu vergeben. W. fragte: «Können wir das nicht machen?» Er und der Bankkaufmann N. gründeten die Firma Synergie Services

GmbH zur Erstellung technischer Dokumentationen, und da sie von der Branche keine Ahnung hatten, musste Ronald S. Tipps geben. Vom EADS-Ressort MB-4 wurden Beschäftigte nach Gera geschickt, um die Mitarbeiter im Osten zu schulen, die dann wiederum Dokumentationen für die EADS erstellten. Die Kosten für die Ausbildung, immerhin rund 400 000 Euro, übernahm das Arbeitsamt.

Ronald S. erteilte allen EADS-Abteilungen die Anweisung, die Firma Synergie Services bevorzugt zu behandeln. Das war wegen des von oben angeordneten Ost-Bonus vergleichsweise unauffällig. Als er Leiter des Bereichs MB-4 wurde, erhielten 35 Fremdfirmen sogenannte Unteraufträge von EADS. Nur vier davon ließ er weiteragieren – darunter zwei Firmen, die ihn schmierten. Die eigentlich zuständige Einkaufsabteilung wurde ausgeschaltet, obwohl die Vergabe solcher Aufträge natürlich im Wettbewerb zu erfolgen hat, wenn nicht zwingende Gründe (wie Geheimhaltung, besondere Fachkunde, nur ein Anbieter) einer Ausschreibung entgegenstehen. «Wir sollten kleingehalten werden, hatten weder Einblick in das Gesamtvolumen der Unteraufträge noch in die Art der beauftragten Leistungen, sondern lieferten nur noch Bedarfsmeldungen weiter», klagt Viktor G., einst Leiter des allgemeinen Einkaufs MW-33 bei der EADS.

Als die Innenrevision bereits im Jahr 2000 empfahl, den verdächtigen Ronald S. zu versetzen, schaltete sich Bereichsleiter Rüdiger S. ein. Er hatte 50 000 Mark Schmiergeld kassiert (umgerechnet knapp 25 000 Euro) und hielt seine schützende Hand über Ronald S. sowie über die Synergie-Firma aus dem Osten. Auch eine zweite Revision, die sich mit Wohnungskäufen von EADS-Mitarbeitern beschäftigte, scheiterte an internem Widerstand.

Was selbst Rüdiger S. zu diesem Zeitpunkt vermutlich nicht wusste: Sein Untergebener Ronald S. hielt heimlich Geschäftsanteile an der Geraer Firma und setzte durch, dass einer seiner EADS-

Gefährten, sein Trauzeuge Wolfgang M., ebenfalls Geschäftsanteile bekam. Die Anteile wurden in einem für Außenstehende undurchsichtigen Firmengeflecht hin und her geschoben, es gab eine Vielzahl anrüchiger Treuhandverhältnisse. Einige der Akteure verdienten im Dunkeln Millionen.

Das funktionierte natürlich nur, weil die EADS kräftig Aufträge an die Firma in Gera vergab. Der Ex-Journalist W., der umgerechnet 50 000 Euro Bestechungsgeld erhalten haben soll, damit auch Airbus Aufträge erteilte, war ebenfalls eine große Hilfe.

An die Münchner Roma Planung GmbH, deren Geschäftsführer ein früherer Arbeitskollege von Ronald S. war, wurden zwischen 1999 und 2004 exakt 367 Aufträge im Wert von knapp 27 Millionen Euro vergeben. Ronald S. kassierte über einen auf seine Ehefrau ausgestellten Scheinberatungsvertrag 265 830,76 Euro. Mitte der neunziger Jahre soll er angeblich umgerechnet Hunderttausende Euro Schmiergeld eingesteckt haben. Diese Zahlungen fallen strafrechtlich nicht ins Gewicht, weil sie verjährt sind, waren aber dem geheimnisvollen Anonymus offenkundig nicht verborgen geblieben.

Die Gesamtstrategie war also eigentlich ganz einfach: Die Akteure bei der EADS schacherten Aufträge den Unternehmen zu, an denen sie heimlich beteiligt waren oder die ihnen Schmiergelder zahlten, und schalteten Konkurrenzfirmen aus. Ein Zeuge sagte, damals sei «ein regelrechtes Regime des Terrors inszeniert» worden.

Die Kontrollmechanismen bei der EADS versagten. Obwohl Hunderte Mitarbeiter die krummen Geschäfte ahnen konnten, fiel nur der unermüdliche «H.K.» den Gaunern in den Arm. Die meisten Verdächtigen stritten erst alles ab und legten dann in der Untersuchungshaft Geständnisse ab. Im Bereich der Wirtschaftskriminalität setzen einige Staatsanwaltschaften gern Haftbefehle ein, weil Ermittler die Täter beugen wollen. Das ist rechtsstaatlich umstritten, da Haftbefehle nur wegen Verdunkelungs- oder Fluchtgefahr beantragt werden dürfen. Aus Sicht der Fahnder ist dieses

Vorgehen jedoch ziemlich effektiv: In der U-Haft brechen Wirtschaftskriminelle häufig zusammen. Im Fall EADS gibt es dafür mindestens vier Beispiele.

Die Münchner Staatsanwaltschaft startete eine ganze Serie von Prozessen. Zu ihren Motiven erklärten einige der Angeklagten, sie hätten Geld für die Behandlung krebskranker Angehöriger gebraucht. Die zweite Frau von Ronald S. sowie die Tochter von Hans M. waren schwer erkrankt und sind beide während der Ermittlungen gestorben. Der frühere Journalist W. behauptete, er habe alte Steuerschulden begleichen müssen. Dabei hat er sich von der Beute vermutlich einen neuen Wohnwagen gekauft.

Die meisten der Schieber sind durch ihre Gier ärmer geworden. Ronald S. wurde im Jahr 2007 wegen Bestechlichkeit zu vier Jahren Haft verurteilt. Die EADS leitete zivilrechtliche Schritte gegen ihn ein. Er soll dem Konzern, dem ein Schaden in Höhe von mehreren Millionen Euro entstanden ist, eine Million Euro zurückzahlen. Die Ermittler stellten bei ihm vorsorglich Vermögenswerte von 447 626 Euro sicher. Hans M. wurde zu drei Jahren Haft verurteilt. Mit einem dringlichen Arrest des Amtsgerichts München vom 21. Januar 2005 wurden bei ihm 352 726 Euro gesichert. Percy W. wurde im Jahr 2008 zu viereinhalb Jahren Haft verurteilt.

Gerd F. hat nicht nur das Schmiergeld in hoher sechsstelliger Dimension hergeben müssen, auch die Kosten für das Strafverfahren sind immens. Von einer der Firmen des großsprecherischen Percy W., der in seinen besten Zeiten ein eigenes Flugzeug besaß, hatte er außerdem fünf Wohnungen in Ostdeutschland erworben und den Kauf mit umgerechnet 450 000 Euro auf Kredit finanziert. F. schätzt den heutigen Wert seiner Immobilien auf 150 000 Euro. Natürlich ist die ostdeutsche Bauträgerfirma längst pleite.

Der Anonymus, der alles ins Rollen brachte, ist bis heute unerkannt geblieben.

Fall 4: Frau T.

Vor etwa sechs Jahren wachte die Bürokauffrau T. morgens auf und hörte ein starkes Brummen im rechten Ohr. «Es war unerträglich», sagt sie. Ein Arzt diagnostizierte Tinnitus. Die Ohrgeräusche blieben. Sie bekam ein Hörgerät, war ständig angespannt, schlief schlecht, schleppte sich nur noch ins Büro. Frau T., Jahrgang 1943, war buchstäblich über ihrer Arbeit krank geworden.

Seit 1983 war sie in der Deutschlandzentrale des Möbelhauses Ikea im hessischen Wallau in der Bauabteilung beschäftigt, und wenn sie über die letzten Jahre in der Firma spricht, wirkt sie traurig. Immer wieder verschränkt sie dabei die Arme. Sie hilft sich so gegen die fahrigen Handbewegungen. Es arbeitet in ihr.

Frau T. hat in ihrer Abteilung jahrelang die großen Schiebereien, die alltägliche Korruption und die kleinen Gaunereien mitbekommen, und sie fühlte sich bei all dem Geben und Nehmen selbst «ein bisschen dreckig». Lange hatte sie dem Treiben zugeschaut, ganz früher auch ein bisschen mitgemacht. Irgendwann war sie «die Betrügereien einfach leid geworden». «Aber an wen sollte ich mich wenden?» Sie hatte kein Vertrauen zu irgendjemandem in ihrer Umgebung, und sie wusste auch nicht, was die Oberen von Gefälligkeiten hielten. Sie war ratlos.

Irgendwann im Sommer oder Herbst 2004, genau ist das Datum nicht mehr zu ermitteln, sah sie im Fernsehen einen Oberstaatsanwalt, der sich offenbar mit solchen Fällen auskannte: Wolfgang Schaupensteiner. Der Frankfurter Strafverfolger mit den weißblonden Haaren war in seinem Fach, das verstand Frau T., eine Berühmtheit. Seit 1987 beschäftigte er sich mit Korruptionsdelikten, und ihm ist nichts Menschliches fremd geblieben.

Als er anfing, muffelte es in Frankfurt aus allen Kanälen, in die Geld geflossen war; die Sickergruben in Stadtverwaltung, Stadtwerken, Stadtreinigung, Stadtbauamt, Parlamenten und Unternehmen quollen über. Schaupensteiner und seine Leute versuchen seitdem, den Sumpf trockenzulegen. Sie haben ein bisschen aufgeräumt und Tausende von Verfahren eingeleitet. Das gefiel Frau T. Der Beamte, der aussieht wie ein aufrechter Ermittler in einem Mafia-Film, imponierte ihr außerordentlich.

Sie hat sich dann gleich die Telefonnummer der Staatsanwaltschaft Frankfurt besorgt, traute sich aber nicht. Manchmal nahm sie den Hörer in die Hand, wollte dem Strafverfolger von ihrem Kummer erzählen und legte dann doch schnell wieder auf. Ein anderes Mal rang sie sich durch, wählte, unterbrach die Verbindung jedoch, bevor sich die Zentrale melden konnte. Dann fasste sie endlich Mut. Sie sagte, sie wolle unbedingt mit Oberstaatsanwalt Schaupensteiner sprechen. Es gehe um Bestechung. Frau T. wurde rasch durchgestellt, schilderte ihm ein paar Details, und der Ermittler, der eine sonore Stimme hat und am Telefon so seriös wirkte wie im Fernsehen, bat sie, das alles aufzuschreiben und ihm zu schicken. Das sei doch ein sehr komplexes Thema, ließ er die Whistleblowerin noch wissen.

Es hat dann gedauert, bis der Strafverfolger von ihr Post erhielt. Der eine Entwurf war zu kurz, der andere zu lang, der eine zu detailliert, der andere nicht genau genug. «Es sollte doch kein Roman werden», sagt sie. Dann endlich fiel der Brief so aus, dass sie «einigermaßen zufrieden» war. Anderthalb Seiten: kein Roman, eher ein Krimi. Für etliche Manager, die krumme Wege gegangen waren, sollte das Schriftstück das Ende der Karriere bedeuten, doch das konnte Frau T. damals, kurz vor Weihnachten 2004, noch nicht ahnen. Später wurden Verfahren gegen 59 Beschuldigte eingeleitet. Einer von ihnen, der von ihr als Haupttäter bezeichnete Manfred B., nahm sich in der Untersuchungshaft das Leben. Eine Tragödie.

Doch noch einmal zurück zum Brief. «Seit Jahren muss ich feststellen», hatte sie damals dem Oberstaatsanwalt mitgeteilt, dass es «gewisse Unregelmäßigkeiten gibt. Diese haben sich so vermehrt, dass ich der Meinung bin, dass der Firma ein großer finanzieller und rufschädigender Schaden entsteht.» Da das Bestechungssystem raffiniert sei, könnten «weder die Buchhaltung noch die Wirtschaftsprüfer, noch die Revision» etwas dagegen unternehmen. «Dieses ist nur möglich, weil fast die ganze Abteilung sich an den Unregelmäßigkeiten beteiligt … Seit Jahren bekommen überwiegend dieselben Firmen die Aufträge, obwohl Ausschreibungen stattfinden.»

Das «gravierendste Beispiel» für die Korruption im Unternehmen sei der Ingenieur Manfred B.; sie schrieb auf, mit welchen Firmen und Leuten B. zusammenarbeitete. Sie nannte die Namen korrupter Ikea-Mitarbeiter, die von Firmen umsonst Baumaterial für ihre Häuser herankarren oder Immobilien, auch im Ausland, renovieren ließen. «Ich habe lange überlegt, bevor ich mich an Sie gewandt habe», teilte sie dem Ermittler am Ende des Briefes mit. «Die ganze Sache belastet mich seelisch und moralisch sehr. Diesem Treiben muss Einhalt geboten werden. Es ist für ehrliche Kollegen ein unzumutbarer Zustand.»

Weitere Einzelheiten werde sie gern in einem persönlichen Gespräch ausbreiten. «Ich bitte um äußerste Diskretion, da ich die betroffenen Kollegen für skrupellos» halte, notierte sie noch und schloss mit «freundlichen Grüßen».

Nachdem sie den Brief auf den Weg gebracht hatte, war sie erleichtert und besorgt zugleich. An diesem Seelenzustand hat sich eigentlich bis heute nicht viel geändert. Als ich im Frühjahr 2007 mit Frau T. sprach, sagte sie auf die Frage, ob sie heute wieder so handeln würde: «Wie kann man eine solche Frage eindeutig beantworten? Mal denke ich, es war falsch, mal, es war richtig.»

Frau T. erinnert sich in dem Gespräch noch ziemlich genau, wie es damals war, als sie, 24 Jahre ist es her, bei Ikea anfing. Sie war aus dem Saarland mit drei Kindern in den Hochtaunus gezogen, ließ eine unglückliche Ehe hinter sich zurück. Ihr früherer Ehemann und dessen Vater hatten ein kleines Bauunternehmen, und da hat sie erlebt, wie «erbost und enttäuscht» der Schwiegervater manchmal war, weil wieder einmal ein korrupter Beamter die Hand aufhielt oder sich am Wochenende den Hof pflastern ließ – ohne zu zahlen, natürlich. Sie wusste also, wie es auf der Welt zugehen kann.

Bei Ikea war sie zufrieden, «ja» – sie zögert einen Augenblick –, «ich war glücklich». Sie machte die Buchhaltung, war für die Budgetverwaltung der Bauabteilung zuständig und bald unentbehrlich. Damals war das Unternehmen in Deutschland noch überschaubar, «eine kleine Familie». Dass sich die Mitarbeiter alle duzten, gefiel Frau T. allerdings nicht. Mancher Ehemalige, der das Unternehmen im Zorn verlassen hat, beschreibt Ikea als eine Art Sekte: Der Gemeinschaftsgedanke ist sehr prägend. Statusdenken ist verpönt, was Frau T. wiederum angenehm fand. Sparsamkeit gilt als Tugend. Erfolge werden gemeinsam gefeiert.

Den Gründer des Unternehmens, den heute 81 Jahre alten Ingvard Kampard, der einer der reichsten Männer der Welt ist, hat sie nie im persönlichen Gespräch erlebt. Er gilt als sehr sparsam. Die Legende, dass er sich schon einmal im Hotel eine Dose Cola aus der Minibar hole und dann den Kühlschrank mit einer im Supermarkt billig erworbenen Dose wieder auffülle, greift er gern auf, um sie dann selbst zu dementieren: Er habe sich noch nie aus der Minibar bedient, weil das viel zu teuer sei. In Stil und Lebenslauf unterscheidet sich der Milliardär jedenfalls stark von manchem in diesem Buch beschriebenen Bonus-Manager.

Ikea, das mehr als 15 Milliarden Euro weltweit umsetzt, ist also kein Unternehmen wie jedes andere. Jeder der Mitarbeiter soll beispielsweise fünf Tage pro Jahr kundennah in einem der Ikea-Warenhäuser ein Praktikum absolvieren. Frau T. hat das auch gemacht. Die Mitarbeiter feiern gemeinsam Feste, «man vertraut sich», sagt Frau T. «Ikea war für mich etwas Besonderes, ich habe mich anfangs mit dem Unternehmen identifiziert.»

In der Bauabteilung wurden die Neu- und die Umbauten geplant. Frau T. lernte rasch ein paar Tricks. Bei Neubauten waren die Schweden großzügig, bei Umbauten eher knickerig. Bauunternehmen, die sowohl für Neu- als auch für Umbauten eingesetzt wurden, konnten die Kosten verschieben – eine interne Mauschelei, nichts wirklich Schlimmes. Dann kam der neue Kollege, der Ingenieur Manfred B. Ein kleinwüchsiger Mann, der immer Anzug und Schlips trug, was damals in der Abteilung ungewöhnlich war. «Pingelig, korrekt, Erbsenzähler, humorlos» – diese Begriffe fallen Frau T. ein, wenn sie beschreiben will, wie der Neuankömmling zunächst auf sie wirkte. «Ein Mann, der keinen Spaß versteht.» So dachte sie jedenfalls.

Seit B. da war, schaute auch der Kaufmann M. aus Düsseldorf häufiger im Wallauer Büro vorbei. Er brachte Champagner mit, teuren Wein und für die Damen besonders nette Geschenke; sogar Anziehsachen, sehr geschmackvoll. «Mir war das aber unangenehm», sagt Frau T. Der B. habe ihr gesagt: «Lass ihm doch die Freude, er schenkt doch so gern.»

Bald begriff sie, wie das Geschäft lief. M. vermittelte Ikea-Bauaufträge an Firmen, die ihm Provisionen zahlten, und er bediente Ikea-Mitarbeiter – vor allem B. Die Baupreise wurden leicht gedehnt und gestreckt, weil hier noch angeblich eine Nachbesserung an einem Fundament notwendig war, dort eine neue Drainage, oder dringend ein Wasserschaden beseitigt werden musste. Komisch nur, so Frau T., dass bei denselben Unternehmen so oft gedehnt wurde. Auch die übliche Vier-Wochen-Frist bis zur Begleichung der Rechnungen galt bei den von M. vermittelten Unternehmen nicht. «Stell dich doch nicht so an», sagte B. zu T., wenn sie auf der Einhaltung der Gepflogenheiten beharrte.

M. gab Zuschüsse zum Urlaub, er spendierte Reisen, und Frau T. ärgert sich «heute noch darüber», dass sie sich Ende der achtziger Jahre von M. eine Reise nach Verona schenken ließ. «Stell dich doch nicht so an», hatte B. wieder gesagt. Sie stellte sich nicht an, flog mit einer ihrer Töchter nach Verona. «Traumhaft, alles de luxe.» – «Siehst du», sagte B. nach ihrer Rückkehr. «War doch bestimmt schön.»

Er selbst machte kaum Urlaub, denn er wollte immer präsent sein. Als Ingenieur B. und Kollegin T. sich Ende der achtziger Jahre privat etwas näherkamen, erzählte er ihr nicht ohne Stolz, dass er von dem Düsseldorfer große Summen bekomme. Sie war erstaunt. B. sah nicht so aus, als stünde er unter dem Diktat von Vermögens- und Alarmanlageberatern. Er fuhr einen kleinen Golf, tat auch sonst sehr bescheiden. «Man muss tiefstapeln», sagte er ihr. Sein Standardsatz aber lautete: «Jeder muss sehen, wo er bleibt.»

Im Kleinen Walsertal, das lernte sie bald, hatte er ein geheimes Konto, in der Schweiz und in Liechtenstein auch. «Manfred, was machst du da?», will sie gefragt haben. Er arbeite so viel, da hole er sich ein bisschen was zurück, soll er geantwortet haben. 1991 zogen die beiden zusammen, und nach ein paar Monaten war es mit der Beziehung vorbei. «Er war ein emotionales Monster», sagt Frau T. Für ihre inzwischen erwachsenen Kinder interessierte er sich über- haupt nicht. Er wollte nicht einmal etwas über sie hören. «Da bin ich wieder ausgezogen.»

Im Betrieb lief alles so weiter. Es kamen neue Firmen, die zu ähnlich guten Bedingungen wie die von M. ins Spiel gebrachten Unternehmen Aufträge bekamen. «Mit der Zeit aber ekelte mich das an», sagte sie. «Ich war mit im Dreck.» Sie fragte Kollegen, ob sie denn mit den Schiebereien und Vergünstigungen einverstanden seien. «Hab dich nicht so», bekam sie zu hören. Die Welt der Kor- ruption hat ihre eigenen Regeln, und zu dem frivolen Spiel gehört die Selbstlüge. Die Realität von Frau T., das wurde ihr bald klar, hatte mit der Realität der meisten anderen nichts zu tun.

Sie kam sich vor «wie in einem Theaterstück». B. erinnerte sie «immer mehr an Molières Tartuffe», den Prototyp des Heuchlers, abgefeimt, eiskalt. Einer, der in einem Käfig voller Narren die Fäden zieht. Der Mann, der früher so auffällig unauffällig war, wurde am Ende etwas leichtsinnig. Er legte sich einen Porsche zu, den er allerdings nur am Wochenende fuhr. Frau T. wusste das mit dem Porsche und ärgerte sich darüber, dass B. immer dreister wurde. Dann sah sie Schaupensteiner im Fernsehen.

Es dauerte noch knapp acht Monate, bevor die Staatsmacht losschlug. In der Zwischenzeit fuhr Frau T. immer wieder zur Staatsanwaltschaft nach Frankfurt am Main, um zu erzählen, was sie wusste. Sie hatte heimlich verdächtige Unterlagen kopiert, die sie selbst bearbeitet hatte. Staatsanwalt Michael Loer, ein erfahrener Strafverfolger aus Schaupensteiners Abteilung, war ihr Gesprächspartner. «Es war gut, dass er da war», sagt sie. «Ich konnte ihn immer anrufen.» Er erklärte ihr, sie müsse in einem Prozess damit rechnen, als Zeugin auszusagen. Sie wusste nicht, was sie davon halten sollte.

Eines Tages traf sie bei der Staatsanwaltschaft überraschend den Sicherheitschef von Ikea Deutschland. Der war lange vor der geplanten Durchsuchung von den Ermittlern eingeweiht worden. «Warum bist du nicht zu mir gekommen?», fragte er etwas vorwurfsvoll. Sie antwortete: «Ich wusste nicht, wem du unterstellt bist.» Sie habe eben niemandem getraut.

Bevor die Durchsuchung im August 2005 losging, sprach sie noch einmal mit Loer. Sie wollte am Tag der Heimsuchung ganz normal in der Firma sein. «Besser, Sie bleiben zu Hause», riet der Staatsanwalt. «Sie würden sich nicht wohl fühlen.» Sie blieb daheim. Als sie am nächsten Tag in den Betrieb kam, sagte eine Kollegin: «Wie gut, dass du nicht da warst, du kannst dir nicht vorstellen, was hier los war.»

Die meisten empfanden den staatlichen Eingriff als unerhört. Manche schauten sie merkwürdig an. «Komisch», sagte einer. «Waren die gestern bei dir zu Hause? Die haben von dir gesprochen.» Eine Ermittlerin hatte bei einer Vernehmung gesagt, dass Frau T.

den Sachverhalt aber anders schildere. Die Whistleblowerin drohte aufzufliegen. Am Ende glaubten die Kollegen jedoch, die Ermittler wollten die Mitarbeiter gegeneinander ausspielen. Das kennt man ja von den Fernsehkrimis.

Bald schon stellte sich heraus, dass der inhaftierte B. allein in den letzten fünf Jahren mehr als anderthalb Millionen Euro Schmiergeld gebunkert hatte. Auf seinen Konten in Vaduz und in St. Gallen lagerten mehr als drei Millionen Euro. Die Ermittlungen der Frankfurter Strafverfolger legten sein System und die verschiedenen Netzwerke offen.

Die Verbindung zu M. beispielsweise hielt bis zu dessen Tod. Als M. im Sterben lag, soll er – so die Saga – seinem Nachfolger die Abläufe erklärt haben. Nach seinem Ableben komme vermutlich jemand von Ikea auf seinen Angestellten zu, und der solle zahlen, sonst sei die Firma bei Ikea nicht mehr im Geschäft. B. kam tatsächlich.

Die Firma Max Bögl aus Neumarkt, mit weltweit 4500 Mitarbeitern die größte Bauunternehmung Deutschlands in Privatbesitz, hat unter anderem die Fußballstadien in Frankfurt und Köln neu gebaut und gilt als einer der führenden Spezialisten im Ingenieur- und Tunnelbau. Seit 1998 machte das Unternehmen auch mit Ikea Geschäfte, und es ist eigentlich erstaunlich, dass sich B. erst beim Bau der Ikea-Niederlassung in Dresden im Frühjahr/Sommer 2002 bei einem der fünf Bögl-Geschäftsführer meldete. Das Treffen fand in der Niederlassung Nürnberg statt, und B. erklärte dem Bögl-Mitarbeiter, der neben dem fixen Gehalt als Geschäftsführer über eine Bonusregelung am Umsatz wie am Gewinn beteiligt war, dass er bei künftigen Aufträgen mitkassieren wolle.

Seine Forderung: ein bis anderthalb Prozent der Netto-Auftragssumme. Das nächste Projekt war ein erweiterter Rohbau des Ikea-Einrichtungshauses in Taufkirchen. Der Geschäftsführer rechnete nach. Der Auftragswert für den Bau des Taufkirchener Projekts lag bei rund 17,25 Millionen Euro. Das wären mindestens 172 000 Euro Schmiergeld. Über eine solche Summe konnte er nicht selbst entscheiden. Er ging zum Abteilungsleiter «Kalkulation/Akquisition Hochbau», der B. schon kannte, und der rechnete auch kräftig. Da sich Bögl damals an mehreren Ikea-Ausschreibungen beteiligt hatte, stimmte der Abteilungsleiter zu. Die Männer vereinbarten, dass B., der gewöhnlich die letzte Preisrunde bei Ikea allein durchführte, telefonisch kurz vor Ende der Bieterfrist das bis dahin günstigste Angebot der Konkurrenz durchgeben würde, damit Bögl die Offerte unterbieten könne.

Ausgeklügelt war auch das Zahlsystem. Zunächst verlangte B. 100 000 Euro in bar für die erste Abschlagszahlung in Höhe von zehn Millionen Euro. Der Geschäftsführer ging zur Kasse und erklärte einem Kollegen, das Bargeld sei «für einen Kunden bestimmt». Der wusste dann Bescheid. Das Schmiergeld für die restlichen 7,25 Millionen Euro wurde dann mit einem Satz von 1,5 Prozent angerechnet. B. hatte Anfang 2002 eine Firma «Planbau Mombach» angemeldet, eine Briefkastenfirma, und die stellte dann Bögl für angebliche Ingenieurleistungen Scheinrechnungen über insgesamt 126 150 Euro aus.

Das Ikea-Einrichtungshaus in Ulm wurde mit 8,5 Millionen Euro Auftragssumme kalkuliert. Hier lief das Geschäft über einen Mittelsmann. Der Mitgesellschafter und Mitgeschäftsführer einer Dachbaufirma aus Bochum wurde von B. gebeten, der Firma Bögl für angebliche Architekturleistungen 127 822,97 Euro in Rechnung zu stellen. Der Bochumer durfte ein Viertel der Summe behalten, den Rest händigte er B. aus. Der Bögl-Mitarbeiter wiederum stellte Nachtragsrechnungen an B., der sie genehmigte. Am Ende zahlte Ikea.

Für das Fachmarktzentrum in Ulm (Auftragsvolumen 6,55 Millionen Euro) verlangte B. anderthalb Prozent der Auftragssumme und kassierte 98 250 Euro über seine fiktive Planbau-Firma. Beim

Bau Ikea Fürth (Auftragsvolumen 7,97 Millionen Euro) sicherte er Bögl zu, er werde Nachtragsforderungen genehmigen, auch wenn diese völlig unberechtigt seien. Diesmal gab er sich mit rund einem Prozent des Auftragswerts, also 80 000 Euro, zufrieden. Ein Konkurrent, der ein günstiges Angebot abgegeben hatte, wurde unterboten.

Dann gab es Probleme. Auf Vorschlag von B. legte Bögl Nachtragsangebote in Höhe von 1,5 Millionen Euro vor. Der Projektleiter und der örtliche Bauleiter fanden die Forderung maßlos überzogen. Ein Kompromiss wurde geschlossen. Bögl wurden rund 650 000 Euro zuerkannt. B. erklärte in einem Vier-Augen-Gespräch mit dem Bögl-Manager, er werde weitere 360 000 Euro genehmigen und der störrische Ikea-Bauleiter erfahre von nichts. Der Nörgler werde jedenfalls nicht mehr eingebunden. Der Ikea-Bauleiter hörte dennoch von der Verabredung. «Halt dich da raus», sagte B.

Für die Parkpalette Ikea Mannheim (Auftragsvolumen 3,47 Millionen Euro) gab die Firma Vogel Bau telefonisch das günstigste Angebot ab. B. teilte dem Vogel-Mitarbeiter mit, dieser werde den Auftrag nicht bekommen und solle auch nicht noch einmal eine günstige Offerte unterbreiten. Der verstand. Bei Ikea Erfurt (Auftragsvolumen 6,8 Millionen Euro) begnügte sich B. mit einem Prozent. Die Auszahlung des Schmiergelds in Höhe von 68 000 Euro verzögerte sich jedoch, und dann klickten die Handschellen. Auch beim Projekt in Mannheim kam der Staatsanwalt dazwischen.

Ein ungewöhnliches Unternehmen, ein seltsamer Fall. Bei einem Weltkonzern konnten Korruptis agieren, als handelte es sich um einen Krämerladen. Ikea-Bautrupps ließen sich von Lieferanten zu Segelausflügen einladen, Weihnachten sackte die Belegschaft Geschenke ein. Weil der Ikea-Chef Deutschland die Annahme von Präsenten strikt verboten hatte, bekamen die Lieferanten Listen mit den Heimatadressen. Mancher Ikea-Bauherr («Wohnst du noch oder lebst du schon?») ließ sich Baumaterial von den Firmen bringen, natürlich ohne dafür zu bezahlen. Schmierst du noch oder baust du schon?

Nach der Durchsuchung und der Einleitung der vielen Ermittlungsverfahren herrschte bei Ikea in Wallau ein Klima gegenseitiger Gereiztheit, enttäuschter Erwartungen und Nervosität. Wenn sich Mitarbeiter mit der Kollegin T. unterhielten, von deren Zusammenarbeit mit der Staatsanwaltschaft sie nichts wussten, jammerten sie über die Ungerechtigkeit dieser Welt und bedauerten den inhaftierten Manfred B. Der hatte sich doch um die Belange der Mitarbeiter immer so aufopfernd gekümmert.

Der pathologische Mangel an Selbsterkenntnis bei vielen Kollegen legte sich Frau T. schwer auf die Seele. Aber lebt sich die gemütliche Lüge nicht oft leichter als die komplizierte Wahrheit? Frau T. wäre, wenn die Kollegen von ihren Aktivitäten gewusst hätten, vermutlich für eine Ketzerin, eine Verräterin gehalten worden. Das Wort «verraten» hat nach Auskunft der etymologischen Wörterbücher die Grundbedeutung, einen Entschluss zu jemandes Verderben zu fassen, und das kommt den weiteren Geschehnissen im Ikea-Fall ziemlich nahe.

Eines Morgens, es war der 15. August 2005, wurde Frau T. zur Personalchefin gerufen, die Frau T. kannte. Sie müsse ihr leider mitteilen, dass sich Manfred B. in der Haft das Leben genommen habe. Er hatte sich mit seinem Hosengürtel erhängt. «Ich konnte nicht mehr denken», sagt Frau T. «Ich habe einfach nichts verstanden.» Ausgerechnet B., der doch so unnahbar, so gar nicht zu erschrecken war. Warum nahm sich so einer das Leben? «Ich habe mich vor Gott und der Welt geschämt.» Wochenlang ging sie nicht mehr in die Firma. «Ich habe gedacht, jeder weiß, was ich gemacht habe. Ich wollte doch nichts Schlechtes, sondern mit dem Schlechten sollte es vorbei sein.»

Und die sonstigen Folgen? Der auffällig gewordene Bögl-Geschäftsführer erhielt einen Strafbefehl: ein Jahr Haft auf Bewährung, 135 000 Euro Geldstrafe, das übliche Strafmaß in solchen Verfahren. Drei weitere Bögl-Mitarbeiter erhielten ebenfalls Strafbefehle. Das Unternehmen stellte im Zusammenhang mit dem Ermittlungsverfahren der Staatsanwaltschaft eine Bürgschaft in Höhe von 2,5 Millionen Euro als Schadenersatz, die von Ikea in Anspruch genommen wurde. Ikea klagt vor dem Landgericht München auf weitere rund sechs Millionen Euro Schadenersatz, und Bögl machte im Gegenzug Forderungen an das Möbelhaus ebenfalls in Millionenhöhe geltend. Es wird gefeilscht.

Bei Bögl lief ein Ethik-Kulturprogramm an – die Firma erarbeitete ein eigenes Wertesystem, die wegen des Falles freigestellten Mitarbeiter mussten gehen. Die Firmenleitung wollte das Signal setzen, dass Verfehlungen nicht akzeptiert werden. Das Unternehmen stellt keine neuen Mitarbeiter mehr ein, die möglicherweise in anderen Unternehmen an Verfehlungen beteiligt waren. Für leitende Mitarbeiter wurden Zuverlässigkeitsprüfungen eingeführt. Das Unternehmen richtete eine Interne Revision ein und entwickelte ein eigenes Wertemanagement, alle Ingenieurs-, Beratungs- und Provisionsverträge werden seitdem extern geprüft. Wer gegen Verhaltensgrundsätze verstößt, muss mit disziplinarischen Maßnahmen bis hin zur Kündigung rechnen. Seit dem Abschluss der staatsanwaltschaftlichen Ermittlungen im Oktober 2006 wurde Bögl zunächst mehrmals wegen mangelnder Zuverlässigkeit von Wettbewerben ausgeschlossen. Weil das Unternehmen aber zeitnah Selbstreinigungsmaßnahmen ergriffen hat, wird es seit einer Weile weitgehend als wieder unbedenklich eingestuft.

Im Sommer 2007 waren die weitaus meisten Prozesse noch nicht abgeschlossen. Das Verfahren gegen B. wurde natürlich eingestellt. Gegen Tote wird nicht ermittelt. Der scheinbar unerschütterliche B. hatte sein Erbe, wie sich herausstellte, frühzeitig geregelt. Die Ermittler entdeckten eine Anweisung an seine Tochter aus dem Jahr 1993. Der Vater hatte bestimmt, die Tochter solle sich im Fall seines

Todes mit der Sterbeurkunde und ihrem Ausweis bei einer Bank in Liechtenstein einfinden. In einem Safe finde sie den Hinweis auf ein zweites Konto in der Schweiz. Dort lagerten 2,8 Millionen Euro – unversteuert.

Frau T. ist Ende April 2006 bei Ikea ausgeschieden. Die Kollegin, die immer nochmal anrief, hat sich schon lange nicht mehr bei ihr gemeldet. Sie hatte wohl erfahren, dass Frau T. Alarm geschlagen hat. Frau T. fürchtet manchmal, dass ihr «auch die anfänglich schönen Jahre im Beruf, die es doch auch gab», nachträglich geraubt werden. Manchmal träumt sie von B. In ihrem Traum kommt sie in den Himmel, und B. ist schon da. «Was willst du denn hier?», fragt er.

Auf Kosten von Ikea suchte Frau T. eine Therapeutin auf, und die hat ihr geholfen; alles in allem hat sich die Ikea-Firmenleitung anständig verhalten. Noch einmal die Frage: Würde sie es wieder tun? «Ich weiß es wirklich nicht», sagt sie. Mund und Blick sind plötzlich schmal und gerade – wie am Lineal ausgerichtet. «Wahrscheinlich ja», sagt sie dann und lächelt sogar ein bisschen.

Die Rechtlosen: Wie Whistleblower geschützt werden müssen

Für den Umgang des Menschen mit seinen Ängsten und Lebensrisiken hat der Nürnberger Psychologe Reinhold Bergler den schönen Begriff der «Angst des Rauchers vor dem Schlangenbiss» gefunden. Zum Paradoxen im Leben gehört, dass das subjektive und das objektive Risiko – bei den meisten jedenfalls – weit auseinanderklaffen. (Beispielsweise gibt es jedes Jahr so viele Tote durch das Trinken von Lampenöl, wie insgesamt Menschen durch den Genuss von BSE-verseuchtem Fleisch umgekommen sind.) Das Furchtempfinden hat oft mit den realen Gefahren nichts zu tun.

Hingegen ist die Furcht des Whistleblowers vor Enttarnung und gesellschaftlicher Ächtung (wenn er nicht professionell geschützt wird) sehr real und berechtigt. Noch immer gilt in vielen Gesellschaften das Aufdecken von Missständen nicht als lobenswert, sondern wird am Ende als Wichtigtuerei, Verrat oder Denunziation angeprangert. Die Auswertung der recht umfangreichen Literatur über Whistleblowing weist auf ein in der Regel negatives Reaktionsmuster hin. Dass in Deutschland seit 1999 alle zwei Jahre von der Vereinigung Deutscher Wissenschaftler (VDW) und der deutschen Sektion der International Association of Lawyers Against Nuclear Arms (IALANA) ein Whistleblower-Preis verliehen wird, ist da die einsame Ausnahme.

Die oben geschilderten Fallbeispiele beschreiben divergierende Sachverhalte zu unterschiedlichen Zeiten. Es sind keine alltäglichen Situationen, sondern Extremfälle, aber sie zeigen, dass Whistleblower rechtlichen und organisatorischen Schutz ebenso brauchen wie gesellschaftliche Anerkennung und Ermutigung. In Deutschland ist der arbeits- und dienstrechtliche Schutz für Whistleblower, die aufgefallen sind, völlig unzureichend.

Orientierung bei der etwaigen Suche nach Verbesserungen kann der britische Public Interest Disclosure Act («Gesetz über Enthüllungen im öffentlichen Interesse») liefern. Das auch Whistleblower Act genannte Gesetz schließt arbeitsrechtliche Konsequenzen und/oder Schadenersatzforderungen des Unternehmens gegen Mitarbeiter aus, die in gutem Glauben für das öffentliche Interesse bedeutsame Meldungen gemacht haben; bei Rufmord oder Querulantentum findet das Gesetz keine Anwendung.

Das am 2. Juli 1998 beschlossene und exakt ein Jahr später in Kraft getretene Gesetz orientiert sich am Begriff der «geschützten Enthüllung», von der ein Whistleblower «vernünftigerweise» ausgehen dürfe. Die Regelungen gelten für Verstöße in der Vergangenheit, in der Gegenwart und für wahrscheinliche Verstöße in der Zukunft. In dem Whistleblower Act wird dafür die Formel verwendet, dass etwas «gerade begangen worden ist, gerade begangen wird oder wahrscheinlich begangen werden wird».

Zu den geschützten Enthüllungen zählen: Mitteilungen über eine strafbare Handlung; Mitteilungen über einen Verstoß gegen eine gesetzliche Verpflichtung; Mitteilungen über eine Fehlentscheidung der Justiz; Mitteilungen über die Gefährdung der Gesundheit oder des Lebens eines Menschen; Mitteilungen über eine Schädigung oder Gefährdung der Umwelt sowie Mitteilungen über eine Information, die alle vorgenannten Punkte «betreffen könnte, vorsätzlich verheimlicht worden ist, gerade verheimlicht wird oder wahrscheinlich verheimlicht werden soll».

Auch in den USA gibt es eine Reihe bundes- und einzelstaatlicher Regelungen zum Whistleblowing. Diese gesetzlichen Schutzvorschriften sollen vor allem willkürliche Degradierungen, Entlassungen oder andere Formen der Nötigung verhindern. Unter Umständen wird Whistleblowern auch (als Kompensation) ein Teil des durch die Meldung verhüteten Schadens zugesprochen. Zivilcourage soll sich lohnen. Die große Mehrheit der Gerichte der US-Bundesstaaten hält die Kündigung eines Whistleblowers für unzulässig, wenn er sich weigerte, eine illegale oder gar strafbare Handlung zu begehen oder an einer solchen mitzuwirken; wenn er ein gesetzlich eingeräumtes Recht in Anspruch nahm; wenn er versuchte, eine gesetzliche oder wichtige bürgerliche Pflicht zu erfüllen (beispielsweise als Zeuge vor Gericht gegen seinen Arbeitgeber aussagte), oder wenn er über ein ungesetzliches oder zu beanstandendes Verhalten seines Arbeitgebers oder eines Arbeitskollegen Außenstehenden berichtete. Dabei sind sich die meisten US-Gerichte einig, dass die von einem Whistleblower aufgestellte Behauptung nicht der Wahrheit entsprechen muss, damit er seinen gesetzlichen Schutz behält. Es wird allerdings von ihm verlangt, dass etwa eine Anzeige bei einer Staatsanwaltschaft in gutem Glauben und aus integren Motiven erfolgt ist. Der Schutz entfällt natürlich, wenn er aus Rache oder Geldgier zum Whistleblower geworden ist und wissentlich die Unwahrheit gesagt hat.

In der EU empfahl die Kommission zur Bekämpfung der Korruption im Mai 2003 neue Regeln für den Schutz von Whistleblowern, die aber hinter den in den USA oder gar Großbritannien geltenden Bestimmungen weit zurückbleiben. Im Europäischen Kartellrecht finden sich ansatzweise entsprechende Hinweise, doch viel ist es nicht.

In Deutschland haben sich immer wieder Gerichte mit Fällen befasst, in denen Whistleblower Strafanzeige gegen andere Unternehmensangehörige gestellt hatten. Dass Whistleblowing kein Entlassungsgrund sein *muss*, entschied das Bundesarbeitsgericht (BAG) im Jahr 2000. Ein Arbeitnehmer war entlassen worden, weil er der Staatsanwaltschaft, die gegen Firmenmitarbeiter ermittelte, Unterlagen übergeben hatte. Die Dokumente waren ihm zur Kenntnis gelangt, weil er Betriebsrat war. Der Fall wurde an das Landesarbeitsgericht zurückverwiesen.

Bedeutsamer ist das sogenannte Whistleblower-Urteil aus dem Jahr 2003. Der Rechtsanwalt eines Angestellten hatte Strafanzeige gegen dessen Vorgesetzten erstattet. Der Angestellte wurde als Zeuge benannt, der Arbeitgeber kündigte ihm. Das BAG entschied zwar nicht über die Wirksamkeit der Kündigung, sondern verwies den Fall zur Sachverhaltsaufklärung an das Landesarbeitsgericht zurück. Gleichwohl legte das Gericht in seiner Begründung ein paar Grundsätze fest, die das Dilemma ahnen lassen, in das ein Whistleblower geraten kann:

Einerseits, urteilte das BAG, sei die Wahrnehmung staatsbürgerlicher Rechte kein Kündigungsgrund. Andererseits gelte dieser Grundsatz nicht, wenn die Strafanzeige des Whistleblowers auf wissentlich oder leichtfertig gemachten falschen Angaben beruhe. Das Verbreiten etwaiger nicht korrekter Behauptungen diene nicht dem Gemeinwohl. Überdies müsse, so das BAG, der Arbeitnehmer die Interessen des Arbeitgebers in zumutbarem Umfang wahren. Eine Strafanzeige dürfe aus diesem Grund keine «unverhältnismäßige Reaktion» auf bekannte Informationen darstellen.

Auch müsse geprüft werden, ob dem Arbeitnehmer zunächst zuzumuten sei, im Betrieb Alarm zu schlagen, bevor er sich an die Staatsanwaltschaft wende. Nur wenn ein solcher Versuch *a priori* chancenlos sei oder der Arbeitnehmer Gefahr laufe, selbst mit einem Verfahren überzogen zu werden, verletze er bei einer Strafanzeige nicht seine arbeitsrechtlichen Nebenpflichten und liefere auch keinen Kündigungsgrund. Er müsse nur dann keine Rücksicht auf den Arbeitgeber mehr nehmen, wenn eine innerbetriebliche Anzeige keinen Erfolg gezeitigt habe.

Mit dem verfassungsrechtlichen Schutz von Whistleblowern hat sich das Bundesverfassungsgericht im Juli 2001 in einem Beschluss befasst. Das höchste Gericht kam zu dem Ergebnis, dass «im Regelfall» derjenige keine «zivilrechtlichen Nachteile» erleiden (das heißt: nicht entlassen werden) darf, der seine «staatsbürgerlichen Rechte» in Anspruch genommen hat, «soweit nicht wissentlich unwahre oder leichtfertig falsche Angaben gemacht» worden seien. An diese Beweislast-Regel hat sich beispielsweise die 7. Kammer des Landesarbeitsgerichts Berlin in einem Urteil im März 2006 nicht gehalten, als sie die fristlose Kündigung einer Pflegerin für rechtmäßig erklärte, die in einer Strafanzeige auf Missstände in einer Pflegeeinrichtung aufmerksam gemacht hatte. Dieses «nicht nachvollziehbare» Urteil des Landesarbeitsgerichts, schrieb der Bundesverwaltungsrichter Deiseroth, mache «deutlich, wie groß der Reformbedarf in Sachen Whistleblower-Schutz in Deutschland ist».

Das alles heißt übersetzt: Es kommt, wie fast immer, auf den Einzelfall an. Wer Alarm schlägt, muss, sofern er nicht – wie im geschilderten EADS-Fall – anonym bleibt, vorher das Risiko genau abschätzen. Theoretisch, und manchmal auch praktisch, kann Whistleblowern in Deutschland der Verrat von Betriebs- und Geschäftsgeheimnissen angelastet werden, was womöglich zu Schadenersatzforderungen führt. Im Zweifel gehen sie bei unvorsichtigem Vorgehen immer ein Wagnis ein.

In Diskussionen über Unternehmensethik wird, auch mit Blick auf mögliche Konsequenzen, zwischen internem und externem Whistleblowing unterschieden: Die meisten größeren Unternehmen fürchten externes Whistleblowing, bei dem der Hinweisgeber sich nicht an eine Ombudsstelle wendet, sondern sofort die Staatsanwaltschaft einschaltet oder Medien informiert. Solche Fälle berühren häufig das Image und die Reputation eines Unternehmens.

In den Entscheidungen der Gerichte wird fast ausnahmslos gefordert, dass der Hinweisgeber zunächst alle internen Möglichkeiten ausschöpft. Er soll sich an den Dienstweg halten. Das ist kaum zumutbar. «Wer sich intern zu erkennen gibt», sagt der Anwalt und frühere Offenbacher Polizeipräsident Rainer Buchert, «muss fürchten, gemobbt zu werden. Die Unternehmenskultur gewährleistet meist nicht ausreichend Kritik und Offenheit.»

Buchert favorisiert daher ein System, das er mitentwickelt hat. Im Jahr 2000 setzte der größte inländische Staatskonzern, die Deutsche Bahn, ihn und den Berliner Anwalt Edgar Joussen als Ombudsleute ein. Sie waren von Anfang an mehr als nur Beichtväter, aber mindestens ebenso verschwiegen: Ohne Angst vor Indiskretionen, wie es sie beispielsweise im Fall Adams gegeben hat, konnten sich Mitarbeiter und Geschäftspartner der Bahn an die Ombudsleute wenden. Joussen und Buchert, der mittlerweile unter anderem Ombudsmann bei VW und Rewe ist, sind zur Vertraulichkeit verpflichtet. Ihr Mandant ist zwar das Unternehmen, doch in den Verträgen ist geregelt, dass der Schutz der potenziellen Whistleblower in jedem Fall zu wahren ist.

Die Aufgabe bei der Bahn war von Anfang an nicht einfach. Der Staatskonzern ist vermutlich das korruptionsanfälligste Unternehmen der Republik. Pro Jahr werden etwa sechs Milliarden Euro für Baumaßnahmen, beispielsweise für den Ausbau des Schienennetzes und die Modernisierung von Bahnhöfen, ausgegeben, und wo es viel zu verteilen gibt, sind Begehrlichkeiten im Grunde programmiert.

Joussen und Buchert sammelten Hinweise auf Unregelmäßigkeiten und reichten die Informationen an einen sogenannten Lenkungskreis Compliance im Unternehmen weiter, dem unter anderem der Personalchef, der Leiter der Revision und der für die Konzernsicherheit Verantwortliche angehören. Insgesamt bestand der Kreis aus einem Dutzend Mitarbeitern. Seit dem Jahr 2000 erhielten sie mehr als 400 Tipps, die am Ende zu mehr als 120 Strafanzeigen führten. Je nach Dringlichkeit wurden die Hinweise von den Ombudsleuten katalogisiert.

Kein Hinweisgeber ist aufgeflogen. «Die Leute, die sich melden, sind meist hochseriös», sagt Buchert, «keine Denunzianten.» Wenn sie lediglich Beschwerden vorbringen, werden diese an den Beschwerdeausschuss weitergeleitet. Die Ombudsleute halten die Namen der Hinweisgeber auch vor den Mitgliedern des Lenkungskreises geheim.

Wenn im Betrieb nur wenige Mitarbeiter über den Sachverhalt informiert sein können und die Identität des Tippgebers daher aufgedeckt werden könnte, wird sein Hinweis nicht weitergereicht. «Manchmal warten wir, bis der Whistleblower in einer anderen Abteilung ist oder das Unternehmen verlassen hat», sagt Buchert. Etwa jeder vierte Hinweisgeber, der zu ihm kommt, möchte zunächst anonym bleiben. «Nur wenn er ausdrücklich will, steht er der Staatsanwaltschaft als Zeuge zur Verfügung.» Buchert erinnert sich an einen Whistleblower, der intern Meldung gemacht hatte und daraufhin «brutal gemobbt wurde». Als er ihn ein Jahr später wiedergetroffen habe, hätte er ihn fast nicht erkannt. «Da stand plötzlich ein gebrochener Mann vor mir.»

Unter dem Eindruck der Siemens-Affäre entstand in Konzernen eine Bewegung zur Förderung des Whistleblowing. Siemens berief nach der Aufdeckung des Skandals einen Ombudsmann; unter anderem Volkswagen, Bayer, Henkel, BASF und die Telekom hatten zu diesem Zeitpunkt bereits Ombudsstellen eingerichtet. Im Mai 2007 installierten auch die Kölner Rewe-Gruppe und der Luft- und Raumfahrtkonzern EADS solche Stellen für Hinweisgeber.

In der Theorie zumindest gibt es auch bei internen Lösungen Schutz für den Whistleblower, doch in der Praxis gestaltet sich das schwierig. An der Spitze einer Ombudsstelle im Betrieb muss zumindest jemand stehen, der eine hohe firmeninterne Unabhängigkeit besitzt und sich nicht einschüchtern lässt. Er muss in der Lage sein, Vertraulichkeit zuzusichern und auch einzuhalten. Ein Syndikusanwalt mit Schweigeverpflichtung könnte da hilfreich sein – dennoch bleibt er, anders als der Anwalt, der kein Büro in der Firma hat, der Advokat des Unternehmens.

Anonymisierte Meldeverfahren, bei denen Hinweisgeber bis zuletzt entscheiden können, ob sie ihre Anonymität aufgeben oder nicht, bieten womöglich einen Ausweg. Die Landeskriminalämter in Hannover und Brandenburg verfügen über solche Systeme. Es hat sich aber, trotz elektronischer Briefkästen, als schwierig erwiesen, mit den namenlosen Whistleblowern in Kontakt zu treten.

Akzeptanz des Whistleblowing lässt sich jedoch nicht allein mit Gesetzesänderungen, Ombudsleuten und neuen Internetportalen erwirken. Wir brauchen eine neue, ethisch reflektierte Unternehmenskultur und den ernsthaften Versuch, dieser auch im Alltag gerecht zu werden.

Ethik macht Profit:
Compliance

«Big T» wird Thomas Middelhoff genannt und manchmal auch «der Amerikaner mit deutschem Pass». Bereits 1994 war der damals 41-jährige Manager in den Vorstand des damaligen Start-up-Unternehmens America Online berufen worden, und seit 2003 sitzt der frühere Bertelsmann-Chef im Verwaltungsrat der New York Times Company. Wenn der 54-Jährige über «das Versagen von Ethik» in Unternehmen spricht, dann kommt er meist auf den Zusammenbruch des US-Energieriesen Enron zu sprechen. Das Unternehmen legte im Dezember 2001 eine der größten Pleiten der amerikanischen Wirtschaftsgeschichte hin. Enron wurde zum Synonym für die dunkle Seite von «Corporate America»: für Hybris, Gier und Größenwahn.

Die geschätzte Verschuldung lag bei rund vierzig Milliarden Dollar, mehr als fünftausend Menschen verloren ihren Job, das Altersruhegeld Tausender Mitarbeiter löste sich in nichts auf. Mit Bilanzfälschungen und einem Konstrukt von Briefkastenfirmen hatten die Manager des einst siebtgrößten US-Unternehmens einer amerikanischen Erfolgsgeschichte den Garaus gemacht und das Vertrauen der Anleger erschüttert.

Enron hatte vor der Implosion des Konzerns seine eigenen Compliance-Regeln abgeschafft. «Wenn ein Konzern so weit geht, dann müsste das eigentlich die Alarmglocken bei jedem erfahrenen Unternehmensführer klingeln lassen», sagt Middelhoff. «Verhaltensethik, Verantwortungsethik, also *good corporate governance*», hätten bei Enron nichts mehr gezählt.

Die angelsächsischen Begriffe Compliance und Corporate Governance (CG) wurden vor knapp zwanzig Jahren ins deutsche Wirtschaftsrecht eingeführt und werden von Kundigen – und weniger Kundigen – beispielsweise in der Siemens-Debatte inflationär verwendet. Deshalb zunächst einige knappe Begriffsklärungen:

Corporate Governance bedeutet «Unternehmensverfassung» und bezeichnet einen Ordnungsrahmen für die Leitung und Überwachung eines Unternehmens. Seit 2001 gibt es unter Führung des langjährigen Thyssen-Krupp-Aufsichtsratschefs Gerhard Cromme eine ständige Kommission für CG in Deutschland. Der Verhaltenskanon des Gremiums enthält mehr als hundert Empfehlungen und Anregungen. Umstritten waren lange insbesondere der angemessene Selbstbehalt bei Managementversicherungen für Vorstand und Aufsichtsrat, individualisierte Angaben zur Vorstandsvergütung und die auf den langfristigen Unternehmenserfolg bezogene Vergütungskomponente für den Aufsichtsrat.

Compliance steht für ein ganzheitliches Organisationsmodell, das die Einhaltung von gesetzlichen Bestimmungen und internen Standards sicherstellen soll. Meist werden Compliance-Systeme mit einem Ethik- und Wertemanagement kombiniert. Das Geschäftsgebaren soll nicht nur mit den Gesetzen, sondern auch mit den gesellschaftlichen Wertvorstellungen und denen der Unternehmen übereinstimmen. Sogenannte Compliance Officers sollen dafür sorgen, dass Verhaltensweisen und Ethikgrundsätze vermittelt und gelebt werden. Mittlerweile gibt es in Deutschland einen Newsletter mit dem Titel «Compliance Manager», und in nur wenigen Wochen schlossen sich seit Februar 2007 über 130 Unternehmensjuristen mit Compliance-Managern zu einem Netzwerk Compliance zusammen.

Der Bedeutungszuwachs von Compliance für deutsche Konzerne

ist an zwei Personalien zu erkennen: Im Januar 2007 fing der Stuttgarter Oberstaatsanwalt Daniel Noa als Compliance-Chef bei Siemens an. Der frühere Treuhand-Ermittler blieb zwar nur ein halbes Jahr, aber sein Wechsel war ein Signal gewesen. Einen Einschnitt markiert die Berufsveränderung des Frankfurter Oberstaatsanwalts Wolfgang Schaupensteiner. Der bekannteste deutsche Korruptionsermittler, der in den vergangenen Jahrzehnten auch zum begehrten Stichwortgeber für Korruptionsforscher, Politologen, Soziologen und Journalisten geworden ist, trat im Juli 2007 eine Stelle als Compliance-Chef bei der Deutschen Bahn an. Schaupensteiner, der auch in dem bereits an anderer Stelle beschriebenen Ikea-Fall eine wichtige Rolle spielte, hat sich nicht als gnädiger Strafverfolger einen Namen gemacht; für gammelige Kompromisse war er nie zu haben. Er gilt als sehr durchsetzungsfähig. Der richtige Mann also für ein Null-Toleranz-Programm.

Compliance-Regeln laufen, wenn sie ernsthaft umgesetzt werden, darauf hinaus, dass Regelverstöße in Unternehmen unter keinen Umständen akzeptiert werden. Demnach *müssen* Unternehmen Maßnahmen gegen Mitarbeiter ergreifen, die auffällig geworden sind. Diese dürfen, wenn sie denn aus dem Unternehmen ausscheiden müssen, weder einen Beratervertrag bekommen noch in Tochterunternehmen untergebracht werden. Falls sie gegen das Strafrecht verstoßen haben, sollte der Fall der Staatsanwaltschaft übergeben werden.

Das ist die Theorie: Die Praxis sieht oft anders aus. Der frühere Compliance-Chef von Siemens, Albrecht Schäfer, schilderte im Juli 2008 vor dem Münchner Landgericht als Zeuge im Prozess gegen den ehemaligen Siemens-Direktor Reinhard Siekaczek seine Probleme. Die gab es reichlich: «Schwierigkeiten, Defizite», wohin er auch schaute. Die von ihm geleitete Compliance-Abteilung war mit dem Begriff Torso noch freundlich umschrieben. Er habe den Job als Chef-Korruptionsjäger «nur im Nebenamt» ausgeübt, und auf seiner Seite seien lediglich «vier bis sechs Anwälte» gewesen. Für Ermittlungen war er nicht zuständig, sondern «auf das Wohlwollen der Unternehmensrevision, Bilanzrevision und der Bereichsrevisionen» angewiesen – und da war nicht allzu viel Zuneigung. Der Austausch von Compliance-Officers in den einzelnen Konzernsparten und Tochtergesellschaften habe sich als schwierig erwiesen. Etliche Saubermänner fühlten sich mehr dem Wohl ihrer Sparte verantwortlich als der Sauberkeit des Unternehmens.

In den «Business Conduct Guidelines» vom 25. Juli 2001 stand, Korruption sei verboten. Im «Ethikkodex für Finanzangelegenheiten» vom 12. November 2003 war die ordnungsgemäße Buchführung, die «vollständig, richtig, zeit- und systemgerecht» sein müsse, postuliert. Im «Rundschreiben CF R/CFT» vom 30. September 2004 wurde das Einrichten von Treuhandkonten untersagt. Schöne Leitsätze – nur an die Regeln hielten sich viele nicht.

Wenn der Wirtschaftsmanager Middelhoff seinen Zuhörern Compliance erklären will, verweist er meist auf das Enron-Buch des *New York Times*-Reporters Kurt Eichenwald, das 2005 unter dem Titel «Conspiracy of Fools» erschien. In einem der ersten Kapitel beschreibt der Reporter, wie Kenneth Lay, der spätere Vorstandschef des Konzerns, im Februar 1987 von den Betrügereien zweier Manager der Enron Oil Trading Unit erfuhr und wie falsch er darauf reagiert hatte.

Die beiden Männer hatten Millionen Dollar von Firmen- auf Privatkonten verschoben und sogar Kontounterlagen gefälscht. Beim Gespräch mit Lay und den Prüfern redeten sich die beiden Gauner mit ziemlich unwahrscheinlichen Geschichten heraus. Und Lay? «So etwas darf nie wieder passieren», sagte er nur. Die beiden Manager hätten sich falsch verhalten – mehr nicht. Vierzehn Jahre später brach das Enron-Imperium zusammen. Vorstandsmitglieder wurden zu hohen Haftstrafen (bis zu 24 Jahren) verurteilt, darunter auch Lay, der kurz vor der Festsetzung seines Strafmaßes an einem Herzinfarkt starb.

«Wenn Sie ein Unternehmen so wie Lay führen», hat Middelhoff bei einer Festrede am Institut für Corporate Governance der Privatuniversität Witten-Herdecke gesagt, «verhält sich das ganze Unternehmen letztendlich so.» Und Eichenwald schreibt in seinem Prolog: «Letztlich war es die Tragödie von Enron, dass seine Führung schlau genug war zu erkennen, wie man Vorschriften umging, aber nicht weise genug zu erkennen, warum es die Vorschriften gab.»

Enron war ein Koloss mit vielen Betrügern, und die Wirtschaftsprüfer von Arthur Andersen schauten nicht genau hin, denn sie hatten es vor allem auf die Honorare des Konzerns abgesehen. Monate vor dem Konkurs vernichteten sie Unterlagen. Nicht nur der große, einst renommierte Wirtschaftsprüfungskonzern Andersen, der von Enron 52 Millionen Dollar im Jahr kassiert hatte, ging mit dem Kunden unter. Nach Enron kollabierten unter anderem der Telefonkonzern WorldCom, das Industriekonglomerat Tyco, der Kabelbetreiber Adelphia und der Telekommunikationskonzern Global Crossing. Nach den Katastrophen verabschiedete der US-Kongress das strengste Anlegerschutzgesetz (Sarbanes-Oxley Act) seit der Weltwirtschaftskrise Ende der zwanziger Jahre, und die neuen Regeln haben auch Konsequenzen für europäische Unternehmen.

Einige deutsche Manager haben sich frühzeitig mit der Weiterentwicklung ihrer Corporate Governance beschäftigt. Ende der siebziger Jahre reisten der Bertelsmann-Gründer Reinhard Mohn und der damalige McKinsey-Chef Herbert Henzler in die USA, um sich Erfolgsbeispiele für ethische Unternehmensführung anzuschauen. Fündig wurden sie bei General Electric (GE), einem Mischkonglomerat, das in vielerlei Hinsicht mit Siemens vergleichbar ist: Der Konzern hat sechs Geschäftsbereiche, setzt weltweit im

Jahr etwa 163,4 Milliarden Dollar um und hat mehr als 300 000 Mitarbeiter.

Compliance hat bei GE eine lange Tradition. Bereits 1954 war der «Green Binder» eingeführt worden, der die damaligen Verhaltensregeln enthielt. Dieses Buch war im Laufe der Jahre immer wieder aktualisiert worden. 1993 löste der «Spirit & Letter» den «Green Binder» ab. «Spirit» steht für Ethik, «Letter» – Buchstabe – für Compliance und Verhaltensanweisungen. Seit 2002 gibt es bei GE, das vergleichsweise selten durch Korruptionsfälle aufgefallen ist, einen sogenannten Integritätsleitfaden für Führungskräfte. Weltweit beschäftigt das Unternehmen etwa 550 Compliance Officers.

«Wenn Sie zehn Punkte auf Ihrem Arbeitsplan stehen haben, dann sollte Compliance nicht der elfte Punkt sein, sondern die Art und Weise, wie Sie die zehn Punkte erledigen», erklärt Richard Laxer, Präsident des GE-Geschäftsfeldes Capital Solution, das Compliance-System bei GE. Zwanzig bis vierzig Prozent des GE-Aktienkurses werden nach Darstellung eines Topmanagers des Konzerns von der richtigen Compliance und der Moral des Unternehmens beeinflusst.

Es gibt Verhaltensweisen, die strafrechtlich nicht zu beanstanden, aber moralisch zweifelhaft sind. Middelhoff, der 2002 bei Bertelsmann ausschied, dann das Europa-Geschäft einer Private-Equity-Firma forcierte, wurde 2004 Aufsichtsratschef des Handelshauses KarstadtQuelle. Das Unternehmen lag «auf der Intensivstation», wie sich Middelhoff erinnert. Nicht nur im Hinblick auf die Zahlen, sondern auch hinsichtlich Moral und Compliance habe es «nicht zum Besten» gestanden. Der alte Aufsichtsrat sei «überfordert» gewesen.

Nahezu zwanzig Jahre hatte der Manager Walter Deuss als Vorstandschef das Unternehmen wie ein Feudalherr geführt und dem eigentlich gesunden Handelshaus mit der Übernahme der Sanie-

rungsfälle Hertie und Neckermann sowie einer recht unortho-
doxen Diversifikation große Probleme bereitet. Klassisch deutsches
Missmanagement, könnte man sagen.

Die Moral kam beim Abschied des langjährigen Chefs ins Spiel.
Deuss ließ sich seine Pensionszahlungen von Karstadt gegen einen eventuellen Konkurs des Unternehmens in Millionenhöhe
versichern. Der Ex-Chef hatte kein Vertrauen mehr in die Zukunft. «Das war ein verheerendes Signal für die Mitarbeiter», sagt
Middelhoff. Auch wollte sich Deuss Urlaubstage auszahlen lassen,
was einer Verkäuferin bei Karstadt nicht erlaubt ist. «Man muss
Vorbild sein», setzt Middelhoff dagegen. Deuss war in Klausel C
seines Auflösungsvertrags vom 4. Januar 2001 außerdem ein Wagen samt Fahrer «wie bisher» zugesichert worden. Was bedeutete
«wie bisher»? Deuss verklagte seinen alten Arbeitgeber sogar auf
Bezahlung von 9,84 monatlichen Überstunden des Chauffeurs,
damit der den Luxusrentner auch zu Empfängen oder zur Jagd
bringen konnte.

KarstadtQuelle wehrte sich: Der Vertrag sei unwirksam, weil
Deuss ihn nachträglich redigiert habe. Eine solche Versorgung sei
angesichts der Notlage des Konzerns «nicht mehr zeitgemäß». Für
Middelhoff war die «Haltung von Deuss moralisch nicht mehr
nachvollziehbar». Im Mai 2005 übernahm Middelhoff den Vorstand und verordnete dem Unternehmen ein aufwendiges Com-
pliance-Programm, und dazu gehört auch ein regelmäßig tagender
Prüfungsausschuss. Als er 2004 zunächst Aufsichtsratsvorsitzender
wurde, «stellte ich fest, dass seit Bestehen dieses Konzerns von mir
erst die zweite Prüfungsausschuss-Sitzung überhaupt einberufen
worden ist», sagt Middelhoff. Das hat er geändert. Nun müsse man
auch die Corporate Governance in Familienunternehmen durch-
setzen.

Gerade in diesem für Deutschland so prägenden Unternehmens-
typ kommt es durch den Einstieg von Private-Equity-Gesellschaften

und ausländischen Investoren zu größeren Veränderungen. Die eigentümergeführten Firmen sind zumeist organisch gewachsen, und die neuen Investoren (mehr als 5800 Firmen werden hierzulande schon von Private-Equity-Firmen, also mit privatem Beteiligungskapital geleitet) drängen vor allem auf Rendite. Manchmal bringen sie dringend benötigtes Kapital mit und retten Arbeitsplätze, manchmal pressen sie die Betriebe gnadenlos aus und vernichten Arbeitsplätze. An dieser Stelle soll keine Debatte über Segen oder Fluch internationaler Finanzinvestoren geführt werden, doch auch für sie wird am Ende Vertrauen und Reputation Kapital sein. Zumindest die durch das Strafrecht gesetzten Grenzen, so viel muss klar sein, sind unbedingt zu beachten. In diesem Bereich kann Compliance hilfreich sein.

Corporate Governance und Compliance gehen Hand in Hand. Sollen Compliance-Maßnahmen effizient sein, müssen sie eindeutige Vorgaben der Unternehmensleitung ebenso enthalten wie eindeutige Verhaltensrichtlinien für Mitarbeiter mit der Verpflichtung zur Einhaltung der Strafvorschriften; Kriminalitätsrisiken sind eindeutig zu definieren und ständig zu prüfen; ein Früherkennungssystem ist zu bestimmen, und es bedarf der Einrichtung einer Compliance-Risiko-Gruppe, die Gefahren rechtzeitig erkennt. All diese Maßnahmen müssen langfristig in das Unternehmen integriert werden und Warnsysteme für Whistleblower einschließen. Eine Hotline, an die Mitarbeiter Verstöße gegen Recht und Ethik melden können, ist ein Minimum an Vorsorge.

Ein paar der wichtigsten Anforderungen an ein Compliance-System lauten:

Die Beachtung von Recht und Gesetz ist für das Unternehmen und seine Mitarbeiter oberstes Gebot. Jeder Beschäftigte muss im Falle eines Verstoßes – unabhängig von den im Gesetz vorgesehenen Sanktionen – wegen der Verletzung seiner arbeitsvertraglichen Pflichten mit disziplinarischen Konsequenzen rechnen. Führungskräfte haben dafür zu sorgen, dass die Einhaltung der gesetzlichen Bestimmungen laufend kontrolliert wird.

Führungskräfte müssen den Mitarbeitern klarmachen, dass Gesetzesverstöße missbilligt werden und arbeitsrechtliche Konsequenzen haben. Jeder Mitarbeiter ist verpflichtet, die Regeln des fairen Wettbewerbs einzuhalten. Kein Mitarbeiter darf anderen, weder im Inland noch im Ausland, im Zusammenhang mit der geschäftlichen Tätigkeit unberechtigte Vorteile anbieten.

Compliance Officers müssen Mitarbeiter regelmäßig schulen. Diese sollen in der Lage sein, die zu beachtenden Vorschriften und Kodizes zielgerecht und effizient, auf ihre tägliche Arbeit bezogen, anzuwenden. Sie müssen eng mit dem Vorstand eines Unternehmens zusammenarbeiten, und der muss sich wiederum ernsthaft für Compliance-Arbeit interessieren.

Mitarbeiter haben jedes persönliche Interesse, das mit der Durchführung ihrer dienstlichen Aufgaben zusammenhängen könnte, dem jeweiligen Vorgesetzten mitzuteilen. Geschenke von Geschäftspartnern sind abzulehnen und zurückzugeben. Im Zweifel muss der Beschenkte sich das Geschenk von der vorgesetzten Stelle genehmigen lassen. Lehnt er das ab, zeigt dies, dass er die Gabe selbst als unkorrekt einstuft.

Wenn Mitarbeiter vermuten, dass ein Verstoß vorliegt, müssen sie die Möglichkeit haben, diesen Verdacht einem Ombudsmann mitzuteilen. Stellt sich heraus, dass kein Verstoß vorliegt, wird die Meldung vernichtet.

Jeder Mitarbeiter muss sich verpflichten, das Richtige zu tun. Deshalb muss er wissen, was das Richtige ist, und er muss vor allem in einer Firmenkultur arbeiten, die das Richtige erwartet und unterstützt.

Im Namen des Volkes:
Justitias Aussichten

Wann immer ein Thema gesellschaftspolitisch brisant wird, gibt es Forderungen nach neuen Gesetzen oder Gesetzesverschärfungen. Der Glaube, man könne die jeweiligen aktuellen Missstände rasch beseitigen, wenn man nur über die passenden scharfen Gesetze und ausreichend verfolgende Staatsanwälte verfügte, hat sich allerdings häufig als Illusion erwiesen. Strafverfolgung kann längst nicht alles leisten, was von ihr erwartet wird. Auch wäre der Versuch, die ethische Sanierung der Wirtschaftsgesellschaft ausschließlich mit strafrechtlichen Mitteln zu betreiben, auf Dauer nicht durchzuhalten.

Deshalb gilt es unterschiedliche Wege zu finden, der Wirtschaft die Wirtschaftskriminalität zu erschweren. Da sind zunächst die Pfade abseits der Repression: Mitarbeiter dazu zu bringen, im eigenen Interesse so zu handeln, wie sie es im Interesse der Allgemeinheit tun sollten, ist ein Pfeiler guter Compliance. Dazu müssen die Rahmenbedingungen in den Betrieben so ausgestaltet werden, dass korrektes Vorgehen belohnt, unkorrektes bestraft wird.

Das Bemühen, Verhaltensänderungen mit den Mitteln des Rechts zu erreichen, sollte sich auf das Kartellrecht und den vernachlässigten Bereich des Vergaberechts konzentrieren; außerdem brauchen wir eine Diskussion darüber, wie sich in Deutschland ein Unternehmensstrafrecht etablieren lässt. So wie sich Manager nicht hinter dem Unternehmen verstecken können, darf das Unternehmen nicht hinter seine Manager zurücktreten können.

Das Gefecht der Staatsanwälte

Die Staatsanwaltschaft ist einst «die Kavallerie der Justiz» genannt worden. Heute sei sie «die Panzerdivision der Emotionen und des blinden Zorns», behauptet ein Unternehmenschef. Er bittet, seinen Namen «nicht zu schreiben. Manche Staatsanwälte geben sich doch so, als wären sie Vertreter der Anklage beim Jüngsten Gericht.» Der frühere Flick-Manager Eberhard von Brauchitsch hätte Ermittler bei einer Hausdurchsuchung am liebsten rausgeschmissen. «Staatsanwälte können die komplizierten Unternehmensabläufe nicht verstehen», meinte er. «Bedenken Sie bitte, dass Entscheidungen in der Wirtschaft anders gefällt werden als Entscheidungen in der Verwaltung oder der Jurisdiktion», ließ der Deutsche-Bank-Chef Josef Ackermann im ersten Mannesmann-Prozess seine Ankläger wissen. Nach dieser Bemerkung ging ein Raunen durch den Saal.

Die Heimsuchungen der Staatsmacht in den Vorstandsetagen der Deutschen und der Dresdner Bank, bei Infineon, VW, Siemens, EADS, der WestLB und Babcock-Borsig signalisieren einen justizpolitischen Wandel. Während man früher in Gerichtssälen eher karierten Kragen als weißen Hemden begegnete, sind plötzlich die Chefs der Deutschland AG nicht mehr sakrosankt; mancher von ihnen fühlt sich sogar schutzlos in Justitias Hand.

Wochenlang waren die Festnahmen der Bereichsvorstände von Siemens und die Berichte des Siemens-Zentralvorstands Johannes Feldmayer über seine acht Tage Untersuchungshaft Thema bei den Treffen der wichtigsten Konzernführer der Republik. Die besten Strafverteidiger wurden von großen Konzernen vorsorglich für den Fall bestellt, dass Ermittler auch bei ihnen vorbeikämen.

Es hat allerdings eine Weile gedauert, bis Staatsanwälte in der Lage waren, in kniffligen Wirtschaftsverfahren einigermaßen den Durchblick zu bekommen. Noch 1986 räumten die deutschen Strafverfolger Heinz-Bernd Wabnitz und Rudolf Müller im Vorwort zu ihrem Handbuch «Wirtschaftskriminalität» unverhohlen ein, dass den mit dieser Problematik Befassten, von den Richtern über die Staatsanwälte bis zu den Kriminalisten, die Fragen der Wirtschaftskriminalität «oft ein Buch mit sieben Siegeln sind».

Nur selten sind junge Juristen ohne weiteres dazu bereit, als Beisitzer einer Wirtschaftsstrafkammer oder als Staatsanwälte einer Abteilung für Wirtschafts- und Steuersachen zu fungieren. Polizeibeamte beschäftigen sich lieber mit der Aufklärung eines Mordes, anderer Schwerkriminalität oder den üblichen Feld-Wald-und-Wiesen-Delikten als mit den scheinbar trockenen, am Anfang in ihrem Umfang nicht überschaubaren und in der Regel nur durch äußersten Einsatz nachweisbaren Tatbeständen der Wirtschafts- und Steuerkriminalität.

Weitgehend trifft immer noch zu, was die Autoren des Handbuchs schon vor 21 Jahren feststellten: «Nach wie vor geht die Ausbildung der jungen Juristen an den Universitäten und im Vorbereitungsdienst an dem Gebiet der Wirtschaftskriminalität vorbei. Die strafrechtliche Schulung erstreckt sich im Wesentlichen auf die allgemeine Kriminalität. Dieser offensichtliche Mangel beruht auf der Kluft zwischen Praxis und Lehre. Erkennen und Bekämpfen wirtschaftsparasitärer Verhaltensweisen ist nur möglich, wenn Wirtschaftsabläufe und Zusammenhänge in der Praxis miterlebt, beobachtet und analysiert werden.»

Mittlerweile ist die Aus- und Fortbildung der Beamten von Landeskriminalämtern in solchen Angelegenheiten viel besser und systematischer als die der Strafverfolger. Es gibt Fälle, in denen die Sonderkommissionen der Polizei den Takt vorgeben und sich auch von der Staatsanwaltschaft, die eigentlich die Herrin des Verfahrens ist, nicht bremsen lassen. Nur eine kleine Gruppe unter den rund fünftausend deutschen Strafverfolgern beschäftigt sich ausschließlich mit Wirtschaftskriminalität. Die Materie ist kompliziert, und die Verdienstmöglichkeiten sind übersichtlich (ein verheirateter Oberstaatsanwalt verdient etwa 5200 Euro brutto im Monat).

Ohnehin wird die Arbeitskraft der meisten Staatsanwälte «verschlissen von Ladendiebstählen, Beförderungserschleichungen und Verkehrsdelikten», wie Vertreter der Neuen Richtervereinigung und der Vereinigung Demokratischer Juristinnen und Juristen 2003 bei einem Treffen in Sachsen feststellen. «Wir kommen nicht zu unserer eigentlichen Arbeit, weil wir uns im Massengeschäft erschöpfen», erklärte der Dresdner Staatsanwalt Christian Avenarius. Die «hier möglichen hohen Erledigungszahlen und Aufklärungsquoten» ließen «sich öffentlich als erfolgreiche Verbrechensbekämpfung verkaufen». Eine wirksame Strafverfolgung finde darüber hinaus nur bei schweren Gewalttaten statt. Die deutsche Staatsanwaltschaft laufe Gefahr, den Kampf gegen die Wirtschaftskriminalität auf Dauer zu verlieren.

Der frühere Augsburger Staatsanwalt Winfried Maier, der in jener berühmten Panzeraffäre ermittelte, die mit dem Namen des Waffenlobbyisten Karlheinz Schreiber verbunden ist, und der dann – resigniert – auf einen Posten beim Augsburger Landgericht wechselte, hat voll bitteren Humors folgende Grundregeln für den Alltag des «idealen Staatsanwalts» empfohlen: «Die Bestechung da oben, interessiert mich nicht; die Weisung des Vorgesetzten, stört mich nicht; die Einflussnahme von oben, irritiert mich nicht; der Ladendiebstahl ist strafbar – nicht?»

In Verfahren, auf die es ankommt, kann das von Maier erwähnte Weisungsrecht der Vorgesetzten durchaus ein Problem für den Strafverfolger sein: Jeder Justizminister oder Staatssekretär darf einen Staatsanwalt zum Rapport einbestellen und bei dieser Gelegenheit seine Sicht der Dinge kundtun. Wer traut sich schon, dann dagegenzuhalten? Edeka-Fall heißt das intern und meint: Ende der Karriere. Manche Vorgesetzte in den Ministerien wollen ein Krokodil, das den Wirtschaftsstraftäter das Fürchten lehrt, aber auch eines, das sich bei lebendigem Leibe die Nutzung seiner Haut in öffentlichem Interesse gefallen lässt. Und schließlich wünschen sie ein Krokodil, das nicht die Freunde der Politiker frisst. Praktischerweise untersagt Paragraph 353b des Strafgesetzbuches Strafverfolgern, Weisungen Dritten mitzuteilen.

In allen Verfahren, in denen die Politik eine Rolle spielt, kann die weisungsgebundene deutsche Staatsanwaltschaft gegängelt werden. Anders als ihre italienischen Kollegen beispielsweise sind deutsche Staatsanwälte oft kaum in der Lage, einen Konflikt mit der Politik durchzustehen. Durch das Grundgesetz ist die Staatsanwaltschaft der Exekutive zugeordnet. In einem Aufsatz plädierte 2003 Erardo Christoforo Rautenberg, Generalstaatsanwalt des Landes Brandenburg, für die Zuordnung zur Judikative – sein Appell ging im Tagesgeschäft unter.

Die Störung, Gefährdung und Bedrohung, die man Kriminalität nennt, ist ein hochsensibler Bereich. «Wie in einem Brennglas», schrieb der Rechtstheoretiker Rolf-Peter Callies, würden die «Schnittstellen zwischen der Freiheit und Sicherheit des einzelnen und der Macht der Mehrheit sichtbar». Durchs Brennglas betrachtet, fällt auf, dass in Korruptionsverfahren von den Staatsanwaltschaften fast durchgängig versucht wird, gegen Beschuldigte Haftbefehle beim Gericht zu erwirken.

«Gerade in großen Korruptionskomplexen werden die Ermittlungen der Großstadt- und Schwerpunktstaatsanwaltschaften angesichts der Knappheit der Ressourcen geradezu kampagnenmäßig wie Ernteeinsätze betrieben», meinte der Frankfurter Rechtsanwalt Eberhard Kempf, einer der führenden Strafverteidiger der Republik, Anfang 2007 in der *Süddeutschen Zeitung*. Nach großangelegten Durchsuchungen, der Sicherstellung Hunderter Umzugskisten voller Akten und der Feststellung aller Bankkonten werde ein Hauptbeschuldigter «fest- und in Untersuchungshaft» genommen und erst nach tagelanger Aussage wieder freigelassen. Andere Beschuldigte, die von ihm belastet worden seien, würden ebenfalls festgenommen und dann auspacken.

Als Haftgrund wird häufig Verdunkelungsgefahr angenommen. Es gibt in Haftbefehlen eine Standardformulierung, der zufolge Korruptionsdelikte in Planung und Ausführung angeblich «grundsätzlich auf Verschleierung ausgelegt» sind. «Der Beschuldigte wird demzufolge nichts unversucht lassen, die weitere Sachverhaltsaufklärung zu verhindern oder zumindest zu erschweren.» Zwar hat das Bundesverfassungsgericht immer wieder betont, allein aus der Art des Delikts ergebe sich ein solcher Verdacht nicht, die Annahme von Verdunkelungsgefahr müsse auf «bestimmten Tatsachen» beruhen, doch an der Praxis ändert das wenig.

Beschuldigte «haben das Recht zu schweigen, aber wenn sie Gebrauch davon machen, droht ihnen Haft», meint Kempf. In vielen Fällen handele es sich um eine «unzulässige Beugehaft», kritisiert auch die Frankfurter Verteidigerin Gina Greeve das Vorgehen der Ermittler. Der Haftgrund werde «häufig sehr weit ausgelegt». Aber sie sagt auch: «Ohne die Untersuchungshaft gäbe es sicherlich eine weitaus geringere Aufklärungsquote.»

Dass die Strafjustiz und besonders die Wirtschaftsabteilungen der Staatsanwaltschaften am Rande ihrer Belastbarkeit arbeiten, ist bekannt und wird regelmäßig von Politikern beklagt. Die Überlastung hat dazu geführt, dass die Prozessbeteiligten häufig – auch nach sehr umfangreichen, zähen Ermittlungen – den Ausgang des Strafprozesses schließlich aushandeln. Der Gerichtssaal wird zum Basar.

Der sogenannte Deal, bei dem Wahrheit ist, was Ankläger und Verteidiger dafür erklären, ist das Ergebnis der sogenannten Ökonomisierung der Strafverfahren. Der Tauschhandel funktioniert meist so: glaubhaftes Geständnis gegen vergleichsweise milde Strafe. Zwischen den Beteiligten werden die Obergrenzen für das Urteil vereinbart und der Ablauf des Prozesses besprochen. Das Ergebnis wird protokolliert. Alles Weitere ist dann nur noch Formsache. So geht man mittlerweile in der Mehrzahl der Wirtschaftsprozesse vor.

Auffällig ist auch, dass über den Strafrechtsanspruch des Staates oft die Postleitzahl entscheidet. Vergleichsweise drakonische Strafen müssen Wirtschaftsstraftäter beispielsweise in München fürchten, während sie in Bremen womöglich glimpflich davonkommen. Wie sieht die Lage bei Staatsanwaltschaften, Polizei und Verwaltung in den einzelnen Bundesländern konkret aus? Die folgende Zusammenstellung stützt sich auf Angaben von Transparency International aus dem Jahr 2006.

Baden-Württemberg: Für die Bekämpfung von Wirtschaftskriminalität sind die Schwerpunktstaatsanwaltschaften in Stuttgart und Mannheim zuständig. Darüber hinaus existiert beim Landeskriminalamt als ständige Einrichtung eine «Koordinierungsgruppe Korruptionsbekämpfung» (KGK). Sie umfasst etwa zwanzig Mitglieder, darunter Vertreter des LKA, der Oberfinanzdirektionen und des Rechnungshofs.

Bayern: Die größte Anti-Korruptionsabteilung der Republik wurde nach einem großen Korruptionsskandal in den neunziger Jahren bei der Staatsanwaltschaft München I eingerichtet. Die Abteilung umfasst dreizehn Referate. Außerhalb der Landeshauptstadt sind die regionalen Staatsanwaltschaften zuständig. Beim LKA ist eine Gruppe von Ermittlern im Dezernat 62 auf Ermittlungen in Korruptionsfällen spezialisiert.

Berlin: Die Abteilung 23 bei der Staatsanwaltschaft ist schwerpunktmäßig mit Korruptionsbekämpfung befasst. Die präventiv tätige «Zentralstelle für Korruptionsbekämpfung» ist bei der Generalstaatsanwaltschaft angesiedelt. Beim LKA sind drei Kommissariate für die Ermittlung zuständig.

Brandenburg: Die Staatsanwaltschaft Neuruppin ist die Schwerpunktstaatsanwaltschaft des Landes. Eine ressortübergreifende Ermittlungseinheit («Gemeinsame Ermittlungsgruppe Korruption»), in der Staatsanwälte, Polizei und andere Fachleute unter einheitlicher Leitung zusammenarbeiten, existiert seit 2004. Zur Einheit gehört auch eine Ermittlungsgruppe des LKA.

Bremen: In Bremen gibt es, ebenso wie in den anderen Stadtstaaten, nur eine Schwerpunktstaatsanwaltschaft.

Hamburg: Hier ist die Abteilung 57 der örtlichen Strafverfolgungsbehörde zuständig. Dem Staatsrat der Innenbehörde ist das Dezernat für Interne Ermittlungen (DIE) unterstellt, in dem auch Mitarbeiter der Steuerverwaltung vertreten sind. Das DIE ist nur für Delikte im Zusammenhang mit Amtsträgern zuständig.

Hessen: Bei der Frankfurter Staatsanwaltschaft befassen sich neuerdings zwei Abteilungen mit der Aufklärung von Korruptionsdelikten. In den anderen hessischen Staatsanwaltschaften werden Korruptionsdelikte in den Abteilungen für Wirtschaftssachen bearbeitet. In der Regel beschäftigt sich ein Staatsanwalt nebenamtlich mit Korruptionsbekämpfung. Seit sieben Jahren gibt es bei der Frankfurter Generalstaatsanwaltschaft eine «Schnelle Eingreifreserve» zur Unterstützung der Staatsanwaltschaften im Land. Präventivaufgaben werden von der bei der Generalstaatsanwaltschaft eingerichteten «Zentralstelle Korruptionsbekämpfung» wahrgenommen.

Mecklenburg-Vorpommern: Hier gibt es keine Schwerpunktstaatsanwaltschaft, keine zentrale Ermittlungsstelle. Die Wirtschaftsabteilungen der Staatsanwaltschaften sind zuständig.

Niedersachsen: Schwerpunkt-Staatsanwaltschaften wurden in Hannover und Verden eingerichtet. In den übrigen Staatsanwaltschaften sind bestimmte Dezernate zuständig. Sechs Polizeidirektionen im Land haben jeweils eine «Zentrale Kriminalinspektion», die für strukturelle Korruptionsbekämpfung verantwortlich ist. Bei der Generalstaatsanwaltschaft in Celle besteht eine «Zentrale Stelle für organisierte Kriminalität und Korruption».

Nordrhein-Westfalen: Im größten Bundesland sind insgesamt vier Schwerpunktstaatsanwaltschaften (Bielefeld, Bochum, Köln, Wuppertal) für die Bekämpfung der Korruption zuständig. Beim LKA gibt es ein Fachdezernat «Korruptions- und Umweltkriminalität». Weitere Wirtschaftskriminalisten arbeiten bei den sechzehn Kriminalhauptstellen. Außerdem hat sich beim LKA ein «Arbeitskreis Korruptions- und Umweltkriminalität» konstituiert, in dem mehrere Ministerien und etliche Behörden vertreten sind.

Rheinland-Pfalz und Saarland: In beiden Ländern gibt es keine Schwerpunktstaatsanwaltschaften. Die jeweiligen Landeskriminalämter haben Sachgebiete für Korruptionsbekämpfung eingerichtet.

Sachsen: In Dresden wurde 2004 eine «Integrierte Ermittlungseinheit Sachsens» (INES) ins Leben gerufen, die sachsenweit zuständig ist und Fachpersonal für Wirtschaft, Vergabe, Bau und Steuern einschließt.

Sachsen-Anhalt: Über Schwerpunktstaatsanwaltschaften verfügen Halle und Magdeburg, bei den Polizeidirektionen und beim LKA sind Fachkommissariate eingerichtet.

Schleswig-Holstein: Schwerpunktstaatsanwaltschaften für Bekampfung der Wirtschaftskriminalität gibt es in Kiel und Lübeck. Für Korruptionsfälle ist ausschließlich Kiel zuständig. LKA und Staatsanwaltschaft Kiel stehen an der Spitze einer «Ständigen Ermittlungsgruppe Korruption», in der auch Finanzbeamte, Rechnungsprüfer, Ingenieure und Buchhalter arbeiten.

Thüringen: Bei der Staatsanwaltschaft Erfurt existiert eine landesweit zuständige Schwerpunktabteilung für Korruptionsdelikte.

Kundenservice: Kartelle unter Druck

Das Federal Prison Camp ist ein ungastlicher Ort im amerikanischen Bundesstaat West Virginia. Drogenhändler und sonstige Kriminelle sitzen dort ein, keine ganz schweren Jungs, aber immerhin. Im Sommer 1999 landete der Manager Kuno Sommer, kurz zuvor noch Vorstandsmitglied des schweizerischen Pharmakonzerns Hoffmann-La Roche, in diesem Gefängnis. Er war der erste Europäer, der wegen eines Wettbewerbsdelikts in den USA hinter Gitter musste. Obwohl sich Sommer, der jahrelang in den USA für Roche gearbeitet hatte, bereits seit einem guten Jahr wieder in Basel aufhielt, verlangte die amerikanische Justiz seine Auslieferung, damit er wegen Teilnahme an einem Kartell seine viermonatige Haftstrafe abbüßte. In der Schweiz hätte er, wenn überhaupt, nur ein kleines Bußgeld zahlen müssen.

Das US-Justizministerium statuierte an dem damals 44 Jahre alten Manager ein Exempel, das in den europäischen Vorstandsetagen Irritationen auslöste. In Europa galten Absprachen damals als Kavaliersdelikte. Sommer, der bei Roche einst als Marketing-Direktor fürs Vitamingeschäft verantwortlich war, wurde nicht nur zu der Haftstrafe verurteilt, sondern musste außerdem 100 000 Dollar Strafe zahlen und verlor, ebenso wie der Leiter der Abteilung Vitamine und Feinchemikalien, bei Roche seinen Job – ebenfalls auf Verlangen des amerikanischen Justizministeriums.

Die Schweizer hatten ein Preiskartell angeführt, dem neben Roche die Konzerne BASF, Rhone-Poulenc und Savoy angehörten. Jahrelang hatten die vier den lukrativen Milliardenmarkt für künstlich erzeugte Vitamine unter sich aufgeteilt, das Preisgefüge und die Länderquoten festgelegt. Gemeinsam hatten die Pharma-Manager die Preise für Vitamine wie A, B2, B5, C, E sowie für Beta-Carotin in die Höhe getrieben. Die regionalen Verkaufsleiter hatten nur noch kontrollieren müssen, ob Quoten und Preise eingehalten wurden.

Mit dem üblichen Pathos erklärte der damalige Chef der Antitrustbehörde im US-Justizministerium Joel Klein, es habe sich um «die schädlichste Verschwörung gegen den Wettbewerb gehandelt, die je entdeckt wurde». Das «kriminelle Verhalten» der Vitamin-Gang habe, so Ankläger Klein, buchstäblich «jeden Amerikaner belastet, der eine Vitamintablette geschluckt, ein Glas Milch getrunken oder eine Schüssel Cornflakes gegessen hat».

Die Manager hatten sich relativ sicher gefühlt, obwohl Roche bereits zwei Jahre zuvor vierzehn Millionen Dollar Strafe wegen Preisabsprachen auf dem amerikanischen Zitronensäure-Markt hatte zahlen müssen. In Seminaren für Führungskräfte wurden damals bei Roche Verhaltensregeln für den Fall diskutiert, dass Kartellwächter neugierige Fragen stellten. Dabei kreisten allerdings alle Überlegungen um die Spezialisten aus Brüssel; die US-Fahnder kamen in den Planspielen nicht vor.

Da es das Vitaminkartell auch in Europa gab, bekam der Konzern später mit den europäischen Wettbewerbshütern ebenfalls Ärger. Die Gesamtstrafen, einschließlich der Zahlungen an Kläger, beliefen sich für Roche auf über anderthalb Milliarden Euro. Der Konzern trennte sich von der Vitaminsparte.

In Deutschland löste der Fall Erstaunen aus. «Amerika bläst zur Attacke. Auf dem Weg zur endgültigen ökonomischen Hegemonie arbeiten Unternehmen und Justiz einträchtig zusammen», kritisierte das *Manager Magazin* im Juli 1999 die Entscheidung der amerikanischen Behörden: «Ihre wirksamste Waffe ist das in seinen Grundzügen archaische, für Europäer kaum nachvollziehbare amerikanische Rechtssystem.»

In den USA gilt die Bildung eines Kartells als Verbrechen. Immer wieder werden deshalb Führungskräfte ins Gefängnis geschickt. 2005 beispielsweise mussten vier Manager des deutschen Halbleiter-Herstellers Infineon wegen illegaler Preisabsprachen mit den Konkurrenzunternehmen Micron, Samsung und Hynix Haftstrafen zwischen vier und sechs Monaten in den USA absitzen und Geldstrafen in Höhe von 250 000 Dollar (188 000 Euro) zahlen. Die Unternehmen hatten die Preise für Speicherchips verabredet.

Die vier Infineon-Manager (drei Deutsche und ein Amerikaner) waren in ganz unterschiedlichem Maße an den Absprachen beteiligt. Zwei von ihnen waren ernsthaft verstrickt, die beiden anderen hatten mit den Mauscheleien kaum etwas zu tun gehabt, waren von den amerikanischen Ermittlern in einem etwas unübersichtlichen Auswahlverfahren jedoch herausgegriffen worden. Auf insgesamt 22 Infineon-Mitarbeiter waren die Fahnder in beschlagnahmten Unterlagen und E-Mails gestoßen.

Die US-amerikanischen Kartellermittler werden vom FBI unterstützt, und sie dürfen sogar Lauschangriffe einsetzen. Wenn sie von Verabredungen erfahren, verwanzen sie mitunter Büros und Hotelsuiten – und am Ende der konspirativen Treffen klicken dann manchmal die Handschellen.

In Europa gelten – bei der Bewertung wie bei der Bekämpfung von Kartellen – andere Regeln. «Strafrechtliche Instrumente müssen in das System passen», hat der langjährige deutsche Kartellamtschef Ulf Böge kurz vor dem Wechsel in den Ruhestand im Frühjahr 2007 in einem Interview mit der *Frankfurter Allgemeinen Zeitung* erklärt. Böge sprach sich dagegen aus, Kartellverfahren sofort an die Staatsanwaltschaft abzugeben: «Dort würden Kartelle mit Sicherheit weniger Aufmerksamkeit finden als Mörder und Räuber, obwohl der verursachte Schaden oft schwerer wiegt als ein Raub.» Ab und zu leiten Staatsanwaltschaften wegen des Verdachts wettbewerbsbeschränkender Verabredungen Ermittlungsverfahren ein. Marktabsprachen werden in Deutschland mit Freiheitsstrafen bis zu fünf Jahren bedroht.

Oft werden allerdings Staatsanwaltschaften vom Kartellamt erst sehr spät oder gar nicht eingeschaltet. Es hat, jedenfalls in der

Vergangenheit, Rivalitäten gegeben, wer die sogenannte Sachleitungsbefugnis des Verfahrens bekommt. Bereits unmittelbar nach Einführung des Paragraphen 298 des Strafgesetzbuches (Wettbewerbsbeschränkende Absprachen bei Aussprachen) im Jahr 1997 diskutierten Leiter der Schwerpunktstaatsanwaltschaften für Wirtschaftskriminalität auf einer Tagung, an der auch Vertreter des Bundeskartellamts teilnahmen, lebhaft darüber, wem in solchen Verfahren die Federführung zusteht. Der Gesetzgeber ordnet die Ordnungswidrigkeit der Straftat unter.

Es gibt eine Tradition in Europa, Verstöße gegen das Kartellrecht nicht als kriminelle Handlung einzustufen, sondern als zivilrechtlichen Schaden. Lediglich die EU-Mitglieder Großbritannien und Irland haben die Möglichkeit von Haftstrafen bei Kartellvergehen eingeführt.

Doch trotz aller Eifersüchteleien – allmählich nähern die Instrumente sich an. In den USA gab es bei Kartellverstößen früh eine Kronzeugenregelung, mit der auffällig gewordenen Unternehmen Straffreiheit zugesichert wurde. Roche und BASF beispielsweise gerieten in Schwierigkeiten, weil ihr Partner Rhone-Poulenc mit dem Hoechst-Konzern im Bereich Life Science fusionieren wollte. Der Zusammenschluss musste auch von den amerikanischen Kartellbehörden genehmigt werden, und die hegten eben den Verdacht, dass es eine inoffizielle «Vitamins Incorporated» gebe. Rhone-Poulenc lieferte die Belege für das Vitaminkartell, kam mit einer sehr milden Strafe davon, und die Fusion wurde gebilligt.

Seit 2002 gilt in Europa ebenfalls eine Kronzeugenregelung, und die Sanktionen wurden verschärft, wenngleich es für Außenstehende nicht einfach ist, die diesbezügliche Arithmetik zu verstehen. Nach den Regeln der Brüsseler Wettbewerbshüter kann ein Unternehmen mit bis zu 30 Prozent des Wertes belastet werden, den seine «jährlichen Verkäufe» in jenem Marktsegment erbrachten, in dem der Wettbewerbsverstoß stattgefunden hat. Dieser Betrag wird dann mit der Zahl der Jahre multipliziert, in denen die Firma am Verstoß beteiligt war.

In manchen Jahren werden mittlerweile Kartellstrafen bis zu insgesamt knapp zwei Milliarden Euro fällig. Die Liste der höchsten von der EU-Kommission verhängten Einzelstrafen führt noch immer Hoffmann-La Roche mit 462 Millionen Euro Strafe an, gefolgt von Siemens in der Sparte Schaltsysteme mit 418 612 500 Euro Strafe. Im Mittelfeld liegen Konzerne wie BASF mit 236 845 000 oder Shell (Synthetikkautschuk) mit 16 875 000 Euro Strafe. Kartellabsprachen verjähren erst nach fünf Jahren. Gegen Kartellmitglieder können in verschiedenen Ländern wegen desselben Sachverhalts Bußgelder erhoben werden, wenn das Kartell auch dort die Preise abgesprochen oder den Markt aufgeteilt hat. Die Höhe der Strafen variiert von Land zu Land. Deshalb ist ein Unternehmen, das ein Kronzeugenprivileg bekommen möchte, gut beraten, sich auch gleich bei den Behörden in den anderen Ländern zu melden. Der langjährige Präsident des wichtigsten europäischen Wettbewerbsgerichts, Bo Vesterdorf, hält es für denkbar, die Unternehmen andernfalls nach dem Vorbild der USA zur Zahlung der doppelten oder dreifachen Schadenssumme zu verurteilen.

Auch das Bonner Bundeskartellamt geht bei der Verhängung von Bußgeldern nicht mehr so zimperlich vor wie früher. 1993 lag die Summe noch bei umgerechnet 7,1 Millionen Euro – die Unternehmen zahlten die Strafgelder, wenn überhaupt, aus der Portokasse. Im Jahr 2004 hatte sich der Bußgeldbetrag auf 717 Millionen Euro verhundertfacht. Auffällig sei, sagt Böge, dass auf Märkten wie denen für Beton und Zement oder im Pharmabereich dennoch immer wieder neue Kartelle entdeckt würden.

Seit kurzem haben Kartellmitglieder nicht mehr nur mit Bußgeldern zu rechnen; die Geschädigten können auch zivilrechtlich gegen die Wettbewerbsverhinderer vorgehen. Böge regte stets an, Vorstände zu entlassen, die in Kartelle verstrickt waren. Ein solcher

Passus solle bereits in die Verträge aufgenommen werden, schlug er vor, traf in diesem Punkt aber auf wenig Unterstützung.

Bei Böges Amtsübernahme im Jahr 2000 stritten sich die Deutschen noch mit der Europäischen Union über die Regeln für die Kartellaufsicht. Mittlerweile hat sich die globale Zusammenarbeit der Kartellbehörden verbessert. Unter dem Dach des International Competition Network befinden sich mittlerweile 99 Kartellämter. Im Februar 2007 verhängte die EU gegen ein einziges Kartell die Rekordbuße von 992 Millionen Euro.

Dass das Funktionieren des Kapitalismus von den Lohnnebenkosten, den Rahmenbedingungen, den außenwirtschaftlichen Einflüssen, den Rohstoffpreisen, den Eckdaten, den langfristigen Aussichten für die Energieversorgung, der Steuerpolitik, der Finanzpolitik und sonstigen wirtschaftspolitischen Fragen abhänge, ist das Thema vieler Kongresse in diesem Land, die zumeist so unergiebig sind wie der Karneval zu Düsseldorf. Worüber aber kaum einmal auf solchen Tagungen gesprochen wird, das ist die Selbstverständlichkeit, mit der die Propagandisten der Wettbewerbsgesellschaft seit Jahrzehnten bemüht sind, den Wettbewerb mittels Kartellen und Submissionen auszuschalten. Die Marktmacht wird eingesetzt, um sich auf Kosten anderer Marktteilnehmer zu bereichern.

Dieses Verhalten ist nach den Regeln der Wirtschaftsordnung eigentlich ein Skandal, aber in der Rangliste der volkswirtschaftlichen Ärgernisse rangiert die Aussetzung des Wettbewerbs durch illegale Preisabsprachen bei vielen Beobachtern unter «ferner liefen». Stattdessen beschweren sich Unternehmen über angebliche Dauerverfolgung durch Kartellämter. Der Jammer trübt dem Jammernden den Blick.

Ein Ärgernis sind auch die Quasi-Kartelle. Einst galten die «sieben Schwestern» als mächtigstes Kartell der Welt: Nach der Implosion des Rockefeller-Imperiums hatten sieben Ölmultis den Markt für Erdöl und Benzin unter sich aufgeteilt. Heute sind Europas große Energieversorger die «sieben Brüder»: Ein Jahrzehnt nach der vorgeblichen Liberalisierung des Marktes haben die Unternehmen zulasten der Verbraucher den Markt nach ihren Bedürfnissen «geordnet». Sie tauschen Kraftwerksbeteiligungen, während die nationalen Regierungen die heimischen Märkte abschotten. Marktwirtschaft und Wettbewerbswirtschaft sind oft nur hohle Worte.

Dass Kartelle verboten sind, ist den Unternehmen bekannt. Gleichwohl gilt der Verstoß trotz der teuren Strafzahlungen immer noch als lässliche Sünde. Das wird unter anderem daran deutlich, dass viele Kartellbrüder die belastenden Unterlagen in ihren Büros bunkern. Die Angst vor dem Betrug durch Partner, die sich nicht an die Vereinbarungen über Preise und Margen halten, ist offenbar immer noch größer als die Furcht vor dem Auftauchen der Kartellwächter. Vermutlich rechnen sich Kartellabsprachen trotz der Strafandrohungen weiterhin.

Durch die Kronzeugenregelung ist allerdings Unsicherheit eingezogen. Manche Unternehmen, die sich an Kartellen beteiligen, verhalten sich wie V-Leute. Sie sind bei den illegalen Kooperationen dabei und schlagen dann Alarm. So hat der deutsche Spezialchemiehersteller Degussa zweimal in den vergangenen Jahren bei großen Kartellen mitgemacht und zweimal die Wettbewerbsbehörde gerade noch rechtzeitig über die Kartelle informiert. Ansonsten hätte der Konzern insgesamt 394 Millionen Euro Strafe zahlen müssen. Oft ist es für die Beteiligten eines Kartells ein Wettlauf gegen die Zeit, um in den Genuss der Kronzeugenprivilegien zu kommen.

Das Bundeskartellamt verzichtet auf eine Geldbuße, wenn der Täter das Kartell anzeigt, bevor ein Ermittlungsverfahren eingeleitet worden ist oder der Täter davon erfährt oder damit rechnen muss. Er muss alle ihm zur Verfügung stehenden Unterlagen und Beweismittel bereitstellen, uneingeschränkt mit der Behörde zusammenarbeiten und die Teilnahme am Kartell spätestens dann beendet haben, wenn das Kartellamt das erste Schreiben an einen der Beschuldigten auf den Weg gebracht hat. Erfüllt das Unternehmen nach Einleitung eines Ermittlungsverfahrens die sonstigen Voraussetzungen, wird die Geldbuße in der Regel halbiert.

Ob das Kartellrecht tatsächlich zu einer scharfen Waffe wird, hängt jedoch stets davon ab, ob der Schaden für das Unternehmen am Ende größer sein wird als der durch die Wettbewerbsverletzungen erzielte Profit. Im jüngsten Verfahren gegen ein Aufzugskartell könnte dies der Fall sein. Nach jahrelangen Ermittlungen hatte die Brüsseler Kommission im Februar 2007 gegen die Aufzughersteller ThyssenKrupp Elevator AG (TKE) aus Deutschland, Otis aus den USA, Kone aus Finnland und die Schweizer Schindler-Gruppe Strafgelder in Gesamthöhe von 992 Millionen Euro verhängt. Mit 479 Millionen muss ThyssenKrupp die höchste Einzelstrafe zahlen, weil der Konzern schon früher bei verbotenen Preisabsprachen erwischt worden war.

Die Kommission wirft den Unternehmen vor, von 1995 bis 2004 in Deutschland, Belgien, den Niederlanden und Luxemburg Preise festgesetzt, vertrauliche Informationen ausgetauscht und Ausschreibungen manipuliert zu haben. Das Verfahren löste einen erbitterten Streit unter den Herstellern aus. Um zumindest vor den nationalen Kartellbehörden, die wegen der parallelen Zuständigkeiten von Kommission und einzelstaatlichen Wettbewerbsbehörden ebenfalls Strafen gegen das Kartell verhängen können, in den Genuss von Kronzeugenregelungen zu kommen, zeigten sich die Unternehmen gegenseitig an. Unabhängig davon leitete im Frühjahr 2007 die Düsseldorfer Staatsanwaltschaft ein Ermittlungsverfahren gegen bislang acht Mitarbeiter aller Firmen ein, die sich an dem Aufzugskartell beteiligt hatten – darunter auch Manager der Schindler-Gruppe, die zuerst die EU-Kommission informiert hatten.

Die Kronzeugenregelung gilt nur für die Kartellbehörden, spielt aber für die Unternehmen dennoch eine wichtige Rolle. Bei der EU-Kommission waren die Schindler-Leute die Schnellsten, in Österreich war es die TKE. Im August 2006 hatten Manager der österreichischen Dependance der TKE die Rechtsabteilung des Konzerns in Düsseldorf alarmiert. In Wien drohte durch die dortige Bundeswettbewerbsbehörde Gefahr. Die Rechtsabteilung sichtete rasch Akten, Kalendereinträge und Reisekostenabrechnungen, befragte Niederlassungsleiter und Key-Account-Manager. Bereits am 28. August 2006 reichte sie für die österreichischen ThyssenKrupp Aufzüge GmbH sowie die ThyssenKrupp Aufzugwerke Austria GmbH einen Antrag auf Amnestie bei der Wiener Behörde ein.

Das österreichische Amnestie-Programm «Leniency» – der Begriff kann mit «Nachsicht», «Milde» übersetzt werden – existiert noch nicht lange, und die Wiener Behörde schien erfreut zu sein, dass eine Firma den Kronzeugen gab. Bereits im Januar 2007 teilte sie mit, sie nehme von einer Geldbuße gegen die Aufzugsparte von ThyssenKrupp Abstand. Gegen die anderen Hersteller hingegen beantragte sie hohe Strafgelder.

Nach der Entscheidung der Behörde brachte die österreichische Immofinanz, die größte Immobiliengruppe der Alpenrepublik, eine Klage beim Wiener Kartellgericht auf den Weg. Denn durch eine Änderung im Kartellrecht können seit Juli 2005 geschädigte Kunden von den am Kartell beteiligten Unternehmen Schadenersatz verlangen. Die Kosten für die Fahrstuhlwartung beispielsweise sind vom Aufzugskartell stark beeinflusst worden. Kleinere, günstigere Anbieter kamen nicht zum Zuge. Insgesamt dürfte ein Milliardenschaden entstanden sein. Sogar die Europäische Union zählt zu den Opfern des internationalen Kartells, das bei Verträgen für Aufzüge und Rolltreppen in EU-Gebäuden in puncto Absprachen keine Ausnahmen machte. Warum gibt es keinen Aufschrei der Kunden? Massenhafte Klagen in Fällen von Fehlverhalten würden Abschreckung versprechen. Auch sind unter dem Aspekt des Täter-Opfer-Ausgleichs die Kartell-Firmen der richtige Adressat für Klagen, die Unternehmen teuer zu stehen kommen könnten – ob teuer genug, müsste sich noch erweisen.

Der unentdeckte Charme des Vergaberechts

Im Juni 2006 meldete sich ein Journalist bei der Pressestelle des Bundesministeriums für Verkehr, Bau- und Wohnungswesen zu Berlin. Welche Konsequenzen das von Wolfgang Tiefensee geleitete Ministerium aus einem Betrugsskandal beim Bau der A 72 ziehe, wollte der Anrufer wissen. Viel Material lag den Ministerialen nicht vor. Bekannt war lediglich, dass es bei der Erneuerung und der Grunderneuerung der Autobahn zwischen der Anschlussstelle Chemnitz-Süd und der Abfahrt Stollberg-West zu Unregelmäßigkeiten gekommen war. Ein offenkundig gewieftes Firmenkartell hatte Sozialkassen und Lieferanten hereingelegt – nichts Gewaltiges, so schien es. Das Ministerium gab sich gegenüber dem Fragesteller bedeckt.

Dennoch bat die Stabsstelle Innenprüfung (IP) des Ministeriums die Chemnitzer Staatsanwaltschaft um nähere Auskunft und stattete gleichzeitig die sächsischen Strafverfolger mit Informationen über die 13,2 Kilometer lange Strecke aus, die in die Jahre gekommen war und beispielsweise keine Standstreifen hatte. Die Details hatte die Fachabteilung Straßenbau geliefert. «Ein weiteres aktives Eingreifen verbot sich aus ermittlungstaktischen Gründen», heißt es in einem internen Papier des Ministeriums.

Die Ministerialen wollten zwar den Strafverfolgern nicht in die Quere kommen, sondierten aber, ob die verwickelten Firmen bei künftigen staatlichen Aufträgen ausgesperrt werden müssten. Das Vergaberecht, ein zu wenig beachtetes Rechtsgebiet im Grenzbereich von Zivil- und Verwaltungsrecht, macht Vergabesperren auf Zeit möglich.

Die Öffentlichkeit interessiert sich mehr für das Strafrecht, und dass es sich um einen strafrechtlich bedeutsamen Kriminalfall handelt, war schon früh klar: Die Ermittlungen ausgelöst hatte ein Doppelmord in der Dominikanischen Republik. Ein Sachse und seine Lebensgefährtin waren im Streit über 135 000 Euro aus den Autobahngaunereien von Kumpeln aus der Heimat ermordet worden.

Die Recherchen führten dann kreuz und quer durch den Freistaat Sachsen und auch ins Rheinland zur Strabag AG, der deutschen Tochter der Wiener Strabag Societas Europaea (SE). Die österreichische Holding hat 53 000 Beschäftigte und setzt im Jahr mehr als zehn Milliarden Euro um. Die in Köln ansässige deutsche Tochter macht 40 Prozent des Umsatzes.

Ein Wirtschaftskrimi also mit insgesamt drei Toten (ein unter Verdacht geratener Beamter nahm sich das Leben) und etwa 65 Beschuldigten, die in verschiedenen Konstellationen und an unterschiedlichen Stellen in die Sache verwickelt sind: Ingenieure, Vermesser und Bautechniker, Bauaufseher und auch Behördenmitarbeiter. Die Schadenssumme beträgt mindestens 27 Millionen Euro – zum Nachteil der Volkswirtschaft durch nicht gezahlte Löhne und Rechnungen. Der Schaden für den Auftraggeber ist schwer zu ermessen, da das Angebot unter den zu erwartenden Kosten lag und der branchenübliche Gewinn durch Betrügereien eingefahren werden sollte.

Das System, mit dem der Staat bei der Ausbesserung und Erneuerung eines Betonbandes um diesen Millionenbetrag betrogen wurde, war sehr raffiniert und auf den ersten Blick nicht zu erkennen. Projektleiter war der Strabag-Mitarbeiter Günter Ibler, ein etwas fülliger Spezialist, Jahrgang 1970. Als Chef der Baustelle auf der A 72 zog er für Tätigkeiten wie Erdbewegungen oder Pflasterarbeiten Subunternehmen hinzu, die wiederum merkwürdige Sub-Subunternehmen ins Geschäft brachten.

«Diesen Unternehmen ist nur eine kurze Lebenszeit zugedacht», heißt es in einem der vielen Durchsuchungsbeschlüsse. «Dies ergibt sich daraus, dass sie – aus verschiedenen Gründen – entweder gar nicht am Markt tätig werden, sondern nur als Rechnungsaussteller auftreten, oder über praktisch kein Anlagevermögen verfügen.» Diese Firmen, die GBV, TSB oder KBC hießen, mussten an die Strabag oder an ein Subunternehmen für die Benutzung von Maschinen exorbitante Summen zahlen, und etwa dreißig Unternehmen gingen in Konkurs. Die Insolvenzstelle des Arbeitsamts zahlte die ausstehenden Löhne.

Arbeitsvorgänge spielten sich nach geheimnisvollen, rituellen Regeln ab. Verseuchtes Erdreich etwa, das von einer Deponie stammte, wurde immer wieder hin und her bewegt, und die Kosten stiegen und stiegen. Baurechnungen wurden künstlich gestreckt. Das Autobahnteilstück sollte ursprünglich 25 Millionen Euro kosten, am Ende waren es durch rund vierhundert Nachforderungen 40 Millionen Euro geworden. Prüfer und Beamte waren offenkundig mit Gaben milde gestimmt worden.

Im Frühjahr 2007 wurde der Strabag-Mann Ibler zu drei Jahren und zwei Monaten Haft verurteilt. Eine Serie von Prozessen steht noch aus. Aber in diesem Kapitel soll es nicht um die Charaktermasken in diesem unübersichtlichen Stück gehen, auch nicht – oder nur am Rande – um die zähen Kommissare, die tüchtigen Staatsanwälte und die strafrechtliche Aufarbeitung. In diesem Kapitel geht es vielmehr um das staubtrockene deutsche Vergaberecht und die Frage, welche Auswirkungen solche Gaunereien, theoretisch zumindest, auf Firmen haben können.

Der Strabag-Konzern reagierte, nach außen hin, hart. Dreizehn Mitarbeiter wurden entlassen, der gesamte Bereich Chemnitz mit neunzig Beschäftigten aufgelöst. Ein Regionaldirektor ging in

Rente. Das für den Straßenbau zuständige Vorstandsmitglied der Kölner Strabag AG hatte das Unternehmen bereits verlassen. Hans Peter Haselsteiner, Chef der Wiener Strabag-Holding, versicherte, der Ex-Vorstand habe mit den Machenschaften in Sachsen zwar nichts zu tun gehabt, aber seinen Posten zur Verfügung gestellt, «um Schaden vom Unternehmen abzuwenden». Ein typischer Versuch einer Selbstreinigung, bei der normalerweise die Beteiligten entlassen werden, man die Sparte umorganisiert und eine Strafe zahlt.

Und der durch das Vergaberecht drohende Schaden könnte verheerendere Auswirkungen haben als jede von einem Gericht verhängte Strafe. Denn der Staat vergibt – von der kleinsten Gemeinde bis zum Bund – 1,2 Millionen Bauaufträge im Jahr, und für viele Unternehmen ist es lebensnotwendig, sich zumindest bewerben zu können. Firmen, die sich auf illegale Weise bei solchen Aufträgen Vorteile verschafft haben, können gesperrt werden.

Ein 1999 in Kraft getretenes Vergaberechtsänderungsgesetz wurde erst eingeführt, als das europäische Vergaberecht keine andere Wahl mehr ließ und Angleichungen erforderlich machte. Die europäischen Richtlinien enthalten Schwellenwerte. Bei Bauaufträgen beispielsweise liegt dieser Wert bei mindestens 5,278 Millionen Euro. Bei Aufträgen oberhalb dieser Schwellenwerte haben Mitbewerber beim Kampf um öffentliche Aufträge ein einklagbares Recht auf Einhaltung der Vergabebestimmungen. Das deutsche Vergaberecht gilt zwar auch unterhalb dieser Schwellenwerte, enthält dann aber beispielsweise kein Klagerecht für Mitbewerber.

Nach dem gültigen Vergaberecht könnte die Strabag AG, die in Sachsen im Jahr etwa 120 Millionen Euro Umsatz erzielt, wegen mangelnder Zuverlässigkeit für einige Zeit von der Vergabe solcher Aufträge ausgeschlossen werden. «Aufgrund der Ermittlungen gegen Mitarbeiter der Niederlassung Chemnitz bestanden auch Zweifel hinsichtlich der Zuverlässigkeit der Strabag Bau AG in Gänze», heißt es dazu in einem Vermerk des Bundesverkehrs-ministeriums aus dem Frühjahr 2007. «Zur Ausräumung dieser Zweifel» habe das Bundesministerium beim Vorstand der Strabag «dezidierte Auskünfte zu den Geschehnissen sowie zu daraus betriebsintern abgeleiteten Maßnahmen eingefordert. Nach derzeitigem Kenntnisstand kann eine strafrechtlich relevante Involvierung der Konzernzentrale nicht belegt werden, sodass die Firma Strabag bei laufenden Vergabeverfahren weiterhin als zuverlässig einzustufen ist.»

«Wieso ist die Bundesregierung noch vor Abschluss der Untersuchung dieser Meinung?», fragte der Bundestagsabgeordnete der Bündnisgrünen, Peter Hettlich, im Frühjahr 2007 in einer nicht-öffentlichen Sitzung des zuständigen Bundestagsausschusses. Der Grüne, der stellvertretender Ausschussvorsitzender ist, bekam nach eigener Auskunft «keine zufriedenstellende Antwort», aber Unterstützung. «Ich kann nicht glauben, dass ein börsennotiertes Unternehmen nicht weiß, was in einer rechtlich nicht selbständigen Einheit passiert», sagte der FDP-Abgeordnete Horst Friedrich. «Solange das nicht geklärt ist, glaube ich nicht, dass man von vornherein denen einen Passierschein geben darf.» Die CDU-Abgeordnete Veronika Bellmann wandte ein, solange die Schuld nicht endgültig bewiesen sei, «muss man da sehr vorsichtig und sensibel» sein. Aber im Vergaberecht gibt es, anders als im Strafrecht, keine Unschuldsvermutung. «Man kann nicht die kriminelle Aktivität einer Niederlassung zum Anlass nehmen, in der ganzen Republik eine Firma in die Insolvenz zu führen», sagte die zuständige Staatssekretärin Karin Roth. Es war eine muntere Sitzung. Mehrere Redner verlangten, die Zuverlässigkeit der Firma müsse unbedingt geprüft werden.

Die Zuverlässigkeit ist das zentrale Auswahlkriterium aus dem im Gesetz gegen Wettbewerbsbeschränkungen geregelten Vergaberecht. Der zeitweilige Ausschluss von öffentlichen Aufträgen droht bei Straftaten wie Betrug, Subventionsbetrug, Untreue, Urkunden-fälschung, wettbewerbsbeschränkenden Absprachen bei Vergabe-verfahren, Bestechung oder Verstößen gegen das Gesetz gegen Schwarzarbeit. Allerdings ist es für die Behörden wie die Gerichte schwierig, die Zuverlässigkeit zu definieren. Müssen alle Mitarbei-ter aller Niederlassungen zuverlässig sein oder nur der Vorstand des Mutterkonzerns? Das sind knifflige Fragen.

Nach der Theorie ist alles einfach: Geprüft werden muss nur, ob der in einem früheren Vergabeverfahren begangene Verstoß den öffentlichen Auftraggeber zu der Annahme berechtigt, der Bieter sei auch im nachfolgenden Vergabeverfahren unzuverlässig. Dafür ist, so die überwiegende Rechtsmeinung, kein rechtskräftiges Ur-teil nötig. Eine Anklageschrift oder ein Haftbefehl reicht, wenn gewichtige Indizien aus seriöser Quelle hinzukommen.

Die diversen sogenannten Verdingungsordnungen und auch die EU-Richtlinien zum Vergabewesen legen allerdings nicht genau fest, wie lange ein Unternehmen gesperrt werden darf. Theoretisch sind bis zu drei Jahren möglich. Ein innerhalb der Deutschen Bahn AG gebildeter spezieller Entscheiderkreis «Vergabesperre» bei-spielsweise, dem der Leiter der Konzernrevision, ein Vertreter der Rechtsabteilung und der Leiter Einkauf angehören, sperrt auffällig gewordene Bewerber, Bieter oder Unternehmer für einen Zeitraum von vier Monaten bis drei Jahren vom Wettbewerb aus.

In Fällen einer besonders schweren Verfehlung kann die Sperre bei der Bahn, die Sonderregelungen hat, auf bis zu sieben Jahre ver-längert werden. Für Auftragssperren wurde beim Einkauf der Bahn eine Melde- und Informationsstelle eingerichtet. Vor Aufträgen mit einem Wert über 2500 Euro sind Bieter verpflichtet zu erklären, dass sie nicht von der Teilnahme am Wettbewerb ausgeschlossen sind und eine solche Erklärung auch von Subunternehmen ver-langt haben.

Die Bahn führt ein eigenes Register, das sehr übersichtlich ist.

Das gilt für die übrige Republik nicht. Bislang haben acht Bundesländer Korruptionsregister errichtet, die zumeist nur für die Landesverwaltung verbindlich sind. Die Einführung eines bundesweiten Korruptionsregisters ist 2002 am Widerstand der unionsgeführten Länder im Bundesrat gescheitert.

Nach einem «Runderlass der Hessischen Landesregierung über Vergabesperren zur Korruptionsbekämpfung» ist eine Wiederzulassung nur dann möglich, wenn

– «der Unternehmer durch geeignete organisatorische und personelle Maßnahmen Vorsorge gegen die Wiederholung der Verfehlungen getroffen hat (die weitere Zusammenarbeit mit den für die früheren Verfehlungen verantwortlichen Personen ist in aller Regel unzumutbar) und

– der Schaden ersetzt wurde oder eine verbindliche Anerkennung der Schadenersatzverpflichtung dem Grunde und der Höhe nach, verbunden mit der Vereinbarung eines Zahlungsplans, vorliegt und eine angemessene Sperrfrist von wenigstens sechs Monaten verstrichen ist ...»

Der Kölner Fachanwalt für Verwaltungsrecht, Stefan Hertwig, der ein Buch über die «Praxis der öffentlichen Auftragsvergabe» geschrieben hat, weist darauf hin, dass ein Bieter, der «tatsächlich nachweislich eine schwere Verfehlung im Sinne der Verdingungsordnungen begangen» hat, «nur durch eine glaubwürdige Umorganisation des Betriebes den Vorwurf der Unzuverlässigkeit entkräften kann». Der Begriff «glaubwürdige Umorganisation» gehört zum Repertoire der Behörden. In der Literatur gibt es den Begriff der «Katharsis» – er meint die Läuterung der Seele von Leidenschaften als Wirkung des antiken Trauerspiels. Psychologen verstehen darunter das Sich-Befreien von seelischen Konflikten und inneren Spannungen durch eine emotionale Abreaktion. Im Vergaberecht gibt es den Begriff der Selbstreinigung.

Das Düsseldorfer Oberlandesgericht bestätigte in einem Beschluss vom 28. Juli 2005 den Ausschluss einer Firma durch eine Vergabestelle, weil die Selbstreinigung unzureichend gewesen sei. Das Unternehmen war wegen wettbewerbsbeschränkender Absprachen auffällig geworden. Der Geschäftsführer musste sich vor Gericht verantworten. Er verließ das Unternehmen; es gab einen neuen Geschäftsführer, einen neuen Inhaber, aber der alte Geschäftsführer bekam einen Treuhandvertrag, und den hatte die Firma den Behörden verschwiegen.

Der Vertrag wurde gleich nach Bekanntwerden aufgelöst, doch das Gericht befand, die erst so spät erfolgte Offenlegung der Treuhandverhältnisse stelle die Zuverlässigkeit der neuen Geschäftsführung in Frage. Das Unternehmen durfte sich weiterhin nicht an Ausschreibungen öffentlicher Auftraggeber beteiligen.

Das Oberlandesgericht Celle kam in einem Urteil zu dem Ergebnis, die Verfehlungen eines Geschäftsführers, der sich mit Konkurrenten abgesprochen hatte, belasteten auch andere Unternehmen der Firmengruppe. Sie konnten ebenfalls unzuverlässig sein.

Da die im Vergaberecht geforderte Selbstreinigung auf jeden Fall personelle Konsequenzen und organisatorische Maßnahmen einschließt, die erneute Verstöße verhindern sollen, bastelte sich beispielsweise die deutsche Dependance des österreichischen Baukonzerns Alpine eine neue Organisation. Der deutsche Ableger der Firma war beim Bau der Münchner Allianz Arena durch die heimliche Zahlung von 3,2 Millionen Euro an den damaligen Geschäftsführer der Stadiongesellschaft aufgefallen. Der Geschäftsführer wurde zu viereinhalb Jahren Haft verurteilt, ein Alpine-Manager erhielt zwei Jahre auf Bewährung und musste 1,8 Millionen Euro Strafe zahlen. Die Stadion GmbH behielt bei der Bezahlung der Alpine-Rechnung das Millionenschmiergeld nebst Zinsen ein.

Schlimmer noch für den Konzern, der in den neunziger Jahren einen Verein mit dem schönen Namen «Ethik Management der Bauwirtschaft» mitgegründet hat, war das Verdikt der Regierung von Oberbayern, wegen der «schweren Verfehlung» beim Stadionbau bestünden grundsätzlich Zweifel an der erforderlichen Zuverlässigkeit. Als Alpine sich mit einem Konsortium bemühte, bei Bauarbeiten an der A 8 den Zuschlag zu bekommen, lehnte die Regierung ab und verlangte die Trennung von allen Mitarbeitern, die in den Skandal verstrickt waren. Auch der gesamte Vorstand müsse weg.

Da auf Autobahnen immer gebaut wird, befürchtete das Unternehmen größere Schäden für die Zukunft. Reinigung tat not. Die deutsche Tochterfirma, die das Münchner Stadion für 286 Millionen Euro errichtet hatte, wurde von einer GmbH in eine AG umgewandelt, die von einem Aufsichtsrat kontrolliert wird. In den Aufsichtsrat wurde der frühere Präsident des Bayerischen Obersten Landesgerichts Peter Gummer berufen, der ein Jahr zuvor in Pension gegangen war. Neue Chefs wurden eingesetzt, eine interne Revision eingerichtet, Ethik-Richtlinien übernommen. Der bisherige deutsche Konzernchef, der in München zu der Bewährungsstrafe verurteilt worden war, verließ das Unternehmen nicht, sondern wechselte in die Holding. Reicht das?

Hierzulande in der Regel ja. Das Instrument der Aussperrung wird von den Behörden oft zaghaft und unsystematisch angewendet. Häufig scheut die Verwaltung juristische Auseinandersetzungen. Die Wuppertaler Staatsanwaltschaft beispielsweise, die in Korruptionsangelegenheiten sehr konsequent ermittelt, protestierte vor Jahren dagegen, dass ein Unternehmen, das bei öffentlichen Aufträgen mit Schmiergeld hantiert hatte, sofort wieder Aufträge bekam – vergeblich. Die kennten sich bei solchen Projekten am besten aus, war die Begründung der Verwaltung.

Bundesweit gibt es keine ausreichende Überwachung und Kontrolle. Die Staatsanwaltschaften resignieren nicht selten. Der Münchner Anwalt Christoph Hauschka, der früher Chefsyndikus in der Bauwirtschaft und der Entsorgungsbranche war, weist darauf hin, «dass die Zahl der Kollegen, die etwas von Vergaberecht verstehen, vielleicht auf zwanzig oder dreißig begrenzt werden kann, und die werden in der Regel von den Unternehmen engagiert. Das macht es den Behörden beispielsweise schwer.»

Im Fall Strabag sind Prüfgruppen im Bund und im Land Sachsen eingesetzt worden. Bei der Chemnitzer Strafverfolgungsbehörde sind mittlerweile zwei Dezernenten und ein Wirtschaftssachbearbeiter damit befasst. Das Ermittlerteam bestand im Sommer 2007 aus zwanzig Beamten des Landeskriminalamts Sachsen, der Finanzkontrolle Schwarzarbeit und der Steuerfahndung. Den Beamten geht es nicht nur um die Aufklärung der üblichen Delikte wie Betrug, Untreue oder Steuerhinterziehung, sondern auch um die Enttarnung einer kriminellen Vereinigung. Mit dem einfachen, aber wirksamen Vergaberecht haben sie nur indirekt zu tun.

«Wir müssen von den Ländern verlangen, dass sie stärker darauf achten, was in diesen Projekten geschieht», beschloss Staatssekretärin Roth in der erwähnten Ausschusssitzung den Tagesordnungspunkt eins (Bericht zum Korruptionsverdacht beim Autobahnbau A 72). Na ja. Vergaberecht ist auch für Experten kein leichter Stoff. «Damit stehen noch einige Positionen an, die wir durch zukünftige Positionsbestimmungen dann sehr klar zur Kenntnis nehmen wollen», meinte der Ausschussvorsitzende, ein Sozialdemokrat, vieldeutig. «Ich bin aber trotzdem froh, dass wir uns endlich dem Tagesordnungspunkt zwei widmen können.» Eigentlich sind die meisten in Politik und Verwaltung froh, wenn sie sich nicht mit den Feinheiten des Vergaberechts herumschlagen müssen. Es ist auch manchmal deshalb kompliziert, weil die Praxis, den Günstigsten zu nehmen, zwar Steuergelder spart, aber oft auch Manipulationen fördert. Mancher Manager entwickelt dann ein so verschachteltes und mafiöses System wie das beim Bau der A 72 aufgedeckte. Beliebt ist auch die Methode, durch frisierte Nachträge kräftig zuzulangen. «Es wird Sache der Politik sein, am Ende unsere Ermittlungen auszuwerten und eventuell gesetzgeberische Konsequenzen zu ziehen», sagt der Leiter der Chemnitzer Staatsanwaltschaft, Gerd Schmidt. Sehr hoffnungsfroh klingt das nicht.

Schuld und Sühne:
Für ein Unternehmensstrafrecht

«Das perfekte Verbrechen hat heute die Eigenheit, ein Akt der Wirtschaftskriminalität zu sein», schrieb der Gerichtsreporter Gerhard Mauz in den neunziger Jahren im *Spiegel* über den Co-op-Prozess in Frankfurt am Main. «Man muss es nur groß genug anlegen. Es muss das überwältigende Kaliber eines Weltuntergangs haben – und schon stellt sich die Frage, ob überhaupt von einem kriminellen Vorgang die Rede sein darf, ob's nicht der Herr genommen hat, nachdem er's gegeben hatte.»

Das perfekte Verbrechen handele, so Mauz, von Fällen, in denen «sogar die Leiche verschwunden» ist. Was aber, wenn der Täter Teil eines Kollektivs war, für das er zu handeln glaubte? Der Handel über alle Grenzen hinweg ist fast ganz in der Hand von Unternehmen. Und es ist logisch, dass der, der den Profit hat, auch das strafrechtliche Risiko auf sich nehmen muss.

Das Strafrecht soll die Regeln für ein leidliches Zusammenleben festlegen und, wenn nötig, Verhaltensänderungen bewirken. In Deutschland konzentriert sich dieser Versuch auf Individuen; Organisationen bleiben außen vor. Das ist, wie die Entstehungsgeschichte des Siemens-Falles zeigt, im Zeitalter von Europäisierung und Globalisierung längst nicht mehr ausreichend.

In Deutschland gilt für den Bereich des Strafrechts nach wie vor der überlieferte Rechtssatz: «Societas delinquere non potest» – eine Gesellschaft (ein Verband) kann kein Unrecht (keine Straftat) begehen. Die herrschende Lehre lautet, dass Strafe Schuld voraussetzt, und schuldfähig seien nur natürliche und nicht juristische Personen oder Personenvereinigungen.

Otto von Gierke hat zwar 1902 in seiner Abhandlung über «Das Wesen der menschlichen Verbände» mit viel Verve betont, dass Verbände «keineswegs gespenstische Schatten, sondern lebendige Wesen sind», und unterstrichen, «dass das Recht, indem es die organisierten Gemeinschaften als Personen behandelt, durchaus nicht in einen Widerspruch zur Wirklichkeit tritt, sondern der Wirklichkeit adäquaten Ausdruck verleiht». Das ist in Deutschland jedoch eine Außenseitermeinung geblieben. Im Gegenteil: Hiesigen Rechtsdogmatikern gilt die strafrechtliche Verurteilung eines Unternehmens häufig als abenteuerliche Vorstellung. Lediglich im Gesetz über Ordnungswidrigkeiten gibt es – unter bestimmten Voraussetzungen – die Möglichkeit, gegen juristische Personen oder Personenvereinigungen mit einer Geldbuße vorzugehen (Paragraph 30 OWiG).

Die Höchststrafe bei Vorsatz liegt bei einer Million Euro. Läuterung durch vergleichsweise preiswerte Buße: Das ist Sophokles für Kleine. Überdies gilt der Paragraph nicht für Straftaten oder Ordnungswidrigkeiten, die von Personen unterhalb der Leitungsebene begangen wurden. Oft aber werden solche operationalen Entscheidungen, die angeblich im Unternehmensinteresse erfolgen, von Mitarbeitern des unteren und mittleren Managements getroffen.

Nach der Vorschrift des Paragraphen 130 des OWiG können sich «natürliche Personen», also der Betriebs- oder Unternehmensinhaber, strafbar machen, wenn sie ihre Aufsichtspflichten verletzen. Die Logik des Gesetzgebers ist nicht leicht nachzuvollziehen: Eine strafrechtliche Sanktionierung von Unternehmen wird mit der Begründung abgelehnt, Strafe setze Schuld voraus, während das Ordnungswidrigkeitenrecht, bei dem es sich genauso verhält (nach Paragraph 10 ist Vorsatz oder Fahrlässigkeit erforderlich), die Sanktionierung von Unternehmen vorsieht.

Bei all der Inkonsequenz sind auch die Kriterien schwammig. Es ist «möglich, sich hinter einem Schutzschild der kollektiven organisierten Unverantwortlichkeit zu verstecken», haben der Passauer Volkswirtschaftler Johann Graf Lambsdorff und einer seiner wissenschaftlichen Mitarbeiter 2005 in einem Aufsatz festgestellt. Ein strafrechtlich bedeutsames Versagen eines Aufsichtsrats für möglich zu halten oder den Kontrolleur durch eine Haftungsklage in Regress zu nehmen ist so tollkühn – und nach Ansicht des legendären Bankiers Hermann J. Abs auch so schwierig – wie der Versuch, «eine Sau am eingeseiften Schwanz festzuhalten».

In den Ländern des angloamerikanischen Rechtskreises (Großbritannien, Kanada, USA) hat die strafrechtliche Haftung von Unternehmen hingegen eine lange Tradition. Auch eine Vielzahl weiterer Staaten in Europa und Übersee verfügt über ein modernes Unternehmensstrafrecht.

Bereits 1988 hatte das Ministerkomitee des Europarats Empfehlungen «betreffend die strafrechtliche Verantwortlichkeit von Unternehmen mit Rechtspersönlichkeit für Delikte, die in Ausübung ihrer Tätigkeit begangen» wurden, angemahnt. Das Ergebnis fiel sehr unterschiedlich aus: In Spanien, Frankreich oder den Niederlanden können Unternehmensrechte suspendiert, in Portugal dürfen Unternehmen sogar geschlossen werden, wenn Mitarbeiter gravierende Rechtsbrüche begangen haben. In Deutschland hat «die Buße den Charakter einer Maßregelung» (Lambsdorff), in der Schweiz dagegen den einer Strafe.

In diesem schmalen Kapitel ist ein präziser Rechtsvergleich nicht möglich, aber die an anderer Stelle bereits angesprochene Amerikanisierung der Sanktionen gegen börsennotierte Unternehmen lässt ahnen, dass es sinnvoll sein kann, sich nicht nur auf die deutsche Dogmatik bei der Straftatlehre zu berufen. Die Realität lässt sich von der Rechtsdogmatik nicht stoppen.

Im Siemens-Skandal, der größten und folgenreichsten Korruptionsaffäre der Republik, haben die Beschuldigten, soweit bislang bekannt ist, kein Geld in die eigenen Taschen umgelenkt; sie haben keine Luftgeschäfte getätigt und keine Bilanz gefälscht, sondern zum vermeintlichen Wohl des Unternehmens (und womöglich ihrer eigenen Karriere) schwarze Kassen eingerichtet oder Mittelsmänner ausgestattet. Dahinter stand der Versuch, den Geschäftserfolg des Unternehmens mit Hilfe korrupter Praktiken zu fördern.

Die Bundesverfassungsrichterin Gertrude Lübbe-Wolff, eine der couragiertesten Juristinnen dieses Landes, hat schon früh empfohlen, die «Präventionsmöglichkeiten des Strafrechts gerade auch für das Verhalten der Unternehmen fruchtbar zu machen». In einem Buchbeitrag mit dem Titel «Die Durchsetzung moralischer Standards» begründet Frau Lübbe-Wolff ihr Votum so:

«Die Bedingungen, unter denen der Einzelne handelt, werden … auch durch die jeweiligen Unternehmen gesetzt. Um deren Wettbewerbsvorteile und -nachteile geht es … Der Vorwurf, einen Straftatbestand verwirklicht zu haben, obwohl er zumutbar hätte vermieden werden können, kann ebenso sinnvoll einem Unternehmen wie einer natürlichen Person gegenüber erhoben werden. Niemand behauptet ernsthaft, dass Unternehmen prinzipiell nicht in der Lage wären, ihr Verhalten so zu steuern, dass die Verwirklichung von Straftatbeständen vermieden wird.

Wären sie es nicht, dann müsste man sie wie Unzurechnungsfähige behandeln und ihnen die Verfügung über Schädigungsmöglichkeiten, die sie prinzipiell nicht beherrschen, entziehen. Tatsächlich verhält es sich unstreitig anders. Unternehmen können die Wahrscheinlichkeit, dass in ihrem vermeintlichen Interesse Korruptionsdelikte, Umweltdelikte und andere Straftaten begangen werden, durchaus beeinflussen. Sie sind also auch in der Lage, auf strafrechtliche Präventionsanreize zu reagieren. Deshalb kann ihnen durchaus sinnvoll und gerechtfertigt ein Vorwurf gemacht und strafrechtliche Sanktionierung angedroht werden, falls sie das nicht tun und es deshalb zu Straftaten kommt.»

Die Sanktionen müssen das betriebswirtschaftliche Kalkül der Firma treffen, sonst sind sie nicht heilsam. In Deutschland ist es immer noch normal, dass Firmen Mitarbeiter, die für das Unternehmen kriminell geworden sind, im Nachhinein klammheimlich oder offen für alle juristischen Unannehmlichkeiten entschädigen. Das ist nicht Fürsorge, sondern Mittäterschaft. Der von Unternehmensvertretern gern vorgebrachte Einwand, bereits jetzt könne nach deutschem Recht der gesamte Umsatz im Wege des Verfalls eingezogen werden – es gebe den erweiterten Verfall, die Mehrerlösabschöpfung und einiges andere mehr – und deshalb sei die Situation faktisch nicht mehr weit vom amerikanischen Unternehmensstrafrecht entfernt, trifft den Punkt nicht.

Seit dem Watergate-Skandal in den siebziger Jahren, bei dem sich herausstellte, dass amerikanische Unternehmen weltweit Bestechungsgelder an Politiker und Funktionäre gezahlt hatten, gehen die amerikanischen Gerichte immer härter gegen Korruption und andere Wettbewerbsverstöße vor. Der vor drei Jahrzehnten beschlossene Foreign Corrupt Practices Act (FCPA) verbietet es Unternehmen, für ihre internationalen Geschäfte Schmiergelder zu bezahlen. Seit 1998 ist der FCPA außerdem auf jene ausländischen Firmen anwendbar, die an einer US-Börse notiert sind oder aus den USA heraus operieren und somit von den US-Märkten profitieren können.

Bei verdächtigen Geschäften sind die amerikanische Börsenaufsicht SEC und das Washingtoner Justizministerium befugt, auch gegen ausländische Konzerne zu ermitteln. Die SEC interessiert sich vor allem dafür, wie sich die verdächtigen Transaktionen auf die Bilanzen auswirkten und ob die Investoren getäuscht wurden. Am Ende sehen sich die Unternehmen oft mit hohen Strafen konfrontiert – und die enden nicht beim Geld, sondern schließen Haftstrafen ein.

Die strafrechtliche Haftung von Unternehmen ist im amerikanischen Rechtssystem etwa seit Anfang des vorigen Jahrhunderts verankert. Im Jahr 1909 entschied der Oberste Gerichtshof, ein Unternehmen könne für Taten, die ein Mitarbeiter mit Handlungsvollmacht begangen habe, strafrechtlich zur Verantwortung gezogen werden. Im anderen Falle sei es der Firma leicht möglich, aus einer Straftat ohne Furcht vor Sanktionen Nutzen zu ziehen.

Für eine strafrechtliche Haftung des Unternehmens müssen in den USA drei Bedingungen erfüllt sein: Der Mitarbeiter (siehe Siemens) muss eine Straftat mit der Absicht begehen, das Unternehmen zu begünstigen; er muss eine Handlungsvollmacht besitzen; er muss im Rahmen seines Dienstverhältnisses gehandelt haben. Natürlich kann ein Unternehmen nicht für jeden Fehler irgendeines Mitarbeiters haftbar gemacht werden, aber bei der Sichtung von Urteilen fällt auf, dass die amerikanischen Gerichte die Kriterien für die Strafbarkeit niedrig ansetzen. Einige Firmen sind sogar für die Taten des Verkaufspersonals strafrechtlich zur Verantwortung gezogen worden. Selbst Nachfolgeunternehmen können für die Taten der Vorgänger in Haftung genommen werden. Die Geldstrafen für Unternehmen betragen in einigen Fällen mittlerweile mehrere hundert Millionen Dollar.

Eine Selbstanzeige und volle Kooperation mit den Ermittlungsbehörden wirken meist strafmildernd. Der Richter hat im Falle einer Verurteilung große Spielräume: Er kann das Strafmaß für Unternehmen um ein Vielfaches herauf- oder herabsetzen. Die Formel für die Strafzumessungsvorschriften ist höchst kompliziert. Das Verhältnis für die geringste und die höchste Strafe liegt bei demselben Vergehen bei eins zu achtzig. Das Strafmaß ergibt sich aus der Schwere der Tat («offence level»), den aus der Straftat erzielten Gewinnen, dem verursachten Schaden sowie dem Bemühen des Unternehmens, den Schaden wiedergutzumachen. Die strafrechtliche Vergangenheit des Unternehmens spielt beim Strafmaß ebenso eine Rolle wie die mögliche Mitwirkung von Mitgliedern der Unternehmensleitung.

Das Strafmaß kann herabgesetzt werden, falls das Unternehmen schon vor der Tat ein «wirksames Programm zur Verhinderung und Aufdeckung von Gesetzesverstößen» entwickelt und durchgeführt hat. Bei einem solchen Programm muss ein Unternehmen unter Anwendung der nötigen Sorgfalt («due diligence») versucht haben, kriminelles Verhalten seiner Mitarbeiter zu entdecken und zu unterbinden. Erforderlich sind dafür mindestens sieben Maßnahmen:

- Erlass von Compliance-Richtlinien und -Maßnahmen sowie von Verfahren zur Verhinderung von Straftaten;
- für die Beachtung der Compliance-Richtlinien sind Aufsichtsverantwortlichkeiten zu erteilen;
- Personen, die zu ungesetzlichem Verhalten neigen, dürfen keine nennenswerten Befugnisse übertragen bekommen;
- die Compliance-Richtlinien und -Verfahren müssen den Mitarbeitern effektiv vermittelt werden;
- zur Beachtung der Compliance-Richtlinien und -Verfahren sind zum Beispiel Überwachungs- und Prüfsysteme zu entwickeln, die kriminelles Verhalten von Mitarbeitern verhindern und aufdecken helfen;
- Mitarbeiter müssen auf speziellen Kommunikationswegen ohne Furcht vor Nachteilen über kriminelles Verhalten anderer Personen und/oder Unregelmäßigkeiten im Unternehmen berichten können;
- Compliance-Richtlinien sind konsequent durchzusetzen, Verstöße mit disziplinarischen Sanktionen zu ahnden;
- die Sanktionen für entdeckte Straftaten müssen geeignet sein, Wiederholungstaten zu unterbinden. Erforderlichenfalls sind die bisherigen Compliance-Richtlinien und -Verfahren zu ändern.

Wenn Vorschriften für die, die sie gemacht haben, nicht gegolten haben, fallen die Strafen auffallend hoch aus. Ein Programm, das nur auf dem Papier stand und nicht ernsthaft durchgesetzt wurde, kann nach dieser Logik nicht strafmindernd sein.

1991 wurden außerdem die Strafzumessungsrichtlinien («Federal Sentencing Guidelines») reformiert, um die präventiven Anreize des Unternehmensstrafrechts zu erhöhen. Das System funktioniert nach einer einfachen Logik: Die Möglichkeit, die angedrohten sehr hohen Strafen zu mindern, soll für das Unternehmen ein Anreiz sein, die Unternehmenskultur künftig aktiv auf die Vermeidung von Straftaten auszurichten. Ethikkodizes dürfen keine PR-Aktion sein. Ethikschulungen, Kontrollsysteme und der Ausbau der Innenrevision sind keine Kostenfaktoren, sondern rechnen sich – der Abbau der Kontrollsysteme oder der Innenrevision rechnet sich nicht, sondern wird zum unkalkulierbaren Kostenfaktor.

Der bloße Appell an die Moral ist zu allen Zeiten in allen Ländern wirkungslos geblieben. Es muss für die Unternehmen im Eigeninteresse liegen, sich nicht um die Verschleierung von Korruption zu bemühen, sondern in ihre Bekämpfung zu investieren. Ein Unternehmensstrafrecht ist dafür eine unabdingbare Voraussetzung.

Schluss: Bessere Geschäfte
dank null Toleranz

Manchmal gibt es Texte, bei denen man an einem einzigen Satz
hängenbleibt, und zwar nachhaltig.

So ein Satz stand in einer Ausgabe des *Siemens Dialogs* vom
Herbst 2006: «Man tut erschreckt über das Bekanntwerden von
strafverdächtigen Verfehlungen Einzelner, denkt aber nicht darüber nach, dass diese systematisch bedingt sind durch die Natur
von Geschäft und Kunden», schrieb der IG-Metall-Funktionär
Wigand Cramer, der gleichzeitig im Aufsichtsrat von Infineon sitzt.
Angesichts von Zielmärkten in China, Indien, Russland oder Ägypten sei die «Rückkehr zum massenhaften Einsatz nützlicher Aufwendungen» durchaus wahrscheinlich. Das sei ironisch gemeint
gewesen, hat der Gewerkschafter später gesagt, aber Ironie verstehe
ja hierzulande niemand.

Nun hat es vermutlich nicht nur einen Leser gegeben, der sich
damals gewundert hat, mit welch zart-spöttischer Resignation hier
die Doppelmoral eines Weltkonzerns beschrieben wird. Wer unter
allen Umständen mehr Profit erzielen wolle und auf beschleunigtes
Wachstum in den sogenannten Emerging Markets setze, müsse sich
über nichts wundern, schrieb Cramer noch. Jeder wisse, «dass das
sowohl geographisch als auch von den Zielkunden her die Bereiche
sind, in denen Korruption nun mal zum Geschäft gehört». Also:
keine «selbstgerechten Anklagen».

Zu den kompliziertesten Aspekten unserer komplizierten Zeit

gehört die Tatsache, dass ungefähr bei jedem Problem zwei Seiten sich im Recht fühlen und es im Zweifel auch auf irgendeine Weise sind. In diesem Fall hieße die Alternative demnach: entweder Moral oder Profit.

Doch zwischen diesen beiden besteht, wie der Streifzug durch die Korruptionslandschaft der Konzerne deutlich gemacht hat, keine Auswahlmöglichkeit. Denn «wer die Moral vernachlässigt, der schadet in der Konsequenz auch der Profitabilität». Das hat 2003 einer geschrieben, der vier Jahre später die Richtigkeit seiner Aussage am eigenen Leib erfuhr: der langjährige Siemens-Vorstandsvorsitzende und Aufsichtsratschef Heinrich von Pierer.

Dieses Buch sollte zeigen, wohin die große Gier führen kann und was sich auf kurze, mittlere und lange Sicht unternehmen lässt, um moralisch bessere Entscheidungen zu treffen. Als kleines Resümee möchte ich festhalten:

Mit unsauberen Geschäften wird (auf lange Sicht jedenfalls) kein Geld gewonnen, sondern viel Geld verloren. Wer langfristig Geschäfte machen will, kann sich Bestechung schon wegen der drohenden Sanktionen nicht mehr leisten. Die Regelverstöße zahlen sich auch deshalb am Ende nicht aus, weil sie das Image, die Reputation eines Unternehmens zerstören.

Schon Adam Smith, der Vater der Ökonomik, wusste, dass das handlungsleitende Motiv der Akteure im Wettbewerb die Verfolgung des eigenen Interesses ist. «Nicht vom Wohlwollen des Metzgers, Brauers und Bäckers erwarten wir das, was wir zum Essen brauchen, sondern davon, dass sie ihre eigenen Interessen wahrnehmen», hatte Smith geschrieben. «Wir wenden uns nicht an ihre Menschen-, sondern an ihre Eigenliebe, und wir erwähnen nicht die eigenen Bedürfnisse, sondern sprechen von ihrem Vorteil.» Der Kapitalismus wird von der Theorie des Eigennutzes gesteuert. Und im dringenden Eigeninteresse der Wirtschaft liegt es, sich um Sauberkeit und Anständigkeit ehrlich zu bemühen, denn wer das Risiko eingeht, wegen eines schnellen Geschäfts, das mit unsauberen Mitteln erreicht wird, möglicherweise ein Vielfaches des Gewinns an Strafe zahlen zu müssen, schadet sich selbst. Auf zweifelhafte Geschäfte muss man verzichten. Integrität, Fairness, moralisches Verhalten sind die Basis jedes dauerhaften Gewinnstrebens.

Nun haben wir es hier mit dem Umstand zu tun, dass Moral in diesem Fall kein individuelles, sondern ein kollektives Unterfangen ist. Kein Wirtschaftsethiker kann von einem Unternehmer erwarten, angeblich fortwährend gegen seine Interessen zu verstoßen. Da es aber immer noch der Lebenserfahrung einiger Akteure in der Wirtschaft entspricht, dass die weniger moralischen Konkurrenten erfolgreicher sind, ist es sowohl ein Gebot der Notwehr als auch der Moral, die sauberen Unternehmen dadurch zu unterstützen, dass die unsauberen harte Sanktionen fürchten müssen – weil die Möglichkeiten, die das Vergaberecht bietet, konsequent ausgeschöpft werden und entschlossene Strafverfolgung in jedem deutschen Postleitzahlbezirk stattfindet. Weil, könnte man hinzufügen, die Haftbarkeit von Unternehmen auch in Deutschland eingeführt wird. Doch das ist Zukunftsmusik. Sinnvoll ist in jedem Fall der Ausbau von Systemen, bei denen durch nachweislich aktive Korruptionsbekämpfung eine hohe Strafe deutlich gemindert werden kann.

Denn es reicht eben nicht, Ethik auf die Frage zu reduzieren: Wie komme ich mit dem Gesetz nicht in Konflikt? Ziel muss es sein, eine Unternehmenskultur mit firmeneigenen Verhaltensregeln für soziales, ökonomisches und ökologisches Handeln zu entwickeln. Bindende Verhaltensrichtlinien durch das Chefmanagement dienen dabei auch der Aufsichtspflicht. Die Erfahrung amerikanischer Unternehmen belegt, dass zudem das Null-Toleranz-Gebot strikt eingehalten werden muss. Kontrollsysteme und eine einwandfrei arbeitende interne Revision sind keine Kostenfaktoren, sondern Investitionen. Als beispielsweise 1999 der Chemiekonzern BASF in den USA in einen Kartellfall verwickelt war, musste das Unternehmen 225 Millionen Dollar Strafe zahlen. Knapp die Hälfte der Summe wurde auf das Fehlen von Compliance-Maßnahmen zurückgeführt.

Mitarbeiter müssen außerdem die Möglichkeit haben, verdächtiges Verhalten anderer Personen im Unternehmen ohne Angst vor Vergeltungsmaßnahmen zu melden. Dazu ist es notwendig, dass die Unternehmen externe Stellen wie beispielsweise Ombudsstellen einrichten, die die Tipps vertraulich entgegennehmen, bewerten und unter Wahrung der Vertraulichkeit entsprechende Schritte einleiten.

Zwar wäre es realitätsfern zu glauben, mit Hilfe strenger Richtlinien, ethisch orientierter Ausbildung und eines umfassenden Compliance-Systems ließe sich eine vollständige Beachtung der Regeln und Strafgesetze bei allen Mitarbeitern erreichen. Aber ohne Compliance ist alles nichts.

Dank

Mein Dank gilt vor allem dem Kollegen Klaus Ott von der *Süddeutschen Zeitung*. Er war den anderen bei der Aufklärung der Siemens-Geschichte weit voraus und unterstützte mich auch bei meiner Arbeit mit wertvollen Hinweisen. Ott ist einer der erfahrensten und besten deutschen Rechercheure. Außerdem möchte ich einer Reihe von Informanten in Justiz und Wirtschaft – deren Namen ich nicht nennen darf – danken, die mir wichtige Hinweise gegeben haben. Auch danke ich allen Experten, die noch einmal die einzelnen Kapitel gegengelesen und mich auf Fehler aufmerksam gemacht haben. Dank schulde ich gleichermaßen der Chefredaktion der *Süddeutschen Zeitung* für die Unterstützung meiner Arbeit. Mein besonderer Dank gilt der Lektorin Andrea Böltken und dem Lektor Frank Strickstrock, die das Projekt mit großem Engagement vorangetrieben haben.

Politik, Zeitgeschichte, Gesellschaft

Vorsicht, homo politicus!

Joachim Fest
Begegnungen
Über nahe und ferne Freunde
rororo 62082

Martin/Schumann
Die Globalisierungsfalle
*Der Angriff auf Demokratie
und Wohlstand.* rororo 60450

Martina Rellin
Klar bin ich eine Ost-Frau!
*Frauen erzählen aus dem richtigen
Leben.* rororo 61912

Tom Buhrow/Sabine Stamer
Mein Amerika – Dein Amerika
rororo 62223

Silke Schwartau/Armin Valet
Vorsicht Supermarkt!
*Wie wir verführt und
betrogen werden*
rororo 62315

Jürgen Roth
Ermitteln verboten!
*Warum die Polizei den Kampf
gegen die Kriminalität aufgege-
ben hat.* rororo 62309

Peter Bofinger
**Wir sind besser,
als wir glauben**
Wohlstand für alle

rororo 62107

Weitere Informationen in der Rowohlt Revue *oder unter* www.rororo.de